白氏逸志

白凡逸志

백범일지

金九

열화당 영혼도서관

일러두기

· 「正本 白凡逸志」는 한문 정본 《白凡逸志》와 한글 정본 《백범일지》 두 권으로 구성되어 있습니다.

이 책 한문 정본 《백범일지》는 寶物 제二四五호로 지정되어 있는 親筆本 《백범일지》를 그대로 活字化한 것으로, 오늘의 말로 풀어 쓰고 편집자 註를 단 한글 정본 《백범일지》와 함께 읽기를 권합니다.

· 親筆本 《白凡逸志》를 그대로 표기하는 것을 원칙으로 하되, 漢字語에는 해당 한글 音을 어깨글자로 달았고, 文章의 띄어쓰기와 마침표 표시, 내용에 따른 文段 구분은 編輯者가 하였습니다.

· 編纂과 관련한 자세한 내용은 冊 끝의 〈正本 白凡逸志를 펴내며〉를 參考하십시오.

目次

金九

汝等은 아직 나이 어리고 또한 半萬里 重域을 隔하여 時時로 說與할 수도 없으므로 其間 나의 所經歷을 略述하

여 몇몇 同志에게 寄與하며 將後 너희들이 長成하여 아비의 經歷을 알고 싶어 할 程度에 미치거든 뵈어 달라고

부탁하였거니와 나의 가장 恨하는 바는 너희 兄弟가 長成하였더면 父子間 서로 따뜻한 사랑의 談話로 一次 說與

하였으면 滿足할 것이나 世上事가 所願과 같지 아니하여 나의 나이는 벌써 五十三歲이언만 汝等은 初十 初七의

幼兒인즉 너희의 年期와 知識이 添進할수록 나의 精神과 氣力은 衰退할 뿐 아니라 이미 倭仇에게 宣戰布告를 下

하고 現下 死線에 立함에랴.

今에 此를 記함은 決코 너희 兄弟로 하여금 나를 效則하라 함이 아니라 眞心으로 바라는 바는 너희도 또한 大韓

民國의 一員인즉 東西古今의 許多한 偉人 中에 가장 崇拜할 만한 이를 選擇하여 師事함에 있을 뿐이다.

그러나 너희들이 將次 長成하더라도 아비의 一生經歷을 알 곳이 없겠는 故로 此를 略述하거니와 다만 遺憾되는

것은 年久한 事實이므로 忘失한 바가 多有할 뿐이요 捏虛한 事는 無한 것은 事實인즉 믿어 주기를 바란다.

上卷

祖先과 家庭

祖先은 安東 金姓이니 金自點 氏의 傍系라. 當時 自點 氏가 反逆罪로 全家族이 滅亡을 當할 時에 우리 祖先은 最初는 高陽郡으로 亡命하였다가 該地가 亦是 近畿地帶이므로 遠鄕인 海州邑에서 西距 八十里 白雲坊(今改 雲山面) 基洞(터골)인 八峯山 下 楊哥峯 밑에 轉卜隱居하였던 것은 族譜를 詳考하여도 明白하다.

나의 十一代 祖父母의 墳墓로 爲始하여 後浦里(뒷개) 先山에 累累 葬點하였고 其 山下에 祖母 山所도 있느니라. 其時는 李朝 全盛時代이므로 全國을 通하여 兩班(文武) 常人의 階級이 周密히 組織된지라. 우리 祖先네들도 兩班이 싫고 常놈 行世를 즐겨하였을 理는 없지마는 自己가 金自點의 族屬임은 隱諱하고 滅門之禍를 免하기 爲하여 일부러 常놈이 된 것이다.

兩班 내음새가 나는 文化生活을 束之高閣하고 下鄕의 正業인 農役에 着手하여 林野를 開拓하여 生計를 作하다가 永遠히 版 박힌 常놈이 된 原因이 有하니 李朝時代 軍制로 驛屯土 外에 所謂 軍役田이란 名目을 가진 田地가 有하여 누구든지 貧戶가 耕食하다가 國家 有事時에 政府로서 徵兵令이 出하면 該 田地 耕食者가 兵役에 應하는 規例라. 우리 祖上네가 李朝에 該 田地(基洞 北 터골고개 너머 左邊 長尾田)를 耕食한 後로 아주 牌를 찬 常놈이 된 것이니 (약 석 자 불명) 李朝에 尊文賤武의 弊風이라. 到于今日토록 基洞 周圍에 世居하는 晋州姜氏와 德水李氏 等 土班들에게 賤待와 壓制를 代代로 받아 온 것이다.

그 實例를 畧擧하면 우리 金門 處女를 姜李氏 門中으로 出嫁하는 것은 榮光으로 알지마는 姜 李氏의 處女가 우리 金門으로 시집오는 것은 보지 못하였으니 婚姻의 賤待요 姜 李氏 들은 代代로 坊長(今 面長)을 世襲으로 하

지마는 우리 金哥는 代代로 尊位의 職(尊位는 坊長의 命令을 受하여 坊內 各戶에 稅金을 收捧하는 職任이니라)

外에 一步難進하니 就職 卽 政治的 壓制요 姜 李氏 들은 兩班의 淫威를 施하여 金門의 土地를 強佔하고 金錢을

強奪한 後 農奴로 使用하였나니 經濟的 壓迫이요 姜 李氏 들은 비록 編髮小兒라도 우리 金門의 七十八十의 老人

을 對하면 劣等語를 使用하여 이랬나 저랬나 이리하게 저리하게의 賤待를 받는 反面에 우리 집 老人들은 姜 李氏

의 子孫들의 加冠한 童子라도 반드시 敬語를 使用하였나니 此는 言語의 賤待이다.

그런데 좀 異常하다 할 것은 基洞을 世基로 하고 全盛時代에는 瓦家가 櫛比하였고 先墓에 石物이 雄偉하고

世傳奴婢까지 있는 것은 내 나이가 十餘歲時에 目睹한 것은 門中에 婚葬이 있을 時에 解放奴(家産이 貧寒하여

自由를 許하였다고) 李貞吉이가 와서 奉事하였나니 所謂 종의 종이었던가. 우리 運命보다도 더 凶惡한 運命을 가

진 사람도 있던 것이다.

歷代를 詳考하여 보면 文士도 不無하였으나 顯達한 事績은 볼 수 없었고 每每 不平客이 많았던 것이니 曾祖父

는 假御史질을 하다가 被捕되어 海州官衙에 捉囚되어 서울 어느 兩班의 請簡을 得付하고 免刑하였다고 집안 어른

들의 이야기를 들었다.

내가 五六歲時 家庭形便으로는 曾祖行이 四兄弟로서 從曾祖 한 분이 生存하였고 祖父行 兄弟는 다 生存하였

으며 父行 四兄弟는 다 生存하다가 伯父 伯永 氏가 祖父보다 먼저 別世하였을 時에 내가 五歲에 從兄들과 같이

哀哭(약 일곱 자 불명) 父親 淳永 氏는 四兄弟 中 第二位니 家貧하여 娶室을 못 하고 老總角으로 二十四歲時에 所謂

三角婚이라는 奇怪한 婚制를 實施하였으니 三姓이 各其 當婚子女를 相換한 것이다. 내 外叔은 내 姑母(약 일곱 자

불명) 들인 것이니 내 母親은 長淵 牧甘坊 文山村 玄風郭氏의 딸로 十四歲時에 成婚하고 內外분이 아들이 한 분

一三

만 있는 從祖 宅에 依居하시며 母親께서는 年弱役重하여 無雙한 苦生을 하셨으나 內外분이 情分이 좋으신 탓으로

一年 二年을 經過하여서는 獨立家庭으로 지내시는 때에 나의 出生이 되었는데 母親이 夢中에 푸른 밤(栗)송이에

서 붉은 밤 한 개를 얻어서 감추어 둔 것이 胎夢이라고 母親은 늘 말씀하시더니라.

出生 及 幼年時代

丙子年 七月 十一日 子時(祖母 忌日)에 基洞 俗名 웅텅이 大宅 祖父 伯父가 居住하는 집에서 分娩되었다. 나의

一生이 너무도 崎嶇한 預兆이던지 類例가 稀少한 難産이었던 것이다. 痛勢가 있은 지 近 一週에 母親의 生命이

危急한 形勢에 陷하였다. 親族 全部가 畢集하여 醫理的으로 迷信的으로 온갖 試驗을 다 하였으나 效力이 無한즉

자못 惶悚한 中에 家(약 아홉 자 불명)으로 胎父가 牛擔(소길마)을 冠하고 屋頂에 登하여 牛鳴聲을 作하라는데 父親

이 不肯하였더니 祖父 兄弟분이 嚴命을 下하여 그것까지를 行한 後에 分娩되었다.

家勢는 極貧한데 母親 年歲가 겨우 十七이라. 恒常 내가 죽어지면 좋겠다는 苦歎을 하셨다 한다. 게다가 乳汁

조차 不足하여 米粉湯(암)을 먹였다 하고 父親께서 품속에 품고 近家 産母에게 乳汁을 乞服하였는데 遠族 祖母

稷浦宅이 夜深 後라도 조금치도 厭態가 없이 乳汁을 먹이더라는 말씀을 듣고 내가 十餘歲時에 그분이 作故하여

基洞 東麓에 埋葬하였으므로 나는 每每 其 墓前을 行過할 時마다 敬意를 表하였다.

내가 三四歲에 天然痘를 經하였다는데 挬膿될 臨時에 母親께서 普通 腫處를 治療함과 같이 竹針으로 膿汁을

搾出하였으므로 내 面上에 痘痕이 大하다는 것이다.

五歲時에 父母님이 從祖 再從祖 三從祖 諸宅이 康翎郡 三街里 背山臨海한 곳으로 移居한 뒤를 쫓아 그리로 移居하였다. 거기서 二年을 經過하는 中에 우리 집은 孤寂한 山口虎途에 在하여 種種 虎狼이가 사람을 물고 又 里 門前을 經過하여 夜間은 門前에도 出入을 못 하나 晝間에는 父母는 農業 或은 海産物 採取로 出家하시고 나는 近洞 新豊 李 生員 家에 가서 그 집 아이들과 놀다가 오는 것이 日課인데 하루는 夏節 村兒의 常習으로 下衣만 着하고 自臍 以上은 赤身으로 그 집에 가서 舍廊房에서 놀던 中에 그 집 아이들은 年期가 나와 同甲도 있으나 二三 年長兒도 있는데 其兒들이 共謀하고 海州ㅅ놈 때려 주자 하여 한차례를 無理하게 매를 맞고 나서는 곧 집에 와서 부엌에서 큰 食刀(菜刀)를 가지고 다시 그 집에를 달려가서 그 兒들을 다 찔러 죽일 決心을 하고 舍廊前門으로 들어가면 彼等이 보고 예비할 터이니 칼로 바자(籬)를 裂破하고 後門으로 突入할 計劃으로 바자를 뜯는 時에 마침 그 집 안마당에 있던 十七八歲의 處女가 나의 칼을 든 채 안으로 들어오는 것을 보고 놀라서 저의 오라비들에게 告發하여 그 아이들이 밀려 나와서 실컷 때려 주고 칼까지 빼앗기고 돌아서 칼을 잃은 罪로 집에 와서 시치미를 떼고 있었다.

또 하루는 집에 혼자 앉아서 심히 궁금한 때에 門前에 飴商이 지나가면서 헌 유기나 부러진 순갈로 엿을 사시오 하는지라 이 말을 듣고 엿은 먹고 싶으나 어른들에게 들으매 엿장사는 아이들의 腎(약 두 자 불명)을 베어 간다는 말을 들은지라 무섭기는 하나 엿은 먹고 싶어서 방문 걸쇠를 걸고 엿장사를 불렀다. 주먹으로 문구멍을 뚫고 父親께서 자시는 좋은 순갈을 발로 디디고 부러질러 가지고(그것은 헌 순갈이라야 엿을 주는 줄 안 때문이다) 절반은 두고 절반은 문구멍으로 내어보내었더니 엿을 한 주먹 뭉쳐서 들여보내 주는지라 잘 먹던 즈음에 父親께서 밖으

一四

로 들어오시는데 엿과 반동강 순갈은 그대로 가지고 있다 父親(부친)이 質問(질문)하시기에 事實(사실)대로 告(고)하였다。 父親(부친)은 말씀

으로 責(책)하시고 다시는 그런 짓을 하면 嚴罰(엄벌)을 주겠다고 꾸중을 들었다。

그담에는 父親(부친)께서 葉錢(엽전) 二十兩(이십냥)을 가져다가 房(방) 아랫목 이부자리 속에 넣고 나가시는 것을 보았다。 또 혼자 심심

은 하고 앞동 구걸이 집에서 떡을 파는 줄 알았다。 돈을 全部(전부) 꺼내어 온몸에 감고서 문 앞을 나서서 떡집으로 가

는 길에 途中(도중)에서 三從祖(삼종조)를 만났다。 너 이 녀석 돈은 가지고 어디를 가느냐。 떡 사 먹으러 가요。 네 아비가 보면

큰 매 맞는다。 어서 들어가거라 하고 돈은 그 할아버지가 빼앗아 父親(부친)에게 전한 것이다。 먹고 싶은 떡을 못 사 먹

고 마음이 不平(불평)하여 돌아온 뒤로 父親(부친)이 들어오셔서 一言半辭(일언반사)가 없이 빨랫줄로 꽁꽁 동여 들보(樑)(양) 위에 달아매

고 撻楚(달초)하여 아파 죽을 지경이라。 어머님도 들어서 안 돌아오신 때라 말려 줄 사람도 없는 때에 再從祖(재종조) 長連(장련) 할아

버지가(이분은 舊方醫士(구방의사)요 퍽 나를 사랑하는 분이라) 마침 지나가시다가 나의 猛烈(맹렬)히 喊哭(함곡)함을 듣고 달려 방 안

으로 들어와서 不問曲直(불문곡직)하고 달아맨 것을 끌러 놓고 父親(부친)에게 理由(이유)를 質問(질문)하며 父親(부친)의 說明(설명)을 다 듣지도 않고 아

버지와는 同甲(동갑)이시지마는 尊親屬(존친속)의 權威(권위)를 行使(행사)하여 나를 치던 楚撻(초달)을 奪取(탈취)하여 가지고 머리나 다리나 함부로 한

참 동안이나 父親(부친)을 責罰(책벌)하며 어린것을 그다지 무지하게 때리느냐 하는 것을 볼 때에 아버님이 매를 맞는 것이

퍽도 시원하고 고맙다。 再從祖(재종조)는 나를 등에 업고 들로 가서 수박과 참외를 실컷 사서 먹이고 自己(자기) 宅(댁)으로 업고 간

즉 從曾祖母(종증조모)께서 또한 아버지를 책망하시고 네 아비 밉다。 집에 가지 말고 우리 집에서 살자 하시더니 밥과 반찬

을 잘하여 주는지라 얼마큼 기쁘고 父親(부친)이 그 할아버지에게 맞던 것을 생각하니 상쾌함도 짝이 없더라。 여러 날

을 묵어서 집에를 왔더니라。

한때는 여름 장마비가 와서 근처에 샘이 솟아서 小川(소천)이 흐르는 데다가 붉은 染色(염색)과 푸른 染色(염색)을 筒(통)으로 꺼내다

가 源頭에다 풀어 놓고 靑川 紅川이 合流하는 奇觀을 구경하다가 어머님에게 몹시 매를 맞은 일도 있다.

從祖父는 當地에서 作故하여 海州 本鄕으로 百餘里의 遠距里 運柩方便으로 喪輿에 單輪을 달고 사람이 끌고 가

다가 도리어 不便하다고 輪을 除去하고 어깨(肩)에 메고 가던 것이 記憶된다.

七歲時에는 該處에 移住하던 至親宅들이 한 집 두 집 도로 基洞 本鄕으로 還住하기 始作하는데 父母님들도

還鄕하는데 나는 아버님과 三寸들의 등(背)에 업히어 오던 것이 記憶된다.

還鄕 後에는 어머님과 아버지가 農業을 하시고 生活을 하는데 父親의 學識은 겨우 記姓名이나 하는데 骨格이

俊秀하고 性情이 豪放하여 飮酒無量하여 輒醉하면 姜李氏를 만나는 대로 痛打하여 주고 海州官衙에 滯囚하기를

一年 幾次式 되어 門中에 騷動을 起케 하고 隣近 兩班들의 注目嫉惡를 受하나 容易히 壓制를 못 하는 모양이더

라.

그 時代에 普通 地方習俗이 사람을 구타하여 傷害를 加하면 被傷者를 下手者의 집으로 떠메어다 누이고 生死의

辨을 待하는 법이라. 그러므로 어떤 때는 한 달(一月)에도 몇 번씩 거진 죽게 된 사람 全身에 피(血)투성이 된

者를 사랑방에 누여 놓는 때가 있었다.

父親이 酒量이 過하지마는 醉性所爲로가 아니고 純全한 不平으로 因함이라. 그같이 몹시 맞(被打)는 者들이

父親과 直接關係로가 아니라 어떤 사람들이나 特强凌弱者만 보면 親不親을 勿論하고 水滸志式으로 조금도 참지를

못하는 불(火) 같은 性情이라. 隣近 常놈들은 畏敬하고 兩班들은 畏避하는 터이라 보면 每每年 晦時는 우리 집에

는 닭과 鷄卵과 煙草 等物을 多數히 準備하여 어디로 보낸 後에는 回謝로는 曆書와 海州墨 等物이 오는 것을 보

았는데 내 나이가 八九歲時에 깨달은 것은 父親이 한 달에 몇 번씩 訴訟을 만나 海州에 滯囚됨에 直接苦痛을 免

一六

키 爲하여 兩班들은 監司나 判官을 狎近하는 反面에 父親은 營吏廳 使令廳에 稧房이란 手續을 밟고 每每 歲除에

各人에게 선사를 하던 것이다.

그리하였다가 萬一 營門이나 本衙에 被囚가 되면 獄이나 營廳에 囚禁을 當하되 어느 곳에나 稧房인 까닭에

表面은 몇 달 몇 날 滯囚되는 듯하나 事實은 使令이나 營吏 들과 同飲食同居處하다가 笞杖 棍杖을 맞는다 하여

도 반드시 歇杖(아프지 않도록)을 當하고 나와서는 反對訴訟을 提起하여 그 兩班 卽 土豪들은 捉囚시키는 날에

는 財産을 있는 대로 虛費하여 監司나 判官에게 納賂를 하여서 謀免을 하더라도 虎蝎 같은 使令이나 營屬 들에게

別別 苦痛을 다 當하게 한다. 그런 수단으로 一年 동안에 海西의 富豪 十餘人이 蕩敗를 當하였다 하더라.

隣近의 兩班들이 懷柔策이었던지 父親으로 都尊位의 職을 薦任하였으나 行公할 時에 普通 兩班에게 狎近하던

尊位들의 手段의 反對로 兩班들에게는 苛酷하게 公錢을 收刷하고 貧賤戶에는 自當을 할지언정 苛斂은 아니하였으

며 三年이 못 되어 公錢欠逋를 내고 免任되었다.

하되 從容한 땅에서 所謂 머드레 恭待(이따금 이랬소 저랬소)를 하는 것을 보았다.

遠近 兩班들이 金淳永이라면 兒童 婦女 들까지 손가락질을 하는 미움을 받는 것을 보았다. 그러므로 父親이

兩班의 舍廊(客堂)에 가는 때에 다른 兩班들이 列坐한 時에는 主人으로부터 金 尊位 왔는가의 劣等語를 使用

父親의 兒時 別名은 孝子니 祖母 作故時에 左手 無名指를 刀斷하여 落血注口하여 三日間을 回生하였다가 내가

出生하던 날에 永故하였다 한다.

父親行 兄弟 四人에 伯父의 名은 伯永이요 아버님은 淳永 셋째는 弼永 넷째는 俊永이니 伯父와 셋째는

無能無爲의 資格 僅僅 農軍이요 아버지와 넷째 三寸이 特異한 性質이 有한데 俊永 三寸도 酒量이 甚大하고 文字

七

는 國文을 三冬 내내 각 하고 갈 하고 하다가 못 배우고 말더라. 그런데 酒性이 怪惡하여 술만 취하면 큰 風波를 起하는데 아버님과 反對로 아무리 醉中에도 敢히 兩班에게는 近手도 못 하면서 一門親族에는 上下를 不顧하고 凌辱打爭을 能事로 하던 까닭으로 祖父님과 아버님이 늘 때려 주는 것을 보았다.

내가 九歲에 祖父 喪事를 當하고 葬禮日에 大演劇이 生하니 俊永 三寸이 술이 醉하여 行喪時 護喪人을 모조리 打傷시키고 及其也에는 隣近 兩班들이 自己 奴僕을 한 名式 보내(큰 生色) 喪輿를 메(肩)고 가던 것까지 다 때려 쫒았다. 結局은 俊永 三寸을 結縛하여 집에 가두고 집안 食口끼리 喪輿를 들어다가 葬禮를 畢하고 從曾祖 主催로 家族會議를 開하고 俊永 三寸을 두 발 뒤를 斷하여 廢人을 만들어 平生을 앉아 있게 하자는 決議가 되어 발 뒤를 베었다. 忿김에 그리하였으나 힘줄(筋)이 傷치 않았으므로 病身은 안 되고 從曾祖 宅 舍廊에 누워(臥)서 범울 듯 하는 바람에 나는 무서워 근처에도 못 갔다. 只今 생각하니 이것이 常놈의 本色이요 所爲라 하겠다.

其時에 어머님은 나를 對하여 이런 말씀을 하셨다. 너희 집에 許多 風波가 擧皆 酒之所以니 두고 보아서 네가 또 술을 먹는다면 나는 斷然코 自殺을 하여서도 네 꼴을 안 보겠다. 나는 이 말씀을 深刻하였다. 그리고 나는 國文을 배워서 古談(小說)은 볼 줄 안다. 漢文도 千字文은 이 사람 저 사람에게 배웠다.

學童時代

하루는 집안 어른들이 지낸 이야기를 하는 中에 크게 激動을 받았다. 몇 해 전에 집안에 새로 혼인한 집이 있는데 어느 할아버지가 서울을 갔다던 길에 驄冠(馬尾冠) 一個를 사다가 藏寘하였다가 새(新) 사돈을 보려고 夜間에

그 冠을 쓰고 갔다가 隣洞 兩班에게 發覺되어 그 冠을 被裂하고서는 다시는 冠을 못 쓴다고 한다.

나는 힘써 물었다. 그 사람들은 어찌하여 兩班이 되었고 우리 집은 어찌하여 常놈이 되었음을. 對答은

砧山姜氏도 其 先祖는 우리 先祖만 못하였으나 一門에 進士가 三人式 生存하지 않았느냐. 鰲潭 李 進士 집도 그

렇다. 나는 또 물었다. 進士는 어찌하여 되는가요. 答. 進士及第는 學文을 工夫하여 큰 선배가 되면 科擧를 보아

서 되는 것이니라.

이 말을 들은 後부터 글工夫할 마음이 간절하였다. 아버님에게 졸랐다. 어서 書堂에 보내 달라고. 아버님은

躊躇하는 빛이 있는데 洞內는 書堂이 없고 他洞으로 보내야겠는데 兩班의 書堂에서는 잘 받지도 않으려니와 設或

受容한다 하여도 兩班의 子弟들이 蔑視할 터이니 그 꼴은 못 보겠다.

門中에 學齡兒童을 모으고 隣洞 常놈 친구의 兒童을 몇 명 모아 놓고 訓料는 쌀과 보리로 가을에 모아 주기로

하고 (名字는 잊었다) 淸水里 李 生員 한 분을 모셔 왔는데 그분이 글이 넉넉지 못하여 양반이지마는 같은 兩班

으로는 그분을 敎師로 雇用하는 者가 없어서 結局 우리의 先生이 된 것이나 나는 그 先生님 오신다는 날 너무 좋

아서 못 견딜 지경이다.

머리를 빗고 새 옷을 입고 迎接을 나갔다. 저리로서 나이가 五十餘歲나 되엄 직한 長大한 老人 한 분이 오는데

아버님이 먼저 인사를 하고 나서 昌巖아 선생님께 절하여라 하시는 말씀대로 절을 공순히 하고 나서 그 先生을

보매 마치 神人이라 할지 上帝라 할지 어찌나 거룩하여 보이는지 感想을 다 말할 수 없더라. 十二歲 開學 第一日에 나는 馬上逢寒食

第一着으로 우리 舍廊을 學房으로 定하고 食事까지 奉養하게 되었다.

一九

五字(오자)를 배웠다. 뜻은 알든 모르든 기쁜 맛에 밤에도 어머님 밀(麥맥) 磨(마)질을 도와드리면서 자꾸 외운다. 새벽은 일

찍 깨어서 先生(선생)님 방에 가서 누구보다도 먼저 배우고 밥그릇을 메고 멀리 오는 동무들을 내가 또 가르쳐 주었다.

우리 집에서 三朔(삼삭)을 지내고 다른 學童(학동)의 집으로 옮아갔는데 近隣(근린)인 山洞(산동) 申尊位(신존위) 집 舍廊(사랑)으로 移設(이설)됨에 나는 또

한 아침이면 밥그릇을 메고 山嶺(산령)을 넘어 다닌다. 집에서 書堂(서당)에 가기까지 書堂(서당)에서 집에 오기까지 口不絶聲(구부절성)으로

외우면서 通學(통학)을 하는데 程度(정도)로는 나보다 나은 者(자유) 有(유)하나 成績(성적)으로는 講案(강안)에 언제든지 最優等(최우등)이었었다.

不過(불과) 半年(반년)에 申尊位(신존위)의 父親(부친)과 先生(선생)과 사이에 反目(반목)이 生起(생기)어 그 先生(선생)을 解雇(해고)하게 되었는데 表面(표면) 理由(이유)는 그 先生(선생)

이 밥을 많이 먹는다는 것이나 其實(기실)은 自己(자기) 孫子(손자)는 鈍才(둔재)로 工夫(공부)를 잘 못하는데 나의 工夫(공부)는 日就月長(일취월장)을 하는 것

을 猜忌(시기)함인 것은 從前(종전)에 月講(월강)을 할 때의 先生(선생)은 나에게 從容(종용)한 부탁이 있었다. 네가 늘 優等(우등)을 하였으니 이번에

는 네가 글을 일부러 못 외는 것처럼 하고 내가 물어도 대답을 모른다고 하여라. 나는 그리하오리다 하고 先生(선생) 부

탁과 같이 하였더니 그날은 申尊位(신존위) 아들이 壯元(장원)을 했다고 沽酒殺鷄(고주살계)하여 한밥을 잘 먹은 적이 있으나 畢竟(필경)은 그

先生(선생)이 解雇(해고)되었으니 眞所謂(진소위) 常(상)놈의 行事(행사)이다.

어느 날 내가 아직 아침밥을 먹기 前(전)에 그 先生(선생)님이 집에를 와서 나를 보고서 作別(작별)을 宣言(선언)한다. 나는 精神(정신)이 아

득하여 그 先生(선생)의 품에 달려매어 放聲大哭(방성대곡)을 하였다. 그 先生(선생)도 눈물이 비 오듯 하였다. 及其也(급기야)에는 눈물로 作別(작별)

을 하고 나서는 나는 밥도 잘 안 먹고 울기만 하였다.

그다음에 곧 그와 같은 돌림先生(선생)을 한 분 모셔다 공부는 한다. 好事多魔(호사다마) 格(격)으로 아버님이 突然(돌연) 全身不遂(전신불수)가 되

셨다. 그때부터는 工夫(공부)도 못 하고 집에서 아버님 심부름을 하게 되었다. 根本(근본) 貧寒(빈한)한 살림에 醫師(의사)와 藥物(약물)을 使用(사용)

함에 家産(가산)은 蕩盡(탕진)되었다. 四五朔(사오삭) 治療(치료) 後(후)에는 半身不遂(반신불수)가 되어 입(口구)도 기울어 語音(어음)도 分明(분명)치 못하고 한 다리

한 팔을 쓰지 못하나 半便(반편)이라도 쓰는 것은 퍽 神奇(신기)해 보이더라. 그리하자 돈이 없은즉 高明(고명)한 醫員(의원)을 聘用(빙용)키는 不能(불능)하고 父母(부모)님 內外(내외)가 無錢旅行(무전여행)을 떠나서 門前乞食(문전걸식)을 하면서 어디든지 高明(고명)한 醫員(의원)을 探聞(탐문)하고 發治(발치)코자 떠났다.

집까지 食鼎(식정)까지 다 放賣(방매)하여 가지고 나는 伯母(백모) 宅(댁)에 떼어 두어 從兄(종형)들과 같이 犢轡(독비)를 끌고 山腹(산복)과 田頭(전두)에서 歲月(세월)을 보내게 되었다. 父母(부모)가 그리워서 견딜 수 없으므로 旅行(여행)하는 父母(부모)를 따라서 信川(신천) 安岳(안악) 長連(장련) 等地(등지)로 流離(유리)하다가 나는 長連(장련) 大村(대촌) 親戚(친척)의 (長連(장련) 再從祖(재종조) 妹氏(매씨)) 집에 두어 두고 父母(부모) 內外(내외)만 本鄉(본향)으로 祖父(조부) 大祥祭(대상제)를 擧行次(거행차)로 가시고 말았다. 그 宅(댁)에서도 農家(농가)인 까닭에 主人(주인)과 같이 九月山(구월산) 나무를 베러 갔었는데 내가 어려서는 類(유)달리 크지를 못하여 나뭇짐이 걸어가는 것과 같았고 또한 그러한 苦役(고역)을 처음 당하니 苦痛(고통)도 되려니와 그 동네는 큰 書堂(서당)이 有(유)하여 밤낮 讀書聲(독서성)을 聞(문)할 時(시)마다 말할 수 없는 悲懷(비회)를 禁(금)할 수 없었다.

其後(기후) 父母(부모)님이 그리로 오신 後(후)에 나는 굳게 故鄉(고향)으로 가서 工夫(공부)를 하겠다고 졸랐다. 그 時(시)에는 아버님이 한편 팔다리도 좀 더 쓰고 氣力(기력)도 次次(차차) 回復(회복)이 되신지라 내가 그와 같이 工夫(공부)의 熱心(열심)하는 것을 嘉尚(가상)히 여겨 還鄉(환향)의 길을 떠났다.

及其也(급기야)에 還故鄉(환고향)을 하고 보니 衣食住(의식주)에 依據(의거)가 조금도 없는지라 族戚(족척)들이 抽捐(추연)을 하여 겨우 居接(거접)을 하고 나는 곧 書堂(서당)에를 다니게 되었다. 書冊(서책)은 빌려서 읽으나 筆墨價(필묵가)도 날 곳이 없다. 어머님이 김품과 질삼을 하여 먹과 붓을 사 주시면 어찌나 감사한지 말로 할 수 없었다. 그러나 나이가 十四歲(십사세)나 되고 先生(선생)이라고 만나는 이가 擧皆(거개) 固陋(고루)하여 아무 先生(선생)은 벼(稻)(도) 十石(십석)짜리 아무 先生(선생)은 五石(오석)짜리 訓料(훈료) 多少(다소)로 其 學力(학력)을 斟酌(짐작)하게 되었다. 그뿐 아니라 어린 때 所見(소견)으로도 其 用心處事(용심처사)가 人의 師表(사표)의 資格(자격)으로 보여지지 않는다. 其時(기시) 아버님은 種種(종종) 나에게 이런 訓戒가 있었다. 값 벌어먹기는 장타령이 第一이라고 너도 큰글을 하려고 애쓰지 말아라. 그러니 時行文

을 注力하여라.

右明文事段은 土地文券 作成하기와 右謹陳訴旨段인 呈訴狀과 維歲次 敢昭告인 祭祀文과 僕之第幾子 未有伉儷인

婚書文과 伏未審인 書翰文을 짬짬이 練習하여 無識叢中에 一明星이었었다. 門中에서는 나에게 屬望하기를 將來

에 相當한 尊位의 資格만으로 許하지마는 나는 其時는 漢文의 程度가 겨우 續文을 하는데 通鑑 史畧을 읽을 때의

王侯將相寧有種乎인 陳勝의 말과 拔劍斬蛇한 劉邦의 行動이나 乞食漂母인 韓信의 事跡을 볼 때에는 不識不知間에

兩肩에 生風하였다.

그리하여 어찌하든지 工夫를 繼續하고 싶어 하나 家事가 末由하여 집을 떠나 高明한 先生의 負笈할 形便은 되

지 못한즉 아버님은 甚히 苦憫해하신다. 本洞서 東北 十里許 鶴鳴洞 鄭文哉 氏는 우리와 같은 階級의 常人이나

當時 科儒의 屈指하는 선비요 伯母와 再從男妹間이라.

그 鄭氏 집에는 四處에서 선비들이 集會하여 詩도 짓고 賦도 지으며 一邊에는 書堂을 兼設하여 兒童을 敎養하

던 터이라. 아버님이 鄭氏와 交涉하여 免費學童으로 通學의 承諾을 得하였다. 나는 極히 滿足하여 四節을 勿論

하고 每日 飯網을 메고 險嶺深谷을 跋涉하는 學生들이 起寢도 않을 때에 到着하는 적이 居多하였다.

製作으로는 科文의 初步인 大古風十八句를 學課로 漢唐詩와 大學 通鑑을 習字로는 粉板을 專用하였다.

其時는 壬辰年 慶科(科制 最後)를 海州서 擧行한다는 公布가 되었다. 鄭 先生이 一日은 아버님에게 이런 事情

을 말하였다. 금번 科行에 昌巖이를 데리고 가면 좋겠는데 글씨를 粉板에만 같으면 제 名紙는 쓸 만하나 종이에

練習이 없으면 初手로 잘 못 쓸 터이니 壯紙(書厚紙)를 좀 쓰였으면 좋겠는데 老兄 貧寒한 터에 周旋할 道理가

없겠지? 아버지. 종이는 내가 周旋을 하여 볼 터이지마는 글씨만 쓰면 되겠나. 아

버님은 甚히 기뻐서 어찌하여 書厚紙 五張을 買給하신다. 나는 기쁘고 감사하여 筆師의 敎法대로 精誠을 다하여

練習하고 보니 白紙가 墨紙가 되었더라.

科費를 辦備치 못하여 父子 科期에 먹을 만치 粟米를 背負하고 先生을 쫓아 海州에 到着하여 아버님이 自前

으로 熟親한 楔房 집에 寄宿하면서 科日을 當하였다.

觀風閣(宣化堂 側) 周圍에 草索網으로 圍하고 正刻에 所謂 赴門(科場門을 開放)을 한다는데 선비들이 接接이

(白布에 山洞接 石潭接 等의 各其 接名을 書하여 장대기 끝에 달고 大規模의 紙陽傘을 擧하고 道袍에 儒巾을 쓴

사람들이 제 接금 地點을 先占하려 勇者를 先導로) 이 大混雜을 演하는 光景이 볼 만도 하더라.

科場에는 老少貴賤이 없이 無秩序한 것이 遺風이라 한다. 또 可觀인 것은 老儒들의 乞科니 觀風閣을 向하여 (새

끼그물에 머리들을 들이밀고) 口頭陳情하는 말 小生의 姓名은 某이옵는데 먼 시골에 居生하면서 科時마다 來參하

였사온데 今年 七十多歲올시다. 요다음은 다시 못 參科하겠습니다. 初試라도 한 番 及格이 되면 死無餘恨이올시

다. 或은 高喊을 지르고 或은 放聲大哭으로 卑陋도 해 보이고 可憐도 해 보인다.

本接에 와서 보니 先生과 接長들이 作者作 書者書하더라. 나는 先生님에게 老儒들 乞科하는 情況을 말씀한 끝

에 이번에 제 이름으로 말고 제 父親의 名義로 科紙 作成을 하여 주시면 좋겠습니다. 저는 앞으로도 機會가 많지

않겠습니까. 先生님이 내 말에 感心하여 快樂하는 말을 듣던 接長 한 분이 그럴 일이다. 네가 글씨가 나만 못할

터이니 너의 父親의 名義는 내가 써 주마. 後日 네 科擧는 더 공부하여 네가 作之書之하여라. 네 고맙습니다. 그

날은 아버님의 名義로 科紙를 作成하여 草索網 사이로 試官 앞을 向하여 쏘아 들여보냈다.

二三

그러고 나서 光景을 보면서 이런 말 저런 말을 듣는 中에 試官側에 對하여 不平論은 通引 놈들이 試官에게는 보

이지도 않고 科紙 한 아름을 도적하여 갔다고 하는 말과 科場에서 글을 짓고 쓸 때에 남을 보이지 않기가 爲主니

理由는 글을 지을 줄 모르는 者는 남의 글을 보고 가서 自己의 글로 써 들인다는 것이다. 또 怪異한 말은 돈만 많

으면 科舉도 할 수 있고 벼슬도 할 수 있다. 글을 모르는 富者들이 巨儒의 글을 幾百兩 幾千兩式 주고 사서 進士

도 하고 及第도 하였다고 한다. 그뿐인가. 이번 試官은 누구인즉 서울 아무 대신에 書簡을 내려 부쳤으니까 반드

시 된다고 自信하는 사람 아무개는 試官의 수청 기생에게 紬緞 몇 匹을 선사하였으니 이번에 꼭 科舉를 한다고

自信하는 者도 있더라.

나는 科舉에 對한 疑問이 생기기 始作된다. 이 위의 몇 가지 現狀으로만 보아도 科制를 施하는 나라(나라가 임

금이요 임금이 곧 나라로 알게 된 時代)에서는 무슨 必要가 있으며 이 모양의 科舉를 한다면 무슨 價値가 있는

가. 내가 血心을 다하여 將來를 開拓하기로 工夫를 하는 것인데 선비의 惟一進路인 科舉의 꼬라구니가 이 모양인

즉 나랏일이 이 지경이면 내가 詩를 짓고 賦를 지어 科文六體에 能通한다 하여도 아무 先生 아무 接長 모양으로

科場의 代書業者에 不過할지니 나도 이제는 前路에 다른 길을 硏究하리라.

科行에 不快한 또는 悲觀을 품고 집에 돌아왔다. 아버님과 相議하였다. 今番 科場에서 種種을 살펴보니 내가

어디까지든지 工夫를 成就하여 가지고 立身揚名을 하여 姜哥 李哥에게 壓制를 免할까 하였더니 惟一進路라는

科場의 惡弊가 如此한즉 나는 비록 巨儒가 되어서 學力으로는 姜 李氏를 壓倒한다 하여도 그들에게는 孔方(孔方

卽 돈)의 魔力이 有한데 어찌하오리까. 또한 巨儒가 되도록 工夫를 하려면 多少의 金錢이라도 있어야 되겠는데

집안이 이같이 赤貧인즉 從此로 書堂工夫는 廢止하겠습니다. 아버님 亦是 옳게 여기시고 너 그러면 風水工夫나

觀相工夫를 하여 보아라. 風水에 能하면 明堂을 얻어 祖先을 入葬하면 子孫이 福祿을 享하게 되고 觀相을 잘 보

면 善人君子를 만나느니라. 나는 매우 有理하게 생각된다. 그것을 工夫하여 보겠습니다. 書籍을 얻어 주십시오

하였더니 爲先에 麻衣相書 一册을 借來하여다가 獨房에서 相書를 工夫한다.

相書를 공부하는 方法이 面鏡을 對하여 部位와 名辭를 自相으로부터 他相에 及하는 것이 捷徑이라. 그러고 보

니 興味가 있는 것은 他人의 相보다 나의 相을 잘 볼 必要가 있다고 覺悟하고 門外不出하고 三朔 동안이나 相論

에 依하여 自相을 觀察하여 보아도 한 군데도 貴格 富格 達相이 없을 뿐 아니라 얼굴과 온몸에 賤格 貧格 凶格

만으로 되어 버렸다.

前者 科場에서 얻은 悲觀을 解脫하기 위하여 相書를 工夫하던 것이 그 이상 强度인 悲觀에 陷하였다. 畜生과 같

이 살기나 爲하여 世上에 살고 싶은 마음이 없어진다. 그런데 相書 中에 이런 句節이 있다. (相好不如身好

身好不如心好) 이것을 보고 好相人보다 好心人이 되어야겠다는 생각이 굳게 定하여진다.

이제부터는 外的修養은 어찌 되든지 內的修養을 힘써야만 사람 구실을 하겠다고 마음을 먹고 從前에 工夫를 잘

하여 科擧를 하고 벼슬하여 拔賤을 하여 보겠다는 생각은 純全히 虛榮이요 妄想이요 好心人은 取할 바 아니라고

생각된다.

그러나 不好心人으로 好心人 되는 方法이 있는가 自問함에는 亦是 漠然하다. 相書는 그만 덮어 버리고 地家書

도 좀 보았으나 趣味를 얻지 못하고 兵書에 孫武子 吳起子 三畧 六韜 等 册을 본즉 理解치 못할 곳이 많으나 將材

에 있어서 泰山覆於前 心不妄動 與士卒同甘苦 進退如虎 知彼知己 百戰不敗 等 句는 매우 興味 있게 誦讀을 하면

서 一年間(十七歲) 門內 小兒를 모아서 訓長질을 하면서 意味도 잘 모르는 兵書만 읽었다.

그러할 즈음에 四方 謠言怪說이 紛한데 어디서는 異人이 나서 바다(海)에 떠다니는 火輪船을 못 가게 딱 붙여

놓고 稅金을 내어야 놓아 보낸다는 둥 不遠에 鷄龍山으로 鄭道令이 都邑을 하고 李朝國家는 없어질 터이니 밭은목에

가서 살아야 第二世 兩班이 된다고 아무개는 鷄龍山으로 移徙를 하였느니 하는 中이라.

自本洞 南距 二十里 浦洞이란 곳에 吳膺善과 隣洞 崔琉鉉 等은 忠淸道에서 崔道明이란 東學 先生에게 入道를

하여 가지고 工夫를 하는데 出入에 房門을 開閉치 않고 忽然有 忽然無하며 空中으로 步行한다고 하며 그 先生

崔道明은 一夜間에 能히 忠淸道를 來往한다고 한다.

나는 好奇心이 생기어 한번 가서 보고 싶은 생각이 났다. 그런데 그 집을 찾아가는 禮節은 肉類를 먹지 말고

沐浴하고 새 옷을 입고 가야 接待를 한다고 한다. 魚肉도 먹지 않고 沐浴하고 머리를 빗어 따 늘이고(十八歲 되

던 正初) 靑袍에 綠帶를 띠고 浦洞 吳氏宅을 訪問하였다.

及其 門前에 當到하여 房內로서 무슨 글 읽는 소리가 들리는데 普通 詩나 經典을 읽는 소리와 달라서 노래를

合唱하는 것 같으나 意味를 알 수가 없었다. 恭敬하여 門에 나아가 主人 面會를 請한즉 妙妙靑年 一人이 接待를

하는데 그도 兩班인 것은 알고 간 터이라 본즉 상투(髻)를 짜고 通天冠을 썼더라. 恭順히 納拜를 한즉 그이도 맞

은절을 공손히 하고 첫말이 도령은 어디서 오셨소. 나는 惶恐하여 본색을 말하였다. 제가 어른(加冠의 意味)이

되었어도 당신께 공대를 듣지 못하려든 하물며 아이오릿까. 그이는 感動하는 빛을 보이면서 千萬에 말씀이오. 다

른 사람과 달라서 나는 東學道人인 때문에 先生의 敎訓을 받아 貧富貴賤에 差別待遇가 없습니다. 조금도 未安하

여 마시고 찾으신 뜻이나 말씀하시오. 나는 이 말만 들어도 別世界에 온 것 같다.

나는 묻기를 始作하였다. 제가 오기는 先生이 東學을 하신단 말을 듣고 道理를 알고 싶어 왔습니다. 이런 아이

에게도 말씀하여 주실 수 있습니까. 答. 그처럼 알고 싶어서 오셨다는데는 내가 아는 데까지는 말씀하겠습니다.

問. 東學이란 學은 어떤 宗旨이며 어느 선생이 闡明하였습니까. 答. 此道는 龍潭 崔水雲 先生이 闡明하였으나 이

미 殉教하셨고 至今은 其姪 崔海月 先生이 大道主가 돼 布教中인데 宗旨로 말하면 末世 奸邪한 人類로 하여금

改過遷善하여 새 백성이 되게 하여 가지고 將來에 眞主를 모셔 鷄龍山에 新國家를 建設하는 것이외다.

나는 一聞之下에 甚히 歡心이 發한다. 相格에 落第를 하고 好心人이 되기로 心誓한 나에게는 天主를 몸에 모

시고 體天行道한다는 말이 第一 緊着하고 常놈된 寃恨이 骨髓에 사무친 나에게 東學에 入道만 하면 差別待遇를

撤廢한다는 말이나 李朝의 運數가 盡하였으니 將來 新國家 建設한다는 말에는 더욱이 昨年에 科場에서 悲觀을 품

은 것이 聯想된다.

東學에 入道할 마음이 불길같이 일어난다. 吳氏에게 入道節次를 問한즉 白米 一斗 白紙 三束 黃燭 一雙을 準備

하여 가져오면 入道式을 行하여 주마고 한다. 聖經大全과 八編歌辭와 弓乙歌 等 東學書籍을 閱覽한 後에 집에 돌

아와 아버님에게 吳氏와 會語한 一切를 詳細히 報告한즉 아버님은 快히 許諾하고 入道式에 對한 禮品을 準備하

여 주시더라.

東學 接主

나는 新禮品을 가지고 곧 가 入道를 하고 東學工夫를 熱心으로 한다。 아버님도 이어 入道하셨다。 其時에

人情狀態로 兩班들은 加入하는 者가 稀少한 反面에 내가 常놈인 만큼 常놈들의 趣向이 東學으로 많이 쏠려 들어

온다。 不過 數月에 聯臂(部下라 할까 弟子라 할까) 數百名에 達한다。

其時에 내게 對한 無根의 謠說이 隣近에 두루 流布된다。 나를 찾아서 그대가 東學을 하여 보니 무슨 造化가 나

더냐 물으면 나는 正直하게 諸惡莫作 衆善奉行이 斯學의 造化라고 하지마는 듣는 者들은 自己네게는 아직 그런

造化를 보여 주지 않는 것으로 自認하고 傳播하기는 金昌洙(그때부터 行用하는 이름)가 一丈 以上에 步行하는

것을 보았다고 한 것이다。 以誤傳誤하여 漸漸 高道聲이 喧藉하게 되매 黃海一帶는 勿論이고 平安南北道에까지

聯臂가 數千에 達하였다。 當時에 兩西 東學黨 中에 年少者로 가장 多數한 聯臂를 가졌기 때문에 別名이 아기接主

였었다。

翌 癸巳年 秋間에 吳膺善 崔琉鉉 等이 忠淸道 報恩에 계신 海月 大道主에게 各其 自己 聯臂들의 名單을 報告하

라는 敬通(公函)에 依하여 道內에서 望重한 道儒 十五名을 選拔하는 데 내가 參選되었다。 編髮로 가기가 不便하

다 하여 加冠하고 出發하게 되었다。

聯臂들이 旅費를 捐出하여 土産禮品으론 海州에서 香墨을 特制하여 가지고 陸路 水路를 지내어서 報恩郡 長安

이라는 洞里에 到着한즉 이 집 저 집 이 구석 저 구석에서 侍天主造化定 永世不忘萬事知와 至氣今至 願爲大降의

呪文 외우는 소리가 들리고 一邊은 떼를 지어 나가고 一邊은 몰려 들어오고 집이 있는 대로 사람이 가득가득하더

라.

接待人에게 우리 一行 十五名의 名單을 주어 海月 黃海道 道人들을 부른

다는 通知를 받고 十五名이 一齊히 海月 先生 處所에 갔다. 引導者의 뒤를 따라 그 집에 가서 海月 先生 앞에

十五名이 한꺼번에 절을 하는데 先生도 亦是 한 번에 앉아서 上體를 구부리고 손을 땅에 짚고 答禮拜를 한다. 그

리고 멀리서 수고스레 왔다는 簡單한 人事를 하더라.

우리 一行 中에 代表로 十五名이 各히 成冊한 名單을 先生 앞에 드렸다. 先生은 그 名單冊을 文書責任者에게 맡

겨서 處理하라고 分付를 하더라. 그리고 다른 同行들도 그런 생각이 갔겠지마는 不遠千里하고 간 것은 先生이 무

슨 造化 줌치(囊)나 주면 하는 마음과 先生의 道骨道風은 어떠한가 보려는 생각이 간절하던 터이라. 先生은 年期

가 近六十 되어 보이는데 채수염이 보기 좋게 약간 검은 오리가 보이고 面貌는 淸瘦한데 머리에 큰 黑笠을 쓰고

저고리만 입고 앉아 視事하더라.

房門 앞에 놓인 水鐵火爐 藥罐에서는 獨蔘湯을 달이는 김과 내음새가 나는데 先生이 잡수신다고 하더라. 房外

房內에 許多 弟子들이 擁衛하는 中에 더욱 親近히 모시는 者는 孫應九 秉熙 金演局 두 사람은 先生의 女壻라 하

고 其外에 有名한 弟子 朴寅浩 等들이 많이 있다. 나의 보기에 孫氏는 妙妙靑年이고 金氏는 年期가 近四十하여

보이는데 純實한 農軍 같아 보이고 孫氏는 文筆도 있어 보이고 符書에 天乙天水라고 쓴 것을 보아도 筆才도 있

어 보이더라.

其時에 南道 各 官廳에서 東學黨을 逮捕하여 壓迫을 하는 反面에 古阜에서 全琫準은 벌써 起兵을 하였다고 우

리가 그 자리에 立侍한 때에 들어와서 報告하는 것을 들었는데 連하여 아무 郡守는 道儒(道儒는 東學黨人의 自稱

他稱의 名詞)의 全家族을 다 捉囚하고 家産 全部를 强奪하였나이다 한다. 先生은 震怒하는 顔色으로 純慶尙道

語調로 虎狼이가 몰려 들어오면 가만히 앉아 죽을까. 참나무 몽둥이라도 들고 나가서 싸우자! 先生의 이 말이

卽 動員令으로 各地에서 와서 待令하던 大接主들이 물 끓듯 밀려 나가기 始作한다. 우리 十五人에게도 各名으로

接主라는 帖紙를 下付하는데 海月印(圓體에 篆字로 刻)을 捺하였더라.

先生에게 하직 一拜를 하고 俗離山을 求景하고 次次 歸路에 入하자 벌써 곳곳에 聚黨이 되어 白衣佩劍者를

種種 逢着하게 되고 廣惠院場을 到着하니 數萬 東學軍이 陣營을 벌이고 行人 檢査를 하는데 可觀은 隣近 兩班에

平時 東學黨 虐待한 者들을 잡아다가 길가에 앉히고 짚신을 삼기는 것이더라. 우리 一行은 證據를 보고 無事히

通過를 시키더라.

附近 村落의 景況은 밥을 짐으로 지어서 時稱 都所로 보내는 것이 計數키 難하고 논에서 벼를 베던 農軍들이

東學黨이 물밀듯 會集하는 것을 보더니 投鎌逃走하는 것도 보았다. 京城을 지나면서 보니 벌써 京軍이 三南을 向

하여 行하는 것을 보았다.

同年 九月頃에 還鄕하니 黃海道 東學黨들도 多少 兩班과 官吏의 壓迫도 있는 同時 三南에서 嚮應하라는 敬通

이 續續 來到함을 因하여 十五 接主로 爲始하여 會議한 結果 擧事하기로 決定되었다. 第一回 總召集의 位實을

竹川場 浦洞 附近 市場에 定하고 各處에 敬通을 發하고 나는 八峯山 下에 居한대서 八峯이란 接名을 짓고 靑紗에

八峯都所 四字를 大書特書하고 標語로는 斥倭斥洋 四字를 書揭하였다.

會議한 要點이 擧事곧 하면 京軍과 倭兵이 와서 接戰이 될 터이니 聯臂 中에 武器가 있는 이는 收集하여 軍隊를

編制하기로 하였다. 나는 本是 山峽의 生長이요 또한 常놈인 까닭에 山炮手 常놈 聯臂가 가장 많다. 隣近 富戶에

게서 若干의 護身器를 收集한 外에 大部分이 산영 炮手 弟子가 自己 銃器를 가져 온 것을 軍隊로 編成한즉 銃가

진 軍人이 七百餘名이라. 武的 方面으로 보면 擧事 初에 있어서 누구의 接보다 優勝地位에 在하였다.

最高會議에서 首府인 海州城을 先着으로 陷城하고 貪官汚吏와 倭놈을 다 잡아 죽이기로 決定하고 八峯 接主

金昌洙를 先鋒으로 作定되었다. 그것은 나이가 아무리 어리나 平素에 武學에 硏究가 있었고 當今 純全한 山炮手

로 編成한 것이 가장 精密하다는 것이나 裏面에 自己네가 銃알받이 되기 싫다는 理由도 있는 것이다. 그러나

는 承諾하였다.

卽時로 全體는 後方으로 따르고 나는 先鋒이라는 司令旗를 잡고 馬를 타고 先頭에 立하여 海州城으로 向進한

다.

海州城 西門 外 仙女山上에 留陣한 後에 總指揮部에서 總攻擊令이 下하고 先鋒에게 作戰計劃을 任한다. 나

는 이런 計劃을 提呈하였다. 至今 城內에 아직 京軍은 到着지 못하였고 烏合으로 編成한 守城軍 二百餘名과 倭兵

七名이 有한즉 先發隊로 하여금 먼저 南門으로 向하여 進攻하면 先鋒 領率部隊는 專注力으로 西門을 攻陷할 터이

니 總所에서는 觀其勢하여 虛弱한 곳에 應援하라 한 獻計한 것을 採用케 되었다.

그러는 즘에 倭兵이 城上에 올라 試驗銃 四五放을 開하는지라. 南門으로 向하던 先發隊는 逃走하기 始作하는

데 倭兵은 南門으로 出하여 逃走하는 群衆에게 向하여 銃을 連發하는지라. 나는 全軍을 指揮하며 先頭에 立하여

西門下에 到着하여 猛攻을 하는데 忽然 總所에서 退却令을 發하고 先鋒隊는 回頭도 하기 前에 滿山遍野에 逃亡하

는 빛이라.

退却하는 原因을 問한즉 三四名 道儒가 南門 外에서 中彈致死함이라 한다. 그런즉 先鋒軍도 退却 않을 수 없었

다. 比較的 從容하게 退却하여 가지고 海州 西距 八十里에 回鶴洞 郭監役 家에 先導隊를 派送하고 後方 退兵을

三三

集合하기로 하고 最後에 있어 軍人을 指導하여 가지고 回鶴洞에 到着한즉 武裝軍人들은 全部가 集合되었더라.

大部分 整頓을 시키고 今番 失敗에 憤慨하여 軍隊訓鍊에 盡力하기로 하여 遠近地方에 東學 非東學을 不問하

고 從前 將校의 技術이 있는 者는 卑辭厚禮로 迎來하여다가 銃術과 行步며 體操를 敎鍊하던 차 一日은 門外에 어

떤 人士가 面會를 請하는지라. 接對한즉 文化 九月山下에 居住하는 姓名 鄭德鉉 禹鍾瑞 兩人이라. 年紀는 나보다

十餘歲 以上이요 博覽博識의 名士라. 來訪한 理由를 問한즉 泰然하게 對答하는 말이 東學軍이란 한 놈도 쓸 것이

없는데 風聞則 그대가 좀 낫다는 말을 듣고 한번 보고자 왔노라 한다. 秘密面會가 아니기 때문에 座中으로부터

該 二人을 指目하여 毁道者니 或은 無禮漢이니 갖은 是非가 起한다. 나는 大怒하여 座中 諸人을 責한다. 該賓 等

이 나와 面談하는 時에 如此 渾雜無禮함은 나를 蔑視함이라 하고 다시 座中을 向하여 좀 나

가 달라고 請하여 三人만 會談하게 되었다.

나는 恭遜히 鄭 禹 兩氏를 對하여 先生들이 如是 不顧勞而來하심은 小生에게 良策을 가르쳐 줄 盛意가 有치 않

은가. 鄭 氏가 하는 말이 내가 設或 計策을 말하여도 君이 듣고나 말는지 實行할 資格이 있는지가 疑問이라 한

다. 요새 東學軍 接主나 한 者들이 豪氣沖天하여 眼下視하는 판에 君도 接主의 一人이 아닌가. 나는 더욱

下氣하여 本 接主는 他 接主와 다를는지 그것은 小生을 가르쳐 주신 後에 施行 如何를 보시는 것이 어떠하십니

까.

鄭 氏 欣然 握手하고 方針을 말한다. 一。 軍紀正肅(兵卒을 對하여도 互相拜 互相敬語 等을 廢止할 일)。 二。

得民心(東學黨이 銃을 가지고 村閭에 橫行하며 所謂 執穀이니 執錢이니 强盜的 行爲를 禁止할 일)。 三。 招賢文을

發布하여 經綸之士를 多得할 事。 四。 全軍을 九月山 中에 集中하고 諫鍊을 施할 일。 五。 粮道는 載寧 信川 兩郡에

倭가 貿米積實한 것이 數千石이니 그것을 沒收하여 貝葉寺에 移積할 일 等이라.

나는 滿心歡喜하여 五個策을 施行하기로 決定하였다. 卽時로 總召集令을 發하여 集合場에 나가서 鄭氏는 謀主

라 禹氏는 從事라 廣布하고 全衆을 指揮하여 該 兩氏에게 最敬禮를 行하였다. 從此로 簡易한 軍令 幾條를 公布

하고 違令者에게는 笞로 棍으로 施罰하며 九月山으로 移接할 準備를 着手한다.

하루 밤에는 安進士의 密使가 왔다. 安進士 泰勳은 本陣인 回鶴洞 東距 二十里 千峯山이란 一座 大山을 隔

한 信川郡 淸溪洞에 居生하는데 文章名筆이 海西는 勿論 京鄕에 著名하고 智畧이 兼備하여 當時 朝廷大臣들 中에

도 器重의 待遇를 받는 이로서 東學의 蹶起함을 보고 此를 討伐하기 爲하여 子弟로 當兵케 하고 三百餘名의 炮手

를 分集하여 淸溪洞 自宅에 義旅所를 設立하고 京城 某大臣들에 援助와 黃海監司 ○○의 指導下에서 벌써 信川

에서는 東學 討伐에 成績이 良好하여 各接이 恐懼戒備하는 中에 있고 우리도 淸溪洞을 向하여 警備하던 터이라.

鄭氏 等이 密使와 接洽한 內容이 安進士는 秘密調査로 君의 年少膽大한 人品을 愛重하여 擧兵討滅을 不爲할 터

이나 金昌洙는 隣近之地에서 重兵을 擁하고 있으니 萬一에 淸溪를 侵犯하다가 敗滅을 當하게 되면 人才可惜이란

厚意로 密使를 派하였다 한다.

卽時로 參謀會議를 開하고 議決한 結果 人不番侵 我不侵人과 兩方에서 不幸에 臨케 될 時에 互扶互助할 密約이

成立되었다.

旣定方針대로 九月山 貝葉寺로 軍隊를 出發하였다. 該寺로 本營을 삼고 洞口에는 把守幕을 짓고 軍人의

山外出入을 嚴禁하고 信川郡에 倭의 貿置한 白米 千餘石을 沒收하여 놓고 山下 各戶에 訓令을 發하여 白米 一石

을 貝葉寺까지 運搬하는 者는 白米 三斗씩을 給與한다 하였더니 當日 內에 全部가 寺內에 移積되는지라. 그것은

運稅를 厚給한 所以더라.

各洞에 訓令하여 東學黨이라 稱하고 金錢을 强徵하거나 行悖하는 者가 有할 時는 星火馳報하라 하고 告發되는

대로 軍人을 派送 逮捕하여다가 武器가 있는 者는 武器를 奪下한 後에 棍杖 笞杖으로 嚴刑治罪하고 徒手行悖者도

嚴重治之하니 四境이 安堵하고 人心이 安定되더라.

每日 軍人들로 하여금 實彈鍊習과 戰術을 敎授하며 招賢文을 發布한 後에 나는 指路者를 앞에 세우고 九月山

內外에 知鑑이 있다는 人士를 調査하여 單身 徒步로 訪問하는 中에 月精洞 宋宗鎬 氏를 師事之하고 人馬를 보내

어 山寺에 모시고 顧問을 받으니 宋氏는 일찍이 上海에 遊歷하여 海外事情도 精通하고 爲人이 奇傑하고 英雄의

氣風이 有하더라. 豊川郡으로부터 許坤이란 名士가 來會하니 許氏는 文筆이 可嘉하고 識時務의 人士더라.

該寺 中에 가장 道僧이라는 名聲이 京鄉에 顯著한 荷隱堂이란 중이 一切 寺事를 總持하는데 弟子와 學人을 幷

數百名의 男女僧徒가 有하더라. 時時로 荷隱大師에 道學說을 聞하며 間間 最高會議를 開하고 將來方針을 討議

하였으나 其時는 京軍과 日兵이 海州城을 占據하고 近方에 散在 東學機關을 掃蕩하고 漸次 西進하여 甕津 康翎

等地를 掃平하고 鶴嶺으로 넘어온다 하는데 九月山 近邊에 遍滿한 東學 中에 李東燁이란 接主가 大勢力을 占하고

種種 貝葉 附近 村落에 擄掠을 하다가 우리 軍人에게 잡히어 와서 軍械를 被奪하고 刑罰을 當하고 돌아간 者와

나의 部下로 間間 村間에 가서 財寶를 掠奪하고서 嚴刑을 받고서 李東燁의 部下가 되는 者 日增하고 도적질을 하

고 싶은 者는 暮夜逃走하여 李東燁의 部下로 돌아간즉 나의 勢力이 日縮하는지라.

最高會議에서 될 수 있는 대로 見機하여 가지고 金昌洙는 東學 接主인 감투는 脫却시키기로 하고 此는 兵權을

奪하자는 野心이 아니요 나로 하여금 保身케 할 方策이라. 許坤을 平壤에 派送하여 張好民의 紹介를 얻어 가지

고 黃州兵使에게 諒解를 얻어서 貝葉에 있는 軍隊를 許坤에게 引渡케 하고 許坤은 宋宗鎬의 一張 書信을 帶하고

平壤에 出發하였다.

此時는 十九歲인 甲午 臘月頃이라. 數日間 身熱과 頭痛이 甚하여 操室房에 獨處治療 中이더니 荷隱堂이 問病을

와서 자세히 보더니 紅疫도 못 하였던 大將이로구려. 領將 李龍善에게 報告하여 나에게 問病者로 나 있는 房內에

出入을 禁止시키고 荷隱堂이 治療를 擔任하여 女僧堂에 年老修者로 紅疫에 經驗 있는 者를 擇하여 調理케 하더

라.

一日은 李東燁이 全軍을 率하고 來攻한다는 急報가 있은 後 刹那間에 放銃揮劍者가 寺內에 彌滿하여지고 우

리 軍人들은 散散 奔走하는 者 肉博相戰하는 者가 있다고 한다. 李東燁이 號令하기를 金接主에게 下手하는 者면

死刑에 處한다. 此는 나를 믿지 않음이 아니나 나는 海月先生이 捺印한 接主니 東學의 正統이요 李東燁의 接主

는 第二世인데 臨時的으로 林宗鉉의 差帖을 受한 者이므로 나에게 迫害를 加함이 後日 大禍를 被할까 恐함이라.

領將 李龍善만 死刑에 處하라 한다. 나는 그 말을 듣고 突然 躍出하여 李龍善은 나의 指導命令을 받아서 一切

를 施行한 것뿐이니 萬一 李龍善이가 死罪가 있다면 그는 곧 나의 罪이니 나를 銃死하라고 大聲叱號하였다.

李東燁은 部下를 指揮하여 나의 手足을 꼭 껴안고 自動을 못 하게 하고 李龍善만 끌고 나가더니 移時하여 洞口에

서 砲聲이 들리자 寺內에 있던 李東燁 部下는 擧皆 退去하였고 李龍善의 銃殺의 報告가 있다. 나는 이 말을 듣고

卽刻으로 洞口에 馳往하여 본즉 果是 李龍善은 銃을 맞아 아직 全身에 衣服의 불이 붙는 中이라. 나는 抱頭痛哭

을 하다가 나의 저고리(어머님이 남의 윗사람 노릇 한다고 近二十 살에 처음으로 지어 보내신 綿紬 저고리)를

벗어 李龍善의 머리를 싸서 洞民에게 指揮하여 잘 埋葬케 하고 雪中에 赤身으로 號哭하는 것을 본 隣人들이 衣服

三五

을 갖다 주는지라.

빔으로 缶山洞 鄭德鉉 집에 가서 所遭를 說明한즉 鄭氏는 말하기를 李龍善 君의 遇害는 不幸이나 兄은 至今

부터는 了事 丈夫니 幾日間 紅疹餘毒이나 調理하여 가지고 나와 風塵을 避하여 遊覽이나 떠납시다 한다. 나는

李龍善의 復仇를 말하였다. 鄭氏는 義理에 當然하나 至今 九月山을 掃蕩하려는 京軍과 倭가 아직 猛攻을 試치

못하는 것은 山外에 李東燁의 形勢가 크고 山寺에 우리의 天險을 依하고 比較的 精兵이라 探問을 한 것이나 今日

所聞을 듣고서는 卽刻으로 李東燁 殲滅하는 卽時로 貝葉을 占領하리니 復仇를 말할 餘地가 없습니다.

여 惡感을 품지 않고 가더라는 말을 들었다.

들에게 李氏 被襲 當時에 情況을 듣고 屍身을 掘出하다가 나의 저고리로 그 얼굴을 싼 것을 보고서 나에게 對하

御人之才가 있어 火砲領將을 任하였던 것이라. 其後에 自己 子姪들이 와서 定平 本鄉으로 移葬하는 時에 洞中人

李龍善은 咸鏡道 定平人이니 平時에 商行으로 黃海道에 와서 居住하는데 狩獵의 銃術이 있고 無識은 하나

鄭氏 집에서 一二三日을 療養한 後에 長淵郡 夢金浦 近洞으로 避亂하여 三朔을 隱居하였다. 東쪽으로 傳來하는

風聞을 들은즉 李東燁은 벌써 잡히어 가서 死刑을 當하고 海西 各郡의 東學은 거의 掃淸되었다 한다.

鄭氏와 同伴하여 基洞 本第에 와서 父母를 뵈옵는데 매우 不安狀態에 在한 것은 倭兵이 竹川場에 留陣하고

附近 東學黨을 搜索하는 中이라 父母께서는 遠地에 가서 避禍하라고 말씀한다.

翌日 鄭氏는 淸溪洞 安進士를 가 보자고 한다. 나는 躊躇하였다. 安氏가 容納한다 하여도 敗軍之將인 나로

서 俘虜와 같은 待遇를 한다면 갔던 길이 後悔될까 念慮한다. 鄭氏는 힘써 安進士의 密使 派送한 眞意가 援兵的

術策이 아니요 眞正한 兄의 年少膽大한 才器를 愛함이니 勿慮同行을 力勸한다.

三六

나는 鄭氏와 同伴하여 卽日로 千峰山을 넘어 淸溪洞口에 當到하였다. 該洞은 四圍가 險峻秀麗한데 周密치는

못하나 四五十戶 人家가 여기저기 있는데 洞前에 一條 長川이 流去하고 石壁上에 安進士의 親筆書刻한 淸溪洞天

四字가 流水聲을 따라 活動하는 것 같다.

洞口에 一座 小山이 有한데 山頂炮臺가 있고 守兵의 質問에 依하여 名刺를 投한즉 義旅長의 許可가 있다 하

고 衛兵이 引導한다. 衛兵을 따라 義旅所(卽 安進士宅)를 들어가면서 觀察한즉 門前에 小規模의 蓮塘을 掘하

고 塘中에 一間草亭을 築하고 安進士 六兄弟가 平日에 飮酒咏詩로 消遣한다고 한다. 大廳에 入하면서 壁上에

義旅所 三字를 安進士의 親筆로 橫額을 써 붙였더라.

우리의 名刺를 본 安進士는 正堂에서 우리를 맞아서 親切히 迎接하고 修人事 後에 第一 첫말이 金碩士가

貝葉寺에서 危險을 脫却한 後에 내 생각은 甚히 憂慮되어 애를 써서 계신 곳을 探索하였으나 아직 下落을 모르던

터에 今日에 이처럼 찾아 주시니 감사합니다. 다시 나를 向하여 俱慶下라시던데 兩位분은 어디 安接할 곳이 계

십니까. 別로 安接할 곳이 없고 아직 本洞에 계십니다. 卽時로 吳日善에게 三十名 擔銃軍人을 點名하여 맡기어

當日로 基洞에 가 金碩士 父母님 모시고 該 近洞의 牛馬를 잡아 그 댁 家産 全部를 搬移케 하라 命令하고 隣近에

一座 家屋을 買入하여 當日로 淸溪洞 居住를 始作하니 나의 二十歲 되던 乙未年 二月이라.

安進士는 親切히 付託한다. 날마다 舍廊에 와서 내가 없는 사이라도 나의 同生들과도 놀고 舍廊에 모이는 親舊

들과도 談話를 하든지 書籍을 보든지 마음대로 安心하여 지내라고 한다.

安進士 六兄弟의 長兄은 泰鎭 其次는 泰鉉 安進士 泰勳은 行之三이요 第四 泰健 第五 泰民 第六 泰純이 擧皆

學識이 贍富하고 人格이 相當한 中에 安進士가 學識으로나 器量으로나 優勝卓越하더라.

三七

安 進士는 나에게 種種 試驗的으로 質疑도 하고 談論도 하나 實地로 나는 幼稚한 動學가 많은 때라. 一日은

春氣和暢한 때라. 炮軍들을 데리고 酒肴를 設備하여 愉快하게 노는 때에 脚戲 잘하는 者를 募集하여 脚戲를 시키

다가 最後 決勝의 兩人이 勇猛스럽게 씨름을 하는 것을 구경하다가 才勇이 相適하여 容易히 勝負를 決치 못하더

라. 安 進士는 나에게 昌洙가 보기에는 어느 사람이 得勝할 듯한가 묻는다. 나는 이렇게 對答하였다. 키가 크고

힘 있어 보이는 사람이 좀 작은 사람에게 질 줄 생각합니다. 進士는 그렇게 보여지는 理由를 묻는다. 나의 對答

은 내가 보는 바로는 아까 씨름할 때에 키가 큰 사람의 바지가 찢어져 그 볼기가 드러나게 된 것으로 기운을 다 쓰

지 못하는 빛이 있으니 나는 斷然코 그 사람이 질 줄 압니다. 言未已에 果然 그 사람이 지는 것을 본 進士는 나를

더욱 사랑하더라.

進士 有子 三人에 長子는 重根이니 當年 十六歲에 상투를 쫓졌고 紫紬手巾으로 머리를 동이고 돔방銃(普通

長銃이 아니고 메고 다니기에 便利하도록 만든 것)을 메고 老人堂과 薪上洞으로 날마다 狩獵을 일삼더라. 英氣

가 潑潑하여 여러 軍人들 中에도 射擊術이 第一位라고 하더라. 사냥할 때에도 飛禽走獸를 百發百中하는 才操라

하여 泰健 氏와 叔姪이 늘 同行하는데 어떤 때는 一日에 노루 고라니를 여러 마리를 잡아다가 그것으로 犒軍을

하고 進士의 六昆季가 거의 다 好飮酒 好讀書하는지라 짐승을 사냥하여 오면 自己 六兄弟는 반드시 한데 모이고

其外에 吳 主簿 高 山林 崔 先達 等이었고 나는 飮酒咏詩에 아무 資格이 없으나 또한 被招하여 山獸野禽의 珍味

를 同嘗하고 지내었다. 進士가 自己 子姪을 爲하여 書齋를 設하였는데 當時에 빨간 두루마기를 입고 머리를 땋서

늘이친 八九歲인 定根 恭根은 글을 읽어라 써라 督勵하여도 長子 重根은 工夫 않는다고 叱責하는 것은 보지 못하

였다.

進士 六兄弟는 擧皆 文士의 體格이 있으나 柔弱하여 보이는 이는 一個가 없고 其中 進士는 眼彩가 明透하여

壓人之氣가 있으므로 當時 朝廷大官 中에도 筆端으로나 面談에 抗爭을 當하고 왼금에는 安 進士를 惡評하던 者라

도 面對만 하면 不識不知間에 起敬의 態度를 가지게 된다고 하고 나의 觀察도 그런데 퍽 疎脫하여 無識한 下流들

에게도 一分의 驕傲한 빛이 없이 親切叮嚀하므로 上流로부터 下流까지 擧皆 樂與爲用하더라. 面貌가 甚히 淸秀하

나 酒量이 過度하므로 鼻紅症이 있는 것이 缺點으로 보이더라.

當時 詩客들이 安 進士 律의 名作을 傳誦하는 것을 많이 들었고 自己도 種種 나를 對하여 得意作을 많이 들리어

주었으나 記憶의 殘存으로는 東學黨이 猖獗할 時에 曉蝎求生無跡去 夕蚊寧死有聲來만 생각난다. 黃石公의 素書를

自筆로 써서 壁欌門에 붙이고 酒醒이 있을 때는 늘 朗讀하더라.

安 進士 祖父 仁壽 氏는 十二三世나 海州府 內에 世居하다가 自己가 鎭海縣監을 歷任한 뒤에 有餘한 資産을

强近至親에게 分配하여 주고 自己는 三百餘石 秋收의 資本을 남겨 가지고 淸溪洞이 山水만 秀麗할 뿐 아니라 足

히 避亂地가 되겠다고 생각하고 長孫 重根이 二歲時에 淸溪洞으로 移居하였고 安 進士는 擧子로 京城 金宗漢 집

에 多年 留連하며 科試에 參加하였고 及其也 小成의 入格됨도 金宗漢이 試官인 때라 한다. 그리하여 安 進士는

金宗漢의 門客이니 食口니 하는 當時에 所聞이 있었다.

나는 날마다 그 舍廊에 다니며 노는데 一位 老人의 年氣가 五十餘歲나 되어 보이고 氣骨이 長大하고 衣冠이 甚

히 儉素한 분이 種種 舍廊에를 오면 安 進士는 極恭極敬하여 首座에 迎接하는 이가 있다. 하루는 進士가 나에게

紹介하여 그분에게 拜謁을 시킨 後에 自己는 나의 畧歷을 그분에게 告한다. 그분은 卽 高能善이라는 學者니라.

사람들이 高 山林 高 山林 부르더라. 高能善은 海州 西門 外 飛洞에 世居하였고 柳重庵 重教 氏의 弟子요 柳麟錫

毅菴의 同門人인 當時 海西에 行檢으로 屈指하는 學者이었다. 安 進士가 倡義 初에 高能善을 謀師로 모셔 오고

其全家를 搬移하여 清溪洞에 居住하던 터이라.

一日은 亦是 安 進士 舍廊에서 高氏를 拜會하여 終日 논 後 헤어져 갈 즈음에 高氏는 나에게 이러한 말을 한

다. 昌洙 내 舍廊 구경은 좀 아니 하겠나. 나는 感心하여 先生님 舍廊에도 가서 놀겠습니다 하였다.

翌日에 高先生 宅을 訪問하였다. 高先生은 老顔에 喜色을 띠고 親切히 迎接한다. 長子 元明을 불러 나와 人事

를 시킨다. 元明은 年期가 三十이 넘었고 姿品이 明敏은 해 보이나 雄偉寬厚한 그 父親은 繼跡을 못 하리라고 보

여지더라. 次子는 成人이 되어 死亡하고 寡婦 며느리만 率居하고 元明은 十五六歲 된 長女와 四五歲 된 딸까지

兩個 女息을 두었고 아직 아들은 없다고 하더라.

高先生이 居處하는 舍廊은 작은 房인데 房內에 쌓인 것은 擧皆 書籍이며 四壁에는 古代 名賢達士의 左右銘과

自己 心得書 等을 돌려 붙였으며 高先生은 斂膝危坐하여 涵養도 하고 間間 孫武子와 三畧 外의 兵書도 閲覽하더

라.

高先生이 나를 對하여 談話를 하는 中에 자네가 每日 進士 舍廊에를 다니며 놀지마는 내가 보기에는 자네에게

切實히 有益될 精神修養에는 效益이 없을 듯하니 每日 내 舍廊에서 나와 같이 世事도 談論하고 文字도 討論함이

어떠한가. 나는 惶恐感謝하였다. 先生님이 이처럼 厚容하시나 小生이 어찌 堪當할 만한 才質이 有합니까. 高先

生은 微笑를 띠우고 明白히 說明은 아니 하나 나에게 對하여 사랑하는 마음이 充滿한 것을 엿볼 수 있더라.

나의 其時 心理狀態로 말하면 第一着으로 科場에서 悲觀을 품었다가 希望을 相書工夫로 옮기었고 自己 相格

이 너무도 못생긴 것을 悲歎하다가 好心人 되리라는 決心을 하였고 好心人 되는 方法이 杳然하던 차에는 東學의

修養을 받아 가지고 新國家 新國民을 꿈꾸었으나 到今 와서 보면 그도 亦是 捕風이고 이제 敗軍將의 身勢로 安

進士의 厚意를 입어서 生命만은 安保를 하지마는 將來를 생각하면 어떤 곳에다가 立足을 하고 進路를 取함이 可

할까 하는 데는 가슴에 憫盆함을 느끼던 즘이라.

高 先生이 저처럼 나를 사랑하는 빛이 보이지마는 참으로 내가 저러한 高明한 先生의 사랑을 바로 받을 만

한 素質이 있는가. 내가 그이의 過分한 사랑을 받는다 하여도 從前에 科擧니 觀相이니 東學이니 하던 것과 같이

效果를 내지 못할 지경이면 나의 自身이 墮落됨은 둘째요 高 先生과 같이 純潔하여 보이는 양반에게 累를 貽할까

恐懼가 생긴다.

나는 高 先生을 對하여 眞情대로 말을 한다. 先生님 先生님은 저를 明察하여 가르쳐 주셔요. 저는 不過 二十 살

에 一生進路에 對하여 自欺自誤로 許多 失敗를 經하고 到今하여는 참으로 민망합니다. 先生님이 저의 資格稟性을

밝히 보시고 長就가 있어 보이시거든 사랑도 하여 주시고 敎訓도 하여 주시려니와 萬一 좋은 사람 될 兆朕이 없

을진대 저는 姑捨하고 先生님 高德에 累를 貽함을 願치 아니하나이다. 모르는 결에 有淚盈眶하여진다.

高 先生은 나의 마음에 苦痛이 있음을 極히 同情하는 말로 사람이 自己를 알기도 容易의 事 아니거든 況 他人

을 밝히 알 수 있는가. 그러므로 聖賢을 目標하고 聖賢의 발자취를 밟아 가는 中에 古來로 聖賢의 地位까지 達到

한 者도 있고 좀 不及되는 者도 있고 聖賢 되기까지는 아주 高遠하다 하여 中途 橫走하거나 또한 自暴自棄하여

違禽獸 不遠에 陷在하는 者도 有하니 자네가 好心人 되려는 本意를 가진 以上에 몇 번 길을 잘못 들어서 失敗니

困難이니 經過하였을지라도 本心만 變치 말고 改之不已 進之不已 하노라면 目的地에 達하는 一日이 必有하리니

今에 心理에 苦痛을 가지는 것보다는 力行을 할 것 아닌가. 失敗는 成功의 母이요 苦悶은 快樂의 本이니 자네는

傷心(상심) 말게. 如此(여차) 老夫(노부)도 자네의 前程(전정)에 或是(혹시) 補益(보익)이 있다면 老夫(노부)도 光榮(광영)이 아닌가 한다. 나는 高(고) 先生(선생)의 말씀을 듣고서 慰安(위안)만 될 뿐 아니라 젖을 주리던 小孩(소해)가 母乳(모유)를 먹음과 같다. 그러시면 前途(전도)에 對한 一切(일체)를 先生(선생)님 보여지는 대로 盡心奉行(진심봉행) 하겠습니다 하였다. 나는 高(고) 先生(선생)에게 다시 물었다. 高(고) 先生(선생)은 자네가 그같이 決心(결심)하면 나의 眼光(안광)이 밎는 데까지 자네 力量(역량)이 있는 대로 내게 있느니만큼은 자네를 爲(위)하여 盡心(진심)할 터이니 젊은 사람이 너무 傷心(상심) 말고 每日(매일) 나와 같이 놀세. 갑갑할 때는 우리 元明(원명)이와 山(산) 구경도 다니며 놀게. 그날부터는 밥을 안 먹어도 배고픈 줄을 모르겠고 高(고) 先生(선생)이 죽으라면 죽을 생각이 난다. 그다음부터는 每日(매일) 高(고) 先生(선생) 舍廊(사랑)에 가서 논다.

先生(선생)은 古今偉人(고금위인)들을 比評(비평)하여 주고 自己(자기)가 研究(연구)하여 깨달은 要旨(요지)를 가르쳐 주고 華西雅言(화서아언)이나 朱子百選(주자백선) 中(중)에 緊要(긴요)한 節句(절구)를 가르치고 主(주)로 義理(의리)가 어떤 것과 사람이 超群(초군)의 才(재)와 能(능)이 有(유)한 者(자)라도 義理(의리)에 벗어지면 그 才能(재능)이 도리어 禍根(화근)이 된다는 말이든지 사람의 處世(처세)는 마땅히 먼저 義理(의리)에 基本(기본)하며 事爲(사위)를 爲(위)하는 데는 判斷(판단) 實行(실행) 繼續(계속) 三段(삼단)으로 事業(사업)을 成就(성취)한다는 種種(종종)의 金言(금언)을 들려주는데 가만히 보면 어느 때든지 나에게 보여 주기 爲(위)하여 冊章(책장)을 접어 두었다가 들춰 보이는 것을 보아도 그 精力(정력)을 傾注(경주)하여 가르침을 알겠더라. 그런즉 高(고) 先生(선생) 생각에 經書(경서)를 序次(서차)로 敎授(교수)함보다 나의 精神如何(정신여하)와 才質(재질)을 보아 가지고 비유하면 뚫어진 곳을 기워 주고 빈 구석을 채워 주는 口傳心受(구전심수)의 捷徑敎法(첩경교법)이라 하겠더라.

高(고) 先生(선생)이 나를 지내 보고 가장 缺點(결점)으로 생각한 것은 果斷力(과단력)이 不足(부족)하여 보인 듯하다. 每每(매매) 訓辭(훈사)를 할 때에 무슨 일이나 밝히 보고 잘 判斷(판단)하여 놓고도 實行(실행)의 初發點(초발점)인 果斷(과단)곧 없으면 다 쓸데없다는 말을 할 때에는 得樹攀枝無足奇(득수반지무족기) 懸崖撒手丈夫兒(현애살수장부아)의 句(구)를 힘있게 說明(설명)하더라.

그리하기를 數朔을 經過하는데 安進士도 種種 高先生을 訪問하여 三人이 會坐한 中에 進士와 高先生 서로 주

거니 받거니 古今事를 講論함을 傍聽하는 趣味가 比較할 데 없더라.

그런데 내가 淸溪洞에 居住하며 처음에는 갈 곳도 아는 사람도 없으므로 安進士 舍廊에를 가서 노는데 安進

士 곧 在座치 않으면 炮軍者들이 나를 向하여 들어라 하고 저者(나를 가리켜)는 進士님 아니더면 벌써 썩어졌

을 것이다. 아직도 接主님 하고 여러 사람들에 待接받던 생각이 날걸. 내가 듣는 줄 알면서 그렇고 말고 저者가

우리 같은 炮軍들 보기를 草芥같이 볼걸. 혹者는 입을 비쭉하며 여보게 (저의 同軍을 向하여) 그런 말을 말게. 귀

에 담아 두었다가 後日에 東學이 다시 得勢하는 날은 報冤할지 알겠나. 이런 말을 들을 제는 卽時로 淸溪洞生活

을 免하고 싶은 생각이 火花와 같으나 主將인 安進士가 그같이 厚待하는데 無識한 兵卒의 所爲를 탓함이 도리어

庸劣타 생각하고 隱忍하고 지내었다.

그러나 進士는 每每 舍廊에서 宴飮을 할 때나 興趣 있게 놀 때는 高先生은 반드시 모시고 나는 술로나 글로

나 年期로나 또한 外華로나 座席에 光彩를 減損시킬 것밖에 없는 나이지마는 내가 被招하고 조금만 遲刻이 되어

도 軍人이나 下人을 分付하여 너 速히 돼지골 가서 昌洙 金 書房님 모셔 오너라 한다. 自然 炮軍들만 나에게 對

하여 恭遜한 態度가 생길 뿐 아니라 安進士 親弟들도 從前에 初음으로 만나서 酬酌을 하여 본즉 別로 볼 것이 없

었을 것이 事實이겠고 自己 舍廊에서 軍人들이 나를 對하여 弄的 言行을 側聞할 때에도 그 軍人들에게 注意를 시

키는 빛도 보이지 않았나 그는 모르겠다. 그이들이 自己 兄님인 進士가 離座時에 軍人들의 言動을 듣고 進士에게

報告하여서 進士는 無識한 軍人들을 直接 叱責하는 것이 도리어 내게 利롭지 못하겠다 생각하고 나를 그와 같이

特別待遇를 하는지 어떻든지 軍人들이 漸次 態度가 恭遜하여지고 더욱이 高先生이 親近接待함을 본 洞中 諸人들

의 態度까지도 次次 달라지더라.

나는 疝症이 幾年 前부터 始作되어 種種 苦生을 한다. 그때에도 疝氣가 發하여 安 進士 舍廊에 늘 다니는 吳主

簿에게 問症한즉 沙參을 많이 먹으면 斷根된다 하더라. 그러므로 高 先生 宅에서 놀다가는 元明과 藥광이를 둘러

메고 뒷山에 올라가 沙參도 캐고 岩上에 앉아서 元明과 情談도 하며 歲月을 보내는데 三朔을 沙參 長服을 하였더

니 果然 疝症은 根治되더라. 그 所聞을 들은 當時 信川郡守 某는 安 進士에게 請하여 安 進士가 다시 나에게 請하

므로 沙參 한 구럭을 캐어 보낸 일도 있다.

每每 高 先生 宅에서 놀다가는 밥도 先生과 같이 먹고 夜深 人寂할 時는 國事를 議論한다. 高 先生은 이런 言論

있다. 萬古天下에 興해 보지 못한 나라이 없고 亡해 못 본 나라이 없다. 그러나 從前의 亡國이라 함은 土地와

는 것이다. 우리나라도 반드시 亡하게 되었는데 畢竟은 倭首에게 滅亡을 當케 되었다. 所謂 朝廷大官들이 全部

人民은 가만두고 그 君位만 奪하는 것으로 興이라 亡이라 하였다. 到今은 不然하여 土地와 人民과 主權을 竝呑하

가 媚外思想을 가지고 俄를 親하여 自己 地位를 保全할까 英美를 佛을 倭를 親하면 自己 地位가 鞏固할까 純全히

이 생각뿐인즉 나라는 亡하는데 國內에 最高學識을 가졌다는 山林學者들도 世事를 咄嘆할 뿐이지 어떠한 救國의

經綸이 있는 者 보이지 않음이 큰 遺憾일세. 나라 亡하는 데도 神聖하게 亡함과 더럽게 亡함이 있는데 우리나라

는 더럽게 亡하게 되겠네.

나는 놀라서 質問하였다. 先生은 對答한다. 나라이 神聖하게 亡한다 함은 一般人民이 義를 仗하여 끝까지 싸

우다가 敵에게 覆沒을 當하여 亡함이요 더럽게 亡한다 함은 一般臣民이 敵을 阿附하다가 敵의 術中에 떨어져

降服하고 亡함일세. 只今 倭놈의 勢力이 全國에 橫溢하고 關內까지 侵入하여 大臣을 敵의 意思대로 黜陟하고

萬般施政이 第二倭國이 아닌가.

一死報國의 一件事만 殘存하였네. 先生은 슬퍼하는 面色으로 나를 본다. 나도 울었다.

나는 또 물었다. 그런데 亡치 않게 하여금 亡치 않게 할 方針은 없습니까. 자네 말이 옳으네. 已爲 亡할 나라

라도 亡치 않게 힘써 보는 것도 臣民의 義務이지. 우리는 現 朝廷大官들 모양으로 媚外的으로 하지 말고 互助的

으로 淸國과 結托은 할 必要가 있지. 昨年에 淸日戰爭에 淸國이 敗하였으니 언제나 淸國이 復讐戰爭은 한번 있을

터이니 相當한 人材가 有하면 이제 淸國에 가서 事情도 調査하고 人物도 連絡하였다 後日에 同聲相應하면 絶對

必要하니 자네 한번 가 보려나. 저 같은 年少沒覺으로 간들 무슨 效果를 얻으리까. 高 先生은 半笑의 態度를 가

지고 이런 말을 하더라. 그거야 그렇지. 자네만으로 생각하면 그렇지마는 우리 同志者들이 많다 하면 淸國 政界

나 學界나 商界나 各 方面에 들어가서 活動을 할 때이나 그런 뜻을 가진 사람을 알 수 있나. 자네 一個의 생각이

라도 그렇게 하는 것이 後日 有益할 것으로 본다면 實行하여 보는 것뿐이니. 나는 快諾하였다. 마음이 恒常 盃積

하니 먼 곳 바람도 쏘일 겸 떠나 보겠습니다. 高 先生은 甚히 滿足하여 자네가 떠난 後에는 자네 父母 內外가

孤寂할 터이니 자네 아버지와 내가 亦是 우리 舍廊에 모여서 이야기나 하고 놀겠네. 나는 고맙게 생각한다.

나는 또 물었다. 安 進士와도 相議를 하면 어떻습니까. 高 先生은 이러한 말을 한다. 내가 安 進士의 意向을 짐

작하는바 天主學을 하여 볼 마음이 있으니 萬一 洋夷를 依賴할 心理가 있다면 大義에 違反된 行動이니 安 進士

에게 對한 態度는 後日에 決定할 날이 있으니 아직은 出國에 對한 問題는 말을 마는 것이 좋겠고 安 進士는 確實

한 人材니 後日에 자네가 淸國에 遊歷한 結果 良好한 動機가 있을 지경이면 其時에 相議하여도 未晩인즉 今行은

秘密에 付하고 떠나는 것이 合當할까 하노라. 나는 可케 여기고 出發을 準備하던 中이라.

清國 視察

一日은 安 進士 舍廊에를 갔다가 참빗(竹梳)장사 한 사람을 보았다. 가만히 그 言語動止를 본즉 普通 돌아다

니는 참빗장사와는 달라 보인다. 人事를 請하였다. 그 사람은 南原郡 耳洞 사는 金亨鎭이라 한다. 나와 同籍이

요 年齒로는 나보다 八九歲 長이라. 그 사람에게 請하였다. 내 집에서 참빗을 살 터이니 같이 가서 팔라고 한즉

應諾하고 집에를 따라온다.

一夜 同宿하며 問答한 結果 그는 普通 竹梳商業을 目的함이 아니라 三南에서도 信川 淸溪洞 安 進士는 當世

大文章 大英雄의 風聲이 있기로 한번 尋訪코자 함이라 한다. 人格이 그다지 出衆하고 學識이 넉넉지는 못하나

時局에 對하여 不平을 품고 무슨 일을 하여 보겠다는 決心은 있어 보이더라.

翌日 同伴하여 高先生 宅을 訪問하고 金亨鎭의 人格을 鑑定케 하였다. 高先生도 談話하여 보더니 主腦的 人物

은 못 되나 因人成事에 素質은 있어 보인다 한다. 집에서 부리던 馬 一匹을 放賣하여 二百兩의 旅費를 辦備하여

가지고 金亨鎭과 同伴하여 淸國으로 出發하였다.

路程으로 先次 白頭山이나 踏破하고 東三省으로 最後는 北京까지를 目的하고 出發하였다. 平壤까지를 無事히

到着하여 旅行方法을 協議한 結果 金亨鎭이 已爲 참빗장사로 行世하니 同一한 方法으로 하기로 되어 旅費 全部

로 참빗과 筆墨과 其他 山中에서 要緊한 物品을 購得하여 兩人이 한 짐씩을 지고 牡丹峯 乙密臺를 暫時 구경하고

江東으로 陽德 孟山으로 高原 定平을 지내어 咸興監營에 到着하였다.

平壤서부터 咸興에 到着한 其間 經過事情은 아직까지 記憶에 殘存한 것은 江東 어떤 市場에서 宿泊을 하다가

該 市內 七十老夫人 酒狂에게 無理히 매를 맞은 일이 있으나 遠大한 目的을 품고 遠行하는 處地로서 些少한 橫遭

를 置意할 배 아니라 하여 金亨鎭과 韓信이 淮陰少年에게 當하던 일을 談話하고 서로 慰勞하였다.

高原郡 咸關嶺上에서 李太祖의 勝戰碑(戰勝靺鞨之碑)를 구경하고 洪原 新浦의 景致와 北魚잡이하는 光景과 어

떤 튼튼한 女子가 광주리에 꽃게(花蟹) 한 머리를 힘껏 이고(頭戴) 가는데 게 다리 한 개가 나의 팔뚝보다 굵은

것을 보고 咸鏡道의 敎育制度가 兩西보다 일찍이 發達된 點으로는 아무리 貧戶로 게딱지만큼씩 家屋(普通으로도

兩西에 比하면 構造가 整齊하다) 짓고 사는 洞里일지라도 書齋는 반드시 瓦家로 成造하였고 其外에 都廳이라 每

洞里 公用家屋을 比較的 寬大 且 華麗하게 짓고 그 집에 모이어 놀기도 하고 古談도 보고 草鞋도 絅하고 洞內 뉘

집에나 來賓이 有하면 食事를 待接하여 都廳에서 歇宿케 하며 無錢客이 歇宿을 請하면 該 都廳 公款 中으로 飮食

을 待接하는 規例가 있고 또는 娛樂의 器具로는 북(鼓) 장구(缶) 쟁과리(錚) 통소(簫) 等物을 備置하여 두고

洞人이 種種 會樂도 하고 來賓 慰勞도 하는 美俗이 있더라.

洪原 어떤 큰 洞里 書齋를 訪問한즉 建築이 宏傑한데 敎師 三人이 有하니 高等敎師 一人은 學生 中 經書班을 擔

任敎授하고 其次는 中等科를 其次는 幼穉班을 分擔 敎授하는데 大廳 左右에 鼓와 錚을 懸하고 북을 치면 學生들

이 讀書를 始하고 錚을 치면 讀書를 罷하는 美規를 보았다.

咸興에 到着하여 南大川의 木橋로는 朝鮮에 第一 크다는 다리를 지나는데 水深은 漲潦時를 除한 外에는

居常 捲衣渡水할 만한데 廣流로는 그 다리와 같이 弱 五里의 距離이라. 金炳淵 南大川詩에 山疑野窄超超立

水恐舟行淺淺流 等 句를 名作이라 한다.

該橋를 經過하니 朝鮮의 四大物의 一인 長承(木製人像이니 頭에 紗帽를 쓰고 面에 赤色으로 染하고 눈을 부

릅뜨고 威嚴 있게 製造한 것) 四個가 左右 路傍에 對立하였다. 朝鮮 四大物이란 것은 慶州 인경(鍾) 恩津彌勒

(石佛) 連山鐵(釜) 咸興長承 이것들이다. 李太祖의 遺物이라는 咸興의 樂民樓도 구경하였다.

北靑에서 본 것은 該邑이 山中 巨邑이요 該邑 人士들은 自來로 科擧에 熱心한 結果 郡內에 生存 進士가

三十餘名이요 生存 及第가 七人이라 한다. 南大川 左右에 솔때가(進士를 한 사람은 大長木柱에 龍의 形像을 圖畫

하고 木端에는 橫飛하는 龍體를 木刻하여 冠한 것이라) 林立한 것을 보았다. 可謂 文華鄉이더라.

端川 摩雲嶺을 越하여 甲山郡에 到하니 乙未 七月頃이라. 該邑 亦是 山中 巨邑이요 異常한 것은 城 內外에 官舍

를 除한 外에는 屋頂에 靑草가 茂盛하여 얼른 보기에는 荒廢한 無人古都의 感이 있다. 그것은 거기 말로 봇껍질

로 지붕을 덮고 흙을 布하고 草種을 取하여 흙에 落種하여 茂盛케 한 것은 大雨傾盆하여도 흙이 流落하지 않는

것이니 該 봇나무를 본즉 兩西에 있는 벗나무 皮色이 赤色과는 判異하다. 該 봇껍질은 色白하고 彈力이 强하여

지붕을 덮을 제는 반드시 조약돌이나 흙으로 눌러 놓는 것인데 土瓦石瓦보다도 長久不敗한다는 것인데 그곳에서

사람이 죽은 後 殮襲에 봇껍질로 싸면 地中에서 萬年 가도록 骸骨이 散落하지 않는다고 한다.

惠山鎭에 到하여 祭天堂을 參觀한즉 該堂은 白頭山脈이 南走하여 朝鮮山脈의 祖宗이 된 곳이라. 該堂의 柱聯을

본즉 六月雪色은 山白頭而雲霧 萬古流聲 水鴨而洶湧. 年年이 朝廷에서 官吏를 派하여 白頭山神에게 祭禮를 擧行

한다고 한다.

惠山鎭에서 鴨江 越便에 中國人家에 犬吠聲이 聞하고 鴨江을 捲衣渡去하더라. 거기서 白頭山 路程을 問한즉

西大嶺을 넘어서 간다 하여 三水郡으로 長津郡으로 厚昌郡으로 慈城郡 中江을 건너 中國地帶인 帽兒山에 到着하

였다.

四八

以上(이상) 幾郡(기군)을 經過(경과)함에는 無非險山峻嶺(무비험산준령)이요 어떤 곳은 七八十里(칠팔십리)

無人地境(무인지경)이 有(유)하여 아침에 點心(점심)밥을 싸 가지고

간 적도 있고 山路(산로)가 極(극)히 險惡(험악)하나 猛獸(맹수)는 別(별)로 없는데 森林(삼림)이 密密(밀밀)하여 咫尺(지척)을 分別(분별)키 難(난)하고 樹木(수목)의 큰 것은 그

나무 한 개를 벤 底(저)에서 七八人(칠팔인)이 둘러앉아서 밥을 먹는다고 하더라. 내가 보기에도 나무 한 개를 찍어 넘기고 그

나무를 切斷(절단)하여 穀食(곡식) 儲藏(저장)하는 筒(통)을 파는데 長丁(장정)이 도치(斧)로 나무筒(통) 內(내)에서 파는 것을 보았다.

또는 此(차) 山頂(산정)에 老木(노목)이 넘어져서 越便(월편) 山頂(산정)에 걸치어 있는 것이 많은데 行人(행인)은 深谷(심곡)으로 가지 않고 그 木橋(목교)를

타고 건너가게 되었더라. 우리도 나무를 타고 건너 보았다. 마치 神仙(신선)의 行蹤(행종)인 듯싶더라.

그 地境(지경) 人心(인심)은 極(극)히 順厚(순후)하고 食物(식물)은 豊富(풍부)하므로 來賓(내빈)은 極(극)히 반가워하고 얼마든지 묵여 보내더라. 穀類(곡류)는

大槪(대개)가 귀리(瞿麥)와 감자(馬鈴薯)요 山川(산천)에 이면수(魚名)라는 물고기가 많고 맛(味)이 참 좋더라. 居民(거민)들의

衣服(의복)은 獸皮(수피)로 製着(제착)함을 보면 原始時代(원시시대)의 生活(생활)이 그대로 있는 것도 같더라. 三水邑(삼수읍) 城外(성외) 城內(성내)에 民家(민가)가 三十餘戶(삼십여호)

帽兒山(모아산)으로 西北(서북)을 向(향)하고 老人嶺(노인치)란 山嶺(산령)을 넘고 또 넘어 西大嶺(서대령) 가는 路程(노정)을 由(유)하여 前進(전진)하는 中(중)에 우

리 사람을 百里(백리)에 二三人(이삼인)은 逢着(봉착)하는데 (大牛金鑛夫(대반금광부)) 逢着(봉착)되는 사람마다 白頭山行(백두산행)은 勸止(권지)한다. 理由(이유)는 西大嶺(서대령)을

넘는 中途(중도)에 响賊(향적)(中國人(중국인))이 樹林(수림) 中(중)에 隱伏(은복)하고 있다가 行人(행인)이 有(유)할 時(시)는 銃殺(총살)한 後(후)에 屍體(시체)를 檢閱(검열)하여 携帶品(휴대품)

을 가져가는데 요새도 우리 사람이 그같이 被殺(피살)되었다 한다.

그러므로 兩人(양인)이 相議(상의)하여 白頭山(백두산) 拜觀(배관)을 停止(정지)하고 通化縣城(통화현성)에 到着(도착)하였다. 該(해) 縣城(현성)은 建設(건설)이 不久(불구)하여 官舍(관사)

와 城樓門(성루문)의 椽木(연목)이 아직 흰빛을 띠었고 城(성) 內外(내외) 住戶(주호)가 五百餘戶(오백여호)라 하고 우리 同胞(동포)는 但只(단지) 一戶(일호)인데 男主人(남주인)은

編髮中裝(편발중장)으로 通化縣(통화현) 軍隊(군대)에서 服務(복무)한다 하고 婦人(부인)들은 온전히 韓服(한복)이더라. 該(해) 主人(주인)은 時稱(시칭) 胡通辭(호통사)이다. 附近(부근)

十里餘(십리여)에 沈生員(심생원)이라는 同胞(동포)를 訪問(방문)한즉 文字稍解(문자초해)하는 者(자)로 精神(정신)없이 鴉片煙(아편연)을 吸(흡)하고 身體(신체)가 無容骨人(무용골인)이더라.

此等地를 遍歷하는 中에 가장 切憎해 보이는 것이 胡通辭라. 中語를 몇 마디 배워 가지고는 甲午亂離를 當하여 避亂을 하여 人地 生疎한 外國에 渡來하여 處處山林이 險惡하여 中國 사람이 살지 않는 곳을 擇하여 火田이나 起하여 粟과 강냉이(玉蜀黍)를 作農하여 圖生하는 者를 胡通辭들이 中國 사람에게 依附하여 가지고 無理한 別別 虐待가 많다. 女子의 貞操를 蹂躪하고 錢穀을 侵奪하는 等等의 不忍說의 惡行이 許多하다. 一處에서는 中國人家에 우리 韓服한 處女 卽 編髮 一名이 보인다. 他人에게 問한즉 該 處子의 父母들이 該 處子를 爲하여 求婚하는 눈치를 안 通辭는 胡人處에 債務還償을 못 한 代에 該 處子 仲媒서 주마는 承諾을 하고 그 處子의 父母를 威脅하여 强制로 그 中國人에게로 보낸 것이라 한다. 내가 돌아다닌 곳 通化 桓仁 寬甸 臨江 輯安(當時는 通化 以外 他縣은 縣治를 設치 못한 것) 等 郡인데 어디나 胡通辭의 弊는 同一하더라.

其時에 水田은 보지 못하였으나 根本 土味 肥沃하여 雜穀은 무엇이나 少許의 肥料를 施치 않아도 一人이 作之하여 十人이 食之하여도 足하겠고 한갓 소금만이 第一 貴物이더라. 그 地境에 들어가는 소금(鹽)은 다 義州 方面으로부터 水送 數千里하여 販賣되더라.

곳곳에 二三戶 乃至 十餘戶까지 山林을 開拓하고 如斗小屋을 結構하고 居生하나 人心이 極히 純厚하여 男女老幼가 모이어로 압대나그네(故國人이란 뜻)가 왔다면 반가워서 한 동리를 들어가면 제적금 迎接을 하고 古國 이야기를 하라고 조르고 이 집 저 집에서 다투어 飮食을 待接하더라.

그곳에 移住民은 大部分이 生活亂을 爲하여 간 者 多한데 甲午 淸日戰爭에 避亂으로 건너간 住戶가 많고 最少數는 犯罪逃走者 卽 各道 各郡의 民擾狀頭들과 公金欠逋한 平安 咸鏡 兩道의 吏屬들도 或是 있더라.

地勢로 말하면 婆猪江 左右에 薛仁貴 泉蓋蘇文의 管壘遺址가 있고 到處마다 一夫當關萬夫莫開의 天險이 있다.

女眞 金遼 高句麗의 發祥原地라 한다. 寬甸인 듯하다. 한 곳에는 碑閣이 있는데 碑文에 三國忠臣林慶業之碑라고

한 것이 있고 近處 中國人들이 病이 有한 者는 該碑에 와서 致祭하는 遺俗이 있다.

該 地方을 巡歷하며 探聞한즉 碧潼人 金利彦이 勇力이 過人하고 學識이 贍富한데 일찍이 瀋陽刺史가 金利彦

의 勇力을 嘉獎하여 駿馬 一匹과 三國志 一部를 주었고 淸國 高級將領에게 隆崇한 待遇를 受하는데 現下 淸國의

援助를 가지고 義兵을 일으킨다는 圖謀가 있다 하는지라. 何如間 探訪하여 보기로 相議하고 兩人이 分途 或

은 同伴하여 金利彦의 秘密住所를 探得하였다.

江界郡 西門(仁風樓) 外로 八十餘里를 가서 鴨綠江을 건너 居民 通稱 皇城이란 곳이 있고 附近 十餘里 三道溝

라는 곳에를 갔다. 金利彦을 찾아갈 時에 兩人이 同行함보다 서로 모르는 사람인 모양으로 金利彦의 人格과 참

말 義兵의 擧事할 心理인가 或是 무슨 術策이나 誣民者나 아닌가 面面 各察하자는 意思가 같으므로 幾日

을 先하여 金亭鎭을 遊覽하는 人士의 行色으로 先次 出發케 하고 나는 참빗장사의 行色으로 金利彦과 其 追隨하

는 사람들의 內容을 探知하기로 하고 나도 四五日程을 後하여 出發 南進하는 터이라.

一日은 行路中 鴨江이 한 百餘里 앞에 둔 路中에 忽然 淸國 武官 一人이 궁뎅이에 官印을 烙한 馬를 타고 머리

에 마락이(滿淸軍帽)에 增子(玉鷺)를 꽂고 紅紗를 布垂한 것을 쓰고 지나가는 者를 逢着하였다. 나는 덥어놓고

앞으로 나아가서 馬首를 執하였다. 그 武官은 곧 下馬하였다. 나는 淸語를 不解하기 때문에 懷中에 趣旨書 一張

을 書藏하였다가 淸人 中 文字를 解하는 者에게 該 趣旨書를 出示하던 것이다. 該 武官에게 該書를 示하였다.

該書를 讀未半에 忽然히 路上에 털썩 주저앉으며 放聲大哭하는지라 나 亦 놀라서 붙들고 理由를 問는다. 該 武官

이 書中 痛彼倭敵與我 不共戴天之讐 此等 字를 指點하며 다시 나를 붙들고 痛哭한다.

於是乎 나는 携帶하였던 筆筒을 꺼내어 筆談을 始하였다. 그 사람이 묻기를 倭는 어찌하여 君의 仇讎이뇨. 答.

우리나라는 壬辰으로부터 世世 國讎일 뿐 아니라 去月에 倭가 우리 國母를 焚殺하였음이라. 나는 反問한다. 君

이 初面에 如是 痛哭함은 何오. 彼 答. 我是 甲午에 平壤에서 戰亡한 徐玉生의 子(名은 忘却)이다. 江界觀察使에

照會하여 父親의 屍體를 찾아 달라 依賴하였더니 江界觀察의 回照에 父親 屍體를 찾아 놓았으니 와서 運柩하라

하였기로 가서 본즉 父親의 屍體가 아니기에 空返하는 途次라 한다. 自己 집은 錦州인데 家養兵 千五百名 中에

自己 父親이 千名을 領率 出戰하였다가 自己 父親과 같이 全滅되고 現在 우리 집을 守護하는 軍人 五百名이 있고

資産은 饒足하고 自己는 三十多歲요 妻는 幾歲요 子女 幾人이라고 詳細히 告한다.

나는 初也 平壤 普通野畔에 徐玉生戰亡處(日人所立)란 木碑를 본 것을 말하였다. 徐君은 나의 나이가 自己

年下이므로 나를 呼하기 되되(아우란 말)라고 自己더러는 哥哥(兄이란 말) 呼하라고 書示하고 곧 나의 짐어진

봇짐을 馬鞍에 달아매고 나를 붙들어 馬背에 올려 태우고 錦州를 向하여 馬鞭을 加하면서 언제까지든지 報讎할

時機가 오도록 우리 집에 가서 同居하자 한다. 나는 未安하여 같이 步行하기를 請한즉 徐君 曰 勿慮하라. 不過

十里에 官馬를 잡아탈 터이라 한다.

나는 馬上에서 곰곰 생각한다. 徐君 뜻을 보면 將來 交際에 좋은 길이 되겠으니 가서 같이 지내는 것은 極히

좋겠으나 先途하여 간 金亨鎭에게 事實을 通知할 길도 없고 또는 金利彦이가 倡義를 한다는데 其 內容을 알고 싶

은 생각에 期限이 없이 錦州 徐家에 逗遛할 마음이 없는지라 下馬하여 徐君을 向하여 여보 哥哥. 내가 故國 父母

를 離別한 지 幾近 一年에 消息을 알지 못하고 皇室 遭變 後에 政治現狀도 如何케 됨을 모르니 弟가 一次 回國하

여서 父母에게 承諾을 얻어 가지고 와서 哥哥와 常常的으로 同居하여 將來를 經營함이 如何오 한즉 徐君은 大端

히 悵然(창연) 缺然(결연)하여 弟弟(제제) 事情(사정)이 然(연)타 하면 從速(종속)히 故國(고국) 父母(부모)를 뵈온 後(후) 來會(내회)함을 再三(재삼) 涙托(누탁)하고 서로 作別(작별)하였다.

五六日(오륙일) 後(후)에 三道溝(삼도구)에 到着(도착)하여 이 집 저 집에 訪問(방문)하면서 金利彦(김이언)의 動靜(동정)과 其(기) 部下(부하)를

探察(탐찰)하는 中(중)이라. 首로(수로) 金利彦(김이언)은 好事(호사)의 癖(벽)이 있느니만큼 自信(자신)이 過(과)하여 人(인)의 謀(모)를 容納性(용납성)이 不足(부족)해 보이고 勇力(용력)이

은 絶等(절등)하여 當年(당년) 五十餘歲(오십여세)에 瀋陽(심양)의 五百斤(오백근) 火炮(화포)를 平坐(평좌)하여 兩手(양수)로 上之下之(상지하지)하였다 하나 나의 觀察(관찰)로는 心勇(심용)이

不足(부족)할까 하는 觀(관)이 있고 金利彦(김이언)보다는 其(기) 同志(동지)인 楚山吏房(초산이방)을 經(경)한 金奎鉉(김규현)이란 人士(인사)가 義節(의절)도 있고 劃策(획책)도 善能(선능)

하여 보이더라.

金利彦(김이언)은 倡義(창의)의 首領(수령)이 되어 가지고 鴨綠江(압록강)을 새에 두고 此邊(차변)은 楚山(초산) 江界(강계) 渭原(위원) 碧潼(벽동) 等(등)에 炮手(포수)를 密密(밀밀) 募集(모집)하

고 彼邊(피변)으로 淸國(청국) 沿江(연강) 一帶(일대)에 移住民(이주민) 炮手(포수)(家家(가가) 居半(거반) 獵銃(엽총)이 有함(유함))를 募集(모집)한 數(수)가 近(근) 三百(삼백)이라. 擧義(거의)의 名義(명의)는

國母(국모)가 倭仇(왜구)에게 被殺(피살)됨이 國民一般(국민일반)의 大辱(대욕)이니 坐忍(좌인)할 수 없다는 理由(이유)로 善文(선문)인 金奎鉉(김규현)이 檄文(격문)을 지어 散布(산포)하고

起兵(기병)할 謀議(모의)에 우리 兩人(양인)도 參加(참가)하여 나는 秘密(비밀)히 江界城(강계성)에 들어가서 火藥(화약)을 買入(매입)하여 背負(배부)하여 鴨江(압강)을 건네우고

楚山(초산) 渭原(위원) 等地(등지)에 潛行(잠행)하여 炮軍(포군)을 募集(모집)하여 갔다.

擧事(거사)한 때는 乙未(을미) 十一月(십일월) 初(초)이다. 鴨綠江(압록강)은 擧皆(거개) 氷板(빙판)으로 成結(성결)되어 三道溝(삼도구)에서 行軍(행군)하여 氷上(빙상)으로 江界城(강계성)까지

直達(직달)할 計劃(계획)이라. 나는 渭原(위원)에서 了事(요사)하고 策源地(책원지) 三道溝(삼도구)로 回還(회환)하다가 獨行(독행)으로 薄氷(박빙)을 밟아 가다가 몸이 江中(강중)

에 陷(함)하고 겨우 머리와 兩手(양수)만 氷面(빙면)에 남아 있을 때에 死力(사력)으로 솟아올라 陸地(육지)에 達(달)하였으나 衣服(의복)이 雰時間(삽시간)에

氷塊(빙괴)로 化(화)하여 一步(일보)의 動足(동족)이 難(난)하여 溺死(익사)는 纔免(재면)하였으나 凍死(동사)가 片刻間(편각간)에 在한(재한) 時(시)에 高喊(고함)을 聞한(문한) 山谷居民(산곡거민)이

나와서 自己(자기) 집으로 끌고 가서 救護(구호)하여 주어서 겨우 살아 갔다.

金利彦(김이언)에게 江界(강계) 進攻策(진공책)을 問한즉(문한즉) 已爲(이위) 江界兵營(강계병영)에 將校(장교)들의 內應(내응)이 有한즉(유한즉) 入城(입성)은 問題(문제)가 없다 한다. 그러면

該將校들이 純然한 愛國心으로 內應하는 것인가 其他 理由가 有한가. 金利彥은 如下히 答한다. 내가 旣爲 瀋陽

에 가서 仁明老爺를 親하고 賜馬까지를 該 將校들이 알고서 언제나 淸兵의 應援을 받아 오면 우리가

다 嚮應한다고 굳게 相約하였으니 所以로 入城은 容易하다 한다. 나는 또 물었다. 그러면 淸兵을 이번에 多少間

이라도 使用케 되느냐. 答. 금번은 못 되나 우리 擧事하여 江界라도 佔領하면 援兵이 온다고 한다.

그리고 募集한 炮手들의 服裝問題가 나서 나는 이런 意見을 主張하였다. 炮軍 中에는 淸語를 잘하는 者 많으니

幾十名은 淸兵長官의 服色을 하여 淸國 將校 或 大將이라 假飾하고 其餘는 韓服을 着하여 後方에 따르고 先頭에

는 君의 賜馬를 乘케 하고 長劍을 佩한 淸裝軍人이 先頭 入城함이 得策일까 한다.

理由는 江界城 將校들의 所謂 內應이란 것을 純全히 믿기 難한 것은 其者들은 但是 淸兵이 온다는데 內應이

지 義理上 內應이 아닌 데다가 淸兵의 影子도 없으면 勢不得已 反對方面으로 갈 것과 第一着으로 高山鎭을 쳐서

軍器를 奪取하여 가지고 第二次로 江界를 着手하기로 하는 데 對하여 不可를 力說하였다. 理由는 今에 三百餘의

炮手가 有한즉 이것만 가지고 疾風雷雨의 形勢로 馳入하면 先發隊가 비록 數爻가 不多하여도 우리의 뒤가 얼마

한지를 몰라야 必要하다는 말을 金奎鉉 白進士(京城人) 等은 다 나의 意見에 贊同하나 獨斷的인 金利彥은 反對

한다.

理由는 一. 淸裝과 淸將校의 假裝이니 우리가 堂堂하게 國母報仇를 傳檄한 以上 當然 白衣軍人으로 入城함이

可하고 二. 아직 軍人은 有하나 軍器가 不足하니 先次로 高山鎭(거기 말로 고사리)을 쳐서 軍器를 奪取하여 가지

고 翌日에 江界를 佔領함이 可하다 함이라.

우리 兩人은 金利彥이 固執하고 나가는 데 對하여 決裂의 態度는 取치 말고 따라가 보자 議定하고 第一着

高山鎭을 夜間에 侵入하여 軍器를 꺼내어 徒手從軍하는 者에 分配하고 翌日에 江界로 進軍하여 三更夜半에 全軍

이 氷上을 踏破하여 仁風樓 外 十里許에 先頭가 到着하자 江南岸인 松林 中에는 多數히 火繩(火繩銃) 불빛이 반

짝거리는 中으로 幾個 將校가(江界隊) 迎來하여 金利彦을 찾아서 첫번 말이 이번 오는 中에 淸兵이 있는가 問한

다. 金利彦은 爲先에 江界 佔領하고 通奇하면 곧 淸兵이 來한다 答하였다. 該 將校들은 搖頭而去하자마자 松林

中으로부터 砲聲이 轟轟하며 彈丸이 雨下한다. 左右 山谷이 險峻한 氷板上에 近 千名의 人馬가 大混雜을 演出하

여 물밀듯 도로 밀려 나가며 벌써 中彈而死하는 者 被傷 號哭하는 者가 있다.

나는 金亭鎭과 幾步를 退步하면서 相議한다. 金利彦의 今番 失敗는 永久 失敗라 다시 收拾을 못 할 터이니 우리

가 같이 退却한대야 아무 必要가 없고 生疎한 行色으로 被捉되기 易한즉 江界城 附近에서 避禍하여 故鄕으로 감

만 不如하다고 議決하고 山邊으로 올라서 江界城 咫尺인 村落에 入한즉 一洞이 全部가 避亂하고 家家無人이라.

한 집에 들어간즉 外戶內門을 不關하였으나 主人을 불러야 亦是 一個人도 없는 空家라. 內房에 入한즉 房 한 구

석에 화덕(山郡居民은 房 구석에 굿배기 火爐를 備設하여 煖爐로 代用하는 것)에 불이 이력이력한다. 우리 두 사

람은 火덕 옆에 앉아 手足을 녹이고 있노라니 방 안에서 기름 내음새와 술 내음새가 있다. 架上의 광주리를 꺼내

어 본즉 온갖 고기가 가득하였다. 爲先 雞脚과 猪脅을 숯불에 쪼여 먹는 즘에 布巾을 쓴 사람이 門을 가만히 열고

房 안을 들여다본다.

나는 거짓 책망을 한다. 웬 사람인데 夜半에 남의 집을 問議도 없이 侵入하는가. 그 사람이 恐懼하는 빛을 띠

고 하는 말이 이것은 내 집인데요 하고 머뭇거린다. 누가 主人이든지 如此 雪夜에 들어와 몸이나 녹이시오. 그

사람이 들어온다. 나는 물었다. 그대가 이 집 主人이라면 집을 비우고 어디를 갔더냐. 내가 보기에 主人 같아 보

이지 않으나 추울 터이니 고기나 자시오. 그 사람도 하도 어이가 없어 이야기를 한다. 오늘이 나의 어머님 大祥(대상)

입니다. 各處(각처) 弔客(조객)이 와서 行祀(행사)를 하려던 즘에 洞口(동구)에서 炮聲(포성)이 震動(진동)하므로 弔客(조객)이 散散奔走(산산분주)하고 나도 食口(식구)들을

山中(산중)에 갖다가 두고 잠시 왔던 길이오. 나는 一邊(일변) 失禮(실례)를 稱道(칭도)하고 一邊(일변) 慰安(위안)을 한다. 우리도 商業次(상업차)로 城內(성내)를

當到(당도)하자마자 亂離(난리)가 났다고 騷動(소동)을 하기로 村(촌)에 나와서 避亂(피란)을 할까 하고 와서 본즉 당신 집이 문이 열리었기로

들어왔고 들어와 본즉 饌物(찬물)이 있기로 饒饑(요기)를 하던 中(중)이니 亂時(난시)에는 이런 일도 있을 일이니 容恕(용서)하시오. 主人(주인)은

그제야 安心(안심)을 한다.

그리고 主人(주인)을 勸(권)하여 山中(산중)에 避隱(피은)한 食口(식구)를 還回(환회)하라고 하였다. 主人(주인)은 怯(겁)이 나서 하는 말이 至今(지금)도 본즉 洞口(동구)

外(외)에 兵隊(병대)들이 밀려가던데요. 兵隊(병대)가 무슨 일로 出發(출발)한다는지 들으셨소. 主人(주인) 曰(왈) 江(강) 건너(指 淸國지청국)서 義兵(의병)이 밀

려와서 江界(강계)를 치려다가 兵隊(병대)에게 몰려간다고 하나 멀리서 자꾸 炮聲(포성)이 들린즉 알 수 있습니까. 勝負(승부)가 어찌 될

지 압니까. 우리는 이렇게 말한다. 義兵(의병)이 오나 兵隊(병대)가 오나 村民(촌민)에게야 무슨 關係(관계)가 있겠소. 婦幼(부유)가 雪中過夜(설중과야)를

하다가 무슨 危險(위험)이 있을지 모르니 速(속)히 回家(회가)하게 하시오. 主人(주인) 曰(왈) 내 집 食口(식구)뿐 아니라 全洞(전동)이 擧皆(거개) 山上(산상)에 山上經夜(산상경야)할

準備(준비)를 하였은즉 손님은 過慮(과려)치 마시고 旣爲(기위) 내 집에 오셨으니 守家(수가)나 하여 주시오. 나는 山上(산상)의 食口(식구)들을 가서

보고 오리다. 그 집(仁風樓인풍루 外외 路邊노변 첫 洞里동리)에 宿過(숙과)하고 翌朝(익조)에 일찍이 出發(출발)하여 江界(강계)를 떠나서 狄踰嶺(적유령)을 넘어

數日(수일) 만에 信川(신천)에 到着(도착)하였다.

淸溪洞(청계동)을 向(향)하고 가는 길에서 探聞(탐문)한즉 高先生(고선생)의 집에 虎列刺病(호열자병)이 들어서 長子(장자) 長婦(장부)인 元明(원명) 夫妻(부처)가 一時(일시) 俱沒(구몰)

하였다는 驚報(경보)를 들었다. 洞口(동구)에 들어서서 먼저 高先生(고선생) 宅(댁)에를 가서 慰問(위문)하였다. 高先生(고선생)은 도리어 自若(자약)한 빛이

有(유)하나 나는 臆塞(억색)하여 무슨 말을 할 수가 없었다. 父母(부모) 계신 집으로 가려 하직을 할 때에 高先生(고선생)은 意味(의미)를 解(해)키

難한 한마디 말씀이 있다. 곧 成禮를 하게 하세.

듣고만 집에를 가서 父母님과 이야기하는 中에 네가 떠난 後에 高先生 孫女(元明의 長女)와 너와 約婚이 되었

다. 그제야 비로소 高先生 말씀하던 것을 깨달겠더라. 아버님과 어머님은 번갈아 가며 約婚하던 經過를 說明하

신다. 아버님 말씀. 네가 떠나간 後에 高先生이 집에 찾아오셔서 요새는 아들도 없고 매우 孤寂하실 터이니 내

舍廊에 오셔서 이야기나 하고 놀읍시다 한다. 감사하여 그 舍廊에를 가서 노는데 高先生은 네가 自幼時로 行動

하던 것을 細密히 묻더라. 그래서 나는 너의 어렸을 때에 工夫를 熱心하던 것과 海州 科場에서 極端의 悲觀을 품

고 돌아와 相書를 보다가 落心하던 말과 好心人 될 길을 찾아서 東學에 入道하던 말과 隣洞의 姜李 들은 祖骨을

賣買하는 死的 兩班이나 저는 心的 修養과 身的 實行으로 生的 兩班이 되겠다던 말을 하였다.

어머님 말씀. 어느 날에 高先生이 우리 집에를 오셔서 나더러도 너의 자랄 때 하던 學動을 물으시기에 네가

康翎서 長刀를 가지고 新豊 李 生員 집 兒孩들을 죽이러 갔다가 칼도 被奪하고 매만 맞고 왔던 것과 돈 二十兩을

腰帶하고 떡 사 먹으러 갔다가 저의 父親에게 매를 맞던 말과 내가 사서 둔 靑紅染料를 全部를 가져다가 개천에

풀어 놓은 것으로 때려 주던 일이며 아침에 울기를 시작하면 終日토록 울던 이야기를 했다.

아버님 말씀. 하루는 高先生 宅에 가서 놀더니 先生이 忽然 老兄 우리 집과 婚姻하였으면 어떻습니까 한다.

나는 무어라고 대답할지를 몰랐다. 先生은 다시 말씀을 한다. 내가 淸溪洞에 와서 있은 後로 無數한 靑年을 다

試驗하여 왔으나 당신 아들만 한 사람을 아직 보지 못하였고 不幸히 子婦 俱沒하고 본즉 나의 心身을 全部 依托

할 사람을 생각한즉 老兄 아들과 내 長孫女와 婚姻을 하고 나까지 昌洙에게 依托하면 어떻소. 나는 惶恐하여

先生에게 對하여 先生께서 그처럼 미거한 子息을 사랑하시는 것이 감사하나 班常의 別로나 德行으로나 제 집의

形便으로나 子息의 處地로 堪當할 수 없습니다. 제 子息이 內心은 어떤지 모르나 저도 自認함과 같이 外貌도 하

도 못나서 先生 門戶에 辱이 될까 恐한다 하였다. 高先生은 이런 말을 하더라. 知子莫如父라고 하나 내가 老兄

人中이 짧은 것이라든지 이마가 俗 붙은 것으로 걸음걸이가 將來 두고 보시오. 범의 내음새도 피우고 범의 소리

보다 좀 더 알는지 알겠소. 아들에게 對하여 못생겼다고 그다지 근심은 마시오. 내가 보건대 昌洙는 虎相입디다.

도 질러서 世上을 驚動케 할는지 알겠소. 그러그러 約婚을 하였다 한다.

나는 高先生이 그같이 나에게 囑望하고 自願하여 孫女를 許함에 對하여 責任이 重하고 盛意를 堪當키 難한 感

이 있으나 該 閨秀의 姿品이나 相當한 家庭敎訓을 受한 點으로나 滿足한 마음도 있다. 그 後는 高先生 宅에를 가

면 內庭에서도 認定하는 빛이 보이고 次孫女 六七歲兒는 나더러 아저씨라고 부르고 안아 주고 업어 주오 한다.

該 閨秀는 祖父 食床에 나의 밥과 兼設한 床을 들고 내가 앉은 자리에도 들어온다. 나는 마음에 퍽 기뻤다. 元明

夫婦의 葬禮도 내가 助力하여 지내었다.

高先生에게 淸國 遊歷한 始終을 一一이 報告하는 中에 鴨綠과 豆滿江 越便의 土地의 肥沃함과 地勢의 要隘와

人心狀態며 徐玉生의 子와 結義한 眞相과 回路에 金利彦을 만나서 擧義에 同參하였다가 失敗한 等等을 말씀하고

將來에 北方에 가서 活動地帶 卽 用武之地인 것을 周詳히 報告하였다.

適其時에 斷髮令이 나는 즘이라. 軍隊 警察은 擧皆 斷髮되고 文官도 各郡의 面長까지 實施하는 中이라. 高先

生과 相議하고 安進士와 義兵 倡起할 問題를 가지고 會議하다가 아무 勝算이 없이 일어나면 失敗할 것밖에 없

은즉 아직 擧起할 생각이 없고 아직은 天主敎나 奉行하다가 後日에 見機하여 倡義를 하겠으나 至今은 머리를 깎

게 되면 깎기까지라도 할 意向을 가지노라고 한다. 高先生은 두말 아니하고 進士 오늘부터 끊네(我國의 自來로

士類(사류)가 絶交(절교)하는 標示(표시)로 말을 마치고 退席(퇴석)하는 때에 나의 心事(심사)도 매우 齟齬(저어)하여진다.

此事(차사) 安 進士(안진사)의 人格(인격)으로 된 것이나 못 된 것이나 退席(퇴석)하는 때에 나의 心事(심사)도 매우 齟齬(저어)하여진다.

此事(차사) 安 進士(안진사)의 人格(인격)으로 된 것이나 못 된 것이나 義理之士(의리지사)는 頭可斷(두가단)이언정 自國 內(자국내)에 일어난 東學(동학)은 討伐(토벌)하고 洋夷(양이)가 하는 西學(서학)을 한다

는 말이 甚(심)히 怪異(괴이)하고 義理之士(의리지사)는 頭可斷(두가단) 髮不可斷(발불가단)(寧爲地下無頭鬼 不作人間斷髮人)(영위지하무두귀 부작인간단발인)이라는 義論(의론)을 持(지)하

는 때에 安 進士(안진사)가 斷髮(단발)할 意向(의향)까지 보임은 無義(무의)하지 않은가. 이런 생각을 하고 高 先生(고선생)과 相議(상의)하기를 速(속)히 成婚(성혼)

이나 하고서 淸溪洞(청계동)을 떠나기로 決定(결정)하였다.

무엇보다도 기뻐서 全力(전력)을 다하여 婚需(혼수)와 婚具(혼구)를 準備(준비)하기에 奔走(분주)한 中(중)이라. 어찌 뜻하였으랴. 好事多魔(호사다마)로 怪異(괴이)

父母(부모)님은 다른 子女(자녀)가 없고 但只(단지) 나 一個(일개)이므로 또는 高 先生(고선생)과 같은 훌륭한 家門(가문) 出身(출신)인 며느리를 맞게 됨이

한 일이 생긴다.

하루는 十餘里(십여리) 海州(해주) 檢丹 等地(검단등지) 親友(친우)의 집에 가서 일을 보고 日氣(일기) 저물어 그 집에서 자고 겨우 아침에 起床(기상)하

는 때에 高 先生(고선생)이 나를 찾아왔다. 千萬落心(천만낙심)하여 하는 말이 자네가 어렸을 제 뉘의 집에 約婚(약혼)을 하였다가 자네

不願(불원)하여 退婚(퇴혼)하였다고 하던 것이 到今(도금) 와서 問題(문제)가 되네그려. 내가 昨日(작일) 舍廊(사랑)에 앉았노라니 姓(성)이 金哥(김가)라고 하는

사람이 찾아와서 당신이 高某(고모)냐 問(문)하기로 然(연)하다 한즉 내 앞에다가 칼을 내어놓고 하는 말이 들으니 당신 孫女(손녀)

를 金昌洙(김창수)에게 許婚(허혼)하였다 하니 妾(첩)으로 주는 것이오 正室(정실)이오 묻기에 하도 怪常(괴상)하여 金哥(김가)를 責(책)하며 初面(초면)에 그게

무슨 無禮(무례)한 말이냐 한즉 金哥(김가)는 怒氣(노기)가 騰騰(등등)하여 하는 말이 金昌洙(김창수)의 正妻(정처)는 곧 나의 딸인데 이제 들으니 당신

孫女(손녀)와 結婚(결혼)을 한다 하기로 妾(첩)이라면 可(가)하나 正室(정실)이라면 이 칼로 生死(생사)를 決(결)하겠다 하기로 나는 金昌洙(김창수)가 從前(종전)에

約婚(약혼)한 곳이 有(유)하였으나 이미 罷婚(파혼)된 줄로 알고 許婚(허혼)을 하였으나 이제 그대의 말을 듣건대 依然(의연)히 約婚中(약혼중)이라 하

니 내가 金昌洙(김창수)를 보고 解決(해결)할 터이니 그대는 물러가라 하여 돌려보내었네. 이를 어찌 하자나. 우리 집안 女子(여자)들

은 大騷動(대소동)이 났네.

나는 이 말을 듣고 始初(시초)가 滋味(자미) 없이 된 것으로 보고 高(고) 先生(선생)에게 말씀한다. 제가 先生(선생)님을 信仰(신앙)한 本意(본의) 孫壻(손서)나

됨에 있지 않고 親炙(친자)叮嚀(정녕)한 敎訓(교훈)을 心骨(심골)에 銘刻(명각)하고 終身(종신)토록 聖敎(성교)를 奉行(봉행)하기로 心誓(심서) 以上(이상) 婚不婚(혼불혼)이 무슨 相關(상관)

이 되겠습니까. 婚事一款(혼사일관)은 서로 斷念(단념)하고 義理(의리)로만 先生(선생)님을 받들겠습니다 하였다. 말을 할 적에 事機(사기)가 이미

順調(순조)로 못 될 줄 알고 割斷(할단)하여 말을 하였으나 內心(내심)에는 매우 섭섭하였다.

高(고) 先生(선생)은 나의 말을 듣고 落淚(낙루)하며 自歎(자탄)한다. 나의 將來(장래)에 身心(신심)을 依托(의탁)할 만한 사람을 物色(물색)하기에 許多(허다) 心力(심력)

을 費(비)하여 자네를 만났고 더욱이 未婚(미혼)이므로 婚事(혼사)까지를 成約(성약)한 것인데 이런 怪變(괴변)이 어디 있겠나. 그러면 婚事(혼사)는

處無擧論(처무거론)일세. 그러나 當今(당금) 官吏(관리)가 斷髮(단발) 後(후)는 平民(평민)에게도 實行(실행)할 터이니 時急(시급)히 脫身(탈신)하여 髮禍(발화)를 免(면)하게.

老夫(노부)는 髮禍(발화)가 미치면 죽기로 作定(작정)하네 하더라.

여기서 已往(이왕) 歷事(역사)에 除外(제외)하였던 一事件(일사건)을 追述(추술)한다. 내 나이가 十四五時(십사오시)에 아버님이 어떤 酒店(주점)에서 咸鏡道(함경도)

定平人(정평인) 金致景(김치경)이란 함지박장사를 相逢(상봉)하여 醉中(취중)에 言往說來(언왕설래)하다가 金致景(김치경)의 八九歲(팔구세) 女兒(여아)가 有(유)함을 보고 弄談(농담)같

이 請婚(청혼)하였다. 金致景(김치경)은 婚事(혼사)를 承諾(승낙)하였다. 四柱(사주)까지 보내었다. 그 後(후)에는 아버님이 該(해) 女兒(여아)를 집에 種種(종종) 데려

온다. 나는 書堂(서당)에 다닐 때인데 洞里(동리) 兒輩(아배)들이 嘲弄(조롱)한다. 너는 함지박장사의 사위다 너의 집에 데려온 處女(처녀)가 곱

더냐 이런 嘲弄(조롱)을 받을 때의 心事(심사)가 不快(불쾌)한 데다가 一日(일일)은 冬寒(동한) 氷板(빙판)에서 팽이(쓰리)를 돌리며 놀더니 그 女兒(여아)가

나의 곁에 와서 구경하다가 自己(자기)도 팽이 一個(일개)를 깎아 달라는 말을 듣고 極端(극단)의 厭症(염증)이 發(발)하여 어머님에게 졸라서

그 女兒(여아)를 도로 보내었으나 婚約(혼약)을 解除(해제)한 것은 아니다.

그랬다가 甲午年(갑오년) 淸日戰爭(청일전쟁)이 起(기)하자 一般人心(일반인심)에 有子有女(유자유녀)한 者(자)는 婚姻(혼인)하기를 惟一時務(유일시무)로 알던 時(시)라. 當時(당시)는 東學(동학)

六〇

學接主를 하여 가지고 東奔西走하는 판에 하루는 집에 들어온즉 釀酒製餅하며 一切婚具를 準備하는 中이라. 나

는 限死하고 장가를 가지 않기로 父母님에게 請하였다. 父母님도 할 수 없어 金致景에게 子息이 絶對로 不願하

니 婚約을 解除하기로 相議하고 그대의 딸도 他處에 出嫁시키라고 한즉 金致景도 無妨히 생각하고 信川 水踰嶺

金致景이 移舍하여 酒商을 하던 時라(距 淸溪洞 十餘里許). 其時에 金致景이 高先生 宅과의 婚姻 所聞을 듣고서

妨害를 하면 돈이나 좀 줄 것으로 생각하고 짐짓 妨害한 것이라. 아버님이 憤氣撑天하여 곧 金致景의 집에 가서

싸움을 하였으나 已往之事요 金致景 內心에는 벌써 自己 딸은 隣洞에 돈을 받고 婚約하였다 한다.

高先生은 飛洞으로 우리 집은 基洞으로 搬移하고 나는 時急히 淸國 錦州 徐玉生의 집으로 갈 길을 作定하고

金亨鎭은 自己 本鄕으로 가기로 되어 同行을 못 한다.

單身으로 出發하였다. 平壤에 到着하니 觀察 以下 全部가 斷髮하고 길목을 막고 行人을 붙들어 머리를 깎인다.

或은 村으로 或은 山郡으로 避亂하는 人民의 冤聲이 載途함을 目擊하는 나는 머리끝까지 憤氣가 가득하여 安州

에 到着하여 揭示板을 본즉 斷髮停止令이더라.

傳聞한즉 京城서는 鍾路에서 市民들 斷髮의 所致로 大騷動이 起하

여 日人의 家屋을 破碎하고 日人을 多數히 打殺하는 等 變亂이 나고 當時 政府當局者에 大變動이 生하였다 한다.

그런즉 將次 國內 多事의 秋라 구태여 出國할 것이 없고 三南 方面에 義兵이 蜂起한다 하니 도로 回程하여 時勢

를 觀察하리라 決心하고 回程하여 龍岡郡에서 安岳郡 鷗河浦(安岳邑에서 東北 四十里許)로 渡船하는 中에 時는

丙申 二月 下旬이라.

江上에 冰山이 流動하여 十五六人의 男女船客이 該 冰山에 包圍되어 鎭南浦 下流까지 싸여 내려갔다가 潮水

를 따라서 다시 上流까지 오르락내리락하매 船客은 勿論 船夫들까지 冰魂이 된 줄 알고 遑遑 憫燥하는지라. 나도

年年이 結冰 解冰 兩致에 此等 津處에서 冰山의 包圍로 種種 慘事가 있는 것을 아는바 今日에 不幸히 危境에 陷한지라. 船中人이 擧皆 呼天呼母의 哭聲이 震動하더라.

나는 生路를 硏究한다. 該 船中에는 食糧이 없어 凍死보다 먼저 飢死할 터인데 渡船中에 當幸히 驢子 一匹이 있는지라. 冰山 包圍가 多日을 繼續할 터이면 殘忍하나마 不得不 驢子를 屠殺하여 十五六人의 生命을 保하기로 하고 한갓 號哭이 濟生의 途가 아닌즉 船役을 船夫에게만 依賴할 것 아니고 全部 船客이 一齊히 用力하여 冰山을 排擠하면 卒然間에 冰山이 退却지 않을지라도 身體運動만으로도 有益하다는 議論을 猛烈히 主張한즉 船客 船夫가 一齊히 應하는지라. 나는 奮身하여 冰山에 上하여 그 結成된 山勢를 視察하고 大山을 依據하여 小山을 排擠하기에 努力하던 中에 忽然히 一條 生路를 得한지라.

原處인 鷗河浦에는 達치 못하고 五里 外 江岸에 登하니 西山에 지는 달(月)이 아직 餘光이 있더라. 鷗河浦口 主人(旅館例兼)의 집에 入하니 風浪으로 因하여 留宿하는 客人 等이 三間 旅房에 彌滿한지라. 時間이 夜午가 넘은 고로 房房에서 鼻聲만 聞하더라. 우리 同苦同行도 房 三間에 分配하여 歇宿한다. 잠이 들자마자 行客들이 떠들며 今日은 日氣가 順하니 渡船케 하라고 야단이다.

國母報讐

移時하여 아랫房에서부터 朝食 始作이 되어 中房으로 上房까지 食床이 들어온다. 其時 中房에는 一個 斷髮人이

韓服을 着한 者가 同席한 行客과 人事를 하는데 姓은 鄭이라 하고 居住 長淵(其時에 黃海道에는 長淵이 先次로 斷髮되어 平民들도 斷髮한 者 或有하였다)이라 한다. 語調는 長淵 말이 아니고 京城 말인데 村翁들은 참朝鮮人으로 알고 이야기를 하나 내가 듣기에는 分明 是 倭놈이라. 仔細히 살펴보니 白布周衣(두루마기) 밑으로 劍匣이 보인다. 去路를 問한즉 鎭南浦로 간다 한다.

나는 그놈의 行色에 對하여 硏究한다. 저놈이 普通 商倭나 工倭 같으면 當地는 鎭南浦 對岸이므로 日日 數名의 倭가 倭의 本色으로 通行하는 곳이라. 當今 京城紛亂으로 因하여 閔后를 殺害한 三浦梧樓가 潛逃함이 아닌가.

萬一에 此倭가 三浦가 아니라도 三浦의 共犯일 것 같고 何如튼지 佩劍密行하는 倭로서는 우리 國家 民族의 毒菌일 것은 明白한지라. 저놈 한 名을 죽여서라도 國家에 對한 恥辱을 雪하리라.

이 十七八歲의 總角이 在傍하여 무슨 말을 한다. 나는 單身赤手가 아닌가. 섣불리 動手를 하다가 죽이도 못하고 내 목숨만 저놈의 칼 아래 끊어 보내지 않을까. 그래 된다면 나의 意志와 目的도 世上에 表示치 못하고 도적놈의 一個 屍體만 남기고 永遠의 길을 갈 것 아닌가. 또는 내가 赤手로 한 번에 죽일 수는 없고 죽을 決心을 하고 下手를 한다손 房中人들이 挽留할 것이요 挽留하는 時는 저놈 칼이 내 몸에 들어올 것이니 아무리 생각하여도 不可能의 事이다. 이런 생각할 때에 가슴이 울렁거린다.

環境과 力量을 살펴보건대 房 三間 總客員의 數가 四十餘名이요 저놈의 鷹犬이 幾名이 渾在한지는 不知나

心神이 자못 渾亂한 狀態에 陷하여 苦悶하던 中에 忽然히 一條 光線이 心膂에 射照한다. 그는 別物이 아니라. 高後凋(能善의 號) 先生의 敎訓 中에 得樹攀枝無足奇 懸崖撒手丈夫兒 此句라. 곧 自問自答을 한다. 네가 보기에 彼倭를 可殺可雪의 物로는 確認하느냐. 答. 然하다. 問. 네가 兒時부터 好心人 되기가 至願이 아니냐. 答. 然하

다。今에 可殺可雪의 讐倭를 죽이다가 成功을 못 하고 反히 倭劍에 死하면 다만 盜賊의 遺屍를 世上에 남기겠다

하니 그리하다면 너는 好心人 될 願은 거짓이고 好身好名人 될 至願이 아니던가。

於是乎 죽을 마음을 作定을 하고는 胷海에 風靜浪息하여 百計가 踵出한다。내가 房中 四十餘名 客員 洞人

數百名을 無形의 노끈으로 꽁꽁 동여서 發動을 못 하게 하고 彼倭에게는 不安의 狀態를 보이면 準備할 터이니 그

놈도 安心시키고나 一個人만 自由自在히 演劇을 出演하리라는 方法을 施한다。

을 받은 나는 四五匙에 一器飯을 다 먹었다。起立하여 主人을 呼出한즉 骨格이 俊秀하고 年約 三十七八歲나 됨

第一着으로 食床을 受하여 下房에서 先着 匙한 사람 자던 입에 새벽밥이라 三分 一도 못 먹었을 적에 나중에 床

直한 사람이 內門 前에 와서 어느 손님이 불렀소。네 내가 좀 청했습니다。다름 아니라 내가 오늘날 七百餘里

되는 山路를 踏破할 터인데 아침을 더 먹고 갈 터이니 밥 七床(卽 七人分)만 더 차리라 주시오。主人은 아무 대

답이 없이 나를 보기만 하더니 내 말은 대답도 아니하고 房中에 아직 밥을 먹는 客들을 보고서 하는 말이 젊은 사

람이 불쌍도 하다。미친(狂)놈이군! 한마디 말을 하고서는 內房으로 들어가 버렸다。

나는 한편에 드러누워서 房內 物議와 空氣를 보면서 倭놈의 動靜을 살펴본다。房內에는 兩派의 爭論이 起한다。

識者靑年들 中에는 主人 말과 같이 나를 미친 사람이라거니 긴 담뱃대를 食後 第一味로 붙여 물고 앉은 老人들은

該 靑年을 責하는 말로 여보게 말을 함부로 말게。至今인들 異人이 없으란 법 있겠나。이런 末世에 마땅히 異人

靑年들 말은 異人이 없겠지마는 저 사람 생긴 꼴을 보셔요。무슨 異人이 저렇겠어요。

이 날 때니。

그 倭놈은 別로 注意하는 빛이 없이 食事를 畢하고 中門 밖에 立하여 門柱를 依支하고 房內를 들여다보면서

總角兒의 食價會計하는 것을 看檢하고 있더라。나는 徐徐히 起身하여 大號一聲에 該 倭놈을 발길로 차서 한 길

이나 거반 되는 階下에 墜落시키고 쫓아 내려가며 倭놈의 목(項)을 한 번 밟았다. 三間 客房에 前面 出入門

이 合四羽라. 下房에 一羽 中房에 分合門 兩羽 上房에 一羽라. 該 房門 四羽가 一時에 열리자 該 門口는 人頭

가 爭出한다. 나는 몰려나오는 群衆을 向하여 簡單一語로 宣言한다. 누구든지 此 倭놈 爲하여 내게 犯하는 者는

擧皆 殺之하리라. 宣言 未已에 一時에 발에 채이고 발에 밟히었던 倭놈은 새벽 달빛에 劒光이 번쩍하며 나에게

달려든다. 나는 面上에 내려지는 劒을 避하면서 발길로 倭놈의 옆구리를 차서 거꾸러치고 칼 잡은 손목을 힘껏

밟은즉 칼이 저절로 땅에 떨어진다. 그때는 그 倭劒으로 倭놈을 머리로부터 발까지 點點이 亂刀를 친다.

二月 天氣라 마당에는 氷板이라. 血如湧泉하여 마당에 흐른다. 나는 손으로 倭血을 움켜 마시고 倭血로 塗面

하고 피가 뚝뚝 떨어지는 劒을 들고 房內로 進하며 아까 倭놈을 爲하여 나에게 犯코자 하던 놈이 누구냐. 房內에

房客이 미처 逃走하지 못한 者는 擧皆 蒲伏하고 將軍님 살려 주시오. 나는 그놈이 倭놈인 줄 모르고 普通 싸움으

로만 알고 말리려고 나가던 것입니다. 혹은 曰 나는 昨日에 海中에서 將軍님과 같이 苦生하던 商人입니다. 倭놈

과 같이 오지도 않았습니다. 그 中에 老人들은 나서 벌벌 떨면서도 아까 靑年들을 責하여 나를 言護한 것으

로 가슴이 나와서 하는 말이라. 將軍님 아직 知覺이 없는 靑年들을 容恕하십시오 하는 中에 主人 李和甫 先達이 敢

히 房內에도 못 들어오고 門外에 跪伏하여 曰 小人이 有目無珠하여 將軍님을 蔑視하였사오니 罪는 死無餘恨이올시

다. 그러하오나 倭놈과는 다만 밥 팔아먹은 罪밖에 없습니다. 아까 將軍님을 凌辱하였사온즉 죽어 마땅합니

한다. 네가 그놈이 倭놈인 것은 어떻게 알았느냐. 李 答. 小人이 浦口客主를 하는 탓으로 鎭南浦로 來往하는 倭

나는 房中에 蒲伏하여 떨고 있는 사람들을 向하여 내가 알아 할 터이니 起坐하라고 命하고 主人 李和甫에게 問.

가 種種 제 집에서 자고 다닙니다. 그러나 韓服을 하고 오는 倭는 今始初見이올시다. 問. 此 倭는 服色만 아니고

韓語(한어)가 能(능)한데 네 어찌 倭(왜)로 알았느냐. 李(이) 答(답). 數時(수시) 前(전)에 黃州(황주)로서 온 木船(목선) 一隻(일척)이 浦口(포구)에 들어왔는데 船人(선인)들의

말이 日本令監(일본영감) 한 분을 태워 왔다고 하기에 알았습니다. 問(문). 그 木船(목선)이 아직 浦口(포구) 繫在(계재)하였느냐. 答(답). 그렇습니

다. 나는 그 船人(선인)을 待令(대령)하라 하였다.

이와 같이 問答(문답)하던 즘에 能干(능간)한 李和甫(이화보)는 一邊(일변) 洗面器具(세면기구)를 들여오고 그 後(후)로는 밥 七器(칠기)를 一床(일상)에 놓고 또 一床(일상)

에 飯饌(반찬)을 놓아 들여다 놓고 먹기를 請(청)하는지라. 나는 洗面(세면)을 하고 밥을 먹게 되었다. 밥 한 그릇을 먹은지가

十分鍾(십분종)밖에 안 되었으나 過激(과격)한 運動(운동)을 하였으므로 한두 그릇은 더 먹을 수 있지마는 일곱 그릇씩은 될 수 없는

지라. 그러나 당초에 일곱 그릇을 더 要求(요구)한 말은 거짓말로 알리어져서는 재미없는 일이라. 큰 양푼 한 개를 請(청)

하여 밥과 식찬을 한데다 두고 순갈 두 개를 더 請(청)하여 한두 그릇 分量(분량)을 먹다가 순갈을 던

곁에서 보는 사람의 생각으로 몇 번에 그 밥을 다 먹겠고 하도록 보기좋게 한 두어 그릇 밥 한 덩이가 사발통만큼

지고 혼잣말로 오늘은 먹고 싶었던 원수의 피를 많이 먹었더니 밥이 들어가지를 않는다고 하고 食事(식사)는 마치고 일

의 措處(조처)에 着手(착수)하다.

倭(왜)놈을 싣고 온 船人(선인) 七名(칠명)이 門前(문전)에 跪伏請罪(궤복청죄)한다. 小人(소인)들은 黃州(황주)에 居生(거생)하는 船人(선인)이옵더니 倭(왜)를 싣고 鎭南浦(진남포)

까지 船價(선가)를 作定(작정)하고 가던 罪(죄)밖에 없습니다. 船人(선인)들에게 命令(명령)하여 倭(왜)놈의 所持品(소지품) 全部(전부)를 들여다가 調査(조사)한 結果(결과)

倭(왜)놈은 土田讓亮(토전양량)이고 職位(직위)는 陸軍中尉(육군중위)요 所持金(소지금)이 葉錢(엽전) 八百餘兩(팔백여냥)이더라.

該(해) 金額(금액) 中(중)으로 船價(선가)를 計給(계급)하고 李和甫(이화보)더러 洞內(동내) 洞長(동장)을 부른즉 李(이) 曰(왈) 小人(소인)이 洞長(동장) 名色(명색)이올시다 한다. 洞中(동중)의

極貧戶(극빈호)에 該(해) 餘金額(여금액)은 配贈(배증)을 명령하고 倭(왜) 屍體(시체)를 어찌하오리까 함에 對(대)하여는 이렇게 分付(분부)하다. 倭(왜)놈 우리 朝鮮(조선)

의 사람만 원수가 아닌즉 바다 속에 던져서 魚鼈(어별)까지 즐겁게 뜯어먹도록 하여라 하고 李和甫(이화보)를 불러서 筆具(필구)를

待令하라 하여 數行의 布告文을 썼다. 理由는 國母報讎의 目的으로 此倭를 打殺하노라 하고 末行에 海州 白雲坊

基洞 金昌洙라 써서 通路 壁上에 붙이고 다시 李和甫에게 命令하기를 네가 本洞 洞長인즉 곧 安岳郡守에게 事件

의 顚末을 報告하여라. 나는 내 집에 가서 下回를 보겠다. 그런데 紀念으로 倭놈의 劒은 내가 가지고 간다.

出發코자 한즉 全身 衣服이 白衣가 紅衣가 되었으나 幸히 벗어 걸었던 周衣가 있으므로 허리에 劒을 佩하고

安閒한 態度로 行客과 洞中人 數百名이 捆集 觀光하는 叢中으로 歸路의 길을 떠났다. 內心에는 甚히 燥急하다.

洞人들이 禁住하고 네가 復讎를 하였든지 무엇을 하였든지 네가 내 洞里에서 殺人을 하였은즉 네가 있다가 일을

當하고 가라 하면(이것은 내 생각뿐이지 그때 나에게 그런 理論을 提出할 者는 없을 것이다) 事實說明도 할 餘暇

도 없이 倭놈들이 와서 죽일 것이라. 빨리 나가는 발길을 일부러 천천히 걸어서 嶺上에를 올라서 곁눈으로

鷗河浦를 내려다본즉 依然히 사람이 모여 서서 나의 가는 것을 구경하더라.

時間은 아침 해가 곧 비거리나 올라왔더라. 고개를 넘어서는 빨리 걸어 信川邑에 到着하니 그날은 信川邑 市日

이라. 市中의 이곳저곳서 鷗河浦 이야기가 난다. 오늘 새벽에 鴟浦나루에서는 壯士가 나타나서 日人을 한 주먹으

로 때려죽였다지. 그래 그 장사하고 같이 龍岡서부터 배를 타고 왔다는 사람을 만났는데 그 壯士가 나이는 二十도

못 되어 보이는 少年이더라는데 江上에 冰山이 몰려와서 배가 그 새에 끼여서 다 죽게 되었는데 그 少年壯士가 큰

冰山을 손으로 밀어내고 사람을 다 살렸다던데. 혹은 그 壯士는 밥 일곱 그릇을 눈 깜짝할 새 다 먹더라는걸.

이런 말을 듣다가 信川 西部 柳海純(前者 東學 親舊)을 찾아갔다. 柳氏가 寒喧 後에 兄의 몸에서는 피비린내가

난다 하며 자세히 보더니 衣服에 웬 피가 저다지 묻었소. 길에 오다가 왜가리(새 이름) 한 마리를 잡아먹었더니 피

가 묻었소이다. 그 칼은 웬 것이오. 여보 老兄이 東學 接主 노릇 할 적에 남의 돈을 많이 强奪하여 두었다는 말을 듣

고 强盜질을 왔소. 柳氏曰 東學 接主가 아니고서 그런 말을 하여야 믿지요. 어서 眞情을 말하라고 조른다.

나는 大綱 經過를 말하였다. 柳海珏 柳海純 兄弟는 놀라면서 果是 快男兒 所爲라 하고 本宅으로 가지를 말고

他處로 避身을 强勸한다. 나는 絶對不可로 말한다. 사람의 일은 光明하여야 사나 죽으나 값이 있지 世上을 속이

고 苟且히 살기만 도모하는 것은 丈夫의 事 아니라 하고 곧 떠나서 집에 돌아와 아버님께 所行事를 一一이 報告

한즉 父母님 亦是 避身을 力勸하나 나는 今番 殺倭는 私感所致가 아니요 國家大恥를 爲한 動擧인즉 區區히 避身

할 心理가 有하다면 當初에 그런 일을 하지 않았을 것이오. 已爲 實行한 以上에는 自然 法司의 措置가 有할 터이

니 그때에 當하여 一身을 犧牲하여 萬人을 敎訓하면 雖死猶榮이오니 子息 所見에는 집에 앉아서 當할 때로 當하

는 것이 於義에 至可할 줄 생각합니다. 아버님도 다시 强勸을 아니 하시고 이런 말씀을 하셨다. 내 집이 興하든

亡하든 네가 알아 하여라.

投獄

그럭저럭 三朔餘에 아무 消息이 없더니 丙申 五月 十一日 舍廊에서 아직 잔 자리에서 일어도 나기 전인데 어

머님이 급히 舍廊門을 열고 이애 우리 집 앞뒤에는 無數히 보지 못하던 사람들이 둘러싸누나. 말씀이 끝나자

數十名이 鐵鞭 鐵椎를 가지고 달려들며 네가 金昌洙냐 묻는다. 나는 그렇거니와 그대들은 무슨 사람인데 이같

이 搖亂하게 人家에 侵入하느냐. 그제야 內務部令을 等因한 逮捕狀을 보이고 海州로 押上의 길을 떠난다. 巡檢과

六八

使令이 都合 三十餘名이요 나의 몸은 쇠사슬로 여러 겹으로 동이고 앞뒤에 서서 쇠사슬 끝을 잡고 其餘는 擁衛

하여 간다. 洞內는 二十餘戶 全部가 門族이나 畏懼하여 一名도 敢히 내어다보지를 못하더라. 隣洞 姜 李氏 들은

金昌洙가 東學 한 罪로 被捉되는 줄 알고 수군거리더라.

二日 만에 海州獄에 入하였다. 어머님과 아버님이 다 海州로 오셔서 어머님은 밥을 빌어다가 먹여 주시는 俗談

의 獄바라지를 하시고 아버님은 自己가 前者에 常套的 넉넉지 못하신 使令廳 營吏廳 楔房 들의 交涉手段으로

解放을 圖謀하지마는 時勢가 前보다 달라지고 事件이 하도 重大하므로 아무 效果가 없었다.

滯獄 後 一月餘에 訊問이 開始된다. 獄에서 쓰던 大全木칼을 목에 걸고 宣化堂 뜰에 들어갔다. 監司 閔泳喆이

問曰 네가 安岳 鴟河浦에서 日人을 살해하고 도적질을 하였다니 事實이냐. 答. 그런 일 없소. 又問. 너의 行蹟에

證據가 昭然한데 否認을 하느냐. 執刑하라는 號令이 나자 使令들이 나의 두 발과 두 무릎을 한데 찬찬 동이고 다

리 사이에 朱杖 두 개를 들이밀고 한 놈이 한 개씩 잡아 左右를 힘껏 눌러서 單番에 脛骨이 허옇게 露出되었다.

나의 왼 다리 정강마루에 큰 傷痕이 곧 이것이라. 나는 織口不說하다가 畢竟은 氣絶되었다. 刑을 中止하고 面上

에 冷水를 뿌려서 回生시키고 다시 묻는다. 나는 監司를 보고 말한다. 本人의 逮捕狀으로 보면 內務部訓令 等因

이라 하였은즉 本觀察府에서 處理할 수 없는 事件인즉 內務部에 報告만 하여 주시오 한즉 다시는 아무 말이 없이

도로 下獄하였다.

近 二朔을 經過하였다. 七月 初에 仁川으로 移囚가 되어 仁川監理營으로 四五名의 巡檢이 海州로 와서 領去한

다. 事機가 이 지경이 된즉 아버님은 本鄕으로 가서 如干 家産什物과 家屋까지 放賣하여 가지고 仁川이든지 서울

이든지 내가 가는 대로 따라가서 下回를 보기로 하고 本鄕으로 가시고 어머님만 나를 따라서 仁川으로 同行을 한

다.

當日로 延安邑에서 一泊하고 翌日은 羅津浦를 向하는 途中 延安邑에서 約 五里許의 路傍 墓 側에서 日氣가

炎熱이므로 巡檢들이 외를 사서 먹으며 앉아 歇脚을 한다. 該 墓傍에 竪한 碑文을 본즉 孝子李昌梅之墓라 하였

고 碑 後面에 刻字를 본즉 어느 임금이 李昌梅의 孝誠에 對하여 孝子旌門을 賜하였다고 하였고 李昌梅 墓傍에

李昌梅 父親의 墓라고 있는데 李昌梅는 本是 延安通引으로 該父 死葬 後에 四時로 風雨不撤하고 侍墓를 至誠으로

하여서 墓前에 신을 벗은 자리부터 一步一步 拜墓地까지 걸어간 발자국 두 무릎을 꿇 자국과 香爐 香盒을 놓았던

자리에는 永永 草木이 生치 못하였고 萬一 사람이 그 움쑥움쑥 패인 자리를 흙으로 메우면 즉시로 雷聲이 震動하

며 大雨가 下하여 메운 흙을 씻어낸다는 말을 近處 사람과 巡檢 들이 이야기를 한다.

눈으로 그 碑文을 보고 귀로 그 이야기를 듣는 나는 巡檢들이 알세라 어머님이 알세라 피가 섞인 눈물을 흘리

며 李昌梅에게 待罪를 한다. 다 같은 사람의 子息으로 李昌梅는 父母가 죽은 後까지 저러한 孝跡이 有하니 其

父母 生前에 父母에게 對하여 어떠하였을 것을 알 것이다. 나의 뒤를 따라 魂不付身하여 허둥지둥 따라와서 내

곁에 앉아서 하염없이 寒心을 짓고 계신 어머님을 볼 수 없고 李昌梅는 墓中으로부터 復活하여 나를 向하여 네가

樹欲靜而風不止의 句를 읽지 못하였느냐고 責妄하는 듯싶었다. 起身 出發할 時에 나는 李昌梅 무덤을 다시금 돌

아보며 數없는 心拜를 하였다.

陸行은 羅津浦까지 끝나고 배를 탔다. 丙申 七月 二十五日 月色이 없이 天地가 캄캄하고 물조차 소리뿐이다.

江華島를 지나던 즘에 終日 炎天에 步行으로 오던 巡檢들은 放心하고 다 잠을 든 것을 보시고 어머님은 뱃사공도

듣지 못할 입안에 말씀으로 내에 말씀을 한다. 이애 네가 이제 가서는 왜놈 손에 죽을 터이니 맑고 맑은 물에 너

와 나와 같이 죽어서 鬼神이라도 母子 같이 다니자. 이 말씀을 하시고는 내 손을 끄시고 뱃전으로 가까이 나가신

다. 나는 惶悚無地한 中에 어머님을 慰安한다. 어머님은 子息이 이번 가서 죽는 줄 아십니까. 決코 죽지 않습니

다. 子息이 國家를 위하여 하늘에 사무치게 精誠을 다하여 원수를 죽였은즉 하늘이 도우실 테지요. 分明히 죽지

않습니다. 어머님은 自己를 慰安하는 말씀으로 들으시고 또다시 손을 끄시는 것을 子息의 말을 왜 안 믿으시냐고

胆大히 主張하는 말에 投江 決心을 中止하시고 다시 말씀을 하신다. 너의 父親과도 約束하였다. 네가 죽는 날

이면 양주 같이 죽자고. 어머님은 내가 죽지 않는다는 말씀을 幾分間 믿으시므로 하늘을 向하여 두 손을 비비시

면서 알아듣지 못할 낮은 音聲으로 祝願을 하는 모양이더라.

仁川獄에 들어갔다. 내가 仁川으로 移囚된 原因은 甲午更張 以後에 外國人 關係 事件을 裁判하는 特別裁判所더

라. 獄의 位寘는 內里 마루에 監理署가 있고 左翼에 警務廳이고 右翼에 巡檢廳이요 巡檢廳 앞으로 監獄 있고 그

앞에 路上을 統制하는 二層門樓가 있다. 獄은 外圍에 墻垣을 높이 쌓고 담 안에 平屋 數間이 있고 折半하여 한편

에는 懲役囚와 強竊殺人 等 囚를 收容하고 半分은 所謂 雜囚 卽 民事訴訟과 違警犯 等을 收容하더라. 刑事被告

의 旣決囚는 靑色衣를 着하고 上衣 背面에 強盜 殺人 竊盜 等의 罪名을 墨書하고 屋外에 出役時는 左右 肩臂를

아울러 쇠사슬로 동이고 一組兩人으로 背上에는 자물쇠를 채우고 押牢가 領率하고 다니더라. 入獄 卽時로 나는

賊囚間의 九人用 長梏의 中段에 嚴囚한다.

鴟河浦서는 李和甫를 一朔 前에 逮捕 押上하여 仁川獄에 가둔 것이라. 李和甫가 나를 보고서 매우 반긴다. 그

는 自己의 無罪한 證據를 提出할 줄 앎일네라. 李和甫의 家 壁上의 布告文은 倭놈이 가서 調査할 제 떼어 감추고

純全히 殺人強盜로 交涉한 것이더라.

어머님은 나를 獄門(옥문) 밖까지 따라와 獄門(옥문) 안으로 들어가는 것을 보시고는 눈물을 흘리시고 섰는 것까지만 잠

시고개를 돌려서 보았다. 어머님이 비록 下鄉農村(하향농촌)에서 生長(생장)을 하셨으나 凡事(범사)에 可堪(가감)하시고 더욱 針線(침선)이 能하

신지라. 무슨 일이 손에 걸렸으랴마는 子息(자식)의 命(명)을 救(구)키 爲(위)하여 監理署(감리서) 三門(삼문) 外(외)에 開城人(개성인) 朴永文(박영문)의 집에를 들어

가서 所從來(소종래)를 잠시 이야기하고 그 집에 동자꾼으로 請(청)하였다. 그 집은 當時(당시) 港內(항내)의 有名(유명)한 物商客主(물상객주)라. 內房(내방)에

炊飯事務(취반사무)와 衣服針作(의복침작)이 매우 煩多(번다)한 탓으로 雇傭(고용)으로 被選(피선)되었고 條件(조건)은 一日(일일) 三時(삼시)로 獄(옥)에 밥 한 그릇씩을 갖다

주기로 한 것이다. 押牢(압뢰)가 밥을 받아서 들여 주면서 네 母親(모친)도 依接(의접)이 되었고 네 밥도 每日(매일) 三時(삼시)로 들여 줄 터이

니 安心(안심)하라고 한다. 同囚(동수)들도 매우 부러워하더라.

古人(고인) 云(운) 哀哀父母生我劬勞(애애부모생아구로)라 하였으나 나의 父母(부모)는 生我時(생아시)에도 非常劬勞(비상구로)를 하셨고 活我(활아)에는 千重萬金(천중만금)의 劬勞(구로)를

備嘗(비상)하시도다. 佛書(불서) 云(운) 父母與子女(부모여자녀)는 千生百劫(천생백겁)에 恩愛所遺住(은애소유주)라 한 말이 虛言(허언)이 아니로다.

獄內(옥내)가 極히(극히) 不潔(불결)하고 아직 夏炎(하염)이라. 나는 長窒扶斯(장질부사)에 罹(이)하여 苦痛(고통)이 極度(극도)에 達(달)하여 自殺(자살)의 短見(단견)을 取(취)하여

同囚(동수)들이 잠이 든 때를 타서 額上(액상)에 손톱으로 忠字(충자)를 刻書(각서)하고 腰帶(요대)로 結項(결항)하고 드디어 絶息(절식)되었다. 絶息(절식)된 片刻(편각)

으로 나는 本鄉(본향)에를 가서 平時(평시)에 親愛(친애)하던 再從弟(재종제) 昌學(창학)(卽今(즉금) 泰運(태운))이와 놀았다. 古詩(고시)에 故園長在目魂去不須招(고원장재목혼거불수초)가

實非虛語(실비허어)로다.

忽然(홀연) 精神(정신)이 恢復(회복)되니 同囚(동수)들이 高喊(고함)하여 죽는다고 騷動(소동)을 한다. 그者(자)들이 나의 죽음을 위하여 그리하는 것이

아니라 내가 絶息(절식)될 때에 무슨 激烈(격렬)한 搖動(요동)이 있었던 것이더라. 그 후로는 여러 사람의 注意(주의)로 自殺(자살)할 餘暇(여가)도 없

으려니와 그 후로는 病魔(병마)가 죽여서 죽든지 원수가 죽여서 죽든지 죽는 것은 無奈何(무내하)어니와 自殺(자살)은 不當(부당)

하다고 생각된다. 그런 사이에 取汗(취한)은 되었으나 十五日(십오일) 동안에 飮食(음식)은 입에 대어 보지를 못하였다.

그때에 마침 訊問된다는 기별이 있다. 나는 생각을 한다. 내가 海州에서 다리뼈까지 드러나는 惡刑을 當하고

죽는 데까지 이르면서도 事實을 否認한 것은 內務部에까지 가서 大官들을 對하여 發說하자는 本意이나 不幸히 病

으로 죽게 되었으니 不得不 이곳에서라도 倭놈 죽인 趣旨나 말을 하고 죽으리라는 마음을 作定하였다.

그러자 押牢의 등에 업히어 警務廳으로 들어갔다. 업히어 들어가며 살피어 본즉 盜賊 訊問하는 刑具를 森嚴하

게 設備하였더라. 押牢가 업어다가 門外에 앉히는 나의 形容을 본 當時 警務官 金潤晶(尹致昊의 丈人)은 어찌하

여 저 罪囚의 形容이 저렇게 되었느냐고 물은즉 熱病으로 그리되었다고 押牢가 報告하더라. 金潤晶은 내게 묻는

다. 네가 精神이 있어 足히 묻는 말을 對答할 수 있느냐. 答. 精神은 있으나 聲帶가 말라붙어서 말이 나오지 않으

니 물을 한 잔 주면 마시고 말을 하겠소. 곧 廳直이더러 물을 가져다가 먹여 주더라.

金潤晶 庭上 앉아 循例대로 姓名 住所 年齡을 묻고 事實에 들어가 네가

殺害한 事 有하냐. 答. 本人이 그날 그곳에서 國母의 報讎하기 爲하여 倭仇 一名을 打殺한 事實이 있소. 나의 이

對答을 들은 警務官 總巡 權任 等이 面面이 脈脈相視할 따름이요 庭內는 非常히 沈黙하여진다.

나의 옆으로 椅子에 걸어앉아서 訊問에 傍聽인지 監視인지 하고 있던 渡邊 巡査 倭놈이 訊問 開頭에 庭內

가 沈黙하여진 것을 疑訝하여 通譯으로 質問하는 것을 이놈! 一聲으로 死力을 盡하여 號令한다. 現今 所謂

萬國公法 國際公法이니 하는 條規 가운데 國與國間 通商通和條約을 締結한 후에 그 나라 임금을 殺害하는

條文이 있느냐. 개 같은 倭놈아 너희는 어찌하여 우리 國母를 殺害하였느냐. 내가 죽으면 神으로 살면 몸으로 네

임금을 죽이고 倭놈을 씨도 없이 다 죽여서 우리 國家의 恥辱을 雪하리라. 痛罵하는 것이 畏懼하여서이던지 渡邊

이놈이 칙소 칙소(畜生) 하며 大廳 後面으로 逃隱한다.

庭內에는 空氣가 緊張하여진다.

말씀하여 와 主訊하여야 하겠다고 하더니 幾分 後 監理使 李在正이 들어와 主席에 앉는다. 金潤晶은 訊問하던

眞狀을 報告하더라. 其時 庭內에서 參觀하는 官吏와 廳屬 들이 分付 없이도 찻물을 갖다 마시워 준다.

나는 庭上 主席인 李在正에게 發問한다. 本人은 下鄕의 一個 賤生이나 臣民의 一份子 된 義理로 國家奇恥를

當하고 白日靑天下에 나의 影子가 부끄러워서 一名 倭仇라도 죽였거니와 내가 아직 우리 사람으로 倭皇을 죽여

復讐하였단 말을 듣지 못하였거늘 至今 當身들이 蒙白을 하였으니 春秋大義에 君父의 怨讐를 갚지 못하면 蒙白을

아니한다는 句節도 읽어 보지 못하고 한갓 榮貴와 寵祿을 盜賊질하는 더러운 마음으로 人君을 섬기느냐. 李在正

金潤晶으로 爲始하여 數十名의 參席한 官吏들이 내 말을 듣는 光景을 본즉 各各 面上에 紅唐무우의 빛을 띠우더

라. 李在正이가 마치 내게 하소연하는 말로 昌洙의 至今 하는 말을 들은즉 그 忠義와 勇敢을 欽慕하는 反面에 내

惶愧한 마음도 比할 데 없소이다. 그러나 上部의 命令대로 訊問 上報하려는 것뿐인즉 事實이나 詳細히 供述하여

주시오. 金潤晶은 나의 病情이 아직 危險함을 보고 監理와 무슨 말을 소근소근하고서는 押牢를 命하여 도로 下獄

시켰다.

어머님이 訊問한다는 所聞을 들으시고 警務廳 門外에서 押牢의 등에 업히어 들어감을 보시고 身病이 저 지경이

되었으니 무슨 말을 잘못 대답하여 當場에나 죽지를 아니할까 하는 근심이 가득하다가 訊問 開頭부터 官吏 全部

가 떠들기를 始作하며 벌써 監理營 附近 人士들은 稀貴한 事件이라고 구경을 하는 者 庭內는 立足地가 없고 門外

까지 圍立하여서 참말 別人이라. 아직 兒孩인데 事件이 무엇이냐. 그리고 아까 監理使道를 責妄을 하는데 使道도 아무

少年인데 閔中殿 媽媽의 復仇次로 倭놈을 打殺하였다나.

七四

對答을 잘 못하던걸. 이런 이야기가 狼藉하더라. 내가 押牢의 등에 업히어 나가면서 어머님의 面色을 살피어본즉 若干의 喜色을 띠우는 것은 여러 사람들이 구경한 이야기를 들으신 까닭인 듯한데 나를 업고 가는 押牢도 어머님을 對하여 당신 安心하시오. 어쩌면 이런 虎狼이 같은 아들을 두셨소 하더라.

내가 監獄에 들어가 獄中에서도 一大騷動을 일으켰다. 소리를 霹靂같이 지르며 官吏를 痛罵한다. 前日에 내가 아무 意思를 發表 아니 한 때는 待遇를 强盜로 하나 무엇으로 하나 緘黙하였다마는, 今日은 正當히 意志를 發表하는데 對하여 나는 크게 憤慨하였다. 나를 이다지 忽待하느냐. 나는 劃地爲獄이라도 義不出이다. 내가 當初에 逃生의 念이 있었거든 倭놈을 죽이고 住址와 姓名을 具하여 布告를 하고 내 집에 와서 三朔餘나 逮捕를 기다리고 있었겠느냐. 너희 官吏輩가 倭놈을 기쁘게 하기 爲하여 내게 이런 劣待를 하느냐. 이런 말을 하면서 搖動을 하였던지 한 착고 구녕에 같이 발목을 넣고 있는 者가 左右로 四人式 合 九人인데 左右에 있는 囚人들이 말을 보태어서 내가 한 다리로 左右 八名과 착고 全部를 들고 일어서는 바람에 저희들의 발목은 다 부러졌다고 고함 야단이다. 金潤晶이가 즉시 獄內에 들어와 景光을 보고 애꿎은 押牢를 責한다. 그 사람은 與他自別한데 왜 賊囚와 渾處를 시키느냐. 하물며 重病이 있지 않으냐. 卽刻으로 좋은 방으로 옮기고 身體에 對하여 拘束은 조금도 말고 너희들이 잘 保護하여 드려라. 其時터는 獄中王이 되었다.

그러자 어머님이 獄門 밖에서 面會를 오시는데 焦悴한 얼굴에도 喜色이 돈다. 어머님 말씀이 아까 네가 訊問받고 나온 뒤에 警務官이 돈 一百五十兩(現今 三圓)을 보내고 네 補藥을 먹이라고 하더라. 오늘부터는 主人 內外는 勿論이요 舍廊 손님들도 나에게 매우 尊敬하며 獄中에 있는 아드님이 무슨 飮食을 자시고자 하거든 말만 하면 다

해 주겠다고 한다. 日前에는 어떤 뚜쟁이 할미가 와서 當身이 아들을 위하여 이곳에서 雇用을 하는 것보다는 내

가 중매를 서서 돈 많고 權力도 많은 男便을 얻어 줄 터이니 그리 가서 옥에 밥도 맘대로 해 가져가고 일도 周旋

하여 速히 나오도록 하여 주는 것이 어떠냐 하기로 나는 男便이 있어 日間에 此處에 온다고 말한 일도 있다. 그

말씀을 들으니 天地가 아득하다. 그것이 다 이놈의 罪올시다 하였다.

李和甫는 불려가서 訊問當할 때나 獄中에서나 金昌洙는 智勇이 兼全하여 莫能當之요 一日行步七百里와

一回能食七器飯 한다고 宣傳을 하고 내가 監獄에서 야단을 할 때나 罪囚들이 騷動할 때나 李和甫 自己가 已往에

한 말이 符合이나 되는 것처럼 떠든다. 그는 自己가 自己 집에서 殺人을 하는데 袖手하고 있었으며 殺人 後라도

殺人者를 結縛하여 놓고 官廳에 告發을 할 것 아니냐고 訊問을 當한 所以더라.

翌日부터는 獄門 前에 知面 面會를 請하는 人士들이 하나둘 생기기 始作된다. 그것은 監理署 警務廳 巡檢廳

使令廳 等 數百名 職員이 各各 自己의 所親대로 濟物浦 開港된 지 九年 卽 監理署 設立된 後에 처음 보는 稀貴한

事件이라 자랑 兼 宣傳이 된 까닭이더라.

港內 有權力者와 勞働者까지도 아는 官吏에게 金昌洙 訊問할 때는 알게 하라는 請囑이 많다는 말을 듣던 차

第二回 訊問日을 當하였다. 그날도 亦是 押牢 背上에 업히어 獄門 밖을 나서면서 四面을 살피어본즉 길에는 사람

이 가득 찼고 警務廳 內는 各廳 官吏와 港內 有力者들이 모인 모양이고 담장 꼭대기와 지붕 위에까지 警務廳 뜰

이 보이는 곳은 사람들이 다 올라갔다.

庭內에 들어가 앉으니 金潤晶이 슬쩍 내 곁으로 지나가며 오늘도 倭놈이 왔으니 기운껏 號令을 하시오 한다.

(그때는 金潤晶이 幾分의 眞心이 있은 듯하나 오늘까지 소위 京城府 參與官 노릇을 하고 있는 것을 보면 其時

에 迅問庭을 한 演劇場으로 認하고 나를 俳優의 一名으로 衆人에게 구경시킨 것이라고 解釋할 듯도 하다. 그러

나 無恒輩의 所爲로 其時는 義俠心이 좀 생겼다가 날이 오래지는 대로 마음이 變한 것으로도 볼 수 있다.) 다시

訊問을 始한 後는 訊問에 對하여는 나는 前日에 다 말하였으니 다시 할 말이 없다고 말을 끝막고 後房에 앉아서

나를 넘겨다보는 渡邊을 向하여 痛罵를 하다가 다시 獄에 돌아온 後는 日日 面會人數가 增加된다. 와서는 나는

港內에 居住하는 某이 올시다. 당신의 義氣를 사모하여 訊問庭에서 얼굴은 뵈었소이다. 설마 오래 고생할라고요.

安心하고 지냅시고 出獄 後에 한 床씩 盛備하여 들여 준다. 나는 그 사람들의 情에 感心하여 보는 데 몇 點式 먹고는

面會 올 때는 음식을 한 자리에서 반가이 뵈옵시다. 그런 말들이다.

賊囚間에 循次로 分配하여 준다. 其時에 監獄制度는 實施하는 모양이나 罪囚들의 食料를 規則的으로 날마다 分配

하는 것이 아니라 懲役囚라도 짚신 삼아서 押牢가 引率하고 街上에 나가 팔아다가 粥이나·쑤어 먹는 판이라. 내

게 가져오는 飮食은 各其 準備하는 사람이 되도록 盛備한 것이라 囚徒도 囚徒려니와 나도 처음 먹는 飮食이 많은

터이라. 앉은 차례대로 내가 나오는 날까지 먹이었다.

第三次 訊問은 監理署에서 하는데 그날도 港內 居住者는 다 모이는 것 같더라. 그날은 監理使 李在正이가 親問

을 하는데 倭놈은 보이지 아니하더라. 監理가 매우 親切히 말을 묻고 乃終에 訊問書 꾸민 것을 閱覽케 하고 校正

할 것은 校正하고 白字에 着啣하였다. 訊問은 끝이 났다.

數日 後에는 倭놈들이 나를 寫眞을 박는다고 警務廳으로 또 엽히어 들어갔다. 그날도 庭內 庭外에 許多 觀衆이

人山을 成하였다. 金潤晶은 슬쩍 나의 귀에 들릴 만큼 말을 한다. 오늘 저 사람들이 昌洙의 寫眞을 박으러 왔으

니 주먹을 쥐고 눈을 부릅뜨고 寫眞을 찍히라 한다. 그러자 寫眞을 찍혀 가리 못 찍혀 가리가 交涉의 問題가 되어

한참 동안 議論이 紛紜하다가 畢竟은 廳舍에서는 許치 못할 터이니 路中에 앉힌다.

倭놈이 다시 請하기를 金昌洙에게 手錠(手匣)을 채우든지 捕繩으로 얽든지 罪人 된 表像을 내어 달라고 한다. 金潤晶은 拒絶한다. 此囚는 階下罪人인즉 大君主 陛下께서 分付가 없는 以上에 그 몸에 刑具를 댈 수 없다고 한다. 倭는 質問하기를 政府에서 刑法을 定하여 使用하면 그것이 곧 大君主의 命令이 아니냐 한다. 金潤晶은 更張 以後에 刑具는 廢하였다고 答한다. 倭는 다시 質問한다. 貴國 監獄 罪囚들이 쇠사슬 찬 것과 칼 쓴 것을 내가 보았다고 한다. 金潤晶은 怒하여 倭놈을 책한다. 罪囚의 寫眞을 條約에 依한 義務는 없고 但히 互相間 參考資料에 不過한 微細事로 이같이 內政干涉을 하는 데는 施應할 수 없다고 야단을 한다. 倭놈이 다시 哀乞하여 내가 앉은 옆에 捕繩을 놓아만 두고 寫眞을 찍는다. 나는 몇 날 前보다는 氣運이 좀 돌아오는 때라 警務廳이 들었다 놓도록 소리를 질러 倭놈을 痛罵하고 一般觀衆을 向하여 演說을 한다. 이제 倭놈이 國母를 殺害하였으니 全國民의 大恥辱일 뿐 아니라 倭놈 毒害가 闕內에만 그치지 않고 당신들의 아들과 딸이 畢竟은 倭놈의 손에 다 죽을 터이니 나를 본받아서 倭놈을 보는 대로 맞는 대로 다 죽이라고 高喊 高喊 지른다.

渡邊 倭놈이 直接 나에게 말을 한다. 네가 그러한 忠義가 있을진댄 어찌 벼슬을 못 하였느냐 한다. 나는 벼슬을 못 할 常놈인 때문에 조그마한 놈이나 죽이거니와 벼슬하는 양반들이야 너희 皇帝의 목을 베어 원수를 갚을 터이지. 그러자 金潤晶은 渡邊을 向하여 囚人에게 直接 訊問할 權利가 없으니 가라고 하여 退送한 後에 나는 金潤晶에게 李和甫 釋放을 要求한다. 李和甫는 아무 關係가 없으니 今日로 放免시켜 달라고. 알아 處理할 터

이니 過히 憂慮 마시오 한다. 獄에 돌아와 얼마 못 되어 李和甫를 呼出하더니 李和甫는 獄門 밖에서 面會하면서

당신이 말을 잘하여 無事放釋되었다고 致謝하고 作別하였다.

從此로 獄中生活의 大槪를 擧하면 一. 讀書. 아버님이 오셔서 大學 一帙을 買入하여 주시므로 우리

讀誦하더니 該港이 首次로 열린 港口이므로 歐美 各國人이 住居者도 있고 各 宗敎堂도 設立하였고 우리

사람으로도 或是 外國에 遊覽經商하여 新文化의 趣味를 아는 者도 若干 있던 時라 監理署 署員 中에도 나를 對

하여 談話한 後는 新書籍 購覽을 勸한다. 우리나라의 閉門自守하던 舊知識 舊思想만으로는 救國할 수가 없으니

世界 各國의 政治 文化 經濟 道德 敎育 産業이 어떠한지를 硏究하여 보고 내 것이 남만 못하면 좋은 것은 輸入하

여 우리 것을 만들어 國計民生에 有益케 하는 것이 識時務하는 英雄의 事業이지 한갓 排外思想만으로는 滅亡을

救치 못할 터인즉 昌洙와 같은 義氣男子로는 마땅히 新知識을 가졌으면 將來 國家에 큰 事業을 할 터이라고 하며

世界歷史地誌 等 中國에서 發刊된 冊子와 國漢文으로 飜譯한 것도 갖다 주며 閱覽을 勸하는 이도 있다. 朝聞道夕

死可矣 格으로 나의 죽을 날이 當하는 때까지 글이나 실컷 보리라 하고 手不釋卷한다. 監理署員들이 種種 와서

新書籍을 熱心하는 것을 보고 매우 좋아하는 빛이 보인다.

新書籍을 보고 새로 깨달아지는 것은 高先生의 前日 祖上에 祭祀를 지낼 때 維歲次 永曆 二百 몇 해라고 쓴

祝文을 쓴 것이나 安進士가 洋學을 한다고 하여 絶交하던 것이 그리 達觀 같아 보이지 않는다. 義理는 學者에

게 배우고 一切 文化와 制度는 世界 各國에서 採擇하여 適用하면 國家에 福利가 되겠다고 생각된다. 昔日 淸溪洞

에서 但히 高 先生을 神人처럼 崇拜할 時는 나도 斥倭斥洋이 우리 사람의 當然한 天職이요 是에 反하면 非人이

요 卽 禽獸라고 생각하였다. 高 先生 말씀에 우리 사람에게만 一線陽脈이 殘存하였고 世界 各國이 擧皆 被髮左袵

한 오랑캐라는 말만 믿었더니 泰西新史 一冊만 보아도 그 深目高準의 與猿猩不遠인 오랑캐들은 도리어 建國治民의

良法美規가 사람다운데 雅冠博帶로 仙風道骨 같은 우리나라 貪官汚吏는 오랑캐의 尊號를 받들 수 없다고 覺醒된다.

二。敎育。 當時 同囚한 者들이 平均 近 百名씩 되는데 들락날락하는 民事訴訟事件 外에 大多數 竊盜 强盜 私鑄

略人 殺人의 懲役囚이다. 十分之九가 文盲이다. 내가 文字를 가르쳐 주마 한즉 該 囚徒들이 文字를 배워 自己가 花開

後日에 緊用할 마음보다 내게 잘못 보이면 날마다 珍羞盛饌을 얻어먹는 回謝로 배우는 체만 하는 者 많다.

洞 娼妓 書房으로 娼妓를 中國으로 팔아 보낸 罪로 十年 懲役을 받은 曺德根은 大學을 배우는데 人生八歲皆入小

學을 高聲大讀하다가 皆入 二字를 잊고 개아가리小學이라고 읽는 것을 보고서 絶倒하게 웃은 일도 있다. 當時 建

陽 二年쯤이라 皇城新聞이 創刊된 때라. 어느 날 新聞을 본즉 나의 事件을 畧揭하고 金昌洙가 仁川獄에 들어온

後는 獄이 아니라 學校라고 한 記事를 보았다.

三。代書。 그 時代에도 非理冤屈한 訟事가 많은 때라. 내가 獄中에 滯囚되는 者를 爲하여 말을 仔細히 들어 보

고서 訴狀을 지어 주면 或時 得訟할 적이 있다. 滯囚人의 處地로 獄外에 通信하여 代書所에 費用을 써 가면서도

困難이 許多하나 代書者인 나와 相議하여 印札紙만 사다가 써 보내는 것이 極히 便宜도 하고 費用 一分 없이 또

는 내가 誠心으로 訴狀을 지어 주는 탓으로 獄內서는 勿論이고 金昌洙의 쓴 訴狀은 個個 勝訴된다는 訛傳이 되어

甚至於 官吏의 代書까지도 하는 일이 있다. 非但 代書랴. 人民을 構陷하고 金錢을 强奪하는 事件이 있으면 上級

官吏에게 勸戒하여 罷免시킨 일도 있고 押牢들이 나를 꺼리어 囚人들에게 凌虐을 못 하였다.

四。聲樂。 나는 鄕村에 生長하였으나 農軍이 기심매는 소리나 牧童 갈까보다 소리 一節도 불러 본 적이 없고 詩

나 風月을 吟한 것밖에 없었다. 그때 獄規는 晝寢을 許하고 夜間은 罪囚로 하여금 잠을 자지 못하게 하고 밤새도

록 소리나 古談을 시키던 것이라。 理由는 夜間에 잠을 재우면 잠든 틈을 타서 逃走한다는 것이다。 그런 規則을

나에게는 施行을 아니하나 普通이 다 그러하니까 나도 自然 밤에 오래 놀다가 자게 된다。 그리하여 時調나 打令

이나 남이 잘하는 것을 들어 韻致를 알게 되므로 曹德根에게 온갖 詩操에 女唱지름 男唱지름 赤壁歌 가세타령 개

고리타령 等을 배워서 罪囚들과 같이 和唱하며 지내었다。

受死刑宣告

一日은 아침에 皇城新聞을 閱覽한즉 京城 大邱 平壤 仁川에는 殺人强盜 金昌洙를 處絞한다고 記載되었다。 나는 그 記事를 보

고 故意로라도 自若한 態度를 가지려고 할 터이지만 어찌 된 일인지 마음에 驚動이 생기지 않는다。 그는 高 先生의 講說 中에 朴泰輔 氏

時間이 半日이 隔하였지마는 飮食과 讀書며 對人說話를 平常하게 지낸다。 斷命臺에 갈

보습 단근질에 此鐵猶冷更煮來의 事蹟과 三學士의 歷史를 힘있게 들었던 効驗으로 안다。

그 新聞이 配布된 後로 監理署가 술렁술렁하고 港內 人士들의 산(生) 弔問이 獄門에 遝至한다。 오는 人士들이

나를 面對하고 막음 보려 왔소 하고는 無非落淚라。 나는 도리어 그 사람들을 위로하여 보내고 大學을 외우고 있

노라면 또 아무 나리가 오셨소 아무 영감께서 오셨소 하여 나가본즉 그 사람들도 亦是 우리는 金 碩士가 살아 나

와서 相面할 줄 알았더니 이것이 웬일이오 하고서 눈물이 비 오듯 한다。 그런데 어머님이 오셔서 飮食을 親手로

들여 주시면서 平時와 조금도 다름이 없다. 周圍에 있는 사람들이 모르게 한 것이다.

仁川獄에서 死刑囚 執行은 每每 午後에 끌고 나가서 牛角洞에서 絞殺하던 터이므로 아침밥 點心밥도 잘 먹고

죽을 때에 어떻게 할 준비도 하고 싶은 마음이 없이 있으나 獄中 同囚들의 情狀이 차마 보기 싫다. 나에게 飮食을

얻어먹던 賊囚들과 나에게 글을 배우던 獄弟子들과 나에게 訴訟에 對한 指導를 받던 雜囚들이 平素 제 父母 죽는

데 그렇게 哀痛을 하였을는지가 疑問이더라.

그러자 끌려 나갈 時間은 되었다. 그 時까지 聖賢의 말에 潛心하다가 同行할 생각으로 大學만 읽고 앉았

으나 아무 消息이 없이 그럭저럭 저녁밥을 먹었다. 여러 사람들이 昌洙는 特囚인즉 夜間執行을 하는 것으로 알고

있다.

大君主親電停刑

밤이 初更은 하여서 여러 사람의 雜踏하는 소리가 들리더니 獄門 열리는 소리가 들린다. 옳지 只今이 그때로군

하고 앉았는데 내 얼굴을 보는 同囚들은 自己나 죽이려는 것처럼 벌벌 떤다. 內間門을 열기도 前에 獄庭에서 昌

洙 어느 방에 있소. 나의 대답은 듣는지 마는지 아이구 이제는 昌洙 살았소! 아이구 우리는 監理令監 全署員과

各 廳舍 職員이 아침부터 至今까지 밥 한술 먹지 못하고 昌洙를 어찌 차마 우리 손으로 죽인단 말이냐 하고 面面

相顧하고 恨歎하였더니 至今에 大君主 陛下께옵서 大廳에서 監理令監을 불러곕시고 金昌洙 死刑은 停止하라신 親

勒을 받고 밤이라도 獄에 내려가 昌洙에게 傳旨하여 주라는 分付를 듣고 왔소. 오늘 하루 얼마나 傷心하였소.

그때의 官廳手續이 어떻던 것은 모르나 나의 料量으로는 李在正이가 그 公文을 받고 上部 卽 法部에 電話로 交

涉한 것 같으나 그 後에 大廳에서 나오는 消息을 들으면 死刑은 形式으로라도 임금의 裁可를 받아 執行하는 법인

데 法部大臣이 死刑囚 各人 供件을 가지고 朝會에 들어가서 上監 앞에 놓고 親監을 經한다고 한다. 그때 入侍하

였던 承旨 中 뉘가 各囚의 供件을 飜過할 제 國母報讐 四字가 눈에 異常히 보여서 裁可手續을 經過한 案件을 다

시 빼어다가 임금에게 뵈인즉 大君主가 卽時 御前會議를 열고 議決한 結果 國際關係니 아직 生命이나 살리고 보

자하여 電話로 親勅하였다 한다.

何如하였든지 大君主(李太皇)가 親電한 것만은 事實이다. 異常하게는 생각되는 것은 其時 京城府 內는 旣爲

電話架設이 된 지 오래였으나 京城 以外에는 長途電話가 仁川까지가 처음이요 仁川까지의 電話架設工事가 完竣된

지 三日째 되는 날 丙申 八月 二十六日이라. 萬一 電話竣工이 못 되었어도 死刑執行되었겠다고 한다.

監理署에서 내려온 主事는 이런 말을 한다. 우리 官吏뿐 아니라 오늘 全港口의 三十二 客主들이 緊急會議를 하

고 通文 돌린 것을 보았는데 港內 每戶에 몇 사람씩이든지 形勢대로 牛角峴의 金昌洙 處絞하는 구경을 가되 每人

이 葉錢 一兩씩 辦備하여 가지고 오면 그 모인 돈이 金昌洙 一個의 몸값이 不足한 額數는 三十二 客主가 擔當하

고 昌洙를 살리려고까지 하던 일이 있으나 至今은 天幸으로 살았고 幾日이 못 되어 關內에서 恩命이 겹실 터이니

아무 염려 마시고 계시오 하고 나간다.

霜雪이 내리다가 갑자기 春風이 부는 듯이 밤에 獄門 열리는 소리를 듣고 벌벌 떨던 同囚들이 이 소식을 전하

는 말을 듣고서 너무 좋아 죽을 지경이다. 신골방망이로 착고 등을 두드리며 온갖 노래를 부르면서 靑바지저고리

짜리가 춤도 추고 우스운 짓도 하는 것이 마치 靑衣俳優인 演戲場으로 一夜를 지내었다。 그리고 同囚들부터 참말

異人으로 안다。 死刑을 當할 날인데 平素와 똑같이 言語 飮食 動作을 한 것이 自己가 죽지 않을 것을 미리 알았다

한다。 官吏들 中에도 그렇게 아는 사람이 있고 누구보다도 어머님이 그날 밤에야 監理가 大君主 親電을 받고 어

머님에게 傳旨를 하여 비로소 아시고 나를 異人으로 아신다。

自己가 각구지 목을 지나올 때에 江中에 같이 投死하자고 하실 때에 나는 決코 죽지 않는다고 하던 일을 생각하

시고 내 아들은 미리서 죽지 않을 줄을 알았다고 確信하시고 內外분부터 그런 信念이 계시다。 大君主가 親勅으로

金昌洙의 死刑이 停止되었다는 所聞이 傳播됨에 前日에 와서 永訣하던 人士로부터 致賀面會하러 오는 사람이 獄

門에 還至하므로 獄門 內에 자리를 하고 앉아서 몇 날 동안 應接을 하였다。 死刑 停止 以前에는 純全히 나의 年少

義氣를 愛惜히 여기고 뜨거운 同情을 하던 사람 以外에 내가 不久에 大君主의 召命을 입어서 榮貴하게 될 줄을

알고 내가 勢道에 當하면 別數가 생기리라고 생각하고 와서 諂하는 사람이 官吏 中에 있고 港內 人士 中에도 그

런 빛이 보인다。

押牢 中 首班인 崔德萬은 江華邑內 金 虞侯 집 婢夫로서 喪配를 하고 仁川으로 와서 警務廳 使令을 多年 奉職

하였으므로 使令의 頭目이 된 것이라。 一日은 監理署 主事가 衣服 一襲을 가지고 와서 주며 하는 말이 江華 金周卿이란 사람이 衣服을

였던 것이다。 崔德萬이가 江華에 가서 자기 前 上典인 金 虞侯를 보고 나의 이야기를 하

지어다가 監理使道에게 들이고 金昌洙에게 下付하여 입도록 하여 달라는 請願을 한 것인즉 이 衣服을 입고 金周

卿이란 親舊가 面會하거든 보시오 하고 간 後에 移時하여 獄門에 金周卿이란 사람이 年期는 近 四十 되어 보이고 金周

面目이 단단해 보이는데 面對하여 別 말이 없고 苦生이나 잘 하시오 나는 金周卿이오 하고는 물러간다。

어머님이 저녁밥을 가지고 오셔서 아까 江華 계신 金 虞侯라는 兩班이 너의 아버지와 나를 찾아보고서 네 衣服만 自己 집에서 지어 오고 우리 兩主 衣服은 材料로 끊어 주시고 돈 二百兩을 用處 쓰라고 주고는 卽時 가면서 十日 後에 다시 찾겠다고 하고 가누나. 네가 보니 어떠하더냐. 밖에서 듣기에는 아주 훌륭한 사람이라고 한다. 사람을 한 번 보고 어찌 잘 알 수 있습니까마는 그 사람의 하는 일은 감사하다고 母子 이야기를 하였다.

崔德萬에게 金周卿의 歷史와 人格을 仔細하게 알았다. 金周卿의 字는 卿得이니 原來 江華吏屬으로 丙寅洋擾 以後에 雲峴이 江華에 三千名 別武士를 養成하고 該島 周圍에 石壘를 高築하고 國防營으로 設備하던 때에 金周卿은 砲粮庫直의 任을 經하였고 爲人이 自少로 豪放하여 草笠童時代부터 讀書는 아니하고 賭博을 全事하였다. 其父母가 懲戒하기 爲하여 金卿得을 庫間에 囚禁하였다. 金卿得이 庫間에 入할 時에 套錢 한 목을 가지고 들어가서 갇힌 동안에 妙法을 硏究하여 가지고 나와서 서울로 올라가서 套錢을 몇 萬 具 製造할 때에 眼票하여 製造하여 江華로 運賣를 하였다. 江華는 島地인 때문에 四面 浦口에 漁船이 林立한 곳이라. 金卿得은 該 套錢을 同務들에게 分配하여 各 漁船에 들어가 放賣하여 놓고는 金卿得은 各 漁船으로 돌아다니며 套錢을 하여 돈을 數十萬 兩을 得하여 가지고는 各 官廳 下屬輩를 全部 買收하여 自己 指揮命令을 받도록 하고 遠近에 智勇이 있다는 者는 擧皆 網羅하여 自己 食口를 만들어 놓고는 어떤 兩班이라도 非理의 行動만 보면 間接 直接으로 報毒을 하던 터이라. 設使 境內에 盜賊이 나서 捕校가 出張逮捕를 하여도 먼저 金卿得에게 報告하여 잡아가라면 잡아가고 내게 두고 가거라 하면 拒逆을 못 하였다 한다. 當時 江華에 兩個 人物이 있는데 兩班에 李建昌이요 常놈에 金卿得이라 한다. 雲峴이 金卿得의 人格을 探悉하고 砲粮監의 重任을 任하였다 한다.

崔德萬의 말을 듣건대 金卿得은 自己 집에 와서 飮食을 먹으면서 金昌洙를 살려내어야 할 터인데 至今 政府大

官들은 眼睛에 銅綠이 슬어서 돈밖에는 아무것도 보이지를 않으니 不可不 金力을 使用치 아니하면 容易히 放免을 못할 터이니 自己가 집에 가서 全部 家産을 放賣하여 가지고 와서 金昌洙 父母를 모시고 京城에 가서 어느 때까지든지 放釋시키도록 周旋을 하겠다고 하면서 回去하였다고 한다.

十餘日 後에 金卿得이 果然 와서 父母 中에 한 분만 서울로 同行하자고 하여 어머님이 서울로 가시고 아버님은 仁川에 留하셨다. 金卿得은 서울 가서 當時 法部大臣 韓圭卨을 찾아보고 大監이 責任的으로 金昌洙의 忠義를 表彰하고 縲絏에서 早速히 放免을 하도록 하여야 옳지 않은가. 陛下께 密奏라도 하여서 將來 許多 忠義之士가 생기도록 함이 大監 職責이 아닌가 한즉 韓圭卨도 內心에는 敬服하면서도 林權助 日公使가 벌써 이 金昌洙의 事件이 國際問題로 化할까 疑慮하여 各 大臣 中에 此事件으로 陛下에게 上奏하는 者만 有하면 別別 手段으로 危境으로 몰아 떨어뜨릴 毒計를 行할 줄 안즉 莫可奈何라 한다고 金卿得은 舍館에서 憤氣撑天하여 大官들을 叱辱하고서 何如튼지 公式으로 訴狀이나 들이자 하여 第一次 法部에 訴紙를 呈한 題旨에 報讐爲言이 其義 可尙이나 事關重大하여 未可擅便向事. 第二第三으로 各 衙門에 一一이 訴狀을 呈하였으나 此推彼推하고 結末이 나지를 아니한다.

訴訟에 全力하기를 七八朔 동안에 金卿得의 金錢은 全部가 消耗된지라. 그동안에 아버님과 어머님이 遞番하여 仁川으로 京城으로 오르락내리락하다가 畢竟은 金卿得이 訴訟을 停止하고 돌아와서 나에게 一封 書信을 보내었다. 片紙는 普通 慰問이고 單律 一首가 있다. 脫籠眞好鳥 拔扈豈常鱗 求忠必於孝 請看倚閭人. 此詩를 讀過하고 卽時 金周卿에게 그간 나를 爲하여 備盡心力함은 至極 感謝하나 一時 苟生을 爲하여 生命보다 重한 光明을 버릴 수 없다. 黟히 憂勞치 말라는 뜻으로 回答을 하고서 그대로 獄中生活을 繼續하며 舊書籍보다 新學文을 熱心으로 보고 있다.

金卿得은 그 길로 집에 가 본즉 資産이 蕩盡되었는지라. 同志를 糾合하여 가지고 其時 官用船(輪船) 靑龍丸

顯益號 海龍丸 三隻이 있는데 其中 어느 배를 奪取하여 가지고 大洋에 떠서 海賊을 할 準備를 하다가 當時 江華

郡守 某에 廉探한 바 되어 逃走할 時에 該 郡守 上京하는 道中에서 실컷 두드려 주고 海蔘威 方面으로 갔다고도

하고 어느 곳에 潛伏하였다고 하더라. 其後에 아버님이 京城에 가서 呈訴한 文書 全部를 가지고 江華 李建昌을

가서 뵈오고 方策을 물은즉 李建昌 亦是 歎息만 하고 別 方法을 指示함이 없었다.

其時 獄中에 同苦하는 長期刑인 曹德根 十年 梁鳳九 三年 金白石 十年 其他에 終身囚도 있다. 이 사람들이 내게

對하여는 敢히 發言은 못 하나 내가 하려는 마음이 없어 그렇지 萬一 自己네들을 살리려는 마음만 있으면 自己들

을 한 손에 몇 名씩 쥐고 空中에 날아가서라도 足히 救하여 줄 才操가 있는 것처럼 믿고 種種 從容한 때면 그런

語韻이 비치인다.

어느 날 曹德根이가 나를 對하여 金 書房님은 上監께서 어느 날이든지 特典을 下하여 나가서 榮貴하게 되려니

와 나 같은 놈은 金 書房을 모시고 近 兩年이나 苦生을 하였는데 金 書房만 特典을 입어 나가시는 날이면 押牢

의 凌虐이 比할 데 없이 甚할 터이니 어찌 十年 期限을 채우고 살아 나갈 수가 있습니까. 金 書房 우리들이 불쌍

치 않습니까. 그간 가르치심을 받아 국문 한 字 모르던 것이 국한문 片紙를 쓰게 되었으니 만일 살아 世上에 나간

다면 終身寶珮가 되겠으나 여기서 죽는다면 工夫한 것을 무엇합니까 하며 落淚를 한다. 나는 儼然한 態度로 나는

獄囚가 아니냐. 彼此에 어느 날이고 同時出獄이 안 되면 그 섭섭할 마음이야 어찌 言을 待하리오. 曹. 그러나 金

書房은 아직은 우리 더러운 놈들과 같이 계시지마는 來日이라도 榮光스럽게 獄을 免하실 터인즉 저를 살리어 주

시면 結草報恩하겠습니다. 말의 意味를 平平하게 한다. 어찌 들으면 내가 大君主의 特典을 입어서 나간 後에 權

力으로 自己를 救해 달라는 것도 같고 어찌 들으면 내가 나가기 前에 나에게 있는 勇力을 가지고 自己를 救해 달

라는 말로도 들을 수 있다. 나는 말을 아니하고 말았다.

破獄

그때부터는 不識不知間에 나의 마음이 搖動된다. 내가 無限年하고 놓아 주지 않으면 獄에 죽는 것이 可하냐

不可하냐. 當初에 倭놈을 죽인 것이 우리 國法에 犯罪行爲로 認定한 것이 아니다. 倭놈을 죽이고 내가 죽어도 恨

이 없다고 생각한 것은 나의 힘이 不足하여 倭놈에게 죽는지 나의 忠義를 몰라 주는 朝鮮官吏들이 罪人으로 몰아

죽이더라도 恨이 없다고 決心한 것이다. 只今 大君主가 나를 죽일 놈이 아니라고 아는 것은 閏八月 二十六日에

電勅한 死刑停止의 一事로 足히 證明할 수 있고 自此 監理署로부터 京城 各 官衙에 呈訴한 題旨를 보아도 나를

罪라고 指示한 곳이 없음을 보아도 또는 金卿得이 그같이 自己 家産 蕩盡하며 나의 한 목숨 살리려 하던 것과 港

內 人士들이 한 名도 내가 獄中에서 죽는 것을 願하는 사람이 없을 것을 明知하는바 다만 나를 죽이려 애쓰는 놈

은 倭仇인즉 倭놈을 즐겁게 하기 爲하여 내가 獄에서 죽는 것은 아무 意味가 없는 일이 아닌가. 深思熟慮하다가

破獄하기로 決心하였다.

翌日에 曹德根을 보고 秘密히 묻는다. 曹 書房이 꼭 내가 하라는 대로 한다면 살려 줄 도리를 硏究하여 보리다.

曹는 感心 又 感心하여 무엇이나 指導를 服從한다고 한다. 그대네 집에서 밥 가지고 오는 下人便에 집에 片紙하

여 돈 二百兩만 가져다가 그대 몸에 감추어 두라고 하였더니 곧 그날로 白銅錢으로 가져왔다.

其時 獄의 罪囚 中 큰 勢力 있기는 懲役하다가 滿期되어 가는 者에게 罪囚 監視를 하던 터이라. 江華 出生인 黃順用이란 者는 竊盜로 三年을 다 하고 出獄日이 十五日이 殘餘하였다. 黃哥가 獄中에서 當道用事를 한다. 黃哥가 男色으로 지내는 金白石이는 나이 十七八歲에 竊盜 再犯으로 十年役을 受한 지 幾朔이 못 된다.

曹德根을 暗囑하여 金白石으로 하여금 黃哥를 보고 哀願하여 살려 달라고 하면 黃哥가 白石의 愛情에 못 이겨 살릴 방법을 묻거든 黃哥더러 昌洙 金 書房에게 哀願하여 金 書房이 들면 나의 命이 살 도리가 없지 아니하다고 黃哥를 조르게 하였다. 黃哥가 白石의 哀願을 듣고 經年 지내던 더러운 정에 못 이겨서 하루는 나를 秘密히 보고서 白石이를 살려 달라고 懇請한다. 나는 黃哥를 嚴責하였다. 네가 出獄될 期限도 不遠하니 社會에 나가서 좋은 사람이 될 줄 알았더니 벌써 出獄도 前에 犯罪의 생각을 하느냐. 白石이는 어린것이 重役을 진 것이 나도 愛然치 않음이 아니나 彼此 囚人의 處地로 무슨 道理가 있느냐. 黃哥는 悚然而退하였다.

다시 黃哥로 하여금 白石을 시켜서 再次 三次라도 金 書房님에게 白石이 살려 주마는 許諾을 하도록 하라고 가르쳤다. 黃哥는 翌日에 눈물을 흘리면서 될 수만 있으면 白石의 懲役을 代身이라도 하겠으니 金 書房님은 不爲也언정 非不能이니 白石이를 살려 주신다면 죽을 데라도 사양치 않겠습니다. 나는 다시 黃哥를 믿지 못하는 態度로 말을 한다. 네가 白石이를 얼마나 사랑하는지 모르나 너는 但히 더러운 情으로 白石이를 살렸으면 하는 생각이 있나 보다. 그러나 나의 白石에게 對하여 그 어린것이 畢竟 이 獄中魂이 될 것을 불쌍히 생각하는 것만 할는지가 疑問이고 내가 設使 白石이를 살려 주마고 許諾하고 살려 줄 手續을 한다면 너는 그것을 巡檢廳에 告發하여 나를 亡身이나 시킬까 한다. 네가 나와 近 兩年이나 이곳에 있어 보는바 李順甫가 脫獄하였을 제 獄囚 全部가 불려 가매를 맞으나 官吏(관리)들이 내게 對(대)하여 敢(감)히 말 한마디 묻는 것을 보았느냐. 萬一(만일)에 나의 白石(백석)이 불쌍히 여기는 마음으

로 白石(백석)이를 살리려다가 오늘까지 官吏(관리)들의 敬愛(경애)를 받아 오던 것이 점잖치 못한 것 드러나고 白石(백석)이를 살리려

다가 도리어 白石(백석)이를 죽일 터이니 살고자 하는 白石(백석)이보다 살리려는 네 마음을 믿을 수 없다. 黃哥(황가)는 別別(별별) 盟誓(맹서)

를 다 한다. 그리고 내가 같이 나가지는 않고 自己(자기)들만 獄門(옥문) 外(외)에 내어놓을 度量(도량)이 있는 줄 안다. 黃哥(황가)에게 絶對(절대)

服從(복종)하마는 誓約(서약)을 받고 快(쾌)히 承諾(승낙)하였다.

曹德根(조덕근) 梁鳳九(양봉구) 黃順用(황순용) 金白石(김백석)은 다 내가 自己(자기)네들을 獄門(옥문) 外(외)에 내어놓을 줄 믿으나 무슨 方法(방법)으로 어떻게 할 것

은 敢(감)히 묻지도 못하고 自己(자기)들 생각에 나는 決(결)코 逃走(도주)하는 行動(행동)은 없을 줄 믿고 自己(자기)들만 내놓아 주고 나는 依然(의연)

히 獄(옥)에 있을 줄 믿는 모양이다. 黃哥(황가)가 우리가 가면 路資(노자) 돈이 있어야지요 하는 데 對(대)하여도 曹德根(조덕근)이 가지고 있

는 것을 보았고 내게 한 푼 돈이 없었다.

戊戌(무술) 三月(삼월) 初九日(초구일) 下午(하오)에 아버님을 獄門(옥문) 밖으로 請來(청래)하여 治匠(야장)에게 가서 一尺長(일척장)의 三菱鎗(삼릉창) 一個(일개)를 製造(제조)하여서

새 衣服(의복) 속에 싸 들여다 달라고 한즉 아버님도 무슨 動作(동작)을 하는 줄 아시고 卽時(즉시)로 三菱形(삼릉형)으로 製造(제조)한 鐵戟(철극) 一個(일개)

를 衣服(의복) 中(중)에 넣어 주시거늘 받아 懷中(회중)에 감추었으나 曹德根(조덕근) 等(등)은 알지 못한다. 어머님이 저녁밥을 갖다 주실 때

에 나는 今夜(금야)에 獄(옥)에서 나가오니 아무 때나 찾을 때를 기다리시고 父母(부모) 두 분은 今夕(금석)으로 배를 타시고 故鄕(고향)으로

가십시오. 어머님은 네가 나오겠니. 그럼 우리 둘이는 떠나마 하시고 作別(작별)하였다.

그날 午後(오후)에 押牢(압뢰)를 불러 돈 一百五十兩(일백오십냥)을 주고 내가 오늘은 罪囚(죄수)에게 한 卓(탁)을 내일 터이니 쌀과 고기와 모주

한 桶(통)을 사 오라고 부탁하였다. 別(별)로 乖異(괴이)할 것 없는 것은 從前(종전)에도 種種(종종) 그리한 일이 있었다. 그대가 今夜(금야) 當番(당번)

이니 五十錢(오십전)어치 烟土(연토)를 사 가지고 밤에 싫도록 먹으라 하였다. 그때에 每夜(매야) 押牢(압뢰) 一名式(일명식) 獄房(옥방)에서 經夜(경야)하는 規(규)

例이더라. 그者는 鴉片쟁이고 性行이 不良하여 罪囚에게 特別히 미움받던 者이더라.

夕食에 나는 五十餘名의 懲役囚와 三十餘名의 雜囚까지 賬子에 고깃국에 모주를 실컷 먹고 盃懷가 興發할

즈음에 나는 金押牢에게 請하였다. 賊囚間에 가서 소리나 시키고 듣자고. 押牢는 生色이나 쓰는 듯이 金書房님

듣게 너희들의 長技대로 노래를 부르라 命令이 내리자 罪囚들이 노래하느니라고 야단이다. 金押牢는 自己 房에서

鴉片을 실컷 빨고 혼곤하였다. 나는 賊囚間에서 雜囚房으로 雜囚房에서 賊囚間에를 왔다 갔다 하는 틈에 마루 속

에를 들어가서 博石으로 깐 돌을 창끝으로 들치고 땅속을 파고 屋外에 나섰다.

옥담을 넘을 줄사다리를 매어 놓고서 문득 딴 생각이 난다. 曹德根 等을 데려 내다가 무슨 變이 날지 모르니 이

길로 곧 가 버렸으면 좋지 않을까. 그者들이 決코 同志는 아니다. 期必코 건져 내면 무엇하리. 또 한 생각은 그렇

지 않다. 사람이 賢人君子의 罪人이 되어도 戴天立地에 愧怍한 마음이 不堪하려든 저와 같은 더러운 罪人의 罪人

이 되고서야 終身之恥를 어찌 견디랴. 畢竟 第二 생각이 勝하여졌다.

나오던 구녁으로 다시 들어가서 天然스럽게 내 자리에 앉아서 눈짓으로 네 명을 하나씩 다 내어보내고 다섯번

째 내가 또 나갔다. 나가서 본즉 먼저 내어보낸 四人이 옥담 밑에 앉아서 벌벌 떨고 감히 담을 넘지 못하더라. 내

가 한 名씩 옥담 밖으로 다 내어보내고 내가 담을 넘으려 할제 먼저 나간 者들이 監理營과 獄을 統合하여 龍洞마

루를 松板으로 둘러 막은 데를 넘느라고 夜間에 搖亂한 소리가 난즉 벌써 警務廳과 巡檢廳에서 呼角을 불어 非常

이 되는 모양이다.

벌써 獄門 外에 雜踏하는 소리가 들린다. 나는 아직 옥담 밑에 섰다. 내가 萬一 獄房 內에만 있은 것 같으면 관

계가 없으나 旣爲 옥담 밑에까지 나오고 본즉 急히 脫走함만 上策인데 남을 넘기어 주기는 容易하나 내가 혼자서

一丈半이 넘는 담을 넘기가 極히 困難하다. 時機가 急迫지 않으면 줄사다리로나 넘어 볼 터이나 門外에서는 벌

써 옥문 여는 소리가 나고 監房의 罪囚도 떠들기를 시작한다. 곁에 約 一丈쯤 되는 몽둥이(役囚들이 水桶을 맞메

는 것인데)를 가져 몸을 솟으어 담 꼭대기를 손으로 잡고 내려 뛰었다. 그때는 最後決心을 한 때라 누구든지 나

의 去路를 阻礙하는 者 있으면 決鬪를 할 마음으로 鐵戟을 손에 들고 바로 三門으로 나간다. 三門의 把守巡檢도

非常召集에 갔는지 人跡이 없다.

坦坦大路로 나왔다. 봄날에 밤안개가 자욱한 데다가 年前에 서울 구경을 하고 仁川을 지난 적이 있으나 路程

이 生疎한지라 어디가 어디인지 咫尺을 分揀 못 할 黑夜에 밤새도록 海邊 모래沙場을 헤매다가 東天이 훤할 때에

及其也 와서 본즉 監理署 後方 龍洞마루터기에 當到하였다. 벌써 본즉 數十步 밖에 巡檢 一名이 군도를 제그럭제

그럭하며 달려온다. 또 죽었구나 하고 隱身할 곳을 찾는데 서울이나 仁川의 길거리 商店에는 房門 밖에 아궁지를

내고 房門 앞에 아궁지를 가리워 長板子 一個를 놓고 거기다가 신을 벗고 店房 出入을 하는 것이다. 선듯 그 板子

밑에 들어가 누웠다. 巡檢의 흔들리는 環刀 집이 내 콧부리를 스치는 것같이 지나간다.

나는 얼른 起身하여 본즉 天色은 밝아 오고 天主敎堂 뾰족집이 보인다. 그곳이 東쪽인 줄 알고 걸어간다. 어떤

집에 가서 主人을 부른즉 누구냐 묻기로 아저씨 나와 보셔요 하였다. 그 사람은 더욱 의심이 나서 누구란 말이야

한다. 내가 金昌洙인데 監理가 秘密放送하여 出獄하였으나 갑자기 갈 수가 없으니 宅에서 낮을 지내고 밤에 가면

어떻습니까 하였다. 主人은 不應한다.

다시 花開洞을 向하고 幾步를 옮기노라니 어떤 모군군 一人이 토상투 바람에 두루마기만 입고 食前 막걸리집에

를 가는 모양이다. 자던 聲帶로 노래를 부르며 간다. 나는 그 사람을 붙잡았다. 그 사람이 깜짝 놀라며 누구시오

한다. 나는 또 姓名을 自白하고 秘放된 事由를 言及하고 指路를 請한즉 그 사람은 반겨 承諾하고 이 골목 저 골목-

幽僻 小路로만 가서 花開洞 마루터기에 올라서고 東쪽을 向하여 가리키며 저리로 가는 길이고 저리로

가면 始興으로 서울 가는 小路인즉 마음대로 行路를 取하라고 말을 마치고 作別하였다. 時機가 急迫하여 姓名도

묻지를 못하였다. 나는 始興 가는 길을 取하여 서울로 갈 作定이다.

나의 行色으로 보면 누가 보든지 참 도적놈으로 보기 쉽다. 染病 後에 머리털은 全部가 다 빠지고 새로 난 頭髮

은 所謂 솔잎상투로 꼭대기만 노끈으로 졸라매고 手巾으로 동이고 두루마기 없이 바지저고리 바람으로 衣服만으

로는 貧寒者의 衣件에 벗어나고 새로 입은 衣服에 보기 흉하게 흙이 묻었고 아무리 스스로 살펴보아도 平常한 사

람으로 보여지지 않는다.

仁川港 五里 밖에서 朝日이 昇天하였고 風便에 들리는 소리는 呼角 부는 소리요 仁川 近境의 山上에도 사람이

희뜩희뜩 올랐다. 나의 이런 行色으로 길을 간다면 좋지 못하고 山中에 隱身을 한다 하여도 山을 반드시 搜索할

터인즉 隱山도 不可하다 생각한 結果 虛則實 實則虛 格으로 大路邊에 숨으리라 하고 仁川서 始興 가는 大路邊에

童松을 養成하여 드문드문 방석솔 포기가 한 개씩 섰다. 나는 그 솔포기 밑으로 두 다리를 들이밀고 반듯이 드러

누워 본즉 얼굴만 드러나는 것을 松枝를 꺾어 가리우고 드러누워서 있다.

果然 巡檢과 押牢가 떼를 지어 始興大路로 달려간다. 주거니 받거니 議論이 紛紛하다. 曹德根은 서울로 梁鳳九

는 輪船으로 金昌洙는 어디로 갔을까. 그中 金昌洙는 잡기가 極難인걸. 果然 壯士야. 昌洙만은 잘했지. 간히어

있기만 하면 무엇하나. 바로 나를 들으라고 하는 말 같다. 附近 山麓은 다 搜索한 모양이라.

日色이 西山에 걸칠 즘에 아침에 가던 巡檢의 누구누구 押牢 金長石 等이 도로 몰려 바로 내 발부리 앞으로 仁

川에 回程하는 것을 보고서야 비로소 솔포기 속에서 나왔다. 나오기는 하였으나 어제 저녁 해가 높아서 밥을 먹고 밤에 破獄의 勞力을 하고 밤새껏 북성고지 모래밭을 헤매고 다시 黃昏이 되도록 물 한술 못 먹고 있은즉 하늘 땅이 팽팽 돌고 精神을 차릴 수가 없다.

近處 洞內에 들어가 한 집을 찾아가서 나는 서울 青坡 살더니 黃海道 延安으로 가서 穀植을 貿運하다가 간밤에 北城浦에서 破船을 하고 서울로 가는 길인데 시장하니 밥을 먹이라고 請하였다. 그 主人은 粥 一器를 준다. 내게는 囊中에 花柳面鏡 一個를 누가 情票로 준 것인데 그것을 꺼내서 그 집 兒孩를 주었다. 面鏡 一個의 時價 葉 一兩짜리를 納賂하고 밤을 자고 아침에 가겠다고 請하였으나 効力이 없고 죽 한 그릇을 스물닷 냥 주고 사서 먹은 것이다. 그 主人은 나의 모양을 보아 수상해 보인 것이다. 저기 저 집 사랑에는 行客이 더러 자고 다닌즉 그 舍廊에나 가서 물어보시오 하고 退門을 請한다. 할 일 없이 그 집을 가서 一夜 宿泊을 請하였으나 拒絶을 當하였다.

가만히 살펴본즉 洞中에 足踏 방앗간이 있고 그 옆에는 稻草丹이 있다. 稻草를 안아다가 방앗간에 펴고 덮고 一夜 高等旅室을 準備하였다. 稻草를 깔고 稻草를 덮고 稻草를 베고 누웠으니 仁川監獄 特別房에서 兩年 동안 지내던 演劇의 一幕이 단혀졌고 지금은 방앗간 잠이 第二幕 開頭로구나 懷抱가 생긴다. 아까 큰舍廊에 와서 하룻밤 자자고 洞人들이 수군거린다. 거지도 글을 읽는다. 或은 그것이 거지가 아닌가 보데. 孫武子와 三略을 朗讀하였다. 하던 사람이다. 나는 興懷가 생기었으나 張良의 從容步屺上하던 데 비하여 蒭率하다고 생각을 하고 狂人 모양으로 辱說을 함부로 하다가 잠이 들었다. 새벽 일찍 깨어 小路를 取하여 京城으로 向한다. 벼리고개를 向하고 行步하다 아침밥을 乞食하는데 한 집의

門前을 當到하여 前者 本鄉에서 있을 때 所謂 活人所 乞人輩라고 十餘名씩 몰려다니며 집집에 가서 厲聲大呼로

活潑하게 그런 말과 같이 넌출지게는 못 하고 다만 밥 좀 주시오 하는 말을 힘껏 소리를 질렀지마는 든

지를 못하고 그 집 개가 紹介員의 職分으로 亂吠하는 서슬에 主人이 出頭한다. 乞食을 할 터이면 미리 시키지

않았으니 무슨 밥이 있느냐. 여보 밥숭늉이라도 좀 주시오 하였다. 下人이 갖다가 주는 밥숭늉 한 그릇을 먹고

떠났다.

大路를 避하여 每每 村里로 行路를 作한다. 이 동리에서 저 동리를 가는 洞人 모양으로 仁川 富平 等 郡을 지나

간다. 二三年間 小天地 小世界의 生活을 하다가 넓은 世上에를 나와서 가고 싶은 곳을 활개를 쳐 가며 가노라니

心神이 爽快하다. 監獄에서 배운 詩操와 打令을 하여 가면서 길을 간다. 그날로 楊花渡 나루를 當到하였다. 日氣

도 已暮하고 배도 고프고 나루 船賃 줄 돈도 없다.

洞內 書堂에를 들어가 先生과 知面을 請하였다. 先生은 나의 나이가 어린 것과 衣冠을 相當하게 못 한 것으로

보아 그랬던지 初面에 敬語를 使用치 않고 누구라 하나인 劣等語를 使用한다. 나는 正色하고 先生을 責한다. 당

신이 남의 師表가 되어 於人에 驕慢하니 兒童敎養에 잘못될 것 아닌가. 내가 一時 運數가 不吉하여 行路中에 逢

賊하고 이 모양으로 先生을 對하나 決코 先生에게 劣待를 받을 사람은 아니라고 하였다. 그 先生이 謝過하고 來

歷을 問한다. 나는 京城 사는 某인데 仁川에 볼일이 있어 갔던 次 回路에 벼리고개에서 盜賊을 만나서 衣冠과 行

李를 被奪하고 집으로 가는 길에 날도 日暮하고 주리기도 하여 禮節을 아실 만한 先生을 찾았노라고 하였다. 先

生은 同處宿食을 承諾하고 文字討論으로 一夜를 經宿하고 朝食 後에 先生이 學童 一名에게 片紙를 주어 나루 主

人에게 傳하여 無料로 楊花渡를 건너 京城을 得達하였다.

서울로 가는 目的은 別것 없다.

仁川獄에 있는 동안 各處 사람을 많이 親한 中에 京城 南永禧宮 廳直이 한 사

람이 배오개 유기匠 等 五六人을 締結하여 가지고 仁川 海上에 배를 띄우고 白銅錢 私鑄를 하다가 全部 逮捕되어

仁獄에서 一年餘를 苦生을 할 때에 自己들 말이 終身不忘의 恩惠를 입었다 하고 出獄時에 免獄되거든 부디 알게

하면 自己들이 와서 만나 보겠다고 懇切히 부탁한 사람들이었다. 出獄 後에 衣冠을 改着하여 줄 사람도 없으므로

그 사람들도 찾고 曹德根도 좀 만나 보려는 作定이라.

南大門을 들어서서 南永禧宮을 찾아간즉 日力은 이미 初昏이라. 廳直이 房門 前에서 이리 오너라 불렀다. 廳直

房에서 누가 미닫이를 半쯤 열고 하는 말. 어디서 片紙를 가져왔으면 두고 가거라. 목소리를 들으니 陳五衛將이

라. 네 片紙를 친히 받아 주세요 하고 뜰 안에 들어섰다. 陳이 마루에 나와서 仔細히 보더니 아이구머니 이게 누

구요 하고 버선발로 마당에 뛰어나와 내게 매어달린다. 自己 房에 들어가 曲折을 묻는다. 나는 바른대로 말을 하

였다. 陳五衛將은 自己 房에 나를 앉히우고 一邊은 自己 食口들을 請하여 人事를 시키고 一邊은 그때 共犯들을

請하여 會集하였다. 나의 行色이 殊常함을 근심하여 나는 白笠을 나는 周衣를 나는 網巾을 제저끔 사다 주며 速

히 冠網을 하라고 한다. 三四年 만에 비로소 망건을 쓰니 어쩐 일인지 눈물이 떨어진다.

몇 날 동안 그 사람들과 잘 놀며 짬에 靑坡 曹德根의 집을 찾아갔다. 門밖에서 이리 오너라 불렀다. 曹德根

의 큰마누라가 내가 온 줄 알고 꺼리는 빛이 있다. 우리 宅 先達님이 獄에서 나왔다고 仁川 집에서 기별은 있으

나 姨母 宅에 나와서 계신지 내가 오늘 가 보고 來日 오시면 말씀하겠습니다. 혹시 그러히 여기고 돌아왔다가 翌日

에 또 갔다. 亦是 모른다고 말을 하는 눈치가 曹德根과 相議한즉 그는 自己보다가 重罪人이니 己爲 出獄한 바

에 다시 보아 利益이 없다고 생각하고 잡아떼는 수작이더라. 世上 내가 퍽도 어리석다. 破獄하고 내가 先次 나와

서 單身으로 容易히 달아나려려다가 그가 나에게 哀乞하던 情景을 생각하고 二重의 險地에 다시 들어가서 그者들을

危險地帶는 다 免케 하여 준 것인데 只今 내 赤手로 自己를 찾았을 줄 알고 나를 보면 金錢의 害가 있을까 拒絶하

누나. 그 사람의 그 행실인즉 深責할 것 없다 하고 돌아와서는 다시 가지 않는다.

數日을 두고 이 사람 저 사람 들에게 路資를 捐合하여 한 짐을 지워 준다. 그 사람들에게 八道江山 구경이나 한다

고 作別을 한즉 그 사람들이 盛饌으로 잘 먹고 歇脚도 하였다. 그날로 銅赤江을 건너 三南으로 向한다. 그때

心理가 매우 鬱積하여 僧房 뜰에서부터 暴飮을 시작하여 晝夜繼飮하여 果川을 지나 겨우 水原 烏山場을 到着하자

한 짐을 지고 떠난 路資는 告乏되었다.

烏山場 西으로 洞名은 忘失이나 金三陟 집이 있는데 主翁은 曾經 三陟領將을 지내었고 有子 六人에 長子 某가

仁港에서 商業을 經營하다가 失敗된 關係로 仁川獄에서 月餘를 苦生하는 동안 나를 몹시 사랑하고 自己가 放免될

時에도 不忍分手의 情義로 後日 相面을 牢約한 터이라. 그 집을 찾아가서 自己네 六兄弟와 같이 飮酒放歌로 幾

日을 消遣하고 若干의 行資를 얻어 가지고 公州를 지내어 恩津 江景浦 孔鍾烈의 집을 찾아 들어갔다.

孔鍾烈도 亦是 監獄 親舊이니 自己 父親 孔中軍이 作故하여 喪身이고 爲人이 年少 伶俐하고 文字도 可堪하더

라. 曾往에 雲峴宮 廳直을 지냈고 當時는 趙秉式의 舍音으로 江景浦에 物商客主를 經營하다가 金錢關係로 被人訴

訟하여 屢月 仁獄에서 滯囚한 동안 나와 極히 親切하게 지내었다. 江景浦에 들어가 孔의 집을 當하여 본즉 家

屋이 極히 廣大하여 孔鍾烈이가 나의 손을 끌고 일곱째 大門을 들어가서 自己 婦人 房에 나를 留宿하도록 하고

孔의 慈堂도 仁川에서 面知하였으므로 반가이 拜面하였다. 孔 君이 나를 이같이 特待하는 것이 獄中親舊인 同情

이고 該 浦口가 仁川과 朝發夕止하는 地帶이고 自己 各 舍廊에 亦是 東西南北人이 出入을 하는 고로 나의 秘密이

發露될까 恐함이라.

幾日을 休養하고 있던 中 一夜는 月色이 滿庭한데 孔君의 慈堂의 房門 開閉하는 소리가 들린다. 나는 가만히

일어 앉아 窓鏡으로 庭中을 내어다본즉 忽然 劍光이 번쩍한다. 仔細히 살펴본즉 孔鍾烈은 劍을 들고 그 慈堂은

창(戟)을 끌고 母子動兵을 한다. 意外之變이 있을까 하여 衣服을 整頓하고 앉았노라니 移時하여 孔君이 어떤 靑年을

年의 상투를 끌고 下人을 召集하여 드레집을 짓고 그 靑年을 倒懸하고서 十歲 內外의 童子 兩個를 呼出

하여 방치 한 개씩을 주면서 너희들의 원수니 너희들의 손으로 때려죽이라고 한다.

그러다가 孔君이 내 房에 들어와 兄이 매우 놀랐을 터이니 未安하다고 말을 한다. 兄我間에야 무슨 隱諱가 있

겠나. 나의 누님 한 분이 寡居守節을 하다가 내 집 常奴 놈과 通奸이 되어 日前에 解産을 하고 死亡된 고로 그놈

을 불러 네 子息을 데리고 遠處에 가서 기르고 내 앞에 보이지 말라고 하였더니 그놈이 天主學을 하며 神父의 勢

力을 믿고 내 집 곁에 乳母를 주어 두고 내 門戶에 羞恥를 끼치니 兄이 나가서 號令하여 저놈이 멀리 달아나도록

하여 주게. 나는 어디로 보든지 그 맛請을 안 든지 그 處地이다. 承諾하고 나가서 달아맨 것을 풀어 앉히고 그

者를 數罪한다. 네가 이댁에 길러낸 恩惠를 생각한들 主人의 面目을 그다지도 無視하느냐 號令을 하였다. 그 者

는 나를 슬쩍 보더니 惶怯하여 나리 分付대로 하겠습니다. 살려 줍시오. 孔鍾烈은 그 者를 向하여 네가 오늘 밤으

로 네 子息을 내어다 버리고 이 地方을 떠날 터이냐. 그 者는 唯唯而退한다.

나는 孔君에게 물었다. 그 者가 子息을 데리고 갈 곳이나 있느냐. 孔答. 개 건너 臨陂 땅에 제 兄이 사니까 그

리 가면 子息도 기를 수 있다고 한다. 아까 兩個 童子는 누구냐. 孔答. 그것이 내 甥姪이야. 나는 明朝에 어느

곳으로 出發할 말을 하였다. 그 집 形便으로 나 또한 潛伏하였던 本色이 綻露된지라. 孔君 亦是 그러히 생각하

九八

고 自己 妹夫 陳宣傳이 茂朱邑에 살고 富者요 該邑이 幽僻하니 그리 가서 歲月을 기다림이 似好하다 하며 紹介

片紙 一張을 써 주는지라.

翌朝에 孔君을 作別하고 茂朱行을 떠났다. 江景浦를 채 벗어나지 못하여서 거리에 사람들이 숭성숭성한다. 간

새벽에 갯가에 어린아이 우는 소리가 들리더니 소리가 끊어진 지 오랬으니 그 아이는 죽은 것이라고 야단이다.

나는 이 말을 들으매 天地가 아득하다. 오늘날 殺人을 하고 가는 길이로구나. 그者가 밤에 나의 面目을 對할 때

에 甚히 무서워하더니 孔鍾烈의 말을 곧 나의 命令으로 생각하고 제 子息을 안아다가 江邊에 버리고 逃走한 것

아닌가. 가뜩이나 胷中이 盃積한 데다가 世上에 아무 罪惡이 없는 幼兒를 致死케 한 것이 얼마나 큰 罪惡이냐.

一生을 爲하여 甚히 悲觀된다.

及其 茂朱邑 陳宣傳 집에를 갔으나 區區히 一處에 逗留함이 盃懷만 徒增할 뿐이라. 드디어 無錢旅行을 떠났

다.

나의 걸음이 已爲 三南에 遊歷하는 바에는 南原에 가서 金亨鎭을 相逢하리라 하고 平素에 듣건대 全州南門

內 漢藥局 主人 崔君善은 金亨鎭의 妹兄임을 알았으나 먼저 南原 耳洞을 찾아가서 金亨鎭을 물은즉 該 洞人들이

驚訝하며 金亨鎭 찾는 緣由를 묻는다. 나는 金亨鎭을 京城서 알아서 過路에 相訪했다고 하였다. 洞人 曰 金亨鎭

은 果是 此洞에 世居하였으나 年前에 金亨鎭이가 東學에 加入하였다가 終後에 撤家逃走하고는 다시 消息을 모른

다 한다. 나는 듣기에 좀 섭섭하다. 金亨鎭이가 나와 淸國까지 同行하며 多少의 危險을 같이 經過하며 親兄弟보

다 情義가 深切한 處地에 나의 一生을 遺漏 없이 自己가 다 알면서 自己의 一端歷事는 隱秘함이 何意思일까. 如

何튼지 全州까지 가서 下落을 探知하리라.

全州邑 崔君善을 찾아가 金亨鎭의 親舊임을 自言하고 現住를 問한즉 崔君善 亦是 冷淡한 語調로 金亨鎭 말씀이

오? 金亨鎭은 果是 나의 妻男이나 나에게는 지기 難한 무거운 짐을 지우고 自己는 벌써 黃泉客이 되었소. 千辛

萬苦를 經하고 찾아간 나는 悲懷를 禁키 難한 中에 崔의 應接이 너무 不親切한 것을 보고서 다시 더 물어볼 생각

이 없다.

곧 作別하고 그날이 全州 市日이므로 市上에 나와서 구경을 한다. 이리저리 다니다가 白木塵에 가서 布木 換買

하는 光景을 보던 즘에 村農人의 姿態가 보이는 靑年 一人이 布木을 換買하는 것을 본즉 容貌가 恰似한 金亨鎭이

라. 金亨鎭보다는 年少하여 보이고 金亨鎭은 文士의 姿態가 보이나 이 사람은 農軍의 態度가 보일 뿐이고 言語動

止가 꼭 金亨鎭과 같다. 나는 그 사람이 市事를 看了하고 回去하려는 즘을 타서 當身 金 書房 아니시오 물었다.

答. 네 그렇지라오마는 當身은 뉘시오니까. 再問. 老兄이 金亨鎭 氏 季氏가 아니오. 그 사람이 머뭇머뭇하고 말.

대답을 못 한다. 나는 當身의 面貌를 보아 金亨鎭 氏 季氏임을 짐작하나 나는 黃海道 海州에 金昌洙요. 老兄

氏 生前에 或是 내 이야기를 들어 계시오. 그 靑年은 兩眼淚下에 語不能成說하고 涕泣한다. 果是 그렇습니까. 내

兄 生前에 當身의 말씀을 들을 뿐 아니라 別世하실 때에도 昌洙를 生前에 다시 못 보고 죽음을 遺恨이라 하였지

라오. 제 집으로 가십시다.

金溝 院坪을 가서 조그마한 집을 들어가 이 사람이 自己 慈堂과 兄嫂에게 내가 찾아온 것을 말하자 그 집에는

哭聲이 震動한다. 金亨鎭이 作故한 지 十九日 後라 한다. 靈筵에 들어가 弔拜하니 六十老母는 自己 아들의 생각

三十孀婦는 男便을 생각 有子 孟文은 아직 八九歲에 아무 철을 모르더라. 市上에 相逢하던 사람은 卽 亨鎭의 둘

째 아우니 有子 孟悅이가 있고 農業을 爲하여 生活을 하더라. 木浦에 到着하니 新開港으로 아직 官舍建築도 미처 못 하고 諸般이 零星

數日을 休脚하고 務安 木浦를 向한다.

하여 보이더라. 梁鳳九를 相逢하여 仁川 消息을 聞한즉 仁川은 曹德根이가 서울서 잡히어 가서 눈 한 개까지 빠

졌고 다리가 부러지고 其時 押牢의 金哥는 鴉片癮이 몰려서 獄中에서 죽었다 하고 나에 關한 所聞은 듣지를 못하

였다 한다. 그리고 仁川과 木浦 間에 巡檢들도 서로 來往한즉 久留의 地가 아니라 하고 若干의 旅費를 辦備하여

주고 離港을 請한다.

木浦를 떠나서 海南關頭와 康津 古今島와 莞島 等 處를 구경하고 長興 寶城(松谷面 今 得粮面 得粮里 宗氏

金廣彦 等 家에서 四十餘日 休息 離時 同里 宣 夫人의 筆囊制送을 受하였음)으로 和順 同福으로 淳昌 大明으로

河東 雙溪寺로 七佛亞字房도 구경하고 다시 忠淸道로 들어와 雞龍山 甲寺에 到着하니 時期는 八九月이라. 寺刹

附近에 柿木이 林立한데 붉은 감이 익어서 저절로 떨어지더라.

절에서 午飯을 買食하고 앉았더니 東鶴寺로 와서 點心을 먹는 遊山客 一名이 있다. 人事를 한즉 公州 사는 李

書房이라 한다. 遊山詩를 들리는데 年期는 四十이 넘은 사람으로 선비인데 詩로나 말로나 퍽 悲觀을 품었다. 初

面이라도 談論이매 接近된다. 그는 나의 行方을 묻기로 나도 開城에 生長하여 商業에 失敗하고 禍김에 江山 구경

이나 하자고 떠나서 近 一年을 南道에서 지내고 至今은 故鄕으로 간다고 말하였다. 李 書房은 多情히 나에게 請

한다. 老兄이 旣爲 구경을 떠난 바에는 여기서 四十餘里를 가면 麻谷寺란 절이 있으니 그 절이나 같이 구경하고

가시는 것이 어떠하오 한다. 나는 麻谷寺란 말이 甚히 有意하게 들린다.

兒時부터 본바 우리 집에 東國明賢錄 一冊이 있는데 徐敬德 花潭 先生이 冬至賀禮에 參禮하여 大笑한즉 임금이

卿은 何事로 衆人 中에 獨笑하느냐 問한즉 花潭이 上奏하되 今夜 麻谷寺 上佐僧이 達夜 煮粥이라가 不勝其眠하여

粥釜 中에 溺死하였는데 衆僧이 全然 不知하고 粥을 퍼먹으며 喜喜樂樂하는 것을 생각하니 우습습니다 하였다.

임금이 곧 發馬를 놓아 一晝夜 三百餘里 麻谷寺에 가서 調査한바 果驗이라는 文句를 아버님이 늘 小說로 이야기

하시던 것이 聯想된다. 承諾하고 李 書房과 같이 麻谷寺를 向發한다.

漫遊는 여기까지 終幕이 될 터인데 그 사이의 聞見과 親歷한 事實을 畧擧하건댄 牙山 배암밭 동리에 들어가

忠武公 李舜臣의 紀念碑를 敬覽하였고 光州 驛말이란 洞內에 들어간즉 村洞里에 幾百戶인지는 모르나 洞長이 七

名이 看事한다 하니 西北에 보지 못하던 일이며 光羅 和順 大明의 到處 竹林이 亦是 西北에 없는 特産인데 내가

十餘歲時까지 竹木도 一年에 一節式 자라는 줄 알았으나 實地看驗은 처음이며 長興 寶城 等 各郡에는 夏節에 콩

잎새를 따서 當場 국도 끓여 먹고 또 뜯어 말리었다 三冬에 먹기도 하는데 말린 것을 소에게 실어서 市上

에 商品의 大宗이 되는 것을 보았고 海南의 李 進士 집 舍廊에 幾日 留連하는 中 同時 客이 五六名이라. 其中에

그 집 손 노릇 한 지가 八九年 된 者이 있다. 손님이 勞力하면 主人이 貧寒하여진다는 迷信이 있다 하여 一指不動

하고 主人과 無差別의 待遇를 受한다.

兩班이 못 되면 大財産家라도 敢히 舍廊門을 外面으로 開하지 못한다. 然故로 過客이 主人을 찾아 宿泊을 請하

면 첫대에 묻는 말이 간밤은 어디서 留宿하였소 한다. 萬一 留宿한 집이 兩班의 집이면 두말이 없고 中人의 집에

서 잔 것 같으면 客을 勸戒하는 反面에 過客接宿한 常人들은 兩班이 私捕私刑의 別別 怪惡한 習俗이 많다. 내가

親看은 못 하였으나 其 等地에 過客의 有名한 者는 洪草笠 朴道袍 等이라 한다. 洪哥는 草笠童이 적부터 過客으

로 終身하였고 朴道袍는 늘 道袍만 입고 過客질을 한다는데 그者들이 어느 집에 投身하든지 主人이 應待를 조금

잘못하면 無數히 發惡하였다 한다.

海南은 尹 李 兩姓이 가장 大兩班 大勢力을 佔有하였는데 尹姓의 舍廊에서 留宿하노라니 暮夜에 舍廊門 앞 馬

柱에 어떤 사람을 結縛하고 酷刑을 한다. 主人의 말이 너 이놈 죽일 놈!

아니라네 自意로 加俸하느냐고 秋霜의 號令을 한다. 被刑人은 極口 死罪를 請한다. 나는 다시 물었다. 兩班

이 作定한 雇價는 얼마이고 常人이 自意加俸은 얼마인가. 主人

풋씩 定한 것인데 저놈이 어느 宅 일을 하고 한 푼을 더 받았기 때문에 徵治를 한다고 하더라. 나는 다시 물었다.

路上의 行人에 旅店食價도 一時份 最下가 五六分인데 一日 雇價를 밥 한 床 값의 半額도 못 되면 獨身生活도 支

保키 難하거든 眷屬을 데리고 어찌 生活을 하는가. 主人 曰 設使 一家에 長丁이 년놈이라 하면 每日 支拂

一名式이라도 兩班 집 일을 않을 때는 없고 일만 하는 날은 그놈 집 全食口가 다 와서 먹으니 雇價를 많이 支拂

하여 常놈이 自家衣食을 豊足하게 하면 自然 兩班에게 恭遜치가 못하여 그같이 雇價를 作定하여 준다고 한다. 나

는 이 말을 듣고 깜짝 놀랐다. 내가 常놈으로 海州 西村에 난 것을 늘 恨하였으나 이곳을 와서 보니 兩班의 樂地

는 三南이요 常놈의 樂地는 西北이로다. 내가 海西 常놈이 된 것이 큰 幸福이지 萬一 三南 常놈이 되었던들 얼마

나 不幸하였을까.

慶尙道 地方의 班常의 特殊한 現狀은 屠牛漢은 三南에서 網巾을 쓰지 못하는 것이 常例이나 맨머리에 패랭

(平凉子) 이를 쓰고 出入하나 慶尙道는 패랭이 밑에 竹丸을 둘러대고 거기다가 끈을 맨 것이 白丁 놈인데 白丁이

行路上에 無論 老少男女하고 逢人卽 반드시 길 아래 내려서고 小人 問安 드리오 하고 行人을 지내 보고야 自己가

動步하는 것이다.

三南에 兩班의 淫威束縛이 甚又甚한 中에도 若干의 美俗이 없지는 아니하다. 移秧時期에 金堤 萬頃을 지나며

본즉 農軍이 아침에 出役할 때에 司命旗를 들고 箏鼓를 울리며 野外에 나가 農旗를 立하고 모를 심을 때는 선소

리군은 鼓를 擊하고 農歌를 引導하면 男女農軍은 手舞足蹈하며 일을 한다. 農主는 濁酒를 논두렁에 여기저기 동

이로 놓아 두고 隨意로 먹게 하고 行人이 지나면 다투어 勸한다. 農軍이 飮食을 먹을 때는 時任監司나 守令이라

도 馬를 下하여 禮辭를 表한다.

大概 勞動者가 組織이 있어 農主가 役人을 雇用할 時에 其 首領에게 交涉하여 雇人을 決定할 時에 衣服 雇金

息 疾病 等에 對한 條件을 定하고 實地 監督은 其 首領(有司 廳首)이 하고 萬一 役人이 怠慢하여도 農主 自由責

罰을 못 하고 其 首領에게 告發하여 懲戒한다.

班常의 別이 그같이 甚하지마는 正月 初生과 八月 中秋에는 洞里와 洞里 中間에 或은 木柱 石柱를 立하고 其 柱

身에 동아줄을 매고 各其 自己 洞里로 該 柱端이 向臥하도록 競竟을 하는 때는 男女老少 班常의 區別이 없이 즐

겁게 勇氣를 내어 논다고 한다.

古今島에 忠武公의 戰蹟과 錦山에서 趙重峯의 敗績遺址와 公州에서 僧 靈圭의 碑를 보고 많은 느낌이 있었다.

任實에서 全州를 向하던 途中 堂峴(全州와 任實의 中間 大嶺)을 넘으려 할 즈음에 어떤 風身 富家翁같이 보이는

四十餘歲 中老 一人이 나귀를 自牽하여 嶺 밑에 와서 나귀를 내려서 步行으로 가는데 自然 同行되어 人事

를 한즉 任實邑內 文之來라는 사람인데 같이 이야기를 하여 가면서 嶺上에 當到하였다. 嶺上에는 四五家의 酒店

이 있고 酒店 近邊으로는 그날이 全州 市日이므로 褓負商 數十名이 市日에 갔다가 回路에 그 嶺上에서 休脚을 하

더라.

文之來가 嶺上에 到着하자 酒店主人이 나와서 五衛將 令監 오시느냐고 반가이 나와 迎接을 하고 들어가 술이나

한잔 자시라고 勸하나 文氏는 辭讓하더니 나에게 같이 쉬어 감을 請한다. 文氏가 歡迎하는 사람이 없고 同行하

다가 술이나 한 잔씩 먹자고 請하면 辭讓할 배 없지마는 文氏가 店主에게 歡待받을 모양이므로 固辭를 하고 嶺

上을 넘는 때는 日光이 西山에 발양발양하더라.

急히 걸어 上關 酒店에 와서 들고 夕食을 먹고 앉아서 담배를 먹을 즈음에 急報가 온다. 今日 해가 바로 지기 전

에 嶺上에 三十餘名의 强盜가 나타나서 行商의 財物을 掠奪하고 文 오위장은 厥盜를 對하여 醉中에 號令을 하다

가 盜輩가 利斧로 一打에 頭骨이 兩片이 되고 再打에 頭와 身이 三段으로 된 慘事가 생기었다고 한다. 그런즉 내

가 文氏의 手에 끌려 酒席에 同參하였댔으면 身命이 어찌 되었을까. 甚히 驚訝하였다. 들은즉 文氏는 任實吏屬

으로 自己 親弟가 閔泳駿의 信任廳直으로 權威를 가지고 附近에 人心을 失한 탓으로 此禍를 遭하였다 하더라.

全州에서 본 것은 全州는 營吏와 使令이 서로 원수인 때문에 當時 鎭衛隊 兵丁을 募集하는데 使令이 入營될까

疑惧하여 營吏의 子姪을 全部 兵丁으로 編入하였다는데 頭上에는 상투를 그대로 두고 兵帽를 高가 높직하게 製着

하였더라.

緇徒

再說. 公州 李 書房과 甲寺에서부터 同行하는 中에 李 書房은 鰥夫로 幾年間 私塾訓長을 하였고 至今은 麻谷寺

로 가서 중이나 되어 一生을 安閒하게 지내려는 意嚮이 있고 나에게도 勸한다. 나도 幾分의 意向이 있으나 突發

한 問題이므로 速斷할 수 없어 이야기만 하고 終日 行步하여 麻谷寺 南便 山上에 登하니 日色은 黃昏인데 滿山楓

葉은 누릇누릇 불긋불긋하여 遊子悲秋風인 데다가 저녁 안개가 山 밑에 있는 麻谷寺를 자물쇠하여 나와 같은 온

갖 風塵 속에서 頭出頭沒하는 者의 汚足을 拒絶하는 듯한데 저녁 鍾소리가 안개를 헤치고 나와서 나의 귀에 와서

一切 煩勞를 解脫하고 入門하라는 勸告를 하는 듯하다.

李 書房은 決定的 意思를 묻는다. 老兄 어찌하시료. 世事를 다 잊고 중이 되십시다. 나는 李 書房을 대하여 이

자리에서 老兄과 決定하면 무슨 必要가 있겠소. 절에 들어가 보아서 중이 되려는 者와 중을 만들 者 사이에 意見

이 合하여야 될 것이 아니오. 李 曰 그는 그렇겠소. 곧 起身하여 麻谷을 向하여 안개를 헤치고 들어간다. 걸음걸

음이 들어간다. 한 발걸음씩 汚濁世界에서 淸凉界로 地獄에서 極樂으로 世間에서 걸음을 옮기어 出世間의 걸음을

걸어간다.

初到에 梅花堂이고 大聲疾呼하면서 山門으로 急走하는 시냇물 위에 長木橋를 지나서 尋劍堂에를 들어간즉 禿頭

老僧이 畵幅을 展考하다가 우리를 보고 人事를 한다. 李 書房은 熟面으로 人事를 한다. 自己는 抱鳳堂이라 한

다. 李 書房은 나를 尋劍堂에 앉히고 自己는 他房으로 가더라. 移時하여 내게도 一器 客飯이 나온다. 夕食을 畢

하고 앉았으니 何來 白髮老僧이 나와서 人事를 恭遜히 한다. 나는 開城 出生으로 早失父母하고 强近之親이 없

이 獨身子로 江山 구경이나 하려고 나와서 漫遊中이라고 말하였다. 該 老僧은 俗姓 蘇氏요 益山 居生으로 削髮

이 四五十年이 되었다고 하며 慇懃히 自己의 上佐가 되기를 請한다. 나는 多少의 謙讓을 한다. 나는 本來 學識이

薄弱하고 才質이 鈍하여 老師에게 累됨이 多할 것을 생각하여 自然 躊躇하나이다. 該 老僧이 力勸하며 당신이 나

의 上佐만 되면 高明한 大師에게 各種 佛學을 學習하여 將來 大講師가 될지도 모르니 부디 決心하고 削髮하라고

한다.

밤을 지낸 뒤에 李 書房은 鷄卵頭로 나와 問安을 한다. 老兄도 躊躇 마시고 곧 削髮을 하시오. 어제 찾아왔던

荷隱堂은 此寺 中에 財産이 甲富인 寶鏡大師의 上佐인즉 後日에 老兄이 工夫를 하려 하여도 速히 念慮도 없을

터이오. 내 老兄의 말을 하였더니 自己가 나와 보고서 매우 마음에 든다고 나더러 勸勉하여 速히 決定하라고 하

더이다. 나는 一夜間 淸淨法界에서 萬念俱灰라 중이 되기로 承諾하였다.

移時하여 師弟 扈德三이가 剃刀를 가지고 川邊으로 나가서 削髮眞言을 쏭알쏭알하더니 나의 상투가 모래 위

에 뚝 떨어진다. 이미 決心을 하였지마는 머리털과 같이 눈물이 뚝뚝 떨어진다. 법당에서는 鍾을 울리고 香積室

에서 供養主가 佛供밥을 짓고 各 菴座에서 袈裟着服을 한 중들이 數百名이 會集하고 나도 黑長衫 紅袈裟를 着하

여 大雄寶殿으로 引導한다. 곁에서 德三이가 拜佛하는 것을 가르치고 恩師 荷隱堂이 나의 僧名을 圓宗이라 命名

하여 佛前에 告하고 受戒師는 龍潭이란 점잖은 和尙이 經文을 朗讀하고 五戒를 授한다. 禮佛을 畢한 後에는 老師

님 寶鏡堂을 爲始하여 寺內 年老 大師들을 輪拜하고 僧拜를 鍊習하고 眞言集과 初發自警 等 單易僧規를 배운다.

僧行은 下心이 第一이라 하여 人類는 勿論이요 至於 禽獸 昆蟲에게까지 下心하지 않으면 地獄苦를 받는다고 하였

다.

昨夜에 交涉을 할 제는 至極 恭遜하던 恩師 荷隱堂부터 이애 圓宗아!를 忌憚없이 부르고 생기기를 미련스럽게

되어서 高明한 중은 되지 못하겠다. 얼굴은 저다지 밉게 생겼을까. 어서 나가서 물도 긷고 나무도 쪼개어라 한

다. 나는 깜짝 놀랐다. 내가 亡命客이 되어 四方에 流離하면서도 英雄心도 있고 功名心도 있고 平生의 恨이던 常

놈의 껍질을 벗고 平等이라기보다도 越等한 兩班이 되어 平常한 兩班에게 宿怨을 報코자 하는 생각도 胷中에 있

었다. 중놈이 되고 보니 以上과 같은 虛榮的 野慾的 心理는 卽 惡魔로 佛氏門中에는 寸毫도 容納할 곳이 없고 萬

一 此等(차등) 惡念(악념)이 心頭(심두)에 萌生(맹생)할 時(시)는 곧 護法善神(호법선신)을 依賴(의뢰)하여 斥退(척퇴)하지 않으면 아니 될 터이라. 하도 많이 돌아다

니더니 乃終(내종)에는 別世界生活(별세계생활)을 다 하겠다 自笑自歎(자소자탄)을 마지아니하나 順從(순종)하는 수밖에는 道理(도리)가 없다. 長斫(장작)도 패고

물도 긷는다.

하루는 앞내에 가서 물을 지고 오다가 물桶(통) 한 개를 깨쳤다. 恩師(은사)가 어찌 몹시 야단을 하던지 老師主(노사주) 寶鏡堂(보경당)이

恨歎(한탄)을 한다. 前者(전자)에도 사람들은 관계찮은 것들을 上佐(상좌)를 데려 주면 못 견디게 굴어서 다 내어쫓았는데 今番(금번) 圓(원)

宗(종)이도 잘 敎導(교도)하면 將來(장래)에 제 앞쓰이는 하겠는 걸 또 저 모양을 하니 몇 날이나 붙어 있을까 한다. 그 말에 좀

위로는 된다.

晝間(주간)에 勞役(노역)을 하고 夜間(야간)에는 普通(보통) 중의 本務(본무)인 禮佛節次(예불절차)와 千手心經(천수심경) 等(등)을 외우고 受戒師(수계사) 龍潭(용담) 師主(사주)는 佛學(불학)의

要集(요집)인 普覺書狀(보각서장)을 가르친다. 龍潭(용담)은 當時(당시) 麻谷(마곡)에 佛家學識(불가학식)뿐 아니라 儒家學文(유가학문)도 瞻富(섬부)한 터이고 爲人(위인)이 知大體(지대체)의

崇敬(숭경)을 받는 高師(고사)더라. 龍潭(용담)을 侍奉(시봉)하는 上佐(상좌) 慧明(혜명)이라는 靑年佛子(청년불자)가 있는데 내게 同情(동정)이 깊고 龍潭(용담)도 荷隱(하은)네 家(가)

風(풍)이 怪常(괴상)한 것을 알고 글을 가르치다가는 種種(종종) 慰勞(위로)를 한다. 見月亡指(견월망지)란 奧妙(오묘)한 理致(이치)를 말하고 칼날 같은 마음

을 品(품)으라는 忍字(인자)의 解釋(해석)을 하여 준다.

荏苒(임염)한 歲月(세월)은 벌써 半年(반년) 光陰(광음)이 지나고 己亥(기해) 正月(정월)을 當(당)하였다. 寺中(사중)의 百餘名(백여명) 緇徒(치도) 中(중)에는 나를 매우 幸福(행복)스럽

게 생각하는 者(자)도 있다. 圓宗大師(원종대사)는 아직 苦生(고생)을 하지마는 老師(노사)와 恩師(은사)가 다 七八十(칠팔십) 老人(노인)들인즉 그이들만 作故(작고)하

는 날이면 巨大(거대)한 財産(재산)이 宗大師(종대사)의 차지가 되겠다는 것이다. 내가 秋收冊(추수책)을 본즉 白米(백미)로 받는 것만 二百餘石(이백여석)이고

그는 田畓(전답) 耕作人(경작인)이 年年(연년)이 갖다가 바치는 것이고 其他(기타) 商品(상품)으로도 數十萬兩(수십만냥)의 財産(재산)이 있다. 그러나

나는 塵世宿緣(진세숙연)을 다 割斷(할단)치를 못하였거나 亡命客(망명객)의 臨時隱身策(임시은신책)으로거나 何如(하여)하였든지 但(단)히 淸淨寂滅(청정적멸)의 道法(도법)에만

一生을 犧牲할 마음은 생기지 아니한다.

昨年 仁川獄을 破碎하던 날 作別한 父母의 存沒을 모르고 나를 救出하기 爲하여 傾家亡身을 한 金卿得의 下落

을 알고 싶으며 海州 飛洞 高後凋 先生도 보고 싶고 當時에 天主學을 하겠다는 安 進士를 大義의 反逆으로 생각

하고 不平을 품고 退出한 淸溪洞 安 進士도 다시 相逢하여 過去 誤解를 謝過할 생각이 時時로 胸次에 徘徊하며

寶鏡堂의 富財에 印着할 마음은 夢中에도 없다.

一日은 寶鏡老師에게 말을 한다. 小僧이 旣爲 중이 된 以上에는 중의 應爲할 工夫를 하여야 하겠사오니 金剛으

로 가서 經旨나 硏究하고 一生을 忠實한 佛子가 되겠나이다. 寶答. 내가 벌써 推測하였다. 할 수 있느냐. 네願

이 그런데야. 卽時 荷隱을 불러 둘이 한참 다투더니 세간을 내어준다. 白米 十斗와 衣鉢을 주어 큰방으로 내어보

낸다.

그날부터는 自由이다. 白米 十斗를 放賣하여 旅費를 하여 가지고 서울을 向하고 出發하였다. 數日後 京城에

到着하였으나 그때까지 중이 京城 門內를 投足지 못하는 國禁中이라. 城廓 外로 此寺 彼寺를 다니다가 西門 밖

새절에 가서 一日을 留連하는 中에 師兄 慧明을 相逢하였다. 慧明은 나더러 묻는다. 宗大師 어쩐 일로 이곳에 왔

소. 師兄은 어찌하여 이곳을 왔소. 내 恩師가 長湍 華藏寺에 있기로 찾아뵈옵고 얼마 지내려고 오는 길이오.

나는 金剛山으로 工夫 가는 길이오 하고 作別을 하였다.

거기서 慶尙道 豊基 중 慧定이란 중을 相逢하니 平壤江山이 좋다기에 구경을 간다고 한다. 그러면 나와 同行하

자고 約條하고 西으로 臨津江을 건너 松都를 구경하고 海州監營부터 구경하고 平壤으로 가기로 하고 首陽山에 들

어갔다. 神光寺 附近 北庵에 留連하며 慧定에게 若干의 事情을 通하고 基洞 本家에 가서 父母를 秘密訪問을 하고

安否만 알고 나의 父母님에게 나의 몸이 健在함만 말하고 어느 곳에 있는 것까지는 아직 말을 말라고 付託하여

發送하고 慧定僧의 回報만 기다리던 次 四月 二十九日 夕陽에 慧定僧의 뒤를 따라 父母 두 분이 北庵으로 들어오

신다.

父母는 慧定이가 傳하는 子息의 安否를 듣자 네가 내 아들의 있는 곳을 알고 왔을 터이니 내

子息을 볼 것이라 하시고 중을 따라 떠나신 것이라. 及其也에 와서 만나니 돌중놈이라. 세 食口가 서로 붙들고

悲喜交感의 눈물을 흘리었다. 北庵에서 五日 동안을 休息하여 가지고 중의 行色을 그대로 가지고 父母를 모시고

慧定과 같이 平壤으로 구경을 떠났다.

行路 中에 過去에 父母께서 經過하신 일을 말씀한다. 戊戌 三月 初九日에 仁川으로 집에 來着하자마자 仁川 巡

檢이 곧 뒤를 따라와서 逮捕되어 三月 十三日에 父母 두 분이 다 仁川獄에 被囚되어 笞刑을 當하시고 어머님은

곧 放釋되고 아버님은 三個月 後에 放釋되어 內外분이 같이 還故鄕하여 兩年 동안이나 너의 生死存亡을 모르고

日日 苦待하는 中에 夢事만 凶하여도 終日 飮食을 먹지 못하고 기다리고 있다가 慧定이가 와서 우리의 安否를 알

고만 간다 하기로 따라왔다고 하시며 平壤을 向한다.

貫洞 골목을 지나며 본즉 한 집에 頭戴紙布冠하고 身着深袖衣한 學者가 斂膝危坐한 것을 보았다. 酬酌을 좀 하리

五月 初四日 平壤城에 到着하여 旅館에서 밤을 지내고 翌日 端午日에는 牡丹峯 秋千 구경하고 돌아오던 길에

라 하고 小僧 問安 드리오 하였다. 그 學者는 熟視之하다가 入座를 請한다. 그 學者는 房內에 들어가 談話를 開始하였다.

그 學者의 姓名은 崔在學이요 號는 克菴인데 田愚 氏 艮齋의 弟子이더라. 小僧은 麻谷 寒僧으로 今次 西行路次

에 天安 金谷에 가서 艮齋 先生을 拜訪코자 하였으나 適其時 田 先生이 不在이므로 未免題鳳이더니 今에 先生을

二一〇

逢拜한즉 甚히 반갑다 하고 道理研究에 多少 問答이 있었다. 其時 崔在學과 同坐한 老人 一位가 있으니 그 老人은 長鬚美髥에 威風이 凜然하더라. 崔在學은 나를 紹介하여 이 令監에게 뵈이라 한다. 나는 合掌拜禮하였다. 그 老人은 全孝舜이니 當時 平壤鎭衛隊 領官이요 그 후에 价川郡守라.

崔在學이 全孝舜에게 請한다. 今 此大師는 道理가 高尚한 중이오니 靈泉寺 房主를 내어주시면 당신 子弟와 外孫兒 等의 工夫에 매우 有益하겠으니 意見의 如何를 묻는다. 全氏는 快樂한다. 내가 只今 傍聽하는 바에도 大師의 高明함을 欽仰不已하였소. 大師 어찌하려나. 내가 崔 先生님에게 나의 子息과 外孫子 놈들을 付託하여 靈泉寺란 절에 가서 工夫를 하는데 住持僧이 性行이 不良하여 醉酒放浪에 飲食諸節에 困難莫甚한 中이니 大師가 崔 先生님을 保佐하여 나의 子孫 等의 工夫를 助力하여 주면 恩莫大焉이라 한다. 나는 謙讓하였다. 小僧의 放浪이 原僧보다 甚할지 어찌 아십니까.

崔在學은 全孝舜에게 卽刻으로 當時 平壤庶尹 洪淳旭에게 交涉하여 靈泉寺 房主 差帖을 맡아 달라고 懇請한다. 全孝舜은 그 길로 洪淳旭을 訪問하고 僧圓宗으로 靈泉菴 房主를 差定한다는 帖紙를 가지고 와서 卽日 就任을 請한다. 나의 생각에 滿足한 것은 父母를 모시고 行乞하기도 惶悚하고 已為 學者와 同居하면 學識上에도 많은 도움이 되겠고 衣食住에 對한 當面問題도 근심이 없겠고 亡命의 本意에도 妨害가 없을 터이라고 생각하고 承諾하고 爲先은 慧定과 同伴하여 崔在學을 따라 平壤 西去 大寶山 靈泉菴에 가서 大概 寺務를 整頓하고 定房 一處에 父母를 모시고 지낸다.

學生은 全孝舜의 아들 炳憲 錫萬이고 全氏 壻 金允文의 아들 兄弟 長孫 仲孫(寬浩)이고 其外에 幾個 學子가 있다. 全孝舜은 珍羞盛饌으로 間日하여 該寺에 運到하고 山下 新興洞의 肉庫를 靈泉菴 用達所로 하여 每日 나는 肉다.

庫에 가서 고기를 한 짐씩 져다가 僧服을 着한 대로 通開하고 고기를 먹고 念佛하는 代身으로 詩를 외우고 種種 平壤城에 崔在學과 同伴 向往하여 四崇齋 黃景煥 等 詩客들과 律을 짓고 밤에는 大同門 側에 가서 첫번은 店主의 주는 대로 素麵을 먹다가 乃終에는 肉麵을 그대로 먹는다. 佛家에 所云 手把猪頭 口誦聖經의 句와 近似하게 되어 가는 중이고 平壤城에서 時稱 乞詩僧이라 한다.

一日은 崔在學與學子들은 平壤을 가고 나 혼자 있노라니 大寶山 前 太平市 內村에 私塾訓長 一位가 學童 數十 人과 詩人 數名이 同伴하여 靈寺詩會를 차리고 酒饌을 設備하여 가지고 寺中에 集合한다. 劈頭에 房主僧 呼出 令이 난다. 나는 恭遜히 合掌拜禮하였다. 一位 詩客이 傲慢한 態度로 너 이 중놈 先輩님들이 오시는데 擧行이 何若是怠慢乎아 한다. 네 小僧이 先輩님들 오시는 줄을 알지 못하여 山外에 나가서 奉迎을 못 한 것이 매우 罪悚 하올시다. 이놈 그뿐이냐. 네가 此寺의 房主가 된 지는 얼마냐. 三四朔 前에 왔습니다. 그러면 그 사이에 近洞에 계신 兩班들을 拜候치 않음은 罪가 아니냐. 네 小僧이 苾新初에 寺務整理를 爲하여 아직 近隣에 계신 兩班들 못 찾아 뵈인 것이 罪莫大焉이나 容恕하심을 바라나이다. 所謂 降者不殺 格으로 訓長이 一面 나를 責하고 一面 該 先輩를 加諭하여 僅僅 平和로 解決되었다. 나는 다시 罪責이 생길까 懼하여 當日 服役을 如恐不及하게 지내었다. 酒至半酣에 訓長 金愚石으로부터 濟濟 詩人들이 風軸을 展開하고 作者書者가 高聲朗吟하는 것을 술 부어 드리고 물 떠다 바치는 틈에 注視한즉 글씨부터 村臭가 나는데 所謂 絶唱이니 得意作이니 하고 떠드는 것을 본즉 노리고 고린 수작이 많다. 내가 前者 詩에 專攻이 없었고 崔在學을 相從한 後에 種種 山寺에서 盧湖亭 東恒의 詩軸 글씨 와 黃景煥 汪波와 金醒石 等 當時 平壤의 一流名士들과 몇 달을 相從하여 詩나 글씨에 對한 若干의 分解가 있음 이다. 訓長에게 請하였다. 小僧의 글도 더럽다 않으시고 軸末에 그려 주실 수 있습니까. 訓長은 特許한다. 네가

詩(시)를 지을 줄 아느냐。네 小僧(소승)이 今日(금일) 여러 先輩(선배)님들에게 不恭(불공)한 罪(죄)가 많으니 겨우 韻字(운자)나 채워서 謝罪(사죄)코자 하나이다。終頭(종두)는 忘失(망실)하였고 聯句(연구)는 儒傳千歲佛千歲(유전천세불천세) 我亦一般君一般(아역일반군일반)이 있다。訓長(훈장)과 詩客(시객)이 面面相顧(면면상고)하며 중놈이 참으로 傲慢(오만)하다고 생각하고 各其(각기) 不平(불평)의 面色(면색)이 現露(현로)하는 즘에 崔在學(최재학) 一行(일행) 數名(수명)의 名流(명류)가 來到(내도)한다。村客(촌객)들의 風軸(풍축)을 구경하다가 末端(말단)에 奉硯僧(봉연승) 圓宗(원종)의 글에 와서 儒傳千歲(유전천세)에 이르러는 마치 複音唱歌(복음창가)하듯이 一同(일동)이 手舞足蹈(수무족도)하며 山寺(산사)가 들썩하도록 傑作(걸작)이니 絶唱(절창)이니 야단을 하는 바람에 村客(촌객)들은 堂堂豪氣(당당호기)가 쑥 들어갔다。이 消息(소식)이 平壤(평양)에 傳播(전파)되어 妓生(기생)들 노래 曲調(곡조)에 唱道(창도)하였다 한다。所以(소이)로 平壤(평양)에서는 乞詩僧(걸시승) 圓宗(원종)의 別名(별명)이 있었다。

어느 날 平壤城(평양성) 內(내) 全孝舜(전효순)의 편지를 맡아 가지고 平壤(평양) 西村(서촌) 六七十里(육칠십리)에 葛谷(갈곡)의 當時(당시) 高明(고명)하기로 平安道(평안도)에 有名(유명)한 金强齋(김강재) 先生(선생)을 찾아간다。갈곡을 못 미쳐 十餘里許(십여리허) 一酒店(일주점) 앞을 通過(통과)하더니 忽然(홀연) 酒店(주점) 中(중)으로 이놈 중놈!의 號令(호령)이 난다。回頭(회두)하여 본즉 蓬頭亂髮(봉두난발)한 村氓(촌맹) 十餘名(십여명)이 飮大白大高興(음대백대고흥)한 즈음이라。門前(문전)에 가서 合掌拜禮(합장배례)하였다。한 者(자)가 썩 나서더니 이 중놈 어디 사느냐。네 小僧(소승)은 忠淸道(충청도) 麻谷(마곡) 있습니다。이놈 忠淸道(충청도) 중놈의 버릇은 그러냐。小僧(소승)이 갈 길이 바빠서 미처 생각을 못 하고 그저 지났습니다。容恕(용서)하여 주십시오。이놈 지금 어디를 가는 길이야。네 兩班(양반)님들 앉아 계신 데를 人事(인사)도 없이 그저 지나가고。네 小僧(소승)이 大端(대단) 잘못했습니다。小僧이 갈골을 찾아갑니다。갈골 뉘 집에? 金强齋(김강재) 宅(댁)으로 갑니다。네가 金(김) 先生(선생)을 알더냐。네 先面(선면)은 없고 城內(성내) 全孝舜(전효순) 氏(씨) 書簡(서간)을 가지고 갑니다。이者(자)가 이 말을 듣더니 두리번두리번하고 말을 잘 못 한다。面面相顧(면면상고)한다。한 仲裁員(중재원)이 나오더니 이者(자)가 是非(시비)하던 者(자)를 責(책)한다。이 사람 내가 보기에는 저 大師(대사)가 잘못한 것이 없네。길 가는 중이 店(점)마다 다 찾아 人事(인사)를 하려면 길을 어찌 가겠나。자네 醉(취)하였네。大師(대사) 어서 가게 한다。내가 본즉 全孝舜(전효순)이 鎭衛隊(진위대) 領官(영관)임을 알고 惻(측)이 나는 모양이다。나는 한번 묻는다。저 兩班(양반)(나를 是非(시비)하던 者(자))의 宅号(택호)가 뉘

신지요. 仲裁。 저 兩班은 이 안마을 李 軍奴 宅 書房님이라네. 물을 것 없이 어서 가게 한다.

속으로 웃으면서 黃昏에 農夫들이 牛를 끌고 집으로 돌아가는 사람에게 李 軍奴 宅을 물었다. 農

夫는 手를 擧하여 山기슭에 한 집을 가리킨다. 나는 또 물었다. 李 軍奴 兩班이 지금 계신가요. 農夫 答. 아니 李

軍奴는 죽고 지금은 그 孫子가 當家라네. 나는 대단 우습기도 하고 寒心도 하다고 생각하면서 强齋 先生을

찾아가서 一夜를 談宿하였다. 强齋는 그 後에 江東郡守를 한 官報를 볼 뿐 다시 相從이 없었다.

該寺까지 와서 지내는 慧定僧은 나의 佛心이 衰弱하고 俗心이 增長함을 보고 自己는 還鄉의 意思가 있으

나 나를 떠나기가 甚히 애처로워 날마다 山口까지 送別을 하다가 차마 分別을 못 하고 다시 울며 돌아오기를 月

餘 後에 畢竟은 若干의 行資를 準備하여 慧定은 慶尙道로 回程하게 하였다. 중의 行色으로 西道에 내려온 後로는

아버님이 다시는 削髮을 不許하기 까닭에 長髮僧이 되었다.

九十月頃에 치마다래로 상투를 짜고 紳士의 衣冠을 裝束하고 父母를 모시고 故鄕인 海州 基洞으로 돌아왔다.

近境 兩班들과 親戚들도 이제 金昌洙가 돌아왔으니 從後는 무슨 事端이 更發하지 않을까 하고 季父 俊永 氏는 그

간 過去를 悔改하고 仲伯인 아버님을 恭事하지마는 나에게 對하여는 나의 一毫의 同情이 없는 것은 識字遇寒으로 居家

生産作業의 無誠意함을 憎惡하고 亂蓬의 傾向이 있는 줄 알고 父母 內外께 敦勸하여 農事를 勤勉하면 自己가 擔

任하여 장가도 보내 주고 살림도 차려 줄 意向을 말하지만 아버님은 나의 遠大한 뜻을 짐작하시는지라 이제는 제

가 長成하였으니 自任할밖에 없다고 하신다. 그러나 季父는 父母님에게 兄님 內外분이 昌洙 놈을 글工夫시킨 罪

로 無雙한 苦生을 하신 것을 아직 覺悟를 못 하신다고 한다. 季父의 觀察이 實則 바로 본 것이라. 萬一 文盲으로

있었으면 東學 頭領이나 또는 仁川事件이 없겠고 純全한 基洞의 一農夫로 耕田食鑿井飮하고 世間을 擾亂케 할 일

이 없었을 것은 明白하도다.

庚子 二月頃에 季父가 農役을 開始하고 每日 새벽이면 와서 단잠을 깨워다가 밥을 먹이고 가래질 役事를 시킨

다. 幾日을 順從하다가 忽然히 江華行을 潛發하였다. 高先生이나 安進士를 먼저 찾을 일이지마는 아직도 번듯

이 나서서 訪問하기는 尤早計로 生覺된다. 그리하여 面貌 生疎한 方面으로 名字를 變하여 金斗來라 하고 江華에

到着하여 金卿得의 집을 찾아 南門 內에 들어간즉 金卿得의 消息은 杳然하고 其 三弟 鎭卿이가 接對한다. 나더러

묻기를 어디 있으며 家兄을 已往 親熟히 아는가 한다. 나는 延安에 居生하였고 令伯氏와는 莫逆한 同志인데 一字

間 消息을 몰라 궁금하기로 委訪한 뜻을 말하였다. 鎭卿도 그러히 여기고 舍伯이 出家한 지 于今 三四年에 數年

音信이 없고 家事는 蕩敗無餘地하여 兄님이 계시던 집으로 合居하여 兄嫂를 모시고 姪兒를 率眷한다는 말을 細細

히 한다. 家屋은 비록 草家일망정 最初는 極히 華麗傑暢하게 成造한 것이나 經年에 修理를 加치 아니하여 荒頹하

였다. 그러나 金卿得의 앉았던 蒲團과 同志 中에 信義에 違背하는 者는 親히 懲罰하던 木棒이 그저 壁上에 걸렸

것을 鎭卿이가 指點하면서 往事를 이야기한다.

舍廊에 나와서 노는 七歲 兒童의 潤泰가 現 金卿得의 아들이라. 千辛萬苦로 찾아간 金卿得은 消息도 모르니

不得已 갈 수밖에 없는데 鎭卿에게 過去 情實은 說破할 수는 없고 차마 그 집을 떠나기는 섭섭하다. 鎭卿에게 이

런 말을 했다. 내가 尊伯氏의 消息을 모르고 가기가 極히 섭섭한즉 舍廊에 있어 潤泰를 글자나 가르치고 지내며

伯氏의 消息을 같이 기다리고 있음이 어떤가. 鎭卿은 感激無地하여 兄丈이 그같이 顧念하시면 오죽 感謝하오리

까. 潤泰뿐 아니라 仲兄 武卿의 두 兒孩가 다 學齡에 達하였으나 村에서 그대로 놀린답니다. 그러시면 仲兄께 通

奇하여 姪兒들을 데려다가 같이 工夫를 시키겠습니다 하고 自己가 近村 武卿에게 가서 前後를 說明하고 武卿이

一二五

兩個 兒子를 데리고 鎭卿을 따라 卽日로 와서 반가이 會面하고 그날부터 學究를 開始하였다.

潤泰는 童蒙先習을 武卿 兒子는 史畧 初卷으로 一兒는 千字를 心血을 다하여 敎授한다. 그 舍廊에 來往하는 周

卿의 親舊와 鎭卿의 親舊들이 나의 熱心 敎授하는 것을 傍觀하고서 鎭卿에게 請하여 저저금 兒童을 데려온다.

一朔이 못 되어 그 크나큰 三間 舍廊에 三十餘名의 兒童이 會集한다. 나도 無限한 興味를 가지고 敎授를 하고 있

다.

開學 後 三朔이 지난 하루에 主人 鎭卿은 어떤 서울서 온 書簡 한 장을 보면서 혼잣말로 怪歎을 한다. 이 사람

은 알도 못하는 나에게 자꾸 편지만 하니 어찌하란 말이야. 이런 事實이 없다고 答狀을 한데 不拘하고 또 사람을

派送해? 혼잣말로 중얼거린다. 나는 물었다. 그 무엇을 그러는가. 鎭卿은 對答한다. 富平柳氏의 柳仁茂 或 完茂

라고 하는 兩班이 幾年 前에 本島에 三十許里 村에 喪身으로 限 三年 동안 살다 갔는데 여기 살 때에 自己는 兩班

이지마는 伯兄을 文殊山城으로 請하여 가지고 幾日 同宿하면서 酬酌이 있었고 그 後는 舍兄이 柳宅에 訪問한 事

도 有하였지요. 그런 後 再昨年에 海州 사람 金昌洙란 靑年이 倭놈을 죽이고 仁川監理署에 滯囚되었는데 押牢 中

에 前에 우리 집 婢夫이던 崔德萬이 놈이 舍兄께 金昌洙가 仁港을 떠들었다 놓았고 監理나 警務官이 꿈쩍을 못

하게 號令을 하였고 그러다 絞刑까지 하게 된 것을 上監이 살리어 주어서 죽지는 않고 있단 말 듣고 우리 집 財産

을 있는 대로 톡톡 털어 가지고 近 一年 서울 가서 金昌洙를 살리려고 애를 쓰나 될 수 있는가요. 金錢만 消耗하

고 舍兄은 돌아오신 후 무슨 다른 事件으로 避身을 하였는데 그 후에 들은즉 金昌洙는 破獄逃走하였다고 하는데

至今 柳完茂는 벌써 여러 번 知面도 없는 나에게로 海州 金昌洙가 오거든 自己에게 急報하여 달라고 편지를 하

기에 그런 사람이 왔던 일이 없다고 回答을 하였는데 舍兄이 平素에 親하던 通津 사는 李春伯이란 兩班은 柳氏

와도 親한 모양이야요. 柳氏 편지에 李春伯을 보내니 疑心 말고 仔細히 알게 하여 달라는 付託입니다. 나는 듣

건대 毛骨이 悚然하기도 하고 百般 疑訝가 生한다. 나는 鎭卿에게 물었다. 金昌洙란 사람이 와서 다녀는 갔는가.

鎭卿. 兄丈은 생각하여 보시오. 여기서 仁川이 咫尺인데요. 그도 舍兄이 在家하신 터이면 秘密히 올지도 모르지

요. 舍兄도 아니 계신데 그런 사람이 왔다손 내 형님의 存否나 秘密히 調査하여 보고 집에 안 계신 줄 알면 내 집

에 들어올 理가 있는가요. 그 兩班이 아무 脉도 모르고 그리는 것이지요. 나는 또 말을 한다. 그것은 賢弟의 말이

옳은데 그러면 어떤 倭놈의 부탁이나 現 官吏의 囑託을 받고 偵探의 作用인 것이지? 鎭卿 答. 그는 決코 아닐 줄

믿습니다. 내 柳完茂 그 兩班을 相面은 없으나 只今 普通 入朝하는 兩班과는 判異한데요. 柳氏 學者의 氣風이

있고 舍兄은 義氣男兒라고 自己가 조금도 班常의 區別을 차리지 않고 極히 尊待하더라는데요. 나는 곰곰 생각하

니 火色이 迫頭한 것도 같고 柳完茂란 사람의 本意를 알고 싶기도 하다. 그러나 鎭卿에게 수상스럽게 더 물을 수

도 없다. 外貌로는 極히 平常한 態度를 가지나 內心에는 甚히 散亂하다.

밤을 지내고 翌朝 食後인데 어떤 氣骨이 長大하고 얼금얼금 손티가 있는 年期는 三十餘歲나 됨 직한 人士가 서

슴없이 舍廊에 들어와 내 앞에서 공부하는 潤泰를 보고서 이놈 潤泰야 그새 퍽 컸구나. 안에 들어가 작은아버지

좀 나오시래라. 내가 왔다고. 潤泰는 곧 안房에 들어가 鎭卿을 앞에 세우고 나온다. 그 사람은 鎭卿과 寒暄을 畢

하고 첫째로 묻는 말. 아직 伯氏의 消息 못 들었지? 鎭卿 答. 아직 消息이 없습니다. 하 격정이로군. 柳完茂의

편지 보았겠지? 네 어제 받았습니다. 그 말을 하고서 鎭卿은 내가 앉은 앞의 房을 미닫이로 間隔하고 둘이만 이

야기를 한다. 나는 學童들이 글을 읽을 때 하늘 천 따 지를 하늘 소 따 갑이라고 誤讀하여도 그것을 校正하여 줄

誠意는 半點도 없고 웃방에서 李春伯이와 鎭卿이가 이야기하는 말만 듣고 있다.

鎭卿 問. 柳完茂란 兩班이 知覺이 없지 않아요? 金昌洙가 舍兄도 안 계신데 내 집을 왜 오리라고 생각하고 그렇게 여러 번 편지를 하십니까. 李 曰. 자네 말이 옳지마는 우리가 一年 나마를 金昌洙 때문에 別別

네. 柳完茂가 南道로 移居를 하고 서울 다니러 왔다가 자네 兄님이 金昌洙를 救出하려고 全家産을 蕩敗하고 終末에 避身까지 한 것을 알고 柳完茂가 우리 몇 사람을 모으고 金昌洙를 期於 救出하여야겠는데는 法律的 說諭的 行

賄等으로는 伯氏가 하여 보았으니 이제 强制奪取할 方法 外에 없다고 하여 勇敢한 靑年 十三名 中에 나도 들었네. 十三名 冒險隊를 組織하여 가지고 仁川港口 要害處에 밤중에 石油 一筒씩을 지고 들어가 七八處에 衝火를 하고 監獄을 깨치고 金昌洙를 救出하자는 方針을 定하고 柳氏가 나더러 두 사람을 데리고 仁港에 들어가 要害處와 監獄의 形便과 金昌洙의 近情을 調査하라 하기로 가지 않았겠나. 及其也 仁港에 가서 監獄形便을 調査한즉 三日 前에 金昌洙가 四人 罪囚와 같이 破獄逃走를 하였데그려. 그리고 돌아가 柳氏와 金昌洙의 蹤跡을 探知할 길을 硏究하는데 한 길은 海州 本鄕이나 期必코 故鄕에 갈 理도 없고 그 父母에게는 設或 通奇가 있다손 決코 發說을 않을 터요 잘못 探知하다가는 도리어 그 父母에게 驚動만 시킬 터이니 除外하고는 자네의 집인데 自己가 몸소 오기는 極難하나 어느 곳에서 편지하였던 일이 없는가. 鎭卿 答. 편지도 없습니다. 편지를 하고 回答을 要할 것 같으면 차라리 自己가 와서 調査할 터이지요.

두 사람의 이야기는 거기서 그치고 鎭卿 問. 언제나 서울을 가시료. 李 答. 오늘 親舊나 좀 찾고 來日은 곧 上京할 터일세. 明朝 作別을 期하고 李春伯은 退去한다. 두 사람의 하는 말을 들은즉 柳完茂란 사람이 참으로 내게 對하여 그같이 誠意를 썼다면 곧 만나 주어야 하겠는데 萬若 探偵의 作用이라 하면 其計 亦妙라. 그러나 믿음이 있는 것은 李春伯이가 鎭卿을 對하여 하는 말은 眞的한 同志로 알고 숨김없이 말을 하는 것이 分明하고 또 柳氏

가 周卿의 失敗를 繼續하여 冒險的 運動을 經營하였다는 것도 可信할 만하다.

君子可欺以方이란 말과 같이 내가 이만치 알고 終是 晦跡함은 其亦不義라 하여 그 밤은 그대로 자고 翌朝에 鎭

卿과 同卓吃飯할 時에 鎭卿에게 問한다. 어제 왔던 사람이 李春伯인가. 네 그렇습니다. 언제 또 오는가. 아침 後

에 와서 作別하고 서울로 간다니까 조금 後에 오겠지요. 李春伯이 오거든 내게 人事紹介나 하여 주게. 伯氏와 平

素 親한 同志라니 나도 반가운 마음이 있네. 그럽시요. 또 말을 한다. 鎭卿 자네를 今日 作別케 되고 潤泰 從兄弟

兒도 아울러 作別일세. 섭섭한 것은 말로 다 할 수 없네. 나의 눈에 반드시 눈물이 고였을 것이다. 鎭卿이 此言을

聞하고 大驚失色한다. 兄님 이게 무슨 말씀이야요. 제가 무슨 잘못한 일이 있습니까. 卒然히 作別 말

씀이야요. 제야 미거한 것인즉 舍兄을 생각하시고 저를 容恕도 하시고 責妄도 하여 주셔요. 내가 곧 金昌洙일세.

柳完茂란 親舊의 推測이 바로 맞았네. 내가 昨日에 자네가 李春伯과 이야기하는 말을 다 들었네. 자네 생각에 偵

探의 誘引策만 아닌 줄 믿거든 나를 놓아 주어 柳完茂란 親舊를 가서 만나 주도록 하여 주게. 鎭卿은 이 말을 듣

고 깜짝 놀란다. 兄님이 果是 그러시면 제가 挽留를 어찌 합니까. 崔德萬은 昨年에 死亡하였다 하오나 이곳에서

監理署에 主事 다니는 者도 있고 巡檢 다니는 者도 있어 種種 來往이 있습니다. 一邊 學童에게 宣布하기를 先生

님이 今日 本宅에 다녀오실 터이니 너희들은 집으로 돌아가라 하였다.

移時하여 李春伯이 鎭卿에게 告別次로 왔다. 鎭卿은 李春伯을 迎接한 後에 나와 人事를 붙인다. 나는 李氏를

보고 나도 서울 갈 일이 있으니 同行하여 주기를 請하였다. 李는 普通으로 심심한데 이야기나 하면서 同行하시

면 매우 좋겠습니다. 鎭卿은 李의 소매를 끌고 뒷방에 들어가 두어 말을 수군거리다가 나와서 곧 出發한다. 學童

三十餘名과 其 父兄이 몰려와서 南門通 길이 메이도록 集合하여 餞別을 한다. 내가 誠血을 다하여 敎授도 하지 마

는 一分의 訓料를 不要하였다. 그러므로 同情이 더 두터운 것이더라.

그날로 서울 孔德里 朴進士 台秉의 집을 到着하였다. 李春伯 君이 먼저 內舍廊에 들어가서 무슨 말을 하는지 키가 中키 以下요 얼굴이 太陽에 그을어 가무잡잡하게 되었고 網巾에 黑笠을 쓰고 衣服은 儉素하게 입은 生員님 한 분이 나와 맞아 房內에 들어가서 나는 柳完茂요. 오시기 辛苦하셨소. 男兒何處不相逢이 오늘 昌洙兄에게 比喩한 말인가 보오. 柳는 李春伯을 보고 무슨 일이고 한두 번 失敗를 한다손 落心할 것이 아니고 끝내 求하면 必得할 날이 있다고 내 前日 말하지 않던가. 그는 곧 나를 만났다는 意味에 自己네들 平素에 經營하던 經路를 말함일러라.

나는 柳完茂에게 對하여 말한다. 내가 江華 金宅에 있어 先生이 이만 사람을 爲하여 許多 勤勞를 하신 것을 알고 今日 容顔을 뵈옵거니와 世上은 針小棒大의 虛傳이 많은 탓으로 들으시던 말과 實物이 龍頭蛇尾이 온즉 愧惡難狀이고 매우 落心될 것을 豫想하여 두십시오. 柳는 빙그레 웃으면서 배암의 꼬리를 붙들고 올라가면 龍頭를 볼 터이지요 하고 主客이 웃었다. 主人 朴台秉은 柳氏의 同婿라 한다. 夕食 後에 城內 自己 留宿處로 들어가서 자고 幾日은 休脚하면 或是 料理집에 가서 飮食도 사 먹고 구경도 다니었다.

柳氏는 一封 書信과 路資를 주며 忠淸道 連山 광이다리 앞에 桃林里 李天敬에게로 가라고 부탁한다. 卽日 發程하여 李天敬의 집에를 가서 書緘을 傳한즉 반가이 迎接하여 日日 殺鷄爲黍하여 잘 待接하고 閒談說話로 一朔을 經過하였다. 一日은 李天敬이 一封緘을 써 주며 茂朱邑內 蓼圃業 하는 李時發에게로 가라고 한다. 또한 李時發을 찾아가서 書信을 傳한즉 迎接하여 一夜를 留宿한 뒤에 翌日에 李時發이 또한 一封書를 주며 知禮郡 川谷이란 洞里 成泰英에게로 보낸다. 또 成泰英의 집을 찾아가니 宅號가 成原州 집인데 泰英의 祖父가 原州牧使를 經하였다 한다. 舍廊에 들어간즉 守廳房 床奴房에 下人이 數十名이고 舍廊에 앉은 사람은 擧皆 貴族의 風度가 있더라. 主

人 成泰英이 書簡을 보고 歡迎하여 上客으로 待遇하매 床奴別輩들이 더욱 尊敬하더라. 日日 成泰英 字 能河 號는

一舟와 登山採菜 臨水觀魚의 趣味 있는 生活을 하여 가며 古今事를 難疑問答하면서 또 一朔餘를 지내었다.

一日은 柳完茂가 成氏의 집에 와서 相逢하였다. 翌朝에 自己 移住하는 茂朱邑內로 同歸하여 柳宅에서 宿食한

柳氏는 長成한 딸은 李忠求의 姪婦로 成婚하고 아들 兄弟 漢卿 等 兩兒가 있고 當時 茂朱郡守 李倬과도 瓜葛

인 듯하더라. 柳完茂는 나를 對하여 이런 말을 한다. 昌洙는 京城으로부터 此地에 到着하는 동안 成泰英과 柳完茂가

지요. 實情을 말하리다. 昌洙 名字가 行用하기에 甚히 不便하다 하여 成泰英이

名號를 改作하여 준다. 金龜라 하고 号 蓮下 字는 蓮上이라 行世하기로 하였다. 連山 李天敬이나 知禮 成泰英이

다 나의 同志인데 새로 同志가 생길 적에는 반드시 몇 곳으로 輪廻하며 一個月式 同處하며 各其 觀察한 바와 試

驗한 것을 總合하여 어떤 事業에 適宜한 資格임을 判定한 後에 仕宦에 適當한 者는 仕宦을 하도록 周旋하고 商農

에 適宜한 人材는 商農으로 引導 從業케 하는 것이 우리 同志들의 定規인데 蓮下는 同志들이 試驗한 結果에 아직

學識이 淺薄한즉 工夫를 加하되 京城 方面의 同志들이 擔任하여 成格되도록 할 터이고 蓮下의 出處가 常人階級에

있은즉 不可不 身分부터 兩班에게 눌리지 말게 할 것을 急務로 認하여 現今 連山 李天敬의 家宅 田庄 家具 全部

를 그대로 蓮下 父母 生活에 供할 터이고 그 골 大姓 몇몇에게만 團束하였으면 足히 兩班의 生活을 할 터이고 蓮

下는 京城에 留學하다가 間間 觀親이나 하게 할 터이니 곧 故鄕으로 가서 明 二月로는 父母님 몸만 모시고 서울

까지만 오면 서울서 連山까지의 治行은 柳 自己가 하겠다고 하고 서울로 同行하였다.

서울에 와서 柳完茂의 弟子인 江華 長串(버드러지) 朱進士 潤鎬(兄은 潤彰)를 찾아갔다. 金卿得의 집에 들어

가기는 여러 가지 顧慮되어 秘密히 朱進士 집을 來往하였다. 朱進士는 白銅錢 四千兩을 柳氏에게 보내는 것을

온몸에 돌려 감고 서울에 왔다. 朱進士 집은 海邊이므로 十一月에 아직 감나무에 감이 달리었다. 또한 魚産이

豊足한 곳이므로 몇 날을 잘 지내고 왔다.

그 돈으로 路資를 하여 지고 還鄕의 길을 떠났다. 鐵路가 아직 敷設되지 못하여 陸路로 出發한다. 出發하기 前

날에 꿈에 아버님이 나를 黃泉 二字를 쓰라고 하신 꿈을 꾸고 柳氏와 꿈 이야기를 하였다. 봄에 病患이 계시다

좀 나으신 것을 보고 떠나서 서울 와서 郵便으로 湯藥補劑도 지어 보내고 마음은 놓지를 못하였었다가 凶夢을 得

하고 그날로 떠나 동짓달 日氣에 松都를 일찍 到着하고 翌日에도 急步를 四日 만에 海州 飛洞을 지나다가 高先

生 보고 싶은 마음에 찾아 들어갔다.

山腹小屋에서 先生을 拜謁하니 五六年間에 그다지 衰敗하지는 않았으나 돋보기 眼鏡을 쓰지 않고는 글을 못 보

는 모양이더라. 내가 高 先生을 拜謁하고 앉아서 두어 말을 始作할 때에 舍廊 內門이 방긋이 열리더니 十餘 살 먹

은 處女가 아이구 아저씨 왔구나! 하고 뛰어 들어온다. 본즉 淸溪洞에 살 적에 高先生 舍廊에를 가면 늘 나와서

내게 매어달리고 업어 달래다가 高先生에게 責을 듣다가 畢竟에 元明의 長女와 나와의 婚約이 成立된 後는 自然

無間하게 되고 高先生이 前과 같이 責妄을 아니할 뿐 아니라 나를 가리켜 아저씨라고 부르란 命令을 받고서는

一層 無忌憚하게 내게 매어달리고 온갖 응석을 하던 元明의 次女이다. 內心에는 極히 반갑고 또 父母가 없이 叔

母의 손에 자라는 情景을 잘 아는 나로는 퍽 불쌍도 하여 보인다. 그러나 아저씨의 稱號를 그대로 받고서 알은척

하기는 매우 未安한 일이다. 그 光景을 보시는 高先生도 胸中에 感懷가 있는지 沈默하고 담벽만 건너다보고 앉

았고 나도 아무 말대답을 못 하고 눈으로만 그 處女를 보고 반가운 表情을 하였을 뿐이다. 또 아무

高先生이 前者에 나와 婚約을 罷意하고 돌아가서 寡婦인 次子婦의 請으로 아무 宅과 婚姻을 하십시다. 또 아무

一三三

宅(댁) 子弟(자제)가 學文(학문)도 相當(상당)하고 門閥(문벌)도 相適(상적)하고 財産(재산)도 裕足(유족)하니 거기다 通婚(통혼)을 합시다. 金昌洙(김창수)는 常(상)놈이고 게다가

家産(가산)이 赤貧(적빈)한데 더구나 前(전) 婚處(혼처)에서 그같이 怪惡(괴악)을 부리니 金昌洙(김창수) 딸을 주다가는 집안이 亡(망)하겠다고 떠드는 데

火症(화증)이 났던지 當場(당장) 淸溪洞(청계동)에 微微(미미)한 一農夫(일농부)인 金士集(김사집)이란 사람의 아들 역시 農軍(농군)인 떠꺼머리 總角(총각)에게 自請(자청)하여

그날로 婚約(혼약)을 決定(결정)하였다 한다.

한참 동안이나 高先生(고선생)과 나는 서로 交談(교담)이 없이 各其(각기) 過去(과거) 婚事問題(혼사문제)를 追憶(추억)한 모양이다. 高先生(고선생)은 徐(서)

을 한다. 나는 그간에 자네의 殺倭擧義(살왜거의)를 듣고 자네를 平素(평소) 期待(기대)하던 나머지에 매우 敬服(경복)하였네. 내가 柳毅菴(유의암) 先(선)

生(생)에게 말씀하였더니 先生(선생)이 著作(저작)한 昭義新編(소의신편) 續編(속편)에 金昌洙(김창수)는 義氣男兒(의기남아)라고 讚(찬)한 것도 보았네. 자네가 仁川(인천)으

로 간 後(후) 毅菴(의암)이 義兵(의병)에 失敗(실패)하고 平山(평산)으로 와서 서로 만나서 나도 年前(연전)에 자네가 西間(서간도)

島(도) 視察(시찰)한 報告(보고)의 內容(내용)을 先生(선생)께 보이고 當今(당금) 形勢(형세)로는 兩西(양서)에 着足(착족)할 땅이 없으니 速(속)히 鴨綠江(압록강)을 건너서 相當(상당)한

地帶(지대)를 擇(택)하여 將來(장래)를 圖(도)함이 上策(상책)이라 한즉 毅菴(의암)도 甚(심)히 좋게 여겨 나도 同行(동행)하여 前者(전자) 자네가 말하던 곳을 探(탐)

査(사)하여 그곳에 毅菴(의암)이 奠接(전접)하여 一邊(일변)으로 孔子(공자)의 聖像(성상)을 奉安(봉안)하여 諸子(제자)의 慕聖心(모성심)을 增進(증진)케 하고 一邊(일변)은 內地(내지)에서

從軍(종군)하던 武士(무사)를 召集訓練(소집훈련)하는 中(중)이니 자네도 速(속)히 先生(선생)께로 가서 將來大計(장래대계)를 共圖(공도)함이 어떠한가.

나는 내가 그 사이에 깨달은바 世界事情(세계사정)이라든지 또는 先生(선생)님 平素(평소)에 敎訓(교훈)하시던 尊中華攘夷狄(존중화양이적)의 主義(주의)가 正當(정당)

한 主義(주의)가 아닌 것과 深目高準(심목고준)이면 덮어놓고 오랑캐라고 排斥(배척)하는 것이 正當(정당)하지 않고 어느 나라를 勿論(물론)하고 그

나라 사람의 經國大綱(경국대강)을 보아서 오랑캐의 行實(행실)이 有(유)하면 오랑캐로 待遇(대우)하고 사람의 行實(행실)이 有(유)하면 사람으로 待遇(대우)

함이 可(가)하고 우리나라 貪官汚吏(탐관오리)가 사람의 面目(면목)을 가졌으나 禽獸(금수)의 行實(행실)이 많으니 그것이 참으로 오랑캐요 至今(지금)은

임금이 自作(자작) 벼슬 값을 매기고 賣官(매관) 賣官(매관)을 하니 곧 오랑캐 임금인즉 내 나라 오랑캐도 排斥(배척)을 못 하고 저 大洋(대양)을 건너

사는 各 나라에는 제법 國家制度와 文明發達이 孔孟의 影子도 보지 못하고도 孔孟의 法度 以上에 發達이 된 것도

不拘하고 오랑캐 오랑캐 하고 排斥만 한다면 무슨 必要가 있겠습니까. 제 소견에는 오랑캐에게서 배울 것이 많고

孔孟에게는 버릴 것이 많다고 생각합니다. 高 先生은 자네 開化軍과 많이 相從하였지? 나도 몇몇 개화군을 만나

보니까 자네 말과 같데. 그런즉 先生님의 보시는바 將來 國家大計는 어떠하신지 下敎하여 주세요. 高 先生은 先

王의 道가 아닌 것은 掛論할 必要가 없네. 잘못하면 被髮左衽의 夷狄이 될 것뿐이니. 先生님

이 被髮左衽을 말씀하니 머리털은 卽 血餘요 피는 卽 飮食이 消化된 精液이니 飮食을 먹지 않으면

머리털도 자라날 수 없고 設使 長髮千丈이 되어 偉大한 상투를 머리 위에 戴하였기로 倭놈이나 洋놈이 그 상투

를 무서하지 않는데 어찌하여 綠衣幅巾을 아무리 훌륭하게 입었다 하여 倭洋人이 그것으로 崇拜屈膝하지 아니할

것이며 學問道德을 工夫한 上流人物이 人民을 殘虐하기에 最上 刀斧手요 眞實無妄한 者는 全國人民이 擧皆 目不

識丁이니 人之就利 水之走下와 如한즉 人民이 野昧하고 보니 自己의 權利義務는 모르고 貪官汚吏 土豪의 凌虐을

受하면서도 宜當 受할 것으로 알게 되니 貪官汚吏 土豪들이 自己 百姓에게 凌虐함과 같이 倭와 洋을 凌虐한다면

倭洋은 滅種되고 그이네들은 天下를 號令하겠지마는 그이들이 나의 百姓의 膏血을 빨아다가 倭洋놈에게 諂을 하

면서 自己가 百姓 殘殺하는 刀斧手의 技能이 出衆한 것을 자랑하게 되니 나라는 亡하고야 말지라. 世界 文明 各

國의 敎育制度를 模倣하여 學校를 設하고 全國 人民의 子女를 敎育하여 二世 健全한 國民을 養成하고 愛國志士를

糾合하여 全國民에게 亡國의 痛苦가 어떤 것과 興國의 福樂이 어떤 것을 알도록 하는 것이 救亡의 道라고 弟子

는 生覺하나이다. 高 先生 말은 朴泳孝 徐光範 逆賊이 主張하던 것을 자네가 말하네그려. 萬古天下에 長存의 國

이 없고 萬古天下에 長生의 人이 없느니 우리나라도 亡할 運命이 當한 바에 어찌하겠나. 救亡之道라고 하여 倭놈

도 배우고 洋人도 배우다가 救亡도 못 하고 節義까지 背反하고 죽어 地下에 가면 先王先賢을 무슨 面目으로 對하

겠나. 談話間에 自然 新舊의 衝突이 생기었다. 그러나 高 先生의 家庭에는 外國物件은 당성냥 한 가치 쓰지 않는

것 보면 高尙하게도 보인다.

一夜를 同宿하고 翌日에 拜辭而退하였다. 어찌 뜻하였으리오. 그 後에 傳聞

한즉 高 先生은 堤川 同門의 집에서 客死하였다 한다. 嗚呼痛矣라! 이 말을 記錄하는 今日까지 三十餘年에 나의

그간 處心行事에 萬一이라도 美點이 있다면 그것은 온전히 當時 淸溪洞에서 高 先生이 나를 特히 사랑하여 心血

을 傾盡하여 口傳心修한 訓灸의 功效일 것이다. 다시 이 世上에서 그같이 사랑하시던 偉顔을 拜會하고 거

룩한 사랑을 다시 받지 못하겠으니 嗚呼痛矣라!

當日로 基洞 本家에 當到하니 黃昏이라. 안마당에 들어선즉 부엌으로서 어머님이 나오시며 하시는 말씀. 너의

아버지가 病勢 危重한데 아까 이애는 왔으면 들어오지 않고 왜 뜰에 서서 있느냐 하기로 헛소리로 알았더니 네가

정말 오는구나. 나는 急히 들어가 뵈온즉 甚히 반가워하시나 病勢는 果是 危重하시더라. 若干의 侍湯으로 藥效를

내지 못하여 十四日 동안을 나의 무릎을 베고 계시다가 庚子 十二月 初九日에 힘써 나의 손을 잡은 힘이 풀리시

며 먼 나라로 길을 떠나신다. 殞命되시기 前 一日에 나의 생각으로는 平生知己인 柳完茂 成泰英 等을 만나 가지

고 그네들의 周旋으로 連山으로 搬移를 하였으면 爲先에 白髮이 星星한 아버님이 隣洞 姜 李氏에게 日常 常놈 待

遇의 徹骨之痛이난 足히 免하게 되었는데 아주 먼 길을 떠나시게 됨은 千古遺恨이다.

山村 貧屋에 高明한 醫師를 雇聘하거나 起死回生의 明藥을 服用하기는 勢所不許라. 우리 할머님 臨終時에 아버

님이 斷指를 하심도 이런 絶境에서 行한 일이니 내가 斷指를 할 것 같으면 어머님의 마음이 傷하실 터이니 나는

割股를 하리라 하고 어머님이 안 계신 때를 타서 左股에서 片肉 一點을 떼어서 고기는 불에 구워서 약이라 삼고

잡수시게 하고 流血을 마시워 드리고 分量이 적은 듯하여 다시 칼을 들어 그보다 크게 살고기를 떼려고 할 때에

처음보다의 千百倍의 勇氣를 내여 살을 베지마는 살 조각이 떨어지지를 않고 苦痛만 甚한지라. 二回는 다리 살을

썰어 놓기만 하고 손톱만치도 떼어내지 못하였다. 스스로 탄식하였다. 斷指나 割股를 眞正한 孝子가 하는 것이지

如我不孝로 어찌 孝子가 되랴.

는데 獨身喪主라 暫時도 喪廳을 빌 수는 없고 썰어만 놓고 떼어내지도 못한 다리는 痛苦가 甚한지라. 어머님에게

初終을 마치고 成服日에 遠近에서 吊客이 온다. 雪寒風이 人骨을 襲하는 때 뜰에 喪廳을 排設하고 吊慰를 受하

알려 드릴 수도 없고 吊客 오는 것이 괴롭고 割股한 것을 後悔하는 생각까지 나더라.

柳完茂와 成泰英에게는 訃告를 하고 搬移中止를 宣明하였다. 京城에 滯留中이던 成泰英은 五百餘里에 騎馬來吊

하여 준다. 人馬는 還送하고 成君은 幾日 休息 後에 九月山 구경이나 시켜 보내기 爲하여 短驢에 태우고 月精洞

宋鍾瑞 老朋友의 집을 찾아가서 缶山 鄭德鉉을 請하여 殺雞爲黍하여 遠懷를 敍하고 白嶽의 勝景을 구경하고 成

君은 回程하였다.

아버님 葬地는 基洞 右麓에 自擇安葬하였다. 喪蟄中에 어디를 잘 가지 않고 俊永 季父의 農事를 助力하고 있으

니까 季父는 甚히 奇幸하게 생각하고 自己가 二百兩을 주고 隣居 어떤 常놈의 딸에게 結婚하라고 한다. 나는 固

辭하였다. 나는 常놈의 딸이라도 論財的 結婚은 誓死不爲라 하였다. 季父의 생각에는 兄님

도 없는 조카에게 自己가 設力하여 成娶함이 當然한 義務요 榮光으로도 알았다. 그런데 내가 固辭함을 보고 大怒

하여 鎌을 들고 나를 向하여 달려드는 것을 어머님이 가로막는다. 나는 그 틈에 逃走하였다.

壬寅 正月을 當하여 歲拜를 다니다가 長淵 茂山 遠族 宅에를 갔다. 遠族 祖母는 나의 年 近 三十에 娶

妻를 못 한 것을 매우 念慮를 한다. 나는 그 할머니를 對하여 내 중매는 할 사람도 쉽지 못하고 나에게 딸을 주

고 싶은은 사람이 있을 것도 疑問이요 설혹 있다 하여도 내가 장가를 들 마음이 생길 만한 娘子가 있을지도 疑問이

외다. 그 할머님은 웃으면서 자네가 意合한 娘子는 어떤 것을 希望하는가. 내 대답은 一不論財. 二 娘子 有學識.

三 相面論心可合 則 結婚이 오십시다. 그 할머님은 一二는 疑問이 없고 三은 甚히 難色을 보인다. 二娘子 有學識

머님이 어디 婚處가 있습니까 하였다. 답. 나의 本家 堂姪女가 當年 十七歲에 寡宅 어머니를 모시고 지내는바 如

干 學識은 있고 아무리 貧寒하나 論財는 不可케 알고 相當한 男子에게 許配하겠다는데 내 兄님의 말을 들었으나

그러나 어떤 標準으로 郎子를 擇하는지는 알 수 없으니 내가 一次 問議코자 하나 자네의 말대로 對面論心은 最難

의 問題일까 하네. 그다지 難題로 생각을 한다면 나와 婚姻할 資格이 없겠지요. 談話間에 그 할머님 말씀이 우리

兄님에게 자네의 人格을 일찍이 言及한 바 있는데 내 兄님 데리고 自己 집에 와 달라는 부탁

이 있으니 一次 同行함이 어떤가. 오늘 가면 處女 面會를 시킨다면 가 봅시다.

同行하여 長淵 束內 基洞 조그마한 오막살이집에 到達하였다. 그 집 寡宅은 年老 無子하고 但히 四個 女息을 두

어 三兄弟는 旣爲 出嫁하고 末女 如玉을 데리고 歲月을 보내며 文字는 僅히 國文을 가르쳤을 뿐이고 針織을 主

로 가르쳤더라. 나를 맞아 內房에 앉히고 夕食을 畢한 後에 할머님의 紹介로 老宅에게 納拜하였다. 그 前에 廚房

에서 三人이 會議를 하는 모양이다. 듣지 못하였으나 나의 일가 할머님이 나의 求婚條件을 提出한 모양이다. 이

야기가 착실히 많은 모양인데 할머님이 斷刀直入으로 婚姻問題를 提出한다. 할머님 말씀. 자네 말대로 거반 되겠

으나 閨中處子가 어찌 모르는 男子와 對面을 하겠나. 病身이 아닌 것은 내가 담보할 터이니 좀 免하여 주라고 한

다. 나의 대답은 面對하는 꼭 하여야겠고 會語뿐 아니라 婚姻할 생각이 계시면 또 條件 한 가지가 있습니다. 할머

님은 웃으면서 條件이 또 있어? 들어 보세. 다른 것이 아니구요. 지금 約婚을 한다 하여도 내가 解喪 後에 成禮

할 터이니 그 期限 以內는 娘子가 나를 先生님이라고 하고 漢文工夫를 精誠껏 하다가 解喪 後에 成禮할 條件을

履行한대야 됩니다. 할머님. 여보게 婚姻하여 데려다가 工夫를 시키든지 무엇을 하든지 자네 마음대로 할 것 아

닌가. 近 一年 동안의 歲月을 虛送할 必要가 있습니까. 老宅과 할머님이 빙긋이 웃고 무슨 말을 하더니 娘子를

請한다.

一呼 再呼에는 아무 消息이 없더니 老宅이 親히 부른다. 處女는 가만가만히 걸음을 걸어서 自己 母親 뒤에 들

어와 앉는다. 내가 人事를 먼저 하였으나 處女는 아무 대답을 못 하고 있다. 나는 다시 묻는다. 당신이 나와 婚

姻할 마음이 있으며 또는 成禮하기 前에는 나에게 學問을 배울 생각 있는가. 할머님 말씀은 成禮 後에 工夫를 시

키든지 마음대로 하라고 하시지마는 至今 世上에는 女子라도 無識하고서는 社會에 容納할 수 없고 女子의 工夫는

二十歲 以內에 適當한데 一年 동안이라도 그저 虛送함이 不可하다는 理由를 說明하였다. 그 處子의 말소리가 내

귀에는 들리지 않으나 그 母親은 處子가 그리하겠다는 대답을 한다고 한다.

밤을 지내고 翌朝에 집으로 돌아와서 어머님과 季父에게 約婚報告를 하였다. 季父 俊永 氏는 初不置信하고 어

머님에게 親히 가서 娘子도 보고 약혼 與否를 알아보라고 하여 어머님이 親히 다녀오신 뒤에야 믿고 季父의 말은

이 세상에 참 어수룩한 사람도 있다고 한다.

나는 곧 女子讀本처럼 冊子를 草하여 가지고 紙筆墨까지 準備하여 가지고 가서 未婚妻를 教授한다. 그 집에서

만 오래 있어 教授할 形便이 되지 못하고 家事도 돌보고 解喪 後는 教育에 獻身할 決心을 가지었기 때문에 文化

의 禹鍾瑞 牧師 宋鍾鎬와 當時 金 先生 殷栗 金泰聲과 長連 張義澤 吳寅炯 鄭昌極 等과 新敎育 實施를 協議하기 爲하여 各處로 巡遊하다가 틈만 있으면 妻家로 가서 敎授를 하였다.

當時 金 先生은 本姓名이 孫景夏니 元山人인데 朴泳孝의 同志라. 日本에 多年 滯留하다가 歸國 後에 政府에서 逮捕令을 當하고 九月山으로 亡命하여 禹鍾瑞 宋鍾鎬 等의 保護로 潛踪한 人士인데 그 後 朴泳孝가 歸國하는 日부터 孫泳坤으로 至今껏 行世하며 張義澤은 長連士族이고 舊學識도 贍富하며 新學問의 抱負도 海西에 第一位이다. 長子 膺震을 京城으로 日本으로 美洲에 留學시키고 新敎育에 努力하는 志士이므로 舊式兩班들에게는 無雙한 非難을 受한다. 張氏는 自己로서 新學文이 國民의 知識普及에 急務로 覺悟하였으나 平安道는 勿論이고 黃海道에도 新敎育의 風潮가 耶蘇敎로부터 啓發이 되고 新文化 發展을 圖謀하는 者는 學皆 耶蘇敎에 投身하여 閉關自守하던 者들이 겨우 西洋宣敎師들의 舌頭로 門外 事情을 알게 되었다. 耶蘇敎를 信奉하는 사람이 大部分 中流 以下이나 實際 學問으로 배우지를 못하고 愚夫愚婦들이 但히 宣敎師의 熟達치도 못한 半벙어리 말이라도 文明族인 때문에 그 말을 많이 듣은 者는 信敎心 外에 愛國思想도 全民族의 大多數가 이 耶敎 信奉者임은 隱諱치 못할 事實이다. 禹鍾瑞는 當時 傳道助事라. 나와 宿年 親交인 때문에 耶敎 信奉은 力勸하였다. 나도 解喪 後에 耶蘇도 믿고 新敎育을 獎勵하기로 決心하고 있었다.

癸卯 二月에 禫祀를 畢하고 卽時 成禮準備를 더욱 어머님이 熱心으로 周旋하신다. 그해 正初에 또한 茂山 遠祖 宅에 歲拜를 갔다. 歲拜한 後에 앉아서 談話를 하던 즘에 長淵 基洞 未婚妻家에서 急報가 왔다. 娘子의 病勢가 危重하니 金喪主에게 通奇하라는 奇別이 왔다. 나는 깜짝 놀라 卽時로 妻家에를 갔다. 房門을 열고 들어간즉 娘子는 病勢가 危重한 中에도 나를 甚히 반가워한다. 病은 長感인데 醫藥을 容易히 求키 難한 山中이라 二三日 後

에 드디어 死亡하는지라. 親手로 殮襲하여 南山에 永葬하고 墓前 永別하였다. 丈母는 金洞 金允五 집으로 引導하

여 耶教를 信奉케 하고 돌아오다가 驚報를 듣고서 오시는 어머님을 모시고 도로 집에 돌아왔다.

本年 二月에 長連邑 社稷洞으로 搬移하였다. 長連邑 吳 進士 寅炯이 自己가 買得한 社稷洞 家垈를 山林果樹와

二十餘 斗落의 田畓을 專任하고 내가 무슨 일에든 家間에 對한 顧慮를 없이 하고 公共事業에만 專力게 한 것이

라. 海州 本鄉에서 從兄 泰洙의 夫妻를 데려다가 從兄으로 家事를 主理케 하고 나는 吳 進士 집 큰舍廊에 學校를

設하고 吳 進士 長女 信愛와 子 基秀와 吳鳳炯의 子 兩兒와 吳勉炯의 子女와 吳舜炯의 兩女를 主徒로 하고 其外

에 學校에 同情하는 者의 子女 幾名을 募集하고 房 中間을 屛으로 間隔하여 男女分席게 하고 寅炯의 三弟 舜炯은

極히 寬厚勤儉하고 나와 같이 耶教를 行하며 教育에 專力하기로 同心되어 學生을 教授하며 耶教를 宣傳하였다.

耶蘇教와 教育者

一年之內에 教會 方面으로도 興旺하고 學校도 漸次 進步된다. 當時 長連邑에서 酒色場으로 出入放浪한 白南薰

을 引導하여 耶教를 信奉케 한 後에 鳳陽學校 教員이 되었고 나는 公立學校 教員이 되어 公私校를 發展維持케 한

다.

黃海道에 學校라는 名稱이 公立으로는 海州에 設立되었고 長連에 設立된 것도 海州에서는 아직 四書三經의

舊學文이나 教授하였고 講師가 漆板 앞에 서서 算術 歷史 地誌 等을 教授하는 곳은 唯獨 長連公校이다. 該校 設

立始初에 敎員이 許坤이요 張義澤 林國承과 내가 敎員으로 視務하였다。

平壤에서 耶敎 主催로 所謂 先生 工夫 卽 師範講習이라 夏期에 各地 敎會 學校 職員과 敎員 들이 講習할 時機

에 나도 先生 工夫를 갔다。

의 熱誠이 學界와 宗敎界와 一般社會에 名聲錚然한 同志라。崔 君과 親密히 交際하며 將來事를 議論하던 中에 崔

君은 나의 娶妻 與否를 問하기로 過去 屢屢 失敗를 畧言하였다。崔 君은 安信浩 孃과 結婚勸告를 한다。信浩는

卽 安昌浩 舍妹요 當年 二十餘歲요 爲人이 極히 活潑하고 當時 處女 中에 明星이라고 한다。面會하여 보고 彼此

에 意合하면 成親하기로 하여 李錫寬 卽 安昌浩의 丈人이라 그 집으로 信浩를 請來하고 崔光玉 李錫寬과 會座하

여 信浩를 面對하여 數語의 意思交換을 하고 舍館으로 退來하였더니 崔 君이 追來하여 意向을 問한다。나는 合意

를 表示하였다。崔 君 亦是 信浩의 合意를 傳하고 明日은 아주 約婚을 하고 還鄕하라고 付托한다。

어찌 뜻하였으랴。翌日 早朝에 李錫寬 崔 君이 馳來하여 信浩가 昨夕에 一度 書信을 받고 밤새껏 苦痛으로 心

界 큰 風波가 生하였는데 無他라。安島山이 渡美時에 上海를 經過하며 上海 某中學에 在學인 梁柱三 君에게 自己

妹氏와 婚姻하라는 付托이 있었는데 時에 梁 君이 아직 在學中인즉 婚事에 對한 成見이 없으나 畢業 後에 決定하

겠다는 말이 있었던바 昨日 兄과 面會하고 돌아간즉 適히 梁 君의 自己는 畢業하였은즉 許婚 與否를 通知하라는

片紙이라。兩手執餠인 信浩는 어찌할 줄을 모르고 애를 쓰는 中인데 다시 確定하는 意思를 듣고서 出程하라고 말

한다。朝食 後에 崔光玉은 다시 와서 信浩의 決定한 바를 말한다。信浩 自己 處地로서 梁柱三이나 金龜 兩人 中

에 一取一捨는 於義不可한즉 兩方을 다 버리고 兒時부터 한 洞里에서 같이 生長한 金聖澤은. 旣爲 請婚을 하나 그

이의 身體가 弱함을 忌하여 許婚을 不爲하였으나 到今하여는 金 梁 兩人은 謝絶하고 金聖澤에게로 決心하였다 한

다。雖然 事勢나 情理上에는 매우 섭섭하였다。

移時하여 信浩는 나를 찾아왔다。 나는 自今으로부터 當身을 오라버님으로 섬기겠습니다。 매우 未安하외다。 나의 事情이 그리된 것이오니 너무 섭섭히 생각 마십시오 한다。 나는 信浩의 快活明斷하는 度量을 보고서 더욱 欽慕하나 已過之事다。

다시 長連에 돌아와 敎育과 宗敎에 從事하고 있다。 一日은 郡守 尹龜榮의 請牒이 왔다。 가서 본즉 尹 郡守의 말이 當今 政府에서 蠶業을 獎勵할 目的으로 海州로 桑苗를 下付하여 各郡에 分配 種養케 하라는 公文이 來到한바 本郡 內에는 오직 君이 該 事務를 擔任하였으면 成績이 可嘉라 하니 海州에 가서 桑苗를 가져오라고 한다。 그것은 該郡의 土班들이 榮譽職이라 하여 爭頭를 하는 판이나 首吏 鄭昌極의 말을 듣고 나에게 하는 말이라。 民生産業에 關係 緊重함을 알고 承諾하였더니 鄭昌極이 二百兩 旅費를 支發하며 海州에 가면 觀察府에 農商工部 主事들이 桑苗를 가져왔을 터이니 一次 請來하여 宴會나 하고 不足額은 還郡 後에 다시 請求하라 한다。 唯唯 하고 發程한다。 馬轎間에 隨意로 하라는 付托을 받고 나서 나는 步行으로 海州에 갔다。

觀察府에 公文을 交付하고 舍館에 돌아왔다。 翌朝에 觀察府 召旨에 依하여 進府한즉 農部 特派 主事가 長連份에 分配하는 桑苗 幾千本을 가져가라고 준다。 나는 桑苗를 檢査하여 본즉 桑苗가 다 말랐다。 나는 該 主事에게 不願取去의 旨를 말하였다。 該 主事는 勃然 怒하여 上部命令不服이라는 名辭를 붙여 大怒하여 主事는 京城에 살므로 山郡임을 不知하느냐。 長連郡의 燃料는 足히 他郡에 依賴치 않거든 먼 京城까지 燃料를 求하러 온 길이 아니라고 말하고 그대가 本部에서 桑苗를 가지고 오는 使命이 桑苗의 生命을 保護하여 分配 付植케 함이어늘 이같이 桑苗를 乾枯케 하여 가지고 威脅 分配를 함은 責任所在를 알고자 한다 하고 나는 觀察使에게 此 事由를 報告하고 그저 還郡한다고 言明하였다. 該 主事는 恐惧하여 懇乞한다. 長連에 갈 桑

苗는 貴下가 生苗로만 自擇하여 數爻대로 골라 가 달라고. 나는 全部 桑苗에서 生苗로만 골라 가지고 舍館에 돌

아와 물을 뿌리고 保護하여 馬 一匹에 積載하여 가지고 本郡에 돌아갔다.

얼마 冷麵 一器에 얼마 떡 한 그릇에 얼마 馬貰 飯費를 合하여 都合 七十兩이란 것 보고 驚歎하였다. 우리나라도

官吏가 다 金先生 같으면 百姓의 疾苦가 없겠다고 朴哥가 갔다 왔으면 少不下 幾百兩은 더 請求하였으리

라고 한다. 鄭昌極은 비록 首吏나 極히 儉朴하여 노닥노닥 기운 衣服을 입고 官定料 外에는 一分의 犯用이 없은

故로 郡守가 敢히 貪虐을 못 한다. 全國에 第一의 全州 吏屬은 賤役의 名으로 庫相의 權度를 가졌고 各道 吏屬이

皆是 狐假虎威로 兩班을 依賴하고 良民의 孟賊인 時代에 鄭昌極은 九牛一毛의 貴라 하겠더라. 幾日 後 農部에서

種桑委員이란 任命書가 왔다. 이 所聞이 傳播된 後로는 郡 下人들과 勞動者들은 내 지나는 곳마다 밤배대를 감추

어 致敬하는 者 있더라.

吳 進士는 漁船業을 開始한 兩年에 家産이 赤敗한지라 因盍成病하여 作故하는지라. 내가 살던 社稷洞 家垈를

遺族에게 還付하고 나는 意外에 家事를 擔任하던 從兄 泰洙가 나를 따라와서 같이 耶教를 信奉한 後 兒初로 目不

識丁이었으나 奉教 後에 國文을 能通하여 宗教書籍을 能히 보고 講壇에서 敎理를 講傳하게 되므로 나의 將來에도

많은 도움을 줄 믿었더니 腦衝血로 教堂에서 禮拜하다가 卒然 死亡하는지라. 從兄嫂는 自己 本家로 送하여

改婚을 許하고 나는 社稷洞에서 떠나 長連邑內로 移住하였다.

社稷洞에서 近 兩年을 住居하는 사이에 經過한 것을 略擧하면 柳完茂가 朱 進士 潤鎬와 同伴하여 親訪하여 數

一三三

日을 留連하며 自己는 從前에 北間島에 가서 管理使 徐相茂와 該地에 將來發展을 計圖하고 暫時 國內에 歸하여 同志들과 方針을 協議한 後 곧 北間島로 가겠다고 하며 幾日을 留連하는데 어머님은 밤(栗)을 삶고 닭을 삶아서 갖다가 주시면 大小事를 討議하고 江華 金周卿의 消息을 問한즉 畊雲(柳氏의 當時 通用하던 別號이고 北間島 가서는 白樵로 行用하였다)이 歎息하고 하는 말이 金周卿은 一自 江華를 出發한 後 十餘年에 賣筆商을 爲하여 數萬元의 金錢을 貯蓄하여 自己 몸에다 藏置하고 다니다가 昨年에 延安 等地에서 不幸히 客死를 하였는데 그 아들이 알고 찾아가서 主人을 걸어 訟事까지 하였으나 別效果가 없었다. 金周卿이 그같이 父母 親戚도 알리지 않고 秘密行商으로 그같이 鉅額의 金錢을 모은 것이 그 心中에 어떠한 經綸이 있던 것이나 이제는 다시 世上에서 金周卿의 抱負와 偉畧을 알 길이 없다 하면서 그 三弟 金鎭卿도 全羅道에서 客死하고 그 집안은 말 못 된 形便이라고 한다.

信川 謝平洞 耶蘇教會 當時 領袖 梁聖則이 該 教會 中 女生 崔遵禮와 結婚하라는 勸諭가 있다. 崔遵禮는 其時에 該洞에 住居하는 醫師 申昌熙의 妻弟니 遵禮의 母親 金 夫人이 京城 生長에 靑年寡婦로 兩個 女息을 保養하며 耶蘇教를 信奉하고 濟衆院이 臨時 銅峴에 權設되었을 時에 該院 內에 寄住하며 院에서 入住하면서 申昌熙를 長婿로 迎하여 該院 醫科生이 되어 做業하다가 生業을 爲하여 謝平으로 移케 됨에 遵禮 八歲時에 其 母親과 같이 申昌熙를 따라와서 同住하였다. 其 母親이 次女로 하여금 隣洞의 靑年 姜聖謨에게 許婚하였던 것이라. 及其也 遵禮가 長成한 後는 母命을 順從치 않고 該 婚約을 否認하므로 敎會 中에 大問題가 되어 宣敎師 韓衛廉 君芮彬 等이 遵禮를 勸勉하여 姜聖謨에게 出嫁케 하다가 遵禮의 抗議에 解決을 못 하고 當時 十八歲인데 可合한 男子를 擇하여 自由結婚을 目的하는 터인데 나에게 意向 有無를 問議한다. 나는 當時에 早婚으로 因하여 種種의 弊害를 切

感하던 터이라 遵禮에게 對하여 極히 同情心이 生한다.

謝平洞에 가서 遵禮를 面對한 後 婚約이 成立되게 됨에 姜聖謨側에서 宣教師에게 告發하여 教會로서 나에게 勸

止하고 親友 中에 挽留하는 者 多함을 不拘하고 其時에 또한 申昌熙가 殷栗邑에 居住할 時에 社稷洞 나의 집으로

데려다가 婚約을 牢定하고 遵禮는 京城 敬信學校에 留學을 보내었다. 初也에는 教會의 勸止를 不聽하였다 하여

教會 責罰을 宣言하였으나 終是 不服할 뿐 아니라 舊式早婚을 認定하고 個人의 自由를 無視함이 教會로서 잘못이

고 社會惡風을 助長함이라 抗議하였더니 君芮彬이 婚禮書를 作成하여 주고 責罰을 解除하였다.

乙巳에 所謂 新條約이 締結되었다. 四方에서 志士들이 救國의 道를 講求하며 山林學者들이 義兵을 起하여 京畿

忠清 慶尚 黄海 江原 等地에서 戰爭이 繼續하여 東敗西起하나 許蔿 李康秊 崔益鉉 申乭石 延起羽 洪範圖 李範允

姜基東 閔肯鎬 柳麟錫 李鎮龍 禹東鮮 等이 軍事知識이 없고 但히 衝天의 義憤心만 가지고 繼起하나 到處 失敗하

던 때라.

鎮南浦 懿法青年會의 總務의 任을 承하고 該會 代表로 京城에 被派된지라. 京城 尚洞에 가서 에버트青年會에

代表 委任狀을 交한즉 其時 各道의 青年會 代表가 모이어 表面은 教會事業을 討議하나 裡面에는 純全히 愛國運動

이라. 首先起義한 山林學者들을 舊思想이라 하면 耶蘇教人들은 新思想이라 하겠다. 其時 尚洞에 會集된 人物로

말하면 全德基 鄭淳萬 李儁 李石(東寧) 崔在學(平壤人) 桂明陸 金仁濈 玉觀彬 李承吉 車炳修 申尚敏 金泰淵(今

鴻作) 表永珏 曹成煥 徐相八 李恒種 李偁侃 奇山濤 全炳憲(今 王三德) 柳斗煥 金基弘 金龜 等이 會議한 結果 上

疏하기로 하고 疏文은 李儁이 作하고 第一回 疏首는 崔在學이고 外 四人을 加하여 五人이 臣民 代表의 名義로 署

名한 것은 一回 二回로 繼續할 作定이라.

鄭淳萬의 引導로 會堂에서 盟禱하고 大漢門 前에 齊進하여 署名한 五人만 闕門 外에서 形式上으로 開會하고

上疏議決하였으나 疏狀은 벌써 別監들의 內應으로 벌써 上監께 入覽된지라.

忽然 倭巡查隊가 馳來하여 干涉하는지라 五人이 一時에 倭巡查에게 달려들어 內政干涉의 無理를 攻駁하다가 直

刻에 大漢門 前에 倭놈의 劍光이 閃閃한데 五人 志士의 徒手戰이 開始되었다. 附近에서 護衛하던 우리는 소리를

霹靂같이 지르며 倭놈이 國權을 强奪하고 條約을 勒締하는데 우리 人民은 원수의 奴隷가 되어 生乎死乎의 激憤한

演說을 處處에 爲하매 人心은 洶洶하고 五志士는 警務廳에 强禁되었다. 當初 五人만 한 것은 上疏만 하면 必然

死刑될 터이요 死刑되거든 다시 五人式 幾次든지 繼續하기로 하였으나 首先한 五志士를 警廳에 押囚하고 審問하

는 것이 畢竟 曉喻放送할 모양이다.

再次로는 上疏를 그만두고 鍾路에서 公開演說을 하다가 大大的으로 肉搏戰을 하기로 하고 鍾路에

演說을 爲한즉 倭巡查가 拔劍하는지라.

倭놈들이 放銃하고 우리들은 그때 마침 魚塵都家가 火災를 當한 後라 瓦礫이 山積한지라. 幾人이 瓦礫으로 倭巡

査隊를 向하여 接戰이 開始된지라. 倭巡查 놈들이 中國人 商店에 侵入 潛伏하고 銃을 發射하는지라. 羣衆은 瓦礫

으로 中國店鋪에 投하자 倭步兵 中隊가 包圍 攻擊하여 人山人海의 群衆은 各散하고 倭놈들이 韓人은 잡히는 대로

捕縛하여 數十名이 滯囚되고 其日에 閔泳煥이 自劍死한지라.

그 報道를 接하고 幾個 同志들과 같이 閔宅에 가서 弔禮를 畢하고 돌아서 大路에 나오니 어떤 年期가 四十 左右

되엄 직한 한 사람이 白明紬 저고리에 冠網도 없이 맨상투 바람에 衣服에 血痕이 斑斑한 이를 여러 사람이 護衛

하여 人力車에 태워 가는데 大呼大哭하더라. 누구나 問한즉 參贊 李相卨이 自殺未遂하였다 한다. 그이도 國事日

非함을 보고 義憤을 못 이겨 自殺하려던 것이다.

當初 尙洞會議에서는 五六人의 一組로 幾回든지 前者就死에 後者繼之하였으나 上疏被捕한 志士들을

幾十日 拘留에 處하고 말 情形인즉 繼續할 必要가 없고 아무리 急迫하여도 國家興亡에 對한 切實한 覺悟가 적은

民衆으로 더불어 무슨 일이나 實效 있이 할 수 없다. 換言하면 愛國思想이 薄弱함이라. 七年病三年艾 格으로 늦

었으나마 人民의 愛國思想을 鼓吹하여 人民으로 하여금 國家가 즉 自己 집인 줄을 깨닫고 倭놈이 곧 自己 生命

財産을 빼앗고 自己 子孫을 奴隸 待할 줄을 分明히 깨닫도록 하는 外에 最善策이 없다고 생각하고 그때 모이었던

同志들이 四方으로 헤어져서 愛國思想을 鼓吹하고 新敎育을 實施하기로 하고 나도 다시 黃海道로 돌아와 敎育에

從事하였다.

長連에서 내 나이 三十三歲時 戊申 九月 九日에 떠나서 文化 草里面 鍾山에 居住하며 該洞 內 私立 西明義塾에

敎師가 되어서 農村兒童을 敎授하다가 그 이듬해 正月 十八日 安岳邑으로 移舍하였다. 該邑에 新設立하는 私立

楊山學校에 敎師가 되어 視務한다. 長連에서 鍾山으로 올 제는 禹鍾瑞 牧師의 懇請으로 갔다가 西明義塾이 山村

에 在하여 發展性이 보이지 않는데 安岳 金庸濟 等 幾個 知友의 情招에 應하여 安岳邑에 轉住케 되었다.

西明義塾에서 視務할 時에 義兵將 禹東鮮이 十里許 內洞에 留陣하였다가 倭兵의 夜襲을 因하여 達泉 附近에

十七名의 義兵 屍體가 內洞 外口에 橫路하였다는 報道를 듣는 時에 마침 倭兵 三名이 銃器를 携帶하고 鍾山 洞內

에 入하여 洞長을 呼出하여 雞卵과 雞를 逐戶討索한다고 洞長이 驚怯하여 來議하더라. 나는 該 洞長 禹昌濟의 집에

같이 간즉 倭兵이 生雞와 雞卵을 餘地없는 暴威로 强索하더라. 나는 該 倭兵에게 筆談으로 質問한다. 軍隊에서

物品을 徵發하느냐 買收하느냐 한즉 買收한다고 한다. 萬一 買收한다면 達泉市에서 可能하거늘 何若是 村民을 壓

一三七

迫하느냐 한즉 該 倭兵이 그 말은 對答이 없고 反問한다. 當身 사람이 文化郡守냐 하기로 나는 西明義塾 敎師라 하였다. 한 놈은 나와 問答을 하는 사이에 其餘 倭兵은 外出하여 앞집 뒷집에서 닭을 쳐서 內庭突入을 하여 婦人 幼兒들이 驚動하는 소리가 들린다. 나는 洞長을 號令하였다. 그대가 洞任이 되어 도적이 집집에 突入한다는데 가서 實地 視察도 않는가 한즉 나와 問答하던 倭兵이 呼角을 불어 外出하였던 놈들이 닭을 한 손에 一二首式 가지고 들어온다. 그놈들이 무슨 말을 하더니 强奪한 닭을 내어버리고 洞外로 나가 아랫동리에서 집집에서 닭을 쳐서 몇 짐을 져 갔다고 洞里 사람들이 後患을 忌하기로 내가 擔當한다고 하였다.

鍾山에서 初得으로 一個 女兒를 産生 後 幾日에 母女를 轎子에 태워 왔더니 觸寒이 되었던지 到安 後에 곧 女兒는 死亡하였다. 安岳郡에는 當時 十數名의 有志가 有하니 金庸濟 金庸震 金鴻亮 李始馥 李相晋 崔在源 張允根 金鍾元 崔明植 金亨鍾 金基瀅 表致禎 張明善 車承用 韓弼昊 廉道善 田承根 咸德熙 張應璇 元仁常 元貞溥 宋永瑞 宋鍾瑞 金庸昇 金庸鼎 韓應祚 等은 中年 及 靑年이요 金孝英 李仁培 崔龍化 朴南秉 朴道秉 宋漢益 前輩 等은 該 郡內 中堅人物인데 右記 人員은 直接 나와 일에 關係가 있는 사람만을 計數한 것이다.

新敎育의 必要를 切感하여 該邑內에 金鴻亮 崔在源 外 幾個 靑年은 京城과 日本에 留學하고 前輩 等은 敎育發達에 盡誠盡力하여 該邑內에 耶蘇敎會로 第一次 安新學校가 設立되고 其次 私立 楊山學校가 設立되고 其後에 各處에 學校가 設立되고 東倉에 培英學校 龍順에 維新學校 等 敎育機關이 繼設되었다. 黃海 平安 兩道에 敎育界로나 學界로나 平壤에 崔光玉이 第一 信望을 가진 靑年이므로 崔光玉을 延聘하여 楊山學校에서 夏期師範講習을 設하고 黃海道에서 敎育에 從事하는 人士는 村中 私塾訓長까지 召集하고 南北平安에 有志 敎育者 들과 京畿 忠淸道에까지 講習生이 와서 四百餘名에 達하고 講師로는 金鴻亮 李始馥 李相晋 韓弼昊 李寶慶(今 光洙) 金洛英 崔在源

都寅權 外 幾人과 女敎師는 金樂姬 方信榮이요 講習生에는 姜九峰 朴慧明 等 僧徒까지 有하였다.

朴慧明은 年前 나와 京城 永導寺에서 彼此에 百衲으로 相別한 師兄인데 當時 貝葉寺 住持僧으로 偶然 相逢되었

다. 나는 甚히 반가워서 楊山校 事務室에를 引導하고 여러 敎師들에게 내 兄님이라고 介紹하였다. 敎師들은 疑訝

한다. 나이도 나보다 적어 보일 뿐 아니라 내가 無妹獨身임을 아는 까닭이다. 나는 始終을 說道하고 나의 親兄으

로 알아 달라 하였다. 그리고 僧俗을 勿問하고 敎育이 急先務임을 力唱한 結果 慧明大師도 自己부터 師範學을 工

夫하여 가지고 곧 貝葉寺에 學校를 設立하고 僧俗의 學生을 分集하여 敎育을 하였다.

慧明은 나에게 過去를 이야기한다. 우리 兄弟가 永導寺에서 分別한 後에 나는 本寺인 麻谷에 歸한즉 宗 시님

(指我)의 老시님 寶鏡堂과 시님 荷隱堂 두 늙은이가 石油 一箱을 買得하고 油의 好否를 試驗키 爲하여 불이 붙는

막대 끝으로 油罐에 入하자 油罐이 爆發되어 그 집안에 寶鏡 荷隱 抱鳳 三人이 一時에 死亡하고 본즉 財産管理를

하여 가지고 家聲을 傳繼할 者 오직 宗 시님이라고 寺議에 公決되어 德三으로 하여금 宗 시님을 金剛山까지 보내

어 探問하다가 蹤跡을 아지 못하고 그 巨大한 財産은 寺中公有로 하고 말았다 한다.

當時 七旬이 넘은 金孝英 先生은 卽 金鴻亮의 祖父니 少時에 漢學을 硏究하다가 家勢가 貧困함을 爲하여 商業

을 經營할새 本道所産인 布木을 貿買하여 自肩에 擔負하고 江界 楚山 等地에 行商할새 飢餓가 甚할 時는 腰帶를

加緊하고 極히 節儉하여 自手致富하였다 한다. 내가 拜面할 時는 老先生이 비록 氣骨이 長大하고 容貌가 脫俗하

나 허리가 굽어 「字形」體에 지팡이를 依支하고 戶庭에 出入하더라. 舊式人物이나 頭腦가 明晳하여 時勢의 觀察

力이 當時에 新進靑年으로도 더불어 議論할 만 資格이 稀少하더라.

該郡 安新學校를 新設하고 職員들이 經費 困難으로 會議를 開할 時에 投函에 無名氏 正租 一百石 義捐이 들어

一三九

왔다。 後日에 金孝英 先生이 自己 子孫에게도 알림 없이 暗自義投한 것을 알았다。 長孫 鴻亮을 日本에 留學케 함

으로 先生의 敎育의 覺悟는 證明된다。 先生이 棋酒의 癖이 有하여 遠近에 幾個의 棋友가 有하여 自己 舍廊에서

飮酒圍棋하고 老年行樂을 爲하더라。

내가 보는 때 海州 西村 姜景熙는 本是 우리 故鄕 砧山姜氏이고 傳來巨富로 少時 放浪敗産한 者인데 先生의 棋

友의 一人이라。 一日은 先生을 問安코자 舍廊에 갔다。 該 姜 氏는 내가 兒時부터 보고 알던 老人이요 나의 祖先

을 蔑視壓迫하던 兩班이나 아버님과 親分이 比較的 厚하던 舊誼를 追想하면서 納拜하였다。

後 數日에 侍奉하던 庸震 君에게 聞한즉 昨日에 自己 父親과 姜老人이 圍棋하다가 두 老人이 言爭이 되었는데

圍棋 中에 姜老人이 自己 父親에게 이런 말을 하였다。 自己 父親이 一聞之下에 憤氣大發하여 碁板을 들어 門外에 擲하고 姜 氏를 大責曰

列하고 또 孝順하다고 하였다。 自己 父親이 老兄은 八字가 좋아서 老年에 家産도 饒足하고 子孫이 繁

君의 今說은 決코 나를 爲하는 말이 아니다。 七十老軀가 幾日 後 倭놈의 奴籍에 編入할 惡運命을 가진 놈을 가리

를 憂慮하시는 것을 볼 때 惶悚도 하고 盃憤도 하여 今朝에 路資를 厚히 하여 姜 氏를 還鄕케 하였다고 한다。 나

켜 八字 좋은 것이 무엇이냐。 高喊 高喊 하시는데 子孫 된 處地로 姜 氏를 對하여 未安하고 父親이 그같이 國事

는 그 말을 들으매 血淚盈眶함을 不禁하였다。 나는 비록 自己 子孫의 同輩이요 學識으로나 人品으로나 先生의 鍾

愛를 받을 資格이 없으나 지팡이를 짚고 몇 날에 一次式은 반드시 門前에 와서 先生님 平安하시오? 하는 말씀을

하고 가신다。 그는 死馬骨五百金 格만 아니고 第二歲 國民을 敎養하는 重任을 尊待하는 至誠에서 出함일레라。 나

에게뿐 아니라 愛國者라면 뉘게든지 뜨거운 同情을 가지는 것을 보았다。

나는 長連에 屬住할 때 海州 本鄕에 省墓次로 갔다。 季父 俊永 氏에게 長連에서 從兄弟가 一家에 圍聚하여 兄

은 農業과 家事 全務를 擔負하고 나는 教育에 從事하여 生活에 安定과 家間에 和樂을 報告하였다. 季父는 疑訝한

다. 너 같은 亂蓬을 누가 도와주어서 그렇게 사느냐. 小姪의 亂蓬은 季父 보시기에 危險視하지마는 亂蓬 아니로

보는 사람도 더러 있는 게지요 대답을 하고 웃었다. 季父는 다시 묻는다. 네가 赤手로 가고 네 從兄도 뒤미쳐 가

고 李用根 卽 네 從妹夫의 食口까지 너를 따라가서 同居한다니 生活의 根據는 어떻게 하고 사느냐. 小姪이 該郡

에 幾個 知舊가 있어 請來하여 移住되었고 知友 中 吳進士 寅炯 君이 曾前 該郡 甲富인 吳景勝 進士의 長孫이요

아직 遺産을 가지고 不貧의 處地에 있는바 寅炯 君이 特別히 千餘兩의 價値로 一家坐與田畓園林을 俱備하여 許與

하면서 언제든지 살아가는 동안에는 내 물건과 같이 使用하여 衣食住의 根據를 作하라 하며 農牛 一匹까지 買與

하고 家間用次는 隨時로 寅炯 君에게 請求하여 쓰고 數多 食口가 살아가는 內容을 一一 報告하였다.

季父는 聽罷에 此世上에 어찌 그렇게 厚德한 사람도 있느냐 하지마는 季父의 觀念에는 내가 무슨 挾雜이나 하

지 않는가 疑心하는 것이다. 平日 叔姪 사이에 情義가 密切치 못한 것은 季父의 眼光에는 隣近 富豪의 子姪들이

倭놈에게 돈 百兩을 借用할 때는 證書에는 千兩이라고 써 주어서 倭놈이 돈을 제는 千兩을 다 받는데 當者

에 家産이 不足되면 族徵하는 것을 자주 보고 내가 서울도 가고 南道에도 來往하는데 倭놈의 돈이나 얻어 쓰고

다니지를 않는가 하여 어디를 간다면 야단을 하기 때문에 어디 갈 때는 從容히 나가 버리던 것이다.

그해 가을에 季父는 長連에를 오셨다. 社稷洞 집이 집만 좋을 뿐 아니라 秋收한 穀物도 當身의 宅 살림보다 나

을 것이다. 自己는 甚히 滿足하다기보다 豫想外이다. 吳進士를 찾아가서 보고서는 어머님을 對하여 姪兒가 他人

에게 그같이 信仰을 받을 줄은 생각 못 하였다고 季父가 나에게 對한 誤解가 풀린 後는 甚히 사랑하신다. 여러 해 만에 自兒時로 工夫도 하고

安岳에 移住한 後에도 教務를 擔任하다가 休暇에 省墓次로 本鄉에를 갔다.

놀기도 하던 故土를 訪問한즉 憾舊之懷가 形言할 수 없다. 當時에 나를 안아 주고 사랑해 주던 老人들은 太半이

나 보이지를 않고 내가 볼 때 어린 兒孩들은 擧皆 長成하였다. 成長한 靑年 中에 쓸 만한 人材가 있는가 考察하여

보아도 모양만 常놈이 아니고 精神까지 常놈이 되고 말았다. 그 이들에게는 民族이 무엇인지 國家가 무엇인지 一

毫의 覺性이 없이 穀蟲에 不過하다. 젊은 사람들에게 敎育을 말한즉 耶蘇敎 天主敎로 안다.

隣洞인 即 兩班 姜進士 집을 찾아갔다. 그 兩班들에게 前과 같이 新學問은 者에게는

입人事로 平昔과 똑같이 常놈의 本身으로 待接하면서 그 兩班들의 態度를 살펴보았다. 그같이 驕慢하던 兩班들이

나에게 對하여 敬待도 아니요 下待도 아닌 말로 나의 極恭極敬을 不堪當인 形態가 보인다. 想覺건댄 昨年에 姜景

熙 老人이 安岳 金孝英 先生과 同碁時에 나를 迎接하는 孝英 老先生이 起身하여 나를 맞는 것과 其時에 楊山學校

에 師範生이 四五百名이 모인 中에 내가 周旋하는 것을 보고 가서 自己 집안 사람들에게 이야기한 것 같다.

何如튼지 兩班의 勢力이 衰退된 것은 事實이다. 堂堂한 그 兩班들로서 草草한 常놈 한 個를 接對하기에 勢力이

부치어서 애를 쓰는 것을 볼 때에 더욱 可憐하게 생각된다. 나라가 죽게 되니까 國內에 中堅勢力을 가지고 온갖

淫威를 다 施하던 兩班부터 저 꼴이 된 것이 아닌가. 萬一 兩班이 살므로 國家가 獨立할 수 있다면 나는 兩班의

虐待를 좀 더 받아도 나라만 살아났으면 좋겠다는 感想이 난다.

平時 才士로 自認豪張하던 姜成春에게 救國의 道를 問하였다. 姜君은 亡國의 責任이 當局者에 있고 自己와 같

은 野老는 關係가 없는 것처럼 操心하여 對答을 한다. 나의 집안에 常놈의 常놈이나 그대의 兩班인 常놈이나 常

놈 맛은 一般이라고 생각된다. 子弟를 敎育하라고 勸한즉 斷髮이 問題라고 한다. 敎育이 斷髮하는 것이 目的이

아니고 人材를 養成하여 將來 完全한 國家 一員이 돼야 自己 나라로 하여금 變弱爲强하고 回暗放光케 함에 있다

하나 그의 귀에는 天主學이나 하라는 줄 알고 自己 家門 中에도 耶蘇에 參加한 사람이 있다고 하며 談話를 回避한다.

咀呪하리로다 海州 西村 兩班들이여.

氣焰이 今日 安在오. 咀呪하리로다 海州 西村 常놈들이여. 自己네가 忠臣子孫이니 功臣子孫이니 하며 平民을 牛馬視하고 奴隷視하던

침 한 번을 마음 놓고 못 하다가 이제는 在來에 썩은 兩班보다 新鮮한 新式兩班이 될 수 있지 않은가. 舊式兩班은

君主 一個人에게 對한 忠臣으로도 子子孫孫이 그 遺蔭을 被하였거니와 新式兩班은 三千里 彊土에 二千萬 民衆에

게 忠誠을 다하여 自己 子孫과 二千萬 民衆의 子孫에게 萬歲將來에 福蔭을 遺할지라. 그 얼마나 훌륭한 兩班일까

보냐. 兩班도 깨어라 常놈도 깨어라고 絶叫한 것은 本鄕에 갈 때 幻燈器具를 가지고 가서 隣近에 兩班 常놈을 다

모아 놓고 幻燈會席上에서 한 말이다.

安岳에서 師範講習을 畢하고 楊山學校를 廓張하여 中學部와 小學部를 置하고 金鴻亮이 校主에 兼 校長이 되어

敎務를 掌理하고 나는 崔光玉 等 敎育者와 合力하여 海西敎育總會를 組織하고 該會의 學務總監의 職任을 擔하고

全道內 敎育機關을 設立 治理하는 責任을 가지고 各郡에 巡行할새 白川郡守 全鳳薰의 請求에 依하여 白川邑에

當到한즉 全 郡守가 各面에 訓令하여 面內 頭民과 紳士를 五里亭에 召集하고 等待하다가 郡守가 首唱하여 金龜

先生 萬歲!를 부르자 群衆이 齊唱한다. 나는 全 郡守의 口를 막고 妄發을 言하였다. 나는 其時까지 萬歲 二字는

皇帝에게만 專用祝辭요 皇太子에게는 千歲를 부르는 것만 알았다. 全 郡守는 내 손을 잡으며 金 先生 安心하시

오. 내가 先生을 歡迎하며 呼萬歲함이 通例요 妄發이 아닙니다. 親舊 互相間에도 迎送에 呼萬歲하는 터인즉 安心

하고 迎接하는 諸位와 人事나 하시오 한다. 白川邑에서 全 郡守 私邸에 留連하며 各面 有志를 會同하고 敎育施設

方針을 協議 進行하였다.

全鳳薰은 本是 載寧吏屬으로 海州邑에서 總巡으로 多年 視務하며 教育을 獎勵하여 海州에 正內學校를 設立하며

夜學을 勸獎할새 本是 市內에 各 塵房 使喚을 夜學에 放送치 않는 塵主는 處罰하는 等 別別 手段을 使用하여 教育의

偉蹟이 居多하였다. 其後에 白川郡守가 되어서 該郡 內에 教育을 熱心 施設하던 時라. 全 郡守는 獨子가 早卒하

고 長孫 武吉이 五六歲더라. 其時에 倭 守備隊 憲兵隊를 每郡에 駐屯하여 官衙의 被奪이 郡郡 皆然하나 惟獨 白

川은 全 郡守가 據理强拒하므로 被奪치 않았으나 倭가 眼中釘으로 생각하여 種種 困難한 交涉이 많으나 全氏의

本意가 郡守를 華職으로 알아서가 아니요 郡守의 權利를 가지고 教育을 加力함일러라.

崔光玉을 請聘하여 師範講習所를 設하고 青年을 募集하여 愛國心을 鼓吹하기에 全力하더라. 崔光玉은 畢竟

白川邑에서 講演하다가 吐血而死하였다. 遠近 人士가 崔氏의 苦心熱誠인 青年志士가 中途 死亡함을 哀憐하여

臨時로 白川邑 南山上 學校運動場 側에 入葬하고 兩西 人士가 崔 先生의 誠忠을 永遠히 紀念하기 爲하여 葬地는

沙里院 停車場 近邊에 定하고 碑石은 平壤 停車場에 伊藤博文의 紀念碑보다 優勝하게 竪立하여 來往하는 사람들

에게 永遠한 印象을 주기로 하고 安泰國에게 碑石의 樣子까지 定하여 平壤에서 製造하도록 하였으나 合併條約이

締結되어 其亦未遂하고 아직 白川에 그대로 묻히어 있느니라.

載寧 養元學校에서 儒林을 召集하고 教育에 對한 方針을 討議하고 長淵에 간즉 該 郡守 李 氏가 迎接 後에 自己

管轄 各面에 訓令을 發하고 金龜 先生의 教育方針을 誠心服從하라고 한 後에 各面을 巡行하여 달라는 懇請을 惣

却지 못하여 邑內에서 一次 幻燈大會를 開催하여 數千名의 男女老少가 會集하여 盛況으로 經過한 後에 蓴澤 薪化

等 面에 巡回하고 安岳 學校 事務의 急迫으로 回程하였다.

松禾 水橋市에 到着하여 市內 有力者인 甘乘武 等 幾個 有志의 請求에 依하여 附近 五六處 小學校를 召集하고

幻燈會를 開過하고 發程코자 할 즘에 松禾郡守 成樂英이 代表를 派來하여 曰 初面인 長淵郡守는 人事만을 하고도

各面을 巡回講演까지 하여 주고 熟親한 自己는 찾아 주지 않고 지나가려느냐고 懇請한다. 該郡 稅務所長인 具滋

祿 君도 敎育에 熱心이 있는 탓으로 親熟한 터이니까 具 君의 請求까지 받고 不得已 松禾郡 邑內로 向하였다. 이

所聞을 接한 成樂英은 卽時 各面에 十餘處 學校와 郡內 有志人士와 婦人 兒童까지 召集하였다. 나는 數年 만에

松禾邑의 光景을 본즉 海西義兵을 討伐하던 要阨으로 邑內 官舍는 擧皆 倭가 占領하였다. 守備隊 憲兵隊 警察署

郵便局 等 機關이 充塞하였고 所謂 郡廳이란 것은 私家에서 視務하는 光景을 보고 憤心이 髮指한다.

幻燈會를 開하고 太皇帝 眞影이 나오자 一同에게 起立鞠躬을 命한즉 韓官民은 勿論이고 倭將領과 警官輩까지

鞠躬을 시킨 後에 韓人의 排日하는 理由 何在오 하는 演題下에 過去 俄日 中日戰爭 時에도 韓人이 日本에 對한

感情이 極히 厚重하였다. 其後에 强壓 條約이 締結됨을 따라 漸漸 惡憾이 激增하였다. 내가 年前에 文化 鍾山에

서 親歷한 事實에 日兵이 村間에서 掠奪을 敢行하는 것을 目睹하였으니 日本의 나쁜 것이 곧 韓人의 排日 原因이

라고 大聲叱號하면서 列席한 成樂英 具滋祿을 본즉 面如土色이고 倭놈들은 怒氣가 騰騰하더라.

再次投獄—哈爾濱事件

忽然 警察이 幻燈會를 解散하고 나는 警察署로 데려간다. 群衆은 怒不敢言하고 대단 激昂한 氣分이 보이더라.

나를 警署에 데리고 가서 韓人 監督巡査의 直室에서 同宿하게 한다. 그러자 各 學校에서 學生이 番次例로 와서

訪問하기로 慰問隊를 組織하여 連續하여 慰問한다. 一夜를 宿하고 翌日에는 하얼빈 電報로 伊藤博文이 韓人 은치

안(은치안 三字가 其時 新聞에 揭載된 것은 安應七이니 卽 安重根의 字가 應七임이라)에게 被殺되었다는 新聞을

보았다. 은치안을 몰라서 매우 궁금하더니 翌朝에 安應七 卽 安重根으로 明白하게 新聞에 記載되었다. 其時에야

나는 惧然히 나의 拘留當하는 原因을 覺知하였다. 當夕 幻燈會에서 日本 놈을 叱辱하였으나 그만한 叱辱은 到處

皆然한데 何必 松禾 警察이 나에게 손을 댄 것을 異常히 알았고 拘留를 當한대사 幾日 後에 說諭放免될 것으로 알

았는데 하얼빈事件의 嫌疑라면 좀 길게 苦生하리라고 생각된다.

幾日 後에 尋常한 數語를 質問하고 留置場에 一個月을 經하여 海州地方裁判所로 押送한다. 水橋市 甘乘武 집에

서 午飯을 먹을새 市內 學校職員과 市頭民 等이 一齊히 會集하여 護送하는 倭巡査에게 請求한다. 金龜 先生은 우

리 敎育界 師表인즉 慰勞宴을 設하고 一次 接對한다고 한다. 後日에 海州 다녀온 後에 실컷 慰勞하라고 當日은

拒絶한다.

及其也 海州에 到着한즉 卽時 監獄에 被投하였다. 一夜를 經過하고 檢事가 安重根과의 關係 有無를 質問하

從前 世誼의 關係뿐이고 今番 하얼빈事件과 아무 關聯이 없는 것을 알고 나에게 地方에서 日本官憲과 反目하는

證據인 金龜라고 쓴 百餘頁의 一冊子를 내어놓고 訊問한다. 內容은 全部가 나의 數年間 各處에서 行動하는 것을

警察이 報告한 것을 集成한 것이더라.

結局은 不起訴로 放免되어 行具를 가지고 朴昌鎭의 冊肆에 간즉 마침 朴 君을 相逢하여 經過를 이야기할 時에

在傍한 柳薰永 君이 人事를 하고 自己 父親의 生辰宴에 同參하여 달라는 請求에 應하여 壽筵에 往參하니 壽翁은

卽 海州 富豪의 一人인 柳長湍이더라. 宴會를 罷한 後에 松禾警察署에 護從하였던 韓日 巡査들은 나

에게 同情하는 者이므로 事件의 進行을 알고 싶어 하여 아직 發程치 않았더라. 巡査 全部를 請來하여

經過를 말하여 回程시키고 나서는 李承駿 金泳澤 梁洛疇 諸君을 訪問할 즈음에 安岳 親舊들이 韓貞敎를 派送하였

더라. 同志들의 憂慮를 爲하여 早一日 韓貞敎를 따라 安岳으로 回還하였다.

되고 나는 小學部의 幼年의 敎授를 擔任하고 載寧 北栗面 武尙洞의 保强學校長의 任을 兼하고 該校 維持發展을

當時 安岳 楊山學校에는 中 小 兩部를 置하고 最初에는 李仁培가 校長이었고 其後는 金鴻亮이 校主 兼 校長이

爲하여 種種 往來하였다.

校長으로 推選한 것이다. 田承根으로 主任敎師를 任하고 張德俊은 敎牛學半의 目的으로 親弟 德秀를 데리고 校內

該校는 最初 勞動者들의 主動으로 設立되었으나 附近 洞里에 有志들이 維持하여 가면서 該校 振興策으로 나를

開校하여 敎授하던 터이다.

에 宿食하며 校監 許貞三 等의 協力으로 敎務를 發展할새 該 校舍는 新建築으로 아직 蓋瓦치 못하고 蓋草만 하고

該校는 武尙洞을 隔離하여 野外에 獨立한 敎舍라 種種 鬼火가 發生함을 鎭火한다는 報告가 있다. 나는 敎職員

一人에게 秘密히 注意를 주었다. 該校에 火災가 每每 夜深한 後라 하니 三日爲限하고 隱密한 곳에서 學校에 人跡

有無를 注目하다가 萬一 一人跡이 有하거든 가만히 追跡하여 行動을 살펴보라고 秘訓하였다.

果是 第二日에 急報가 왔다. 學校에 重大事故가 있으니 校長이 出席하여 달라고. 接報 卽時로 出程 進校한즉

守直하던 職員이 衝火犯 一名을 捕縛하고 洞中 校中에서 죽이자 살리자의 騷動이 났다. 犯人을 親審한즉 該 洞內

에 居住하는 私塾訓長으로서 내가 洞中 父老를 請하여 新敎育의 必要를 說明하여 自己가 敎授하던 兒童 四五名이

全部 學校에 入學하고 본즉 自己는 苦役인 農作밖에 生活方道가 없이 됨을 恨하여 不義의 手段으로 學校事業을

妨害코자 衝火한 것을 自白하였다.

내가 일찍이 學校 事務員을 불러 學校에 火災 나던 眞相을 問한즉 그이들은 確實히 鬼火라고 한다. 校舍 附近地

에 該洞 中에서 年年이 致祭하던 所謂 府君堂이 있고 該堂 周圍에는 連抱古木이 列立하였는데 校舍를 新建 後에

該 古木을 斫伐하여 校舍 燃料에 供하였다. 所以로 洞中人民이 鬼火로 認하여 學校로서 該 府君堂에 致祭치 않으

면 火災를 救치 못한다는 迷信說이 紛紜하다 云云하더라. 所以로 該校 職員에게 秘囑하였던 것이라.

職員報告에 依하면 第二回 火災 經過 後에 每夜에 校舍 附近에 隱身하고 監察하던 第二夜半에 武尙洞里로부터

校舍의 通路上에 人跡이 有하므로 가만가만히 뒤를 따라가며 본즉 어떤 사람이 忽急히 校舍로 달려가서 校庭에

立하여 講堂의 屋霤上과 對面 事務室 지붕에 무슨 物件을 던지는지라. 講堂 지붕에서는 벌써 火焰이 起하고 事務

室 지붕에서는 螢火와 같이 반짝반짝만 하고 아직 起火되지 않음을 본 그 사람은 逃走하려는 즈음에 守直하던 職

員에게 被捕하여 一邊 結縛하며 一邊 洞民을 號召하여 鎭火하고 나에게 告急한 것이다.

該 犯人을 訊問한즉 果是 學校가 設立됨을 따라 自己 生活에 損害가 及하기로 衝火를 한 것

이요 其 衝火한 方法으로는 一指長의 火繩 末端에 당성냥 한 줌을 藥頭를 總結하고 一端에는 石子를 달아매어 屋

頂에 投하여 發火케 한 行爲를 取得한 後에 警察에게 告發을 아니하고 從容히 該 洞里로부터 退去를 命하고 그

後로는 敎務를 進展하였다.

安岳에서 該校까지 二十里 相距이므로 一週에 一次式 保强校에를 나간다. 安岳邑에서 新換浦 下流를 건너 學校

를 가는데 夏節에 學校에 가면서 渡頭를 向하고 가노라면 學校에서는 小學生들이 나를 바라보고 迎接하느라고 몰

려 나오고 職員들도 뒤를 이어 나온다. 내가 渡頭에 到着하여 본즉 越便에 來着한 小學生 全部가 衣服을 척척 벗

고 江中에 뛰어 들어간다. 나는 大驚하여 高喊한즉 職員들은 江干에서 웃으면서 安心하라고 答한다. 津船에 登하

여 江中에 進하자 가뭇가뭇한 學生들의 머리가 물속에 나타나서 배(船) 전(緣)에 달려 매는 것이 마치 챗바퀴에

개암이(蟻) 떼 붙듯 하더라. 나는 將來에 海軍을 募集하게 되면 沿海 村落에서 分集함이 便宜하겠다고 생각하였

다.

보암직 하더라.

武尙洞 亦是 載寧 餘物坪의 一洞里이다. 坪內에는 特別히 巨富는 無하나 普通으로는 그다지 貧困치 않은 곳이

니 土地가 擧皆 宮庄이고 極히 肥沃한 所以라. 人品이 明敏俊秀하여 時代變遷에 順應하여 學校로는 雲水 進礎 保

强 基督 等이 設立되어 子弟를 敎育하고 農務會를 組織하여 農業發達을 計圖하는 等 公益事業에 着眼함이 實로

羅錫疇 義士는 當時 妙齡의 靑年으로 國勢 日非함을 忿恨하여 該 坪內에서 男女小兒 八九名을 배에 싣고 秘密

히 中國에 逃往하여 鐵網 밖을 벗어 나가서 敎養코자 出發하다가 長連 梧里浦에 倭警에게 發覺되어 累月의 獄苦

를 經하고 出獄 後에는 表面 商農에 從事하면서 裏面으로 獨立의 思想을 鼓動하며 直接 間接으로 敎育에 熱誠을

다하여 該 坪內 靑年의 首腦로 信任을 받더라. 나도 種種 餘物坪에를 來往하게 되었다.

盧伯麟이 軍職을 解하고 豊川 自宅에서 敎育事業에 從事하던 때라. 一日은 京城 가는 途次에 安岳에서 相逢하

여 同伴하여 餘物坪 進礎洞의 敎育家인 金正洪 君의 집에서 同宿할새 進礎學校 職員들과 宴飮하던 즈음에 忽然

히 洞里에서 騷動하는 소리가 난다. 進礎學校長 金正洪이 驚惶憫燥하여 事實을 말한다. 該校의 女敎師 吳仁星은

李在明의 夫人이었는데 李 君이 自己 夫人에게 무슨 要求를 强勁히 하였던지 短銃으로 威脅하여 吳女士는 驚怯하

여 學校 敎授를 堪當치 못할 事情을 말하고 隣家에 避匿하였고 李 君은 狂人의 行動 모양으로 洞口에서 放炮하고

賣國賊을 一一 銃殺하겠노라고 揚言한즉 洞中이 騷動한다고 한다. 盧伯麟과 相議하여 李 君을 請來하였다.

누가 알았으랴. 幾日 後에 朝鮮天地를 震動하게 하던 京城 泥峴에서 군밤장사의 假裝으로 衝天의 意氣를 仗하

고 李完用을 狙擊할새 먼저 車夫를 죽이고 李完用의 生命은 다 빼앗지 못하고 被捕하여 殉國하신 李在明 義士인

줄을.

召請을 應하여 年期 二十三四歲의 靑年이 眉宇에 忿氣를 帶하고 入堂하는지라. 우리 두 사람이 輪次로 人事를

한즉 自己는 李在明이고 數月 前에 美洲로부터 歸國하여 平壤 吳仁星 女子와 結婚하여 지내는바 自己 夫人의 家

庭이 寡宅 丈母가 女子 三名을 데리고 지내는데 家勢는 饒足하여 딸들을 敎育은 시키나 國家大事에 獻忠할 勇氣

가 없고 但히 苟安에 泥着하여 나의 義氣와 忠誠을 理解치 못하는 點을 가지고 나의 夫婦間에도 或時 爭端이 生

하여 學校에 損害가 될까 憂慮한다는 말을 無忌憚하게 말한다. 桂園 兄과 나는 李 義士에게 將來에 目的하는 事

爲와 過去 經歷과 學識을 一一이 問한즉 自己는 幼年에 包哇에 渡往하여 工夫를 하다가 祖國이 島倭에게 强佔이

된단 말을 듣고 歸國하였으며 今에 하려는 일은 賣國賊 李完用으로 爲始하여 몇 놈을 殺之코자 準備中인데 短刀

一柄 短炮 一柄과 李完用 等의 寫眞 幾枚를 懷中으로서 내어놓는다. 桂園과 나는 同一한 觀察로 時勢的 激敢으로

虛熱에 뜬 靑年으로 보여진다. 桂園이 李 義士의 손을 잡고 懇曲히 말을 한다. 君이 國事를 悲憤하여 勇氣的으로

活動함이 極히 嘉尙하나 大事를 經營하는 男兒로 銃器로 自己 夫人을 威迫하고 洞中에서 放銃하여 民心을 搖亂

케 하는 것이 意志가 確固치 못한 表徵이니 只今은 칼과 銃을 나(桂園)에게 任實하고 意志도 더욱 强毅하게 修養

하고 同志者도 더 交得하여 가지고 實行期에 내게 와서 찾아서 實行함이 何如오 한다. 義士는 桂園과 나를 熟視

하다가 銃과 칼을 桂園을 주나 顔色에는 樂意가 없음이 現露하더라. 作別하고 沙里院驛에서 車가 臨行할 時에 李

義士는 忽然히 나타나 桂園에게 該 物品의 返還을 要求한다. 桂園은 웃으면서 京城 와서 찾으시오 하자 汽車가

떠났다.

그러한 지 一朔이 못 되어 義士는 同志 幾人과 會同하여 京城에 到着하여 泥峴에서 李 義士가 군밤장사로 假裝

하고 路傍에서 賣栗하다가 李完用을 칼로 찔러서 李完用은 生命이 危險하고 李 義士와 金正益 金龍文 全泰善 吳

諸君은 被捕된 事件이 新聞에 揭載된다. 나는 깜짝 놀랐다. 李 義士가 短銃을 使用하였으면 李賊의 生命 結末이

確實할 것인데 盲目인 우리가 干涉하여 武器를 奪取하였기 때문에 充分한 成功을 못 함이로다. 恨悔不已하였다.

記錄의 先後가 顚倒되었다. 嗚呼라! 國家는 被倂한 後이다. 國家가 合倂의 恥辱을 蒙한 當時 人情으로는 甚

히 洶洶하다. 元老大臣들 中에 自殺하는 者들과 內外官人 中에도 自殺하는 者 居多하고 敎育界에는 排日思想이

極度에 達하고 오직 不聞不識한 農民들 中에는 合倂이 무엇인지 亡國이 무엇인지 모르고 있는 者도 많다. 나부

터 亡國의 恥를 當하고 無國의 痛을 感하나 사람이 愛子를 喪失함과 같이 喪亡을 슬퍼하면서도 有時乎生存하였을

것 같은 생각이 나옴과 같이 나라가 亡하기는 하였으나 國民이 一致奮發하면 곧 國權이 恢復될 것같이 생각된다.

그리하면 後生으로 하여금 愛國心을 養成하여 將來에 光復케 할 道外에 他道가 無하리라고 생각되어 繼續하여

楊山學校를 廓張하여 中小學部에 學生을 增募하고 校長의 任務를 帶하였다.

先是에 國內國外를 通하여 政治的 秘密結社가 組織되니 卽 新民會라. 安昌浩는 美洲로부터 歸國하여 平壤에

大成學校를 叛設하고 靑年을 敎育함으로 表現事業으로 하고 裏面에서는 梁起鐸 安泰國 李昇薰 全德基 李東寧

朱鎭洙 李甲 李鍾浩 崔光玉 金鴻亮 外 幾人으로 中心人物이 되고 當時 四百餘名 精秀份子로 組織된 團體 卽 新民

會를 訓鍊指導하다가 安昌浩는 龍山憲兵隊에 滯囚된 일도 有하였다. 合併된 後에는 所謂 注意人物을 一網打盡할

것을 豫想함이었던지 秘密히 長淵 松川에서 威海衛로 潛渡하였고 李鍾浩 李甲 柳東說 同志가 繼續 渡江한 後이

라.

京城에서 梁起鐸 主催로 秘密會議 通知를 받고 나도 赴會하였다. 梁起鐸 住所에 出席된 人員은 梁起鐸 李東

寧 安泰國 朱鎭洙 李昇薰 金道熙 金龜가 秘密會議를 開起하고 現今 倭가 京城에 所謂 總督府를 置하고 全國을 統

治한즉 우리도 京城에 秘密히 都督府를 置하여 全國을 治理하고 滿洲에 移民計劃을 實施함과 武官學校를 設立하

여 將校를 養成하여 光復戰爭을 開起할 準備로 李東寧을 先次 滿洲에 派送하여 土地買受 家屋建築과 其他 一般을

委任發送하고 其餘 參席한 人員으로는 各 地方 代表를 選定하여 十五日 內에 黃海道에서 金龜가 十五萬元 平南에

安泰國 十五萬元 平北 李昇薰 十五萬元 江原에 朱鎭洙 十萬元 京畿에 梁起鐸 二十萬元을 募集하여 李東寧의 뒤를

이어 越送하기로 議決하고 卽各 出發하니라.

時는 庚戌 十一月 二十日 早朝에 梁起鐸 親弟 寅鐸과 及 其 夫人으로 同伴하여 沙里院驛에서 下車하고 寅鐸 夫

婦는 載寧으로(寅鐸은 載寧裁判所 書記로 赴任의 途次에 同行한 것뿐이고 우리의 秘密計策을 通情치 않은 것은

起鐸부터 親弟에게 事情을 勿說하라고 우리에게 付托한 것이다) 나는 安岳으로 回還하여 金鴻亮과 協議하여 土地

家産을 放賣 着手中이고 信川 柳文馨 等 幾人 外 隣郡 同志에게 將來方針을 密報하여 進行中 長淵 李明瑞는 先次

自家 大夫人과 親弟 明善을 西間島에 先往케 하여 後渡 同志들의 便宜를 供給하기로 하고 安岳에 來到하였기로

北行을 引導 出發하였다. (李明瑞는 南海에 渡하였다가 同志 十五人을 引率하고 國內에 潛入하여 殷栗郡守를 射殺

하고 倭守備隊와 極烈히 싸우다가 敵彈에 殉國하였다)

安岳에 돌아와 所聞을 들으니 安明根이 來安하여 屢次 나를 來訪하였으나 나의 京城行에 相違되어 逢着치 못

하였다. 忽其夜半에 明根이 楊山學校로 來訪한다. 나에게 來訪한 意見을 聞한즉 自己는 海西 各郡 富豪를 多數

交涉한 結果 皆是 獨立運動資金을 許認하고도 敏速酬應치 않은즉 安岳邑 幾家 富豪를 銃器로 威脅하여 他方에 影

響을 미치게 할 目的인즉 應援指導하기를 請한다. 나는 俱體的으로 將來方針을 問한즉 曰 黃海道一帶 富豪들에게

金錢을 分集하여 가지고 同志者를 聚集하여 電信 電話를 斷絶하고 各郡에 散在한 倭仇는 各 該郡으로서 屠殺하

라는 命令을 發布하면 倭兵大隊가 到着 前 五日間은 自由의 天地가 될 터이니 更進할 能力이 無하다 하여도 當場

에 雪忿은 足하지 않겠느냐 한다. 나는 明根을 붙잡고 挽留하였다. 兄이 旅順事件을 目睹한 나머지에 더욱 血族

의 關係로도 加一層 憤血이 湧出하는 데서 如此한 計劃을 思得함인 듯하나 五日間 黃海一帶에 自由天地를 造成하

려도 金錢보다 더욱 同志의 結束이 必要한데 同志者는 幾人이나 得하였나요 물었다. 梅山(明根의 號) 曰 나의 切

實한 同志도 數十名 되지마는 兄이 同意하신다면 人物은 容易할 줄 認한다 하더라. 나는 懇曲히 挽留하고 將來에

大規模의 戰爭을 하려면 人材養成이 없고는 成功을 期할 수 없고 一時的 激發한 것으로는 五日은커녕 三日의 功

도 期키 難하다. 憤氣를 忍耐하고 多數 靑年을 北地帶로 引導하여 軍事教育을 施함이 當務之急이라 한즉 梅山 亦

是 旨定하나 自己의 所料와는 相異한 點을 發見하고 좀 滿足지 못한 意思를 가지고 作別하였다.

不過 幾日 後에 沙里院에서 梅山은 倭警에게 被捕하여 京城으로 押送되고 信川 載寧 等地에서 連累로 被捕되는

消息이 新聞上에 發表된다.

辛亥 正月 初五日에 나는 楊山學校 事務室에서 起寢도 하지 않은 때에 倭憲兵 一人이 와서 憲兵所長이 暫時 面

晤할 事 有하다고 同去를 請한다. 같이 간즉 벌써 金鴻亮 都寅權 李相晋 楊星鎭 朴道秉 韓弼昊 張明善 等 校職員

을 次第로 招集하였다. 警視總監部의 命令이라 하고 臨時拘留에 置한다 宣言한 後 二三日 後에 全體를 載寧에 移

囚하고 黃海一帶에 平素 愛國者로 指示된 人士를 擧皆 逮捕한다.

先是에 白川郡守 全鳳薰은 나더러 相議한다. 國家大勢가 已傾에 所謂 郡守 一職도 心事에 忿激하여 任過키 不

能한즉 兄 等이 從事하는 安岳 楊山學校 附近에 家屋 一坐를 買得하여 住居하면서 孫兒 武吉의 學業이나 全務하

기 所願이라 하여 習樂峴에 瓦家 一坐를 買入 修理하고 當時 延安으로 移職된 郡守 全鳳薰이 率家하여 安岳으로

移來하는 日이 卽 우리는 載寧에서 沙里院으로 沙里院에서 京城車로 被送되는 日이라. 全鳳薰이 우리의 消息을

듣고 安岳으로 移舍하던 心懷가 어떠하였으랴. (海西 各郡에서 逮捕되어 京城으로 移送하는 人士 中에 松禾泮亭

申錫忠 進士는 載寧江鐵橋를 건너다가 投江 自殺하였다. 申錫忠은 本是 海西에 著名한 學者요 兼히 慈善大家라.

錫忠의 次兄 錫悌 進士의 子孫의 敎育問題로 내가 一次 訪問하고 一夜 同宿談話한 事 有할 뿐이다. 그 時에 錫悌

進士를 訪問코자 洞口에 入하매 申宅에서 消息을 듣고서 錫悌의 子孫 卽 子 洛英 孫 相浩 等이 洞外에 出迎하는

지라 나는 脫帽而禮할 時 洛英 等은 黑笠을 脫하고 答禮를 한다. 나는 웃으면서 갓끈 끄르는 것을 挽止하매 洛英

等은 悚懼한 빛을 띠우고 先生께서 免冠을 하시는데 우리가 그저 答禮를 할 수 있습니까. 나는 도리어 未安하여

내가 쓴 담벙거지는 洋人이 쓰는 物件인데 西洋人의 通禮가 人事할 제 脫帽하는 것이니 容恕하라고 하고 錫悌 進

士를 보고 國家文明(국가문명)에 敎育(교육)이 急先務(급선무)인 것을 一夜間(일야간)에 盡情說過(진정설과)하고 孫(손) 相浩(상호)의 敎育(교육)의 依賴(의뢰)를 受(수)하고 回安(회안)하였던 것이다.)

沙里院(사리원)에서 우리 全部(전부)와 護送(호송)하는 憲兵(헌병) 幾名(기명)이 京城車(경성차)를 타고 進行中(진행중)에 車中(차중)에서 李昇薰(이승훈)을 相逢(상봉)하였다. 李昇薰(이승훈)이 우리가 捕縛(포박)되어 가는 것을 보고 他人(타인)이 알지 못하게 車窓(차창) 外(외)로 머리를 내밀고 하염없이 눈물을 흘리더라. 車(차)가 龍山驛(용산역)에 到着(도착)될 時(시) 刑事(형사) 一名(일명)이 南岡(남강)(昇薰之號(승훈지호))에게 人事(인사)를 請(청)하고 當身(당신) 李昇薰(이승훈)氏(씨) 아니오. 李(이) 答(답). 그렇소. 該(해) 刑事(형사) 놈이 警視總監部(경시총감부)에서 令監(영감)을 부르니 좀 갑시다 하고 下車(하차) 卽時(즉시)로 우리와 같이 捕縛(포박)하여 끌려 간다.

倭(왜)놈이 韓國(한국)을 强佔(강점)한 後(후) 第一回(제일회)로 國內(국내)의 愛國者(애국자)를 網羅(망라) 搜捕(수포)한다. 黃海道(황해도)를 中心(중심)으로 先次(선차) 安明根(안명근)을 捉囚(착수)하고는 繼續(계속)하여 全道(전도) 內(내)에 知識階級(지식계급)과 富豪(부호)를 一一(일일) 押上(압상)하여 京城(경성)에 旣爲(기위) 排置(배치)한 監獄(감옥) 拘置監(구치감) 各(각) 警察署(경찰서) 拘留所(구류소)에는 미처 收容(수용)할 수 없으므로 什物倉庫(집물창고)와 事務室(사무실)까지를 拘禁所(구금소)로 使用(사용)하면서 一邊(일변) 倉庫(창고) 內(내)에 蜂房(봉방)과 같이 監房(감방)을 製造(제조)하여 나도 그리로 移囚(이수)하니 一房(일방)에 二名(이명) 以上(이상)은 容積(용적)키 不能(불능)하더라.

黃海道(황해도)에서 安明根(안명근)으로 爲始(위시)하여 郡別(군별)하면 信川(신천)에서 李源植(이원식) 朴萬俊(박만준)은 見機逃去(견기도거) 申伯瑞(신백서)(錫孝의子) 李學九(이학구) 柳元鳳(유원봉) 柳文馨(유문형) 李承祚(이승조) 朴濟潤(박제윤) 裴敬鎭(배경진) 崔重鎬(최중호) 載寧(재령)에서 鄭達河(정달하) 閔泳龍(민영룡) 申孝範(신효범) 安岳(안악)에서 金鴻亮(김홍량) 金庸濟(김용제) 楊星鎭(양성진) 金龜(김구) 朴道秉(박도병) 李相晋(이상진) 張明善(장명선) 韓弼昊(한필호) 朴亨秉(박형병) 高鳳洙(고봉수) 韓貞敎(한정교) 崔益馨(최익형) 都寅權(도인권) 李泰周(이태주) 張膺善(장응선) 元行燮(원행섭) 金庸震(김용진) 長連(장련)에 張義澤(장의택) 莊元容(장원용) 崔商崙(최상륜) 殷栗(은율)에서 金容遠(김용원) 松禾(송화)에서 吳德謙(오덕겸) 張弘範(장홍범) 權泰善(권태선) 李宗錄(이종록) 甘益龍(감익룡) 長淵(장연)에서 金在衡(김재형) 海州(해주) 李承駿(이승준) 李在林(이재림) 金榮澤(김영택) 鳳山(봉산)에 李承吉(이승길) 李孝健(이효건) 白川(배천) 金秉玉(김병옥) 延安(연안) 片康烈(편강렬) 平南(평남)에서 安泰國(안태국) 玉觀彬(옥관빈) 平北(평북)에서 李昇薰(이승훈) 柳東說(유동열) 金龍圭(김용규) 兄弟(형제) 京城(경성)에서 梁起鐸(양기탁) 金道熙(김도희) 江原(강원)에서 朱鎭洙(주진수) 咸鏡(함경)에서 李東輝(이동휘)더라. 내가 李東輝(이동휘)를 相面(상면)이 無(무)하나 留置場(유치장)에 名牌(명패)를 보고서 亦是(역시) 被捉(피착)된 줄 知(지)하였다.

國家가 亡하기 前에 救國事業에 誠意誠力을 十分 못 한 罪를 受케 된 줄 認하였다. 나는 深思하였다. 如此 危難

한 時를 當하여 應當 지켜 갈 信條가 무엇인가 硏究하였다. 疾風에 勁草를 알고 板蕩에 誠臣을 知한다는 古訓과

高後凋 先生의 講訓에 六臣 三學士의 至死不屈하던 말을 다시금 생각하였다.

하루는 所謂 訊問室에 끌려갔다. 初也에는 年齡 住所 姓名을 묻고 다시 묻는 말은 네가 어찌하여 여기를 왔는지

알겠느냐. 나는 잡아 오니 끌려올 뿐이고 理由는 不知 하였다. 다시는 묻지도 않고 手足을 結縛하여 天井에 달

아맨다. 初也에 苦痛을 覺하였으나 畢竟은 寂寥한 雪夜月에 訊問室 一隅에 橫臥하였고 面上과 全身에 冷水를 끼

얹은 感覺이 生함을 알 뿐이고 前事는 不知라. 精神을 차리는 것을 보는 倭仇는 비로소 安明根과의 關係를 問한

다. 나의 對答은 安明根은 相知하는 親舊일 뿐이고 同事한 事實은 無하다 하였다. 그놈은 憤氣大發하여 다시 天

井에 매어달고 세 놈이 둘러서서 笞로 杖으로 無數 亂打한다. 나는 또한 精神을 失하였던 것이다.

세 놈이 마주 들어다가 留置場에 들여다 뉠 時는 東方이 旣白하였고 내가 訊問室에 끌려가던 時는 昨日 日沒 後

이다. 처음에 姓名부터 訊問을 始作하던 놈이 秉燭達夜를 하는 것과 그놈들이 誠力을 다하여 事務에 忠實한 것을

생각할 時에 自愧를 不堪하였다. 내가 平日에 무슨 事務든지 誠心껏 보거니 하는 自信도 있었다. 그러나 國家를

救援코자 卽 나라를 남에게 먹히지 않겠다는 내가 남의 나라를 한꺼번에 삼키고 復嚼하는 彼 倭仇와 같이 事務를

達夜하여 본 적이 問幾時乎아. 自問하매 全身이 針刺에 臥한 듯이 痛切한 中에도 네가 果是 亡國奴의 根性이 있

지 않은가. 愧淚盈眶한다.

非但 나뿐이랴. 이웃 間房에 있는 金鴻亮 韓弼昊 安泰國 安明根 等도 끌려갔다 돌아올 時는 擧半 죽여서 끌고

오는 消息을 들을 時는 애처롭고 憤慨한 마음을 抑制치 못하겠다. 明根은 소리소리 지르면서 너희 놈들이 죽일

제 죽일지언정 愛國義士의 待接을 이렇게 하느냐。高聲大叱하면서 或是 한마디씩 나는 내 말만 하였고 金龜 金鴻

亮들은 關係없다 하였소 한다。

監房에서 無線話를 通한다。梁起鐸 있는 房과 내가 있는 房으로 李在林 있는 房 左右 二十

餘房 四十餘名은 서로 密語를 傳하여 事件을 二件에 分하여 所謂 保安違犯과 謀殺 及 強盜이다。누가 訊問을 當

하고 오면 內容을 各房에 傳達하여 注意케 하던바 倭놈들이 事件의 範圍가 縮小됨을 奇異히 알고 其中에 韓淳稷

을 불러다가 甘言利說로 꼬이어 各房에서 密語하는 內容을 探報케 하였다。

一日은 梁起鐸이 食口 (監房에 밥그릇을 出納하는 곳)에 手掌을 대고 우리의 秘密傳語는 韓淳稷이가 全部 告發

하니 從此로 密語傳達을 廢止하자 하였다。果是 疾風에 知勁草로다。當初에 明根 兄이 韓淳稷을 나에게 紹介할

時는 勇敢한 靑年이라고 하였다。如此 危難할 際에 何特 韓 一人이랴。崔明植도 密告는 아니하였으나 事實虛無를

그놈들의 酷刑에 못 이겨서 誣言으로 答한 것이 後悔되어 自號曰 兢虛라 한 것이다。나는 決心에 決心을 加하였

다。當時 形勢는 나의 舌端에서 人의 生死가 달린 것을 覺悟하였다。

어느 날 또 끌려 訊問室에를 갔다。倭警이 問하기를 너의 平生知己가 누구냐 問함에 나의 對答은 平生知己之友

는 吳寅炯이라 하였다。倭놈이 반가운 낯으로 그 사람은 어디서 무엇을 하는가。吳寅炯은 長連에 居生하였으나

年前에 死亡하였다 한즉 그놈들이 또한 精神을 喪失되도록 酷刑을 하였다。學生 中에는 누가 너를 가장 사랑하더

냐 하는 말에 猝然間에 내 집에 와서 工夫를 하던 崔重鎬를 말하고서는 舌을 斷하고 싶다。젊은 것이 또 잡혀 오

겠다고 생각함이었으나 눈을 들어 窓外를 본즉 벌써 언제 잡히어 왔는지 半이나 죽은 것을 끌고 지나가는 것을

보았다。

所謂 警視總監部인 泥峴 山기슭에서는 밤이나 낮이나 屠獸場에서 牛와 豚을 打殺하는 소리가 여기저기서 不絕히 들린다. 一日은 한필호 義士가 訊問을 갔다 와서 食口로 겨우 머리를 들어 나를 보고 一切라도 좀 마시라고 酷한 刑具를 當하고 나는 죽습니다 하고서는 나를 作別하는 모양을 보인다. 나는 위로하고 물이라도 좀 마시라고 하였다. 韓 義士는 물도 먹을 必要가 없습니다 한 後에는 다시 어디로 가져간 것을 몰랐는데 所謂 公判時에 同志들에게 申錫忠의 鐵橋自殺과 韓 義士의 遇害를 始知하였다.

一日은 最高訊問室에를 갔다. 누가 뜻하였으랴. 十七年 前 仁川警務廳에서 審問을 當할 時에 傍聽을 하다가 나에게 號令을 當하고 칙소 칙소 하면서 後間으로 避身하던 渡邊 巡査라던 倭놈이 前과 같이 검은 鬚髥을 길러 늘어치고 面上에 略干의 老衰한 빛을 띠고 當時 總監部 機密科長의 制服을 입고 威儀가 嚴肅한 놈이 十七年 만에 다시 나의 앞에 떡 마주 앉을 줄을. 渡邊이 놈의 開口에 이런 말이 있다. 나(渡邊 自稱)의 가슴에는 엑스光線을 대여 있는 것이니 너의 一生行動에 對하여 歷史的으로 一切의 秘密한 것을 明白히 알고 있으니 一毫도 隱諱 없이 自白을 하면 已어니와 萬一에 隱諱곧 하면 이 자리에서 때려 죽일 터이다.

나는 年前에 旅順事件에 嫌疑로 海州檢事局에서 金龜라고 題目을 쓴 册子를 내어놓고 訊問當하던 일을 생각하였다. 必然 그 册子에 各方 報告를 收集한 中에는 京鄕이 떠들고 더욱 黃平 兩西에서는 排日演說에 演題가 되고 平時談話에 話題가 되던 鴟河浦 殺倭와 仁川의 死刑停止와 破獄逃走의 事實이 記載되었으리라고 像想을 하지마는 開口치 않고 渡邊의 X光線에 確否를 試驗할 생각을 하고서는 이렇게 對答을 하였다.

渡邊이가 自發的으로 네가 十七年 前에 仁川警務廳에서 나에게 叱辱하던 일을 생각하느냐 하는 말을 하기 前에는 나의 一生이 어떤 幽僻處에서 隱士의 生活을 한 것이 없었고 一般社會에 獻身的 生活을 한 탓으로 一言一動이 自然 公開的이요 秘密이 없다고 하였다.

渡邊은 順序로 發問한다. 答. 海州 基洞에서. 敎育은. 私塾에 漢文을 受하였고 職業은 農村 生長이

므로 採薪耕田하다가 二十五六歲에 長連으로 移居하여 宗敎와 敎育에 從事하기 始作하여 至今은 安岳 楊山校 校

長의 職으로 視任中에 被捕되었다 하였다. 渡邊이 성을 버럭 내며 宗敎敎育은 皮相的 運動이고 裏面에 不軌

의 隱謀가 一二가 아닌 것을 내가 分明히 알고 있는데 西間島에 武官學校 設立하여 後日 獨立戰爭을 準備하던 事

實과 安明根과 共謀하여 總督謀殺과 富者의 金錢 强奪한 事實을 우리 警察界에서는 觀若明火하거늘 네 終是 隱諱

하느냐 하며 怒氣가 騰騰하나 나는 恐怖보다는 너의 가슴에 붙였다는 X光線이 病이 나지를 않았느냐 하는 우스

운 생각이 나서 참아 가면서 安明根과는 一切 關係가 없었고 西間島에는 貧寒한 農家를 勸移하여 生活의 根據를

引導하던 것뿐이고 他事가 없었는데 地方警察의 眼光이 너무 狹小하여 얼핏 하면 排日이니 무엇이니 하여 敎育事

業에도 妨害가 많았으니 以後는 地方警察을 注意시켜 우리 같은 사람들이 敎育이나 잘하고 있도록 하여 주고 그저

校開學期가 已過하였으니 速히 내려가 學校 開學이나 하게 하라고 하였다. 渡邊이 놈은 惡刑도 하지 않고 그저

留置場으로 보내더라.

나의 國母報讐事件은 秘密이 아니고 世所共知인 公然한 事實이라. 倭놈들이 各 警察機關에 注意人物로 朱別하

여 나의 온갖 行動을 調査하여 온 것은 海州檢事局에 備置한 金龜라는 冊子에도 必然 土田讓亮의 事實이 探載되

었으리라고 생각하고 今番에 總監部 警視 一名이 安岳에 出張調査하였은즉 그 事實이 發覺된다면 나의 一生은 여

기에서 終幕이 되리라고 생각하고 渡邊이 놈이 썩 들어서면서 내 가슴에 X光線을 붙였으니 過去를 무엇이나 다

알고 있노라고 말을 할 때의 仁川事件은 避할 수 없이 當하였다고 생각을 하면서도 그놈의 X光線을 試驗하자는

一五九

것뿐이었다. 果是 渡邊이 놈이 그 事實을 알았으면 後日에 물으려고 남겨 두고 다른 말만 묻는 것이 아닌 것은 그

놈이 訊問할 때의 X光線과 같이 나의 過去와 現在를 잘 아는 表跡을 내려고 애를 쓰는 것을 보아서 잘 알 수 있

다.

그러고 본즉 國家는 亡하였으나 人民은 亡하지를 않았다고 생각된다. 내가 平日에 우리 韓人의 偵探을 第一 미

워서 無餘地하게 攻擊하였다. 나에게 攻擊을 받은 偵探輩까지도 自己가 잘 아는 그 事實만은 密告를 하지 않고

倭놈에게 對하여 秘密을 지켜 준 것이 아닌가. 他는 勿論하고 나의 弟子로서 刑事가 된 金弘植이와 同校 職員으

로 있던 元仁常 等부터 密告를 하지 않은 것이니 그러고 보면 各處 韓人刑事와 高等偵探까지도 그 良心에 愛國誠

의 幾分이 殘在함이 아닌가. 社會에서 나에게 이같은 同情을 주었으니 내가 되고서는 最後 一息까지 同志를 爲하

여 奮鬪하고 원수의 要求에 不應하리라 決心하였다. 그리고 金鴻亮은 여러 가지로 活動할 能力이 나보다 낫고 品

格도 나보다 나으니 訊問時에 鴻亮에게 利롭도록 말을 하여 放免케 하리라 그리 생각하여 龜는 泥中에 沒하리니

鴻은 海外로 飛하라의 句를 自吟하였다.

凡 七回의 訊問에는 渡邊이 놈만 酷刑을 加하지 않고는 六回는 每每 精神을 잃은 後에야 留置場에 끌려 들어올

때는 各房 同志들의 精神을 鼓勵하기 爲하여 나의 生命을 빼앗을 수 있거니와 내 精神은 빼앗지 못하리란 말을

하면 倭놈들은 나쁜 말이 해서도 다다귀도의 威脅을 하지마는 내 말을 듣는 同志들은 堅固한 마음을 가지더라.

第八回 訊問에는 各 科長과 主任警視 七八名이 列席하고 묻는 말이 너의 同類가 擧皆 自白하였거늘 너 한 놈이

自白을 않으니 甚히 愚頑하도다. 土地를 買收한 該 田土 中에서 뭉어리돌(石)을 골라냄이 當然의 事

아니냐. 네가 아무리 緘口結舌하고 一言不吐하지마는 여러 놈의 口頭에서 네 罪가 다 發覺되었으니 只今 곧 말을

하면 已이어나 一向固執하면 이 자리에서 打死하려는 君等의 勞苦보다 나의 苦痛이 尤甚하니 나의 自裁함을 보라 하고 머리로 기둥을 들이받고 精神없이 엎더졌다. 여러 놈들이 人工呼吸과 冷水로 面上에 뿜어서 精神이 돌아온다.

한 놈이 능청스럽게 請願을 한다. 金龜는 朝鮮人 中에서 信仰을 받는 人物인데 이같이 待遇를 하는 것이 適當치 않으니 本職에게 委任訊問케 하옵소서 한다. 即時 承諾을 얻어 가지고 自己 房으로 데리고 가서 特히 待遇를 한다. 담배도 주고 言語도 尊敬하며 自己가 黃海道에를 出張하여 金龜의 온갖 行動을 一一 調査하여 본즉 敎育事業에도 熱誠인 것은 學校에서 月給을 받든 못 받든 校務를 如一히 보는 것이라든지 一般人民의 輿論을 들어 보아도 正直한 사람인데 總監部에 와서 金龜의 身分을 모른 役人들에게 刑罰도 많이 當한 모양이니 매우 유감이오. 訊問도 順境으로 하여야만 實告할 資格이 있고 逆境으로 할 사람이 따로 있는데 金龜에게는 失禮가 多하다고 뻔뻔스럽게 말을 한다.

倭놈의 訊問하는 方法이 大畧 三種의 手段으로 한다. 一. 酷刑이니 鞭杖으로 亂打함과 兩手를 背後에 加하고 杖을 櫛하여 紅熱한 後에 그 鐵杖으로 全身을 함부로 砭烙함과 指大의 菱木 三個를 三指間에 끼우고 木頭 兩端을 紅絲바로 結縛하여 天井에 鐵鉤에 紅絲를 引上하고 受刑人을 橙子 上에 立하였다가 紅絲의 一端을 한편에 잡아 매고 足凳을 拔去하면 全身이 空中에 懸하여 窒息된 後에 解縛하여 冷水로 全身에 播하여 回息케 함과 火爐의 鐵繩으로 緊結함과 倒懸 後에 鼻孔에 冷水를 灌入함이오. 二. 飢餓니 訊問時期에는 普通 囚人의 食料에 減半하여 꼭 生命維持만 表準으로 하게 하여 놓고 親戚이 私食을 請願하여도 訊問主任의 許可를 得지 못하면 私食을 도로 보낸다. 訊問主任 되는 놈이 그 囚人이 事實 有無를 不關하고 虛言으로라도 自己의 事件이나 他人에게 不利한 條件

이라도 倭놈들 좋아할 만한 말을 한 者에게는 私食을 許入케 하고 反抗性이 있어 보이면 絕對 不許한다。 該 留置

場에서도 私食을 받아 먹는 者는 强硬치 못하다고 自然 뵈어지더라。 其外 한 가지는 溫和한 手段으로 좋은 飮食

도 待接하고 훌륭히 裝飾한 明石(當時 總監部 總長)의 房으로 데리고 가서 極恭極敬하며 점잖게 待遇하는 바람에

酷刑에 忍耐한 者도 그 자리에서 實吐한 사람을 더러 알 수 있다。

내가 體刑에는 한두 번 참아 보았고 저놈이 發惡을 하면 나도 感情이 發하여 自然 抵抗力이 生起이므로 能耐하

였고 二와 三을 當하기는 極難忍한 境遇를 지내었다。 二 飢餓이니 처음에는 밥이래야 껍질도 折半 모래도 折半에

소금이나 쓴 鹽根을 주는데 口味가 없어서 안 먹고 도로 보내기도 하였다。 幾後에는 죽도록 맞은 날이 아니면 그

런 밥이라도 기다려서 甘食한다。 그때까지 近三朔에 仁의 母는 每日 아침 저녁 밥을 가지고 留置場 앞에 와서 말

소리가 들리도록 語聲을 높이어 金龜의 밥을 가지고 왔으니 들여 주시오 한다。 倭놈이 김가메 나쁜 말이 했소데

사시이레 일이 없소다 하여 每每 돌려보낸다。

나는 身體가 더욱 말이 못된다。 그놈이 달아매고 때릴 제 朴泰輔 보습 단근 時에 此鐵猶冷更煮來 句를 暗誦하면

서 冬節이라 그리하는지 겉옷만 벗기고 洋織 속옷(內衣)은 입은 채로 結縛하고 때릴 때에 속옷을 입어서 아프지

않으니 속옷을 다 벗고 맞겠다 하여 每每 赤身으로 매를 받아서 肉脫이 될 뿐 아니라 完皮가 없다。 그런 때에 他

人들이 門前에서 私食을 먹을 제 고깃국과 김치 내음새가 코에 들어올 제는 미칠 듯이 먹고 싶다。 나도 남에게 害

될 말이라도 하고서 가져오는 밥이나 다 받아 먹을까。 또한 家妻가 妙年이니 賣身이라도 하여서라도 좋은 飮食이

나를 하여다 주면 좋겠다。 每日 朝夕으로 飮食 내음새가 코에 들어올 때마다 더러운 생각이 난다。

朴泳孝의 父親이 獄에서 섬거적을 뜯어 먹다가 죽었다는 말과 蘇武가 氈毛를 진널며 十九年 동안 漢節을 持하

였다는 글을 생각하고 前日에 赤身受楚하던 일을 생각하며 나의 肉體의 生命은 可奪이언정 나의 精誠은 不可奪이

라고 同囚同志들에게 主唱하던 氣節을 생각한즉 人性은 滅去하고 獸性만 殘存함이 아닌가 自責하던 때에 明石의

房에서 나를 極盡히 優待를 하면서 訊問하고 그놈의 要領으로 보면 新附民의 資格만 表示하면 卽刻 總督에게 報

告하여 此와 如한 苦痛도 免케 할 뿐 아니라 朝鮮을 統治하는 데 純全히 日人만으로 할 것이 아닌즉 朝鮮人 中에

德望이 있는 人士를 得하여 政治를 實施하려는 터인즉 당신같이 忠厚長者로서 時勢趨移에 沒覺지 않을 터인즉 順

應함이 어떠하뇨 하고 安明根의 事件과 西間島事件을 實吐하라는 것이 어떠냐 하는데 나의 對答은 當身이 나의

忠厚를 認定하거든 나의 自初로 供述한 것까지를 認定하라고 하였다.

그놈은 가장 점잖은 體貌를 가지나 氣色은 좋지 못하여 돌려보냄을 지내고 今日은 試初에 當場 죽인다고

發惡하던 끝에 이놈에게 끌려왔는데 그놈은 所謂 國友라는 警視라. 내(그놈 自稱) 年前에 台灣人 犯罪者 一名을

擔任訊問하는데 今日 金龜와 같이 固執하다가 檢事局에 가서 一切를 自白하였노라고 내게 片紙한 것을 보았다.

金龜도 이제는 檢事局으로 넘어갈 터이니 거기 가서 實告함이 더욱 檢事의 同情을 받을 수 있다고 말하고 電話로

국수 장국밥에 고기를 많이 가져오라고 하여 나의 앞에 놓고 먹기를 請한다. 나는 물었다. 當身이 나를 無罪로

認한다면 待接하는 飮食을 먹으려니와 若 有罪라 하면 不可食이라고 하였다. 金龜는 漢文病者이다. 金龜는 至今

것 나에게 同情을 아니하였으나 나는 自然 同情할 마음이 生하여 변변치 못하나 待接하는 것이니 식기 前에 먹으

라 하나 나는 一向 辭讓하였다. 국우는 웃으면서 漢字로 君疑置毒否 五字를 써 보이고 이제부터는 私食도 許入하

리라고 말한다. 訊問終結이 된 모양이니 그리 알라고 한다. 내가 置毒의 疑를 懷함은 아니라 하고 그 飮食을 먹

고 돌아온즉 저녁부터 私食이 들어온다.

同房에 있는 李宗錄은 年少青年이라。親戚이 따라온 사람이 없으므로 私食을 갖다 줄 사람이 없는데 房內에서

먹게 되면 나눠 먹게 하겠으나 반드시 私食은 房外로 따로이 먹게 하므로 宗錄의 먹고 싶어 하는 形狀은 不忍見

이라。내가 房外에서 밥을 먹다가 고기 한 덩이와 밥 한 덩이를 입에 물고 房內에 들어와서 口內로서 도로 꺼내어

마치 어이 새가 새끼를 물어 먹이듯 하였다。

그 翌日은 鍾路拘置監으로 넘어왔다。비록 獨房에 있으나 總監部보다는 얼마나 便利하고 所謂 監食도 前에 比

하여 훨씬 分量이 重하더라。倭놈이 나의 訊問에 對하여 事實대로만 律을 지운다면 所謂 保安法 違反이라 하여

極刑 二年밖에 지울 수 없는지라。抑勒으로 安明根의 所謂 强盜事件에다 끌어 붙일 所謂 監食이나 내가 京城 梁起鐸

집에서 西間島事件을 會議하여 李東寧을 派送케 한 日字가 卽 安明根이 安岳에 와서 元行燮 朴亨秉 高鳳洙 韓貞

教 等과 安岳 富豪를 襲擊하자고 會議하였다는 日이라。其時 安岳에 身在한 金鴻亮 金庸濟 都寅權 楊星鎭 張允根

等은 勿論 安明根 從犯으로 하고 나에게는 그날에 京城에 있은 鐵證有하다。

그리하여 安岳에 安明根 到會한 日字만 二十 몇日이라 記入하고 京城 會議日字는 某月 中旬에 梁起鐸 집에서

西間島에 對한 事實을 會議하였다고 어름어름 記入하고 내가 그날 安岳에서 會議에 參席한 것을 目睹하였다는

證據人으로 楊山校 校直의 子 李元亨 十四歲인 學生을 押上하였다。내가 所謂 檢事 訊問을 當할 때의 隔壁 訊問

室에서 李元亨의 말소리가 들린다。倭놈이 묻기를 安明根이 楊山學校에 왔을 때에 金龜도 그 자리에 있었지? 元

亨 답。나는 安明根도 누구인지 모르고 金龜는 어디 가고 그날 없었습니다。倭놈들이 죽일 것같이 威嚴을 보이고

朝鮮人 巡査 놈은 元亨을 對하여 이 미련한 놈아 安明根이도 金龜도 同座한 것을 보았다고 대답만 하면 네가 지

금으로 너의 아버지를 따라 집에 가도록 말을 잘할 터이니 나 시키는 대로 말을 하여라。元亨은 그러면 그렇게 말

하리다。 때리지 마셔요 한다。

檢事 놈이 나를 訊問하다가 招人鍾을 울리어 元亨을 門內에 들이세우고 元亨을 向하여 楊山學校 安明根이

金龜와 같이 앉은 것을 네가 보았느냐。 네 하는 말이 끝나자마자 元亨을 門外로 끌고 나간다。 檢事 놈은 나를 向

하여 네가 이런 證據가 있는데도 한다。 五百餘里 遠距離地에 同日同時에 兩處 會議를 다 參席한 金龜가 되게 하

기에 매우 受苦롭겠다고 말을 마치니 곧 所謂 豫審終結이다。

其時에 우리 事件 外에 義兵將 姜基東은 元山에서 被捕하여 警視總監部에서 같이 取調를 받고 所謂 陸軍法院에

서 死刑을 受한 事件 있고 金佐鎭 等 幾人이 愛國運動을 하다가 强盜罪로 懲役을 同監同苦하였다。 姜基東

은 初也에 義兵에 參加하였다가 即時 歸順의 形式을 取하고 憲兵補助員이 되어 京畿地方에서 服務하다가 倭 놈들

이 義兵을 總檢擧하여 數十名을 一時에 銃殺할 內定인데 姜基東의 曾前 同志들이라。 自己 守直時間에 被囚 義兵

을 全部 解放하고 事務所에 備置한 銃器를 꺼내어다 各其 武裝하고 夜間에 警戒網을 突破하고 江原 京畿 忠清 各地

地에 數年 동안 韓日戰爭을 繼續하다가 元山에서 安基東으로 行世하고 무슨 일을 計劃하다가 被捕하여 銃殺을 當

하였다。

鍾路監獄에서 一日은 安岳郡守 李某가 面會를 하고 楊山學校 校舍는 根本 公廨인즉 還附하라고 强要하고 校具

와 什物도 公立普通學校에 引導에 要求書에 捺印을 要함에 對하여 校舍는 公物로 奪還하거니와 備品과 器具는

安新學校에 寄附하겠다 하였으나 畢竟은 學校 全部를 公普의 所有로 强奪하였다。

楊山學校 小學生들은 國家에 對한 觀念이 不足하나 中學生에 孫斗煥은 내가 長連邑에서 鳳陽學校(耶教 設立後

改稱 進明)에 視務할 때의 斗煥은 草笠童으로 其 父親 孫昌濂이 晚得子로 愛之重之하여 其 父母와 尊長은 勿論이

一六五

요 本郡守까지도 斗煥에게 해라는 말을 들었고 어떤 사람이고 斗煥의 敬待를 들어 본 사람이 없다. 黃平 兩道에

는 特히 地方風習으로 成年 되기까지 父母에게는 해라 하는 習俗이 있으므로 그 陋習을 改良하기에 注意하던 時

에 斗煥을 살살 꾀어 學校에 入學케 한 後에 어느 날 修身時間에 學生 中에 아직 父母나 그 尊長에게 해라 하는

이가 있으면 擧手하라 命令하고 學生席을 본즉 幾個 擧手하는 學生이 有한 중에 斗煥이도 있다. 下學時에 斗煥을

別室에 請하여 哺乳時期에 있는 幼兒는 父母나 尊長에게 敬語를 使用치 못한대도 탓을 할 수 없으나 너와 같이

어른 된 표로 상투도 짜고 草笠도 쓰고서 父母와 學長에게 恭待할 줄을 모르고 부끄러운 줄을 모르느냐 물었다.

斗煥은 그러면 언제부터 恭待를 하오리까 問한다. 내 대답은 잘못인 줄 아는 時間부터니라 하고 보내었다.

翌日 早朝에 門前에서 金龜 先生님을 부르는 이가 있다. 나가 본즉 孫議官 昌濂 氏라. 下人에게 白米를 한 짐

지우고 와서 門內에 들여놓고 喜色이 滿面하여 너무 기뻐서 言語의 順序도 차리지 못한다. 우리 斗煥이 놈이 어

제 저녁에 學校에서 돌아와서 내게 恭待를 하고 저의 母親에게는 전과 같이 해라를 하더니 깜짝 놀라 잘못

했습니다. 말을 그치며 先生님 교훈이라고 합니다. 先生님 진지 많이 잡수시고 그놈 잘 교훈하여 주십시오. 밥맛

좋은 쌀이 들어왔기로 좀 가져왔습니다. 나도 마음에 기뻐서 웃었다.

其時에 學校를 新設하고서 學齡兒童이 있는 집에 歷訪하여 學父兄에게 學生들의 머리는 깎아 주지 않겠다는

條件附로 哀乞하여 兒童들을 모아 오고 어떤 兒孩들은 父母들이 머리도 자주 빗기지 않아서 이(虱)와 서캐가 가

득하다. 할 일 없이 月梳 竹梳를 사다가 두고 每日 몇 時間式은 學生들의 머리를 빗긴다. 漸次 兒童의 數爻가 增

加됨을 따라 學課時間보다 머리 빗기는 時間이 많게 된즉 第二手段으로 하나씩 둘씩 머리를 깎아 주되 그 父母의

承諾을 得하여 實行한다.

斗煥은 其 父親의 承諾을 求하다가는 도리어 退學이 될지 몰라서 斗煥이와 相議를 하였다. 斗煥은 상투 짜는 것

괴롭고 草笠이 무거운즉 깎기가 所願이라 한다. 곧 깎아서 집에를 보낸 후에 슬금슬금 따라가 보았다. 孫議官이

눈물이 비 오듯 하며 憤心이 끝까지 났으나 類 없이 사랑하는 斗煥을 甚하게 責하기는 싫고 다만 나에게 憤풀이를

할 터인데 斗煥이가 내가 옴을 보고 기뻐하는 것을 본 孫議官은 憤心이 猝然間 다 어디로 가고 눈에서는 눈물이

뚝뚝 듣는데 얼굴에는 기쁨이 가득해지며 先生님 이것이 웬일이에요. 내나 죽거든 머리를 깎아 주시지 않고. 나

는 未安을 表하면서 令監께서 斗煥을 至極히 사랑하시지요? 나도 令監 다음은 사랑합니다. 나는 斗煥이가 목이

가는 데다가 큰 상투를 짜고 網巾으로 조르고 무거운 草笠을 씌워 두는 것이 衛生에 큰 妨害될 줄을 알기 때문에

나도 아끼고 사랑스러운 생각으로 깎았으니 斗煥이 身體가 튼튼하는 때에 令監에게 고맙다는 人事를 듣고야 말걸

요. 이로부터 나를 따라 安岳에를 留學케 되고 孫議官도 같이 따라와서 旅居하면서 斗煥의 工夫하는 것을 보고

있다. 斗煥은 爲人이 聰明도 하거니와 우리의 亡國의 恨을 같이 느낄 줄을 안다.

中學生 中에 禹基範은 내가 文化 鍾山 西明義塾에서 教授하던 時에 寡婦의 子息으로 入學하여 授業을 하였으나

그 母親의 能力으로 工夫를 繼續할 수 없고 才質로는 將就가 있어 보인다. 그 母親에게 請하였다. 基範을 나에게

맡기면 데리고 安岳으로 가서 내 집에 두고 工夫를 繼續하겠다고. 其 母親은 매우 感心하여 萬一 先生께서 그같

이 생각하시면 나는 따라가서 엿(飴) 장사를 하며 基範의 工夫하는 양을 보겠소 하고 基範 九歲時에 집에서 기르

며 工夫는 安新學校 小學科를 畢하고 楊山校 中學部에 入學을 하였다.

이제는 倭놈들이 楊山學校를 解散하고 校具 全部를 强奪한즉 이제는 教育事業도 春夢에 付하였다. 牧子를 失한

羊羣 같은 學生들은 원수의 鞭撻下에서 呻吟하게 되었으니 冤痛하고 同囚인 金鴻亮은 애를 써서 禍網을 脱하고

高飛하여 海外에서 活動하기를 企圖하였지마는 自己가 安明根의 囑託을 받아서 信川 李源植을 勸告하였다 自白한

點으로 보아도 解免키 不能한지라.

어머님은 上京하여 私食을 日日 들여보내시고 通信도 種種 편지로 하신다. 安岳의 家産 什物을 全部 賣却하여

가지고 서울로 오다가 化敬 둘째로 난 두 살 먹은 女息과 家妻는 當時 平山에 있는 丈母와 妻兄의 집에 들러서

從此 上京한다고 한다.

어머님이 손수 담은 밥그릇을 열고 밥을 먹으면서 생각한즉 어머님의 눈물이 섞이었을 것이다.

十八年 前 海州 獄바라지로부터 仁川까지 獄바라지를 하실 때는 悲惶中에도 內外분이 서로 위로하고 서로 의논하

시며 지내었으나 只今은 當身이 寡身으로 어느 누가 살뜰하게 위로하여 줄 사람도 없다. 俊永 三寸과 再從兄弟가 幼

兒(化敬)를 데리고 自己 母親이 住接한 妻兄의 집을 갔다는 기별에는 無限의 느낌이 생긴다.

有하나 學皆 土民이라 擧論할 餘地 없고 弱妻幼兒는 어머님에게 무슨 慰安을 할 能力이 有한가. 또한 家妻가 幼

妻兄으로 말하면 本是 申昌熙 君과 結婚하고 黃海道에 率家來住하다가 내가 그의 妻弟인 遵禮와 結婚한 後에

다시 醫科 畢業을 爲하여 世富蘭醫校에 入할 次로 夫妻와 丈母까지 都로 京城으로 移去한 뒤에 내가 長連邑에 있

熙君과 離婚한 빚이 보이고 더욱 妻兄의 動擧가 常軌에 脫越되는 傾向이 보인다. 하물며 基督信者의 行爲로 此

을 때부터 母女 二人만 平壤으로 들러서 長連 나의 집까지 동생과 딸을 보려고 來訪하고서는 어쩐 事由인지 申昌

를 본 나의 夫婦는 妻兄과 丈母를 勸하여 申昌熙에게로 보내었다.

그 後 내가 安岳에 移居한 時에 亦是 妻兄과 丈母가 來到한바 妻兄은 申昌熙와 夫婦의 關係를 解除하였다 한다.

나와 어머님은 一時를 집안에 容納할 생각이 無하나 家妻는 어머니와 兄에게 對하여 强硬한 態度를 보이지 못하

는 것 事實인데 家庭은 甚히 不安에 陷하였다. 家妻에게 秘密히 付托하고 丈母는 큰딸을 데리고 나가 주지 못할 터이면 작은딸까지 데리고 나가 달라고 말을 하였다. 沒覺한 丈母는 好也라 하고 三人이 집을 떠나서 京城으로 出發하였다.

나는 얼마 後에 京城에 가서 動靜을 살펴본즉 家妻는 母兄을 떠나서 어느 學校에 投身할 計策을 한다. 나는 家妻에게 秘密히 若干의 旅費를 주고 내려와 載寧 宣敎師 君芮彬에게 말을 한즉 遵禮는 當分間 데려다가 自己 집에 있게 하고 徐徐히 率去하라 한다. 나는 곧 京城으로 遵禮에게 發信하고 沙里院驛頭에서 기다린즉 遵禮 單身만 下車한다. 맞아 載寧 君 牧師 집에다가 데려다 두고 나는 安岳으로 와서 어머님에게 事理를 解白하였다. 丈母나 妻兄이 비록 女子道理에 違反되는 罪狀이 있더라도 罪가 없는 家妻까지 放逐하는 것은 道理가 아닌즉 容恕하시라고. 어머님은 言下에 곧 快諾하시고 그렇다 네가 親히 가서 데려오는 것보다 내가 親히 가서 데려오마 하시고 그날로 載寧에 가셔서 家妻를 率來하니 家庭의 波瀾은 從此로 安定되었고 家妻 亦是 親母 親兄에게 對하여 親屬觀念을 斷絶하고 지내며 妻兄은 平山 等地에서 憲兵補助員의 妻인지 妾인지 되어 살고 丈母도 同居한다는 風說만 듣고 있었다가 今番에는 全部 京城으로 移來하여 所謂 公判을 본다고 오던 길에 路邊인 平山 妻兄 집에 家妻와 化敬이는 두고 어머님만 京城으로 먼저 오셔서 公判日字를 通奇하여 家妻가 來京케 하였다는 어머님의 편지를 보았다.

이제는 나의 主張하던 것과 힘써 온 것은 擧皆 水泡에 돌아갔다. 學校에서 學生을 敎導할 때에도 學生들이 나를 崇拜함보다 나는 千倍万倍의 崇拜公待 希望을 두고 나는 일찍이 敎育을 充分히 반지 못하므로 亡國民이 되었으나 學生들은 後日 無非建國英雄이 되리라고 바라던 마음도 虛地에 돌아갔다. 또한 家妻도 平日에 自己 兄이 憲兵의 妾질 한다는 말을 들은 後로는 永久히 不相見하기로 決心을 하였건만 내가 이 地境이 되매 不得已 갔을 것이다.

그럭저럭 所謂 公判日字를 定하였다고 어머님이 倭놈 永井이란 辯護士를 雇하였다고 豫審審問時에 永井이 놈은

내게 이런 말을 묻는다. 總監部 留置場에 있을 때에 板壁을 扣하여 梁起鐸과 무슨 말을 하였는가. 나는 永井을

노려보고 이것은 訊問官을 代理한 것인가. 나의 事實은 訊問記에 詳細히 記載하였으니 나에게 더 물을 것이 없다

고 對答한즉 檢事 놈과 눈을 끔적이며 失敗의 意味를 表示하는 것 같다.

所謂 裁判日을 當하였다. 囚人馬車에 실리어 京城地方裁判所 門前을 當到한즉 어머님이 化敬兒를 업고 家妻와

같이 門內에서 기다리고 있는 것을 보면서 所謂 二號法庭으로 끌리어 들어갔다. 首席에 安明根 次에 金鴻亮이요

나는 第三次에 앉히고 李承吉 裴敬鎭 韓淳稷 都寅權 楊星鎭 崔益馨 金庸濟 崔明植 張允根 高鳳洙 韓貞敎 朴亨秉

十四名이 出席하였고 傍聽席을 回顧한즉 各 學校 男女學生과 各人 親戚 故舊가 來會하였고 辯護士들과 新聞記者

들도 列席하였더라. 同志들에게 韓弼昊 申錫忠 兩人의 經過를 得聞하니 韓弼昊 先生은 其時에 警視總監部에서 被

殺되고 申錫忠은 載寧鐵橋에를 끌려오다가 投江而死하였다는 痛報를 알았다.

大綱 訊問을 畢한 後 所謂 判決이라고 安明根은 懲役 終身이요 金鴻亮 金龜 李承吉 裴敬鎭 韓淳稷 元行燮 朴萬

俊 七名은 十五年에 元行燮 朴萬俊은 缺席되고 都寅權 楊星鎭은 十年이요 崔益馨 金庸濟 張允根 高鳳洙 韓貞敎

朴亨秉은 七年 或 五年으로 論告한 後 判決도 그대로 言渡되었으니 右는 强盜事件으로 되었고 其後에 所謂 保安

事件으로 또 裁判할 時는 首席 梁起鐸 安泰國 金龜 金鴻亮 朱鎭洙 玉觀彬 金道熙 金龍圭 高貞華 鄭達河 甘益龍

金龍圭의 叔姪인데 判決되기는 梁起鐸 安泰國 金龜 金鴻亮 朱鎭洙 玉觀彬은 二年 懲役이고 其餘는 一年 或 六個

月이더라. 其外 李東輝 李昇薰 朴道秉 崔宗鎬 鄭文源 金秉玉 等 十九人은 舞衣島 濟州島 古今島 鬱陵島로 一年流

配를 定送하였다.

幾日 後에 西大門監獄에 移監되었다。同志들은 全部가 先我後我로 그곳에 同役하게 되니 日日 互相面對로도 足히 慰勞가 되고 間間 言語로도 通情을 하고 지내는 故로 苦中樂의 感이 될 뿐 아니라 五年 以下로는 出世할 所望이 有하나 七年 以上으로는 獄中魂이 되기로 自信하기 때문에 肉體로는 服役을 하나 精神으로는 倭놈을 禽獸視하고 快活한 마음으로 죽는 날까지 樂天生活을 하기로 하고 同志들도 擧皆 志向이 同一하므로 獄中動作에 不謀而同한 때가 恒多하였다。더욱 吳越同舟의 古語가 眞不虛言인 것을 깨닫겠더라。

金庸濟는 四男一女를 두었으니 長男은 善亮이 其次는 勤亮이요 其次 文亮이요 其次는 順亮인데 無妹獨身인임을 可惜하게 想覺하여 獄中에서 終身하기로 自願하여 文亮을 나에게 嗣續하기로 하여 許約하였다。

나의 心理狀態가 被捕 以前 以後에 大變動이 生함을 自覺하겠다。被捕 以前에는 十數年來에 聖經을 들고 會堂에서 說敎하거나 敎鞭을 들고 學生을 敎訓하였으므로 一事一物에 良心을 本位 삼아 邪心이 發할 때마다 先自責己치 않고는 敢히 他非를 責지 못함이 거의 習慣을 成하였다。그런 故로 學生들과 知交間에 忠實하다는 信仰을 받고 지내었고 그러므로 凡事에 推己及人의 常習이 되었었건마는 어찌하여 不過 半年에 心理에 大變動이 生하였는가를 研究하여 보면 警視總監部에서 訊問을 받을 때에 渡邊이 놈이 十七年 後에 다시 마주 앉아 今日에 金龜가 十七年 前 金昌洙인 것도 모르는 놈이 大膽히 自己 胸間에는 X光線을 붙여서 나의 出生 以後 至今껏 一切 行動을 透視하고 있으니 一毫라도 隱諱하면 當場 打殺한다고 淫威를 施하던 時로 爲始하여 泰山만치 크게 像想하던 倭놈이 芥子와 같이 작아 보이고 凡 七回나 매어달려 窒息된 後에 冷水를 끼얹어 回生시킴을 當하여도 心志는 漸漸 强固하고 倭놈에게 國權을 被奪한 것이 우리의 一時的 國運 衰退이오 日本으로는 朝鮮을 永久統治할 資格이 없음을 明若觀火로 생각된다.

所謂 高等官이라고 帽子에 金條를 둘셋씩 붙인 놈들이 나를 對하여 日本天皇의 神聖不可侵인 威權을 誇張하고 天皇이 裁可한 法令에 對하여 行政官吏가 一毫라도 範圍에 벗어지는 行使를 못 한다고 또는 朝鮮人民도 天皇의 赤子인즉 一視同仁하는 幸福을 받는 것은 有功者賞 有罪者罰을 法令대로 官吏가 法令에 依하여 公平히 遵施한다고 그러니 舊韓國官吏의 自己에게 좋게 하는 人民에게는 有罪不罰하고 自己가 미운 者는 輕罪重罰하던 時代와 天壤之判이라고 舌이 焦하도록 誇張하던 그놈의 그 입으로 幾日 後에 내가 反問하기를 내 그대의 말과 같이 安岳에 가서 보니 金龜는 學校를 보아도 薪水의 厚薄을 不問에 付하고 오직 誠心으로 學校만 잘되도록 애쓰는 先生이라고 人民一般에게 信仰을 받은 것을 보면 地方의 有功者의 一이라고 하지 않았느냐. 더욱이 나에게서 今日까지 犯罪事實이 없은즉 賞을 受할 者의 列에는 在하나 罰을 受할 事實로 認定될 것 없으니 어서 放送하면 곧 回校 開學하겠다고 하였다. 倭놈이 네가 그런 줄 안다마는 田畓을 買收한 地主로서 그 田畓의 뭉어리돌(石)을 골라 냄이 常例가 아니냐. 너는 아무리 犯罪事實을 自白하지 않았으나 너의 同類가 다 너도 罪魁라 말하였으니 證據가 되어 終是 免키 不能하다고 한다. 나는 또 反問한다. 官吏로서 法律을 無視하지 않느냐 한즉 미친개 모양으로 官吏가 譏弄한다 忿氣撑天하여 죽도록 被打하였다.

그러나 倭놈이 나를 뭉어리돌로 認定하는 것은 참 기쁘다. 오냐. 나는 죽어도 倭놈에게 對하여 뭉어리돌의 精神을 품고 죽겠고 살아도 뭉어리돌의 責務를 다하고 말리라는 생각이 深刻되어진다. 나는 죽는 날까지 倭魔의 所謂 法律을 一分이라도 破壞할 수만 있거든 斷行하고 倭魔 戲弄으로 唯一娛樂으로 삼고 普通 사람으로 맛보기 難한 別種生活에 眞髓를 맛보리라고 決心하였다.

西大門에 移監할 時에 獄官이 나에게 對하여 金龜는 今日에 自家에 衣服을 脫하여 什物庫에 封置함과 같이 네 自由까지 任置하고 獄衣를 着하고 入監하니 一般은 官吏에게 服從하는 것뿐이다라고 말을 듣고 首肯하였다. 翌日에 服役은 시킨다면서 手錠을 解除치 않고 看守가 手錠檢查를 하면서 너무도 緊鎖하여 一夜間에 손목이 퉁퉁 부어서 보기에 끔찍하게 되었다. 翌朝에 檢查時에 看守들이 보고 놀라서 理由를 묻는다. 나의 對答은 官吏가 알지 罪囚가 어찌 아니냐 하였다. 看守長이 와서 보고 네가 손목이 이 지경 되었으면 手錠을 늦춰 달라고 請願할 것 아니냐 한다. 나는 昨日에 典獄의 訓戒에 一切를 官吏가 다 알아 할 터이니 너는 服從만 하라고 않았느냐 하였다. 即時 醫師가 와서 治療하였으나 손목뼈까지 錠端이 들어가서 瘡口가 컸던 까닭에 近 二十年인 오늘까지 손목에 瘢痕이 尙存하였다. 看守長의 말이 무엇이나 在監者가 不便한 事情이 有할 時는 看守에게 申請하여 典獄까지도 面會하고 事情을 말할 수 有하니 注意하라고 한다.

獄規에 보면 囚人들이 互相間에 談話를 하거나 무슨 消息을 通치 못하게 하였으나 그러나 말 많이 하고 소식을 서로 敏速하게 通하여진다. 四十名에 近한 우리 同志들은 무슨 意見을 充分히 交換하고 지낸다. 그 중 高貞華는 容貌부터 險皮인데다가 心理狀態가 變함이 나쁠 뿐 아니라 平素에 比하여 크게 變하였다. 獄中에서 所謂 官吏를 苦롭게 하기로 有名하니 飮食을 먹다가 밥에 돌이 有함을 發見하고 地上에 沙土를 拾하여 입에 넣었다 밥과 混合한 것을 싸 가지고 典獄面會를 請하여 가지고 自己가 받은 一年懲役을 終身役으로 고쳐 달라 하였다. 理由는 人間은 모래를 먹고 살 수 없는데 내가 먹는 한 그릇 밥에서 골라낸 모래가 밥의 分量만 못하지 않으니 이것을 먹고는 반드시 죽을지니 已爲 죽을진댄 懲役이나 重하게 지고 죽는 것이 榮光이다. 一年도 終身이요 終身도 終身이 아닌가 하였다. 典獄이 面色이 朱紅 같아서 食堂 看守를 불러 責하고 造飯에 極

히 注意하여 모래가 없도록 改良하였다.

幾日 後에 監房에서 同囚들이 衣服에 이(虱)를 잡는 것을 보았다. 高 君은 秘密히 各人에게 付托하여 이를 거

두어 모아 뒤 씻는 종이에 싸 놓고 看守에게 典獄面會를 請하였다. 典獄 앞에 이 꾸린 것을 내어놓고 前日에 典獄

長 德으로 돌 없는 밥을 먹는 것은 감사하나 衣服에 이가 끊어서 잠도 잘 수 없고 이 때문에 온몸이 근지

러서 견디기 難하오. 舊韓國時代 監獄에는 囚人이 自家의 衣服을 갖다 着用할 수 있었으나 大日本의 文明한 法律

은 그도 不許可인즉 如此 不潔한 衣服을 着하면 疾病이 生할까 慮하다 한즉 卽時로 各監에 新製衣服을 換入하고

舊衣는 蒸氣器械를 使用하여 間間 消毒하여 주는 故로 다시는 이 잡는 사람이 없었다.

其時 西大門監獄은 京城監獄이라고 門牌를 붙인 때이고 囚人의 總數 二千名 未滿에 囚人의 大部分이 義兵이요

其餘는 所謂 雜犯이다. 獄中에 大多數 義兵이란 말을 들은 나는 甚히 當幸으로 생각하였다. 그이들은 일찍이 國

事를 爲하여 奮鬪한 義氣男兒들인즉 氣節로나 經驗으로나 배울 것이 많으리라고 생각하여 監房에 들어가서 次次

人事를 하며 물어본즉 或은 江原道義兵의 參謀長이니 或은 京畿道義兵의 中隊長이니 擧皆 義兵 頭領이고 卒兵이

라는 사람은 보지 못하겠는데 初也에는 極히 尊敬하는 마음으로 交際를 하였으나 及其也 處心行事가 純全한 强盜

로밖에 보여지지를 아니한다. 參謀長이라 하는 사람이 軍規軍略이 무엇인지 不知함보다 義兵을 起한 目的이 무언

지도 모르는 사람이 많고 國家가 무엇인지 모르고 當時에 武器를 가지고 村閭에 橫行하며 蠻行한 것을 能事만큼

豪談한다.

내가 처음으로 十三房에를 들어간즉 夕食 後에 工場에 出役하였던 사람들이 몰려 들어와 衣服을 着한 後에 其

中 한 名이 나를 向하여 여보 新囚 어디 살댔으며 罪名은 무엇이며 役은 얼마나 졌소. 나는 一一이 對答하였다.

이 구석 저 구석에 質問과 反駁이 連出한다. 여보 新囚 똥통에 向하여 納拜하오. 或은 座上에게 納拜하오. 그자

도 생김생김이 强盜질할 제는 무서웠겠는데 强盜질하던 이야기나 좀 들읍시다. 함부로 無秩序 無條理하게 떠드

는 판에 어떤 말을 對答할는지 몰라서 잠잠히 앉았다. 어떤 者는 이게 어디서 먹던 도적놈이야 사람이 묻는 말에 對答이 없으니! 訊問時에 그같이 對答을 않았으면 律을 지지 않지. 嘲笑와 凌侮가 餘地가 없다.

나는 생각하기를 이것은 下等들만 몰라 하고 잠잠히 앉았더니 移時하여 어떤 朝鮮看守 一

人이 와서 나를 보고서 五十六號는 拘置監에서 나왔소? 나는 그렇습니다 대답하였다. 그 看守는 말을 이어 내가

대단 同情하는 빛을 보이고 돌아가고 其 다음은 日人看守들이 몰려와서 나의 名牌를 보고 또 내 얼굴을 보고 수

公判할 때도 參觀을 하였지마는 甚히 愛惜한 일이오. 運數가 盡한 탓이니 어찌하겠소. 安心하실 수밖에 없지요.

군거린다. 房內에서 한참 야단으로 떠들던 罪囚들이 다시금 수군댄다. 이야 朴 看守 나리가 저 新囚를 보고 尊敬

을 하니 官吏가 罪囚에게 恭待하는 양은 처음 보겠다. 或者는 朴 看守 나리의 尊親屬인 게지. 한 者가 正肅히 묻

기를 新囚는 朴 看守 나리와 무엇이 되시오. 朴 看守인지 李 看守인지 나는 모르오. 그러면 以前에 무슨 높은 벼

슬을 지내었소. 나는 벼슬하지 않았소. 그 중 한 者는 당신 梁起鐸을 아시오. 짐작하지요. 옳다 저 新囚도 國事犯

强盜인가 보다. 三日 前 大韓每日申報社長 梁起鐸이란 新囚가 나왔고 그 同犯으로 有名한 紳士들이 여러 名 役

을 졌다고 아무 看守 나리가 말씀하더라. 그러면 新囚도 紳士이므로 우리의 묻는 말 대답도 잘 아니하는가 보다.

아니꼬운 놈. 나도 當時에 許旺山 밑에 堂堂한 參謀長이야. 여기 들어와서 驕를 부려야 所用없다. 나는 初也에

其者들이 下等雜囚들로만 알았다가 許蔿의 部下라는 말을 듣고서는 甚히 痛歎하였다. 저런 者가 參謀長이 된 許

蔿 先生이 失敗하였을 것은 明若觀火가 아닌가.

獄中에 傳來하는 이야기가 있으니 李康季 先生과 許蔿 先生은 倭敵에게 被捕하여 訊問과 裁判을 받지 않고 就

刑하기까지 倭敵을 唾罵하다가 殉國한 後에 西大門監獄에서 使用하던 自來井에 許蔿 先生 就刑日부터 井水가 赤

濁하여 廢井되었다 하더라. 그같은 霜雪의 節義를 聞思한즉 自愧하기 끝이 없다. 精神은 精神대로 保重하지마는

倭놈의 牛馬와 野蠻의 待遇를 받는 나로서 當時 義兵들의 資格을 評論할 勇氣가 있을까. 至今 내가 義兵를 無

視하지마는 其 領袖인 許 先生 李 先生의 魂靈이 나의 眼前에 出現하여 嚴切한 叱責을 하는 듯싶다. 舊時 義兵은

네가 보는 바와 같이 目不識丁에 無識한 것들이니 國家에 對한 義務도 未解하는 것이 事實이나 너는 일찍이 高後

凋에게 義理가 何物인지를 親炙하여 알았고 네가 그이게서 배운 金言 中에 三尺童子라도 犬羊을 가리켜 절을 시

키면 반드시 大怒하여 不應한다는 말로 講壇에서 神聖한 第二世 國民에게 說與하던 네 머리를 숙여 倭看守에게

禮를 하느냐. 네가 恒常 念誦하는 古人 詩에 食人之食衣人衣 所志平生莫有違를 忘却하였느냐. 네가 自少至老

自耕食 自織衣하지 않고 大韓의 社會가 너를 衣之食之함이 今日 倭놈이 먹이는 콩밥이나 먹고 붉은 衣服이나 입

히는데 順從하라고 너를 먹이고 입혔더냐. 名色이야 義兵이든 賊兵이든 倭놈이 順民이 아니라고 認定하여 終身

이니 十年이니 監禁하여 두는 것으로 足히 義兵의 價値를 許할 수 있지 않으냐. 男兒는 義로 죽을지언정 區區히

살지 않는다고 平日에 어린 學生을 가르치고 네가 금일 사는 것이냐 죽은 것이냐. 네가 개 같은 生活을 忍過하고

十年 後에 將功贖罪할 自信이 있느냐.

이 같은 생각을 하는 사이에 心神이 極度에 混亂되는 次에 마침 安明根 兄이 나를 對하여 從容히 이런 말을 한

다. 내가 入監 以後에 아무리 생각하여 보아도 一日을 살면 一日에 辱 二日을 살면 二日에 辱이니 餓死하기로 생

각한다고 한다. 나는 快히 贊成하였다. 可能하거든 斷行하시오 하였다. 그날부터 明根 兄은 斷食한다. 自己의 分

의 飮食은 다른 囚人들에게 돌라 주고 自己는 굶는다.

다. 看守가 물으면 배가 아파서 밥을 안 먹는다고 하나 눈치 밝은 倭놈들이 病院으로 移監하여 놓고 診察하여 보

아야 아무 病이 없으므로 明根 兄을 뒷짐을 지우고 雞卵을 풀어서 억지로 灌口한다. 이 逢變을 當한 明根 兄은

나에게 奇別한다. 弟는 不得已 今日부터 飮食을 먹습니다 하더라. 나는 傳告하기를 殺活自由라는 부처님이라도

入此門內하여는 莫存知解일 것이니 自重하라 하였다.

獄中에서 故 李在明 義士의 同志들을 相逢하니 金貞益 金龍文 朴泰殷 李應三 全泰善 吳復元 等과 安重根 義士

의 同志 禹德淳 等이다.

一面如舊에 相愛之情이 有할 뿐 아니라 持心處事에 義兵囚들에게 比하면 學皆 雞羣鳳凰

의 感이 있고 金佐鎭은 沉毅勇敢한 靑年으로 國事를 爲하여 무슨 運動을 하다가 投役되었으므로 親愛의 情을 互

表한즉 漸次로 獄中에도 生活의 趣味가 있음을 깨닫겠더라.

내가 西大門獄에 入한 지 幾日 後에 또 重大事件이 發生하니 倭놈의 所謂 뭉어리돌 줍는 第二回事件인데 第一

回는 黃海道 安岳을 中心으로 하여 四十餘名 人士를 打殺 懲役 流配 三種으로 決處하고 이어서 平安道 宣川을 中

心 삼아 一網打盡으로 一百五名을 檢擧 取調하는데 內容에는 已爲 一回에 所謂 保安事件으로 二年의 刑을 執行하

는 梁起鐸 安泰國 玉觀彬과 流刑에 處하였던 李昇薰까지 다시 집어넣고 訊問을 開始하였나니 그는 旣爲 保安律에

는 極刑 二年만 지운 것이 倭心에 未洽하여 좀 더 지우자는 蠻心에서 出한 것이다. 나와 金鴻亮도 十五年에 二年

役을 加하여 合 十七年의 役을 졌다.

어느 날은 看守가 와서 나를 面會所로 데려간다. 누가 왔는가 하고 기다리노라니 板壁에서 달각 하고 주먹이 하

나 나들 만한 구멍이 열리는 데로 내어다본즉 어머님이 와 서셨고 곁에는 倭놈 看守가 지키고 섰다. 近 七八朔 만

一七七

에 面謁하는 어머님은 泰然하신 顔色으로 말씀하시기를 이야 나는 네가 京畿監司나 한 것보담 더 기쁘게 생각한

다. 네 妻와 化敬까지 데리고 와서 面會를 請한즉 一回 一人밖에는 許치 않는대서 네 妻와 化敬이는 저 밖에 있

다. 우리 세 食口는 平安히 잘 있다. 너는 獄中에서 몸이나 잘 있느냐. 우리를 爲하여 근심 말고 네 몸이나 잘 保

重하기 바란다. 萬一 食事가 不足하거든 하루에 私食 두 번씩을 들여 주랴. 나는 오랜만에 母子相逢하니 반가운

마음과 저와 같이 씩씩한 氣節을 가진 어머님으로 개 같은 원수 倭놈에게 子息을 뵈이여 달라고 請願을 하였을

것을 생각하니 惶悚하기 끝이 없다. 다른 同志들에 面會했다는 情況을 들어 보면 父母妻子가 와서 彼此에 對面하

면 울기만 하다가 看守의 制止로 말 한마디도 못 하였다는 것이 普通인데 우리 어머님은 참 놀랍다고 생각된다.

나는 十七年 懲役宣告를 받고 돌아와서 잠은 前과 같이 잤어도 밥은 한 때를 먹지 못한 적이 있는데 어머님은 어

찌 저렇게 强腸하신가 歎服하였다. 나는 實로 말 한마디를 못 하였다. 그러다가 面會口는 닫히고 어머님은 머리

를 돌리시는 것만 보고 나도 監房으로 돌아왔다. 어머님이 나를 對하여서는 泰然하셨으나 돌아서 나가실 때

는 반드시 눈물에 발뿌리가 뵈시지 않았을 것이다. 어머님이 面會 오실 때에 家妻와는 勿論 많은 相議가 있었을

것이요 나의 親舊들도 注意를 주어 드렸을 듯하나 及其也 對面만 하면 울음을 참기가 極難할 것인데 어머님은 참

놀라운 어른이다.

獄中生活

獄中生活을 一一이 記錄기 不能하나 衣食住 行을 個別하여 쓰면서 其時 體驗目睹한 것과 나의 生活하던 眞狀을 말한다.

各 囚人들이 所謂 判決을 받기 前에는 自己의 衣服을 着하거나 自己 衣服이 없으면 靑色옷을 주워 입히다가 旣決되어 服役하는 時間부터는 赤衣를 着하나니 朝鮮服式으로 製着한다.

春分으로 立冬까지는 單衣를 입히되 病囚에게는 白衣를 입혔으며 食事는 一日 三回로 分配하는데 그 資料는 朝鮮 各道에서 各其 그 地方에서 至歇한 穀物을 選擇하는 故 各道 監食이 同一치 않으니 當時 西大門監獄은 十分에 콩이 五分 小米 三分 玄米 二分으로 炊成하여 最下 八等食에 二百五十匁으로 爲始하여 二等까지 匁數를 增加한 것이며 私食(差入)은 監外 食主人이 囚人 親族의 委託을 맡아 가지고 配食時間마다 밥과 한두 가지 饌을 가져오면 看守가 檢査하고 監食도 等數는 다르나 밥은 같은 것이고 監食은 各 工場에나 各 監房에서 먹게 한다.

三時로 밥과 찬을 一齊히 分配한 後에는 看守가 叩頭禮를 시키면 囚人들은 號令에 좇아 무릎을 꿇고 무릎에 두 손을 올려놓고 머리를 숙였다가 왜놈 말로 모도이！（우리의 軍號 바롯！과 같다）하면 머리를 一齊히 들었다가 끼빵！（喫飯）하여야 各 囚人이 먹기를 시작한다. 囚人들에게 敬禮를 시키는 看守의 訓話가 食事는 天皇이 너희 罪人을 불쌍히 여겨서 주는 것이니 머리를 숙여서 天皇에게 禮를 하고 感謝의 意를 表하라 한다.

그런데 每每 敬禮라고 할 때에 들어 보면 各囚들이 입（口） 안에 소리로 무슨 중얼이는 것이 있다. 나는 異常하

게 생각된다. 밥을 天皇이 준대서 天皇을 向하여 祝意를 表함인가 하였더니 及其也 面熟한 囚人들에게 물어본즉

口口同然으로 당신 日本法典을 보지 못하오. 天皇이나 皇后가 죽으면 大赦가 내려 各 罪人을 放送한다고 않았소.

그러므로 우리 囚人들은 머리를 숙이고 上帝께 明治란 놈을 卽死시켜 줍소서 하고 기도합니다 한다. 나는 그 말

을 듣고 甚히 기뻐하여 나도 그렇게 한다고 하였다. 其後는 나도 노는 입(口)에 念佛 格으로 每每 食事時에는 東

洋에 大惡魁인 倭皇을 나에게 全能을 베풀어 내 손에 죽게 합시사 하고 上帝께 祈禱하였다.

囚人들이 種種 減食罰을 受하는 者 有하니 나의 밥을 남을 주거나 남의 밥을 내가 얻어먹다가 看守 놈들이 發見되

면 重者는 三分二를 減하고 輕者는 二分一을 減하여 三日 或 七日을 먹이는데 減食罰을 當하기 前에 看守

함부로 죽지 않으리만큼 때려 주나니 所謂 獄則에 依하면 減食도 罰則 中의 一이더라. 이 點에 對하여 나는 깊이

硏究하였다. 表面으로 나도 붉은옷(衣)을 입은 服役囚나 精神上으로 나는 決코 罪人이 아니다. 倭놈의 所謂 新附

之民이 아니고 나의 精神으로는 죽으나 사나 堂堂한 大韓의 愛國者이다. 될 수 있는 대로는 倭놈의 法律을 服從

치 않는 實事實이 있어야만 나의 살아 있는 本志이다.

그러면 나는 一日 한 때 或 두 때를 私食을 먹은즉 밥이 不足하여 애쓰는 囚人들을 먹이고도 나는 한 때라도 滋

養 있는 飮食을 먹은즉 健康에는 大損이 없을 것을 깨닫고 每每 내 밥은 곁에서 먹는 囚人을 주어 먹게 하나니 첫

번 먹기를 始作할 제 곁에 앉은 囚人의 옆구리를 꾹 지르면 그 사람은 알아차리고 빨리 自己 分을 먹은 뒤에 나의

앞에다가 빈 그릇을 놓을 때 나는 내 밥그릇을 그 사람을 주면 看守 놈 보기에 나는 밥을 쉬 먹고 앉은 것으로 보

여진다. 囚人들의 品行이 열번 내 밥을 먹는다면 그 먹을 제는 恩惠를 죽어도 잊지를 못하겠다고 致謝를 하던 者

라도 아침밥은 얻어먹고 저녁밥을 다른 사람을 주면 그 卽時로 辱說을 퍼붓는데 저 놈이 네 義父냐. 이야 孝子 旌

門 세우겠다 하면 밥을 얻어먹는 者는 또한 나를 擁護하는 말로 맞은 辱說을 하다가 看守에게 發覺되어 다 罰을

서는 故로 善을 行함이 도리어 惡을 行하게 되는 境遇가 許多한지라.

그러나 내게 對하여는 함부로 못 하는 理由가 몇 가지 있으니 囚人 中에 精秀分子인 李在明 義士의 同志들이 皆

是 日語에 嫻熟하여 倭놈들에게 大信任을 받는 사람들이 나에게 對하여 極히 尊敬하는 것을 보았으니 囚人들에게

臨時訊問할 時는 通譯으로 使用한즉 性行 사나운 者는 하루도 몇 번씩 불리어 다니는 通譯들을 미이고서는

自己에게 直接 害가 돌아올까 하는 것과 내가 날마다 밥을 다른 사람을 주는 것을 본즉 後日에 所望이 있음이다.

通히 말하자면 우리 同志들의 人格과 才能이 超群하고 五六十名이 精神上으로 凝結되어 侮視할 수 없음이니 우

리와 다른 事件으로도 똑똑한 分子는 皆是 우리와 情義를 許하고 지내는 터인즉 儼然히 囚人에 領導的 機關이 되

어졌다. 囚人의 表面 監督은 倭놈이 하고 精神上 指導는 우리 同志들이 하게 되었다.

宿所는 監房에서 雜居하나니 倭놈의 草席(다다미) 三枚 半에 該當한 房內 面積에 囚人 十餘名은 普通이고 어

떤 때 어떤 房에는 二十餘名을 몰아넣을 제가 種種하니 時間에는 各囚의 番號에 數次를 따라 一二三四

列을 지어 夕食 後에 몇 시간은 隨意로 書籍도 보게 하고 文盲들은 소근소근 이야기도 하게 하지마는 高聲으로

書籍도 音讀하지 못하게 하고 더욱 이야기는 嚴禁을 한다. 무슨 말소리가 나면 看守가 와서 누가 무슨 말 하였나

물어서 이야기를 하였다 自白하면 그 囚人들을 쇠(鐵)창살 사이로 손(手)을 내놓으라 하여 싫도록 때려 주는 터

이므로 앉았는 동안에 이 房 저 방에서 아이구 아이구 소리와 사람 치는 소리가 끊을 때는 없다. 첫 번에는 그 맞

는 것과 그 夜叉 같은 倭놈들의 蠻行을 차마 볼 수 없으나 하도 자주 보아 그런지 漸漸 神經이 鈍하여져서 보기에

尋常한 때도 있었다.

이제 생각하니 우리 獨立運動이 始作된 後에 張德俊 義士가 東亞報 從軍記者로 北間島에 出張하여 倭놈들이

獨立軍이나 平民이나 잡히는 대로 끌어다 개(犬) 치듯 하는 光景을 보고서 義憤을 참지 못하여 倭大將에게 嚴重

交涉을 한즉 그 大將 놈은 謝過를 하고 張義士를 門外에 作別한 뒤에 秘密히 逮捕하여 暗殺하였다는 當時 密探

도 하였으나 내가 獄中體驗으로 因하여 더욱 明確하다고 信한다.

一日은 내가 崔明植 君을 너무 오래 隔離住居하여서 幽鬱한 懷抱를 敍하기로 하고 一房에 同住케 할 計劃을 實

施하는바 옴(疥瘡)을 만들어서 監獄醫에게 診察을 受하여 同房居住케 되었다. 옴을 만드는 方法을 말하면

가는 鐵絲를 얻어 가지고 끝을 갈아 尖하게 만들어 감추어 두었다가 醫師가 各 工場과 監房으로 돌아다니며 病囚

診察하는 時에 三十分 前에 鐵絲 끝으로 左右 손(手)구락 사이를 꼭꼭 찔러 두면 찔른 자리가 옴과 같이 내어 솟

고 그 끝에서는 맑은 물이 내어 솟는다. 누가 보든지 옴病으로 보게 된다. 그 方法으로 診察한즉 卽日로 옴房으

로 轉房되어 둘이 같이 그 房에 들어갔다.

그날 저녁에 하도 그리웠던 판에 이야기를 하다가 佐藤이란 看守 놈에게 發覺되었다. 누가 먼저 말을 하였나 묻

기로 내가 먼저 이야기를 했다고 대답하였다. 창살 밑으로 나오라 하기로 나가 선즉 그놈이 亦是 棍棒으로 亂打

를 한다. 나는 아무 소리도 내이지를 않고 한참 동안을 맞았다. 그때에 맞은 傷痕은 左耳에 軟骨이 傷하여 봉충

이가 되어서 至今껏 남아 있다. 明植 君은 용서하니 다시 倭말로 하나시(이야기) 햇소데 다다귀도(때려 줄 테야)

하고 물러가더라.

그때에 일부러 옴을 만들어서 轉房한 理由에 한 가지가 또 있으니 監房에 囚人의 數爻가 過多하여 앉았을 제는

마치 그릇에 콩나물 대가리 나오듯이 되었다가 잘 때에는 먼저 一人首東 一人首西로 착착 모로 뉘어서 다시 더

누울 자리가 없으면 나머지 사람들은 일어서고 左右에 한 사람씩 力强者로 板壁에 등을 붙이고 두 발로 먼저 누운 者의 가슴을 두 발로 힘껏 내어밀면 드러누운 者들은 아이구 가슴뼈 부러진다 야단을 하지마는 내어밀는 또 드러누울 자리가 생기면서 서 있던 者가 그 새에 드러눕고 몇 명이든지 그 방에 있는 者가 다 누운 後에야 밀어 주던 者까지 다 눕는데 모말과 같이 사개를 물려 지은 방이 아니면 房이 破壞될 터이라. 힘써 내어밀제는 사람의 뼈가 상하는 소리인지 壁板이 부러지는지 우두둑 소리에 솜치가 돋는다. 그런 光景을 보고 監督하는 看守 놈들은 떠들지 말라고 개 짖듯 하고 서서 들여다본다. 내가 본 것도 老衰者가 胛骨이 傷하여 죽는 것을 여러 名을 보았다.

終日 勞役을 하던 囚人들이므로 그같이 끼워서도 잠이 든다. 첫 번 누울 제는 首南者 側은 面北하여 모로 눕고 首北者 側은 南面而臥하고 잠이 들었다가도 가슴이 답답하여 잠이 깨이면 方向轉換하자는 意思가 一致하여 南面 側은 北面 北面側은 南面으로 돌아눕는다. 그는 苦痛을 바꾸는 것과 口鼻를 마주 대고 呼吸을 할 수 없음이나 잠이 깊이 들 제 보면 서로 키쓰하고 자는 者가 많고 弱者는 숫겨 올라 사람 위에서 잠을 자다가 밑에 든 者에게 몰리어서 이리저리 굴러다니다가 날을 밝히는 것이 獄中 一夜이다.

獄苦는 夏冬兩節이 尤甚하니 夏節에는 監房에서 囚人들의 呼吸과 땀에서 蒸氣가 發하여 서로 面目을 분간 못하게 된다. 까스에 불이 나서 囚人들이 窒息이 되면 房內로 무소대를 들이쏘아 진火하고 窒息된 者는 얼음으로 찜질하여 살리고 죽는 것도 여러 번 보았다. 囚人들이 가장 많이 죽기는 夏節이다. 冬節에는 監房에 二十名이 있다면 棉衾 四個를 들여 주는데 턱 밑에서 겨우 무릎 아래만 가리어지므로 버선 없는 발과 무릎은 大半 凍瘡이나 고 귀와 코가 얼어서 極히 慘酷하고 발꼬락 손꼬락이 물러나서 不具者 된 囚人도 여럿을 보았다.

看守 놈들의 心術은 監房에서 무슨 말소리가 났는데 누가 말을 하였나 물어서 말한 者가 自白을 않고 同囚들이

活에 第一 苦生을 더하는 者는 身體 長大한 者이니 내 키가 五尺 六寸인즉 中키에 不過하나 잘 때에 種種 발꼬락

누가 말했다는 告發이 없는 때는 夏節에는 房門을 閉하고 冬節에는 房門을 開하는 것이 監視의 妙方이다. 監獄生

이 남의 입에를 들어가고 추위도 더 받는다.

그놈들이 내게 對하여는 類달리 待遇를 하는데 服役시킨다고 말만 하고 實地는 服役을 아니 시키고 西大門監에

가서도 百日 동안을 手錠을 채워 두기 때문에 그같이 좁은 房에 두 손을 묶어 놓아서 잠자리에 너무 苦痛이 되고

同囚들도 잠결에 나의 수갑이 몸에 닿으면 죽는다고 야단이니 좀 넓은 房에 居處할 생각으로 그리하여 劃計가 맞

앉으나 모처럼 이야기를 좀 하다가 이 逢變을 한 것이다.

行動에는 拘束이 尤甚하여 아침에 잠을 깨어도 마음대로 일어나지를 못하고 반드시 一定한 時間을 지켜서 一

時에 號令으로 起寢을 시키고는 卽時로 看守들이 每 房囚를 꿇어앉힌 後에 한 놈이 房內를 向하여 倭말로 기오

쯔께!(우리말로 기착)를 부르면 囚人들은 一齊히 머리를 숙였다가 한 놈이 名牌를 들고 첫자리 앉은 囚人의 番

號부터 끝까지 내여 읽으면 囚人마다 自己 가슴에 붙인 番號 읽는 소리를 듣고 입으로 하이! 하고 곧 머리를 들

어 끝자리 앉은 囚人까지 다 마친 後에는 잘 제 입던 衣服은 벗어 꾸려 놓고 手巾 一枚式으로 腰下를 가리우고 赤

身으로 工場까지 멀면 百步 가까우면 五十步 以內인 距離에 赤身赤足으로 列을 지어 쪼그려 앉힌 뒤에 數爻를 點

檢하고 洗面을 시킨 後에 아침밥을 먹이고 나서는 곧 役事를 始作하나니 役事하는 種類는 簡易한 鐵工 木工 織工

被服工 寶石(倭말 무시로 가미니 等) 捲烟匣 製造 새끼(草繩) 꼬기 耕耘(김매기) 빨래 밥짓기 其外에 여러 가지

요. 囚人들 중에 品行方正하다고 보여진 者는 內監 外役所에 掃除夫와 病監에 看病夫와 炊坊에 炊夫를 擇用하는

데 以上 特種役事에 參用되는 者는 政丞 부럽지 않다는데 그들은 待遇도 좀 厚하고 苦痛도 比較的 덜함일러라.

監房에서 工場에 나갈 때나 들어올 제 夏節은 尋常하나 冬節에는 全身이 꺼멓게 죽어서 들어오고 나가는데

아온다. 工場에서 勞役을 마치고 夕食을 먹고 監房에로 들어올 제도 亦是 役衣를 벗고 赤身에 手巾만 들고 들어

겨울에 工場에를 가서 옷을 풀어 보면 틈틈이 눈(雪)이 끼인 것이라도 몸에 입기만 하면 훈훈히 더운 기운이 돌

와 아침과 같이 番號點檢한 後에야 앉았다가 定한 時間에야 자게 한다.

拘束을 너무 至苛至酷하게 하는 反對로 囚人들의 心性도 따라 惡化되어서 橫領 詐欺罪로 入監한 者라도 竊盜나

强盜질 硏究를 하여 가지고 滿期出獄 後에 重役을 지고서 入監하는 者를 重重히 보겠더라.

監獄은 勿論 異民族의 抑制를 받는 感情이 充滿한 곳이므로 倭놈들의 智量으로는 一毫라도 感化를 줄 수 없으

나 내 民族끼리 監獄을 다스린다 하여도 如干 남이 하는 模倣이나 하여서는 監獄設置에 조금도 利益이 없겠다고

보아지더라. 그리하여 後日에 우리나라를 獨立한 後에 監獄看守부터 大學敎授의 資格으로 使用하고 罪人을 罪人

으로 보는 것보다는 國民의 一員으로 보아 善으로 指導하기만 注力하여야 하겠고 一般社會에서도 入監者라고 蔑

視하지 말고 大學生의 資格으로 待遇하여야 그만한 價値가 생기겠다고 생각되었다.

西大門監獄에는 歷代的 珍貴한 寶物이 有하니 舊日 李承晩 博士가 自己 同志들과 같이 投獄하였을 時에 西洋

人 親友들을 連絡하여 獄中에 圖書室을 設置하고 內外國의 珍貴한 書籍을 購入하여 五六年間 긴 歲月에 獄囚에게

救國興國의 道를 講與하였나니 休役日에는 書籍庫에 쌓인 各種 冊子를 每房에 들여 주는 그 中에 李博士의 手澤

과 淚痕이 斑斑한 監獄署라는 印을 捺한 廣學類編 泰西新史 等 書籍을 보았다. 나는 그런 冊子를 볼 때의 內容 보

다는 拜謁치 못한 李 博士의 얼굴을 보는 듯 반갑고 無限의 느낌이 있었다.

前記에 義兵들의 缺點을 대강 말하였고 여기는 統틀어 잡아 囚人들의 大多數의 性行과 見聞을 대강 말하겠다.

獄外 普通社會에서는 듣고 보지 못할 怪異한 特情을 發見하였다. 普通社會에서는 아무리 莫逆한 親交들 사이라

도 내가 뉘 집에 가서 強盜나 殺人이나 竊盜를 하였노라고 發言할 者 없거늘 하물며 初面人事 後에 서슴지 않고

내가 아모개를 죽였다(그것도 世上이 다 알 듯이 그 罪로 罰을 받는 中이면 或 可하나 숨기고 發表치 않던 事實)

아무 집에서 不汗黨질한 것(그 亦是 숨은 事實)도 나와 아모가 하였다를 無忌憚하게 公開하고 이야기한다.

爲先 한 가지 먼저 말할 것은 어느 날 가마니 짜는 第三工場에서 崔明植 君과 내가 掃除夫의 일을 하는 때라.

우리는 製造의 原料나 各 囚人들에게 돌려 주고서는 뜰이나 掃除하고 나서는 囚人들 物件 製造하는 구경이나 하

고 倭놈 看守가 한 時間 지킬 제는 自由가 없으나 朝鮮看守가 半時間 볼 제는 더욱 한가하고 囚人 全部가 談話會

를 開함과 같이 수군거리면 朝鮮看守도 倭看守와 같이 말 말라는 語聲은 倭看守보다 더 크게 號令을 하지마는 實

地는 倭 看守長이나 部長 놈이 오는가 望보는 데 不過하다.

그 틈에 崔氏와 所見의 異同을 試驗하기로 하고 二百餘名을 한 번을 나가면서 살펴보고 내려오면서 所

는 其中에 몇째 자리에 앉은 者라고(勿論 特異한 人物을 標準한 것) 그 番號를 써 가지고 서로 맞추어 보아서

見이 같으면 그 者의 人格을 調査하여 보기로 하고 一次式을 視察하고 돌아와서 各其 番號 적은 것을 맞추어 본즉

所見이 符合되었다. 그런 後에 一回 調査를 내가 하기로 言約하고 그 者를 찾아가서 人事를 請하였다(그 者는 나이

나 四十이 남아 보이고 똑같은 役衣를 입었으나 몸 가지는 것과 말은 못 들었으나 눈에 精氣가 들어 보이므로 우

리 눈에 띠운 까닭이다).

내가 묻기를 당신은 어디가 本鄕이며 役限은 얼마나 되시오. 그者 答. 나는 槐山에 살았으며 役限은 強盜 五

年이며 再昨年에 入監되어 以後 三年이면 出監되겠소. 反問. 당신은? 내 대답. 나는 安岳에 살았고 役限 強盜

十五年에 昨年에 入監하였소. 하 짐이 좀 무겁게 되었소. 初犯이시지요? 네 그렇소. 그리만 문답하고 倭看守가

오므로 일어서 와 버렸다.

그者에게 가서 무슨 이야기하는 것을 본 囚人 中에 내게 묻는 者가 있다. 五六號는 그 사람을 已往 아셨소. 내

말. 몰랐소. 당신은 그가 누구인지 아시오. 그者 알고말고요. 南道 盜賊치고 그 사람 모르는 者는 없을 듯하오. 내

나는 興味 있게 물었다. 그 어떤 사람이오. 그것이 三南 不汗黨 魁首의 金進士입니다. 이 감옥에 그 同黨이 여러

명이 있었다가 더러는 病나 죽고 死刑도 받고 放免된 者도 많지요 하고 말을 그쳤다.

그날 저녁에 監房에 들어온즉 그者가 벌거벗고 우리 뒤를 따라서 들어오며 오늘부터는 이 방에서 괴로움을 끼

치게 됩니다 하고 들어온다. 나는 반기며 당신이 이 房에로 轉房이 되셨소. 네 老兄 계신 房이구려. 各各 衣服을

입고 點檢을 畢한 後에 나는 囚人들에게 付托하여 鐵窓 左右로 귀를 대고 들어 보아서 看守의 曳履聲이 들리거든

알게 하여 달라고 하고 나서는 그者와 談話를 始作하였다.

내 말. 工場에서 暫時 人事를 하고 情다운 이야기 한마디를 못 하고 分離케 됨을 퍽 遺憾으로 생각하고 들어오

던 次에 老兄이 곧 轉房이 되어 同居하게 되니 퍽도 기쁩니다. 進士. 네 내 亦是 同感이올시다. 進士 내게 對하

여 마치 耶敎 名牧師가 敎人에 洗禮問答하듯이 發問한다. 老兄 強盜 十五年이라고 하셨지요. 네 그렇니다. 그리

면 系統으로 추설이오 목단설이오 북대요. 行樂은 얼마 동안이오. 나는 한 말도 對答을 못 하였다. 進士 빙긋이

웃으면서 老兄이 북대인가 싶으오. 나는 처음 들어 보는 文字라 북대로라고도 대답을 못 하고 앉았다. 내 곁에

一八七

앉아 이야기를 듣던 囚人 中 한 者가 金 進士를 對하여 나를 가리키며 이분은 國事犯强盜

으셔야 대답 못 할걸이오. 그者는 監獄語習에 찰(참)强盜이니 系統 있는 盜賊이므로 내가 金 進士 말대답 못 하

는 것을 理解시키는 말이다. 金 進士는 그 말을 듣고 고개를 끄덕인다. 進士. 내 어찜인지 工場에서 老兄이 强盜

十五年이란 말을 할 때에 아래위로 살펴보아도 强盜 내음새를 發見 못 하겠기로 북대인가 보다 했구려.

나는 忽然 楊山學校 事務室에 여러 敎師들이 모이어 지낼 때의 여러 가지로 우리나라에 所謂 活貧黨이니 不汗

黨이니 하는 秘密結社가 있어서 打鎭劫城에 殺人奪財를 하고도 東閃西忽에 動作이 敏活하므로 捕校와 兵隊를 풀

어서도 根底를 뽑지 못하는 것을 보면 그 鞏固한 團結과 그 機敏한 訓鍊이 있음은 事實인데 우리도 어느 날이고

獨立運動을 하자면 堅固한 組織과 機敏한 訓鍊이 없으면 成功치 못할 터인즉 盜賊의 結社와 그 訓鍊을 硏究하여

볼 必要가 있다 하여 몇 달을 두고 各 敎師가 硏究하다 畢竟은 成跡이 없었던 것이 생각난다. 普通 人情에 三日間

食에 盜心이 發치 않을 者 幾稀라 하나 盜賊의 마음만 가지고 도적이 될 수 없고 한두 명의 鼠竊狗偸는 可能하

니와 數十名 數百名의 集團體가 되어 機敏히 動作하는 데는 반드시 指揮命令을 發하는 機關과 主腦人物이 있고야

導率行賊할지니 그만한 人物이었다 하면 그 資格과 智量이 政府官吏 以上의 人格者라야 할지니 硏究調査하여 볼지

必要가 있다 한 것이나 終是 端緖를 얻지 못하고 만 것을 생각하고 金 進士에 바짝 들러붙어서 묻기를 始作하나

金 進士란 者가 내가 自己의 同類 아님을 發表한 以上에 나에게 自己네 內幕을 다 말하여 줄까가 疑問이나 平素

에 애쓰던 것을 이 기회가 아니면 알 수 없다 생각하고 먼저 나의 身分에 對하여 대강 說明하고 平素에 貴團體의

組織訓鍊을 硏究하여 보았으나 端緖를 얻지 못하였으며 硏究의 目的이 盜賊을 撲滅함이 아니고 後日 國事에 參考

應用하자 함이었으니 明瞭하게 說明하여 줄 수 있겠습니까.

進士。 우리의 秘密結社의 原來가 屢百年에 이제는 自然 公然秘密이 되었으나 法網이 嚴密한 탓으로 나라이 亡

함을 따라 由來로 지켜 오던 社會綱紀가 餘地없이 墜落된 今日에도 朝鮮에 벌(蜂)의 法과 盜賊의 法이 그대로

남았다고 自認합니다. 老兄을 북대로 생각하고 아지 못하시는 것을 여러 말로 물은 데 對하여 未安합니다. 그런

즉 내가 老兄에게 물은 語句에 對하여 먼저 說明을 하고 이어 組織과 訓鍊과 實行에 몇 가지 例를 들어 말씀하오

리다.

우리나라 李朝 以前은 可考할 수 없으나 李朝 以後에 盜賊의 系派와 始原은 이렇습니다. 盜賊이란 이름부터

名譽的이 아니어든 누가 도적질을 좋은 職業으로 알고 自行할 者 있으리오만 大槪가 不平者가 反動的 心理로 起

因된 것이외다. 李成桂가 以臣伐君하고 得國을 한 以後에 當時에 杜門洞 七十二人 같은 사람들 外에도 王朝에 忠

志를 가지고 있은 者 많았을 것을 알 수 있겠지요. 그러한 志士들이 秘密히 連絡 或 集團하여 가지고 濟弱扶傾의

善意와 秩序破壞의 報復的 大義를 標榜하고 幽僻한 곳에 同志를 召集하여 가지고 李朝에 龐祿을 먹는 者와 또 그

者들의 族屬들로 所謂 兩班이라 하고 凡民을 搾取하여 富足한 者의 財物을 奪取하여 貧寒한 百姓을 救濟하던 것

을 盜賊이란 名號를 붙여 가지고 五百餘年 동안 李朝에게 壓迫 屠殺을 當하여 온 것이외다.

그런데 江原道에 根據를 둔 者들의 機關名義는 목단설이요 三南에 있는 機關은 추설이라 하여 왔습니다. 북대

라는 것은 愚頑한 者들이 臨時臨時 作黨하여 가지고 打家劫舍하는 者를 이름한 것인데 목단설과 추설 두 기관에

屬한 徒黨끼리는 서로 만나면 一面如舊하게 同志로 認定하고 互相扶助하나 북대에게 對하여는 두 설에서 同一히

敵對視하는 規律을 定하였으므로 북대는 만나기만 하면 無條件하고 死刑을 하는 것이외다. 兩설에

목단 추 兩설의 最高首領은 老師丈이요 其下에 總事務는 有司라 하고 各 地方 主管者도 有司라 합니다. 兩설에

서 共同大會를 大장 부른다 하고 各其 單獨으로 部下를 召集하는 것을 장 부른다 하는 것이외다. 大장은 從前에

는 每年 一回式을 부르나 到今하여는 재알이(指倭)가 하도 甚하게 구는 탓으로 大장은 疥亡하였습니다. 從前에

大장을 부른 뒤에는 어느 고을을 떨든지 큰 市場을 치는 運動이 생긴 것이외다. 大장을 부르는 本意가 도적질만

하는 것이 아니고 설에 公事를 處理하는 것인데 그때에 大示威的으로 一次를 하는 것이외다. 大장을 부르는 通知

各道 各地에 責任者에게 該 部下에 누구누구 幾名을 派送하라 하면 어김없이 가는데 혼히 큰 市場이나 寺刹로 부

르게 됩니다. 召命을 받고 出程하여 가는 데는 形形色色으로 돌림장사로 중으로 상제로 양반행차로 등짐장사로

別別 形式을 다 假裝하여 가지고 갑니다.

一例를 들면 年前에 河東 花開場에로 大장이 되는데 볼만하였습니다. 그 場날을 利用한 것인데 四面으로 觀市

하러 오는 사람이 길(路)이 차(滿)서 몰려 들어오는데 거기 섞여서 도적놈들도 들어오지요. 中場이나 되어서는

어떤 行喪이 들어오는데 喪主가 三兄弟요 그 뒤에는 服喪制들과 馬上으로 護喪하는 사람도 많고 護喪客는 비단으로

서는 喪主들은 竹杖을 짚고 아이구 아이구 喪輿 앞에서 哭을 하고 喪輿軍들은 술을 먹일 제 어떤 護喪客 一名이

맵시있게 꾸몄고 喪輿軍도 차림차리를 一致히 素服으로 입히고 市內에를 들어와서 큰 酒店 뜰에 停轝를 하고 나

갯국(狗湯) 한 그릇을 사 가지고 喪主를 권한다. 喪主는 溫順히 그 者를 向하여 戲弄은 무슨 희롱을 못 해서 喪制

에게 갯국을 勸하는가. 그리 말라 하여도 갯국을 勸하던 護喪人은 도리어 强請하여 期於이 喪制들을 갯국을 먹

이려 한다. 溫柔하던 喪主들도 次次 怒氣를 띠고 拒絶한다. 아무리 無禮한 놈이기어든 初喪 喪制들에 갯국을 먹

으라는 놈이 어디 있느냐. 친구가 勸하는 갯국을 좀 먹으면 못쓰느냐. 차차 쌈이 된다. 다른 護喪人들도 쌈을 말

리느라고 야단을 치매 市上에 장군의 눈이 다 그리로 集中되고 웃(笑)기를 마지아니할 즈음에 喪主 三兄弟가 竹

杖을 들어 喪轝를 부수고 널(柩)을 짓모고 널의 天盖를 딱 잡아 젖힌즉 屍體는 없고 五連發 長銃이 가득 들었다.

喪主 護喪軍 喪轝軍이 銃 一柄式을 들고 四面 길목을 把守하고 出入을 막고 市場 놓인 돈과 집에 積置한 富商의

돈 全部를 奪取하여 가지고 雙溪寺에서 公事를 마치고 헤어졌습니다.

老兄이 黃海道에 사시니 年前에 靑丹場을 치고 谷山郡守를 죽인 所聞을 들었을 것이나 靑丹場을 칠 제는 내가

總指揮로 徒黨을 領率하고 나는 어떤 兩班의 行次로 假裝하여 四人轎를 타고 구중별배를 늘어 세우고 豪氣 있게

달려들어 市場事務를 無事히 마치고 疾風雷雨的으로 谷山郡衙를 襲擊하고 郡守 놈이 하도 人民을 魚肉하였기로

죽여 버렸지요.

나는 물었다.

老兄의 今番 懲役이 그 事實이오. 進士. 아니오. 萬若 그 事實이라면 五年만 지겠습니까. 旣爲免

키 어렵게 되기로 簡易한 事件을 吐實하였더니 五年刑을 받았소. 組織方法에 對하여는 根本 秘密結社인 만큼 嚴

密하고 機械的이므로 說明을 充分히 하여 드리기 難하나 老兄이 研究하여 보아도 端緒를 얻지 못하였다는 點에

道 各地方 責任有司로부터 每年 各 分설에서 資格者 一名式을 精査報告케 합니다. 그 資格者란 것

서부터 말씀하지요. 徒黨의 數爻만 많고 精密치 못한 것보다는 數爻가 적어도 精密한 것을 目的하기 때문에 各

은 一에 眼彩가 剛明. 二. 아래가 맑고 三. 胆力이 强實. 四. 性品이 沈着. 以上 몇 가지를 갖춘 者를 秘報하여

上설에서 다시 秘密調査(報薦한 有司도 모르게)를 하여 보고 調査에 前後가 符合되는 때는 該설 責任有司에게 專

任하며 그 合格者로 도적놈을 만듭니다. 그 合格者는 勿論 自己에게 對하여 報告를 하고 調査하는 것을 全然 不

知케 합니다. 責任有司가 그 老師丈의 分付를 드디어 該 資格에게 着手하는 方法은 먼저 該 資格者가 즐기고 좋

아하는 것을 바라보고 色을 좋아하는 者에게는 美色으로 酒를 好飮하는 者에게는 술로 財物을 좋아하는 者는 財

物로 極盡同情을 하여 歡心을 사서 親兄弟 以上으로 情義가 密着케 된 後에는 訓鍊을 始하나니 方法의 一段을 말

하면 責任者가 資格者를 同伴하여 어디를 가서 놀다가 夜深한 後에 同行歸來하다가 責任者가 어떤 집 門前에 와

서 資格者에게 請하기를 그대는 잠시 동안만 이 門外에서 기다려 주면 내가 이 집에를 들어가서 主人을 보고 곧

나오겠다 하면 資格者는 無心히 門外에서 나오기를 기다리고 섰을 것이외다. 忽然 內庭으로서 도적이야! 高喊이

起하자 그 집 周圍로는 벌써 捕校가 달려들어 爲先 門前에 서고 主로 資格者를 捕縛하고 內庭에 侵入하여 責任者

를 捕縛하여 가지고 深深山谷으로 끌고 가서 訊問을 開始하고 資格者에게 對하여 七十餘種의 惡刑으로 拷問

을 하여 보아서 自己가 盜賊이로라고 誣告하면 그 자리에서 죽여서 痕跡을 없애 버리고 끝끝내 도적이 아니라고

固執하는 者는 解縛한 後에 幽僻한 곳에를 데리고 가서 幾日間 술과 고기를 잘 먹여 가지고 入黨式을 擧行합니

다.

入黨式에는 責任有司가 正席에 앉고 資格者를 앞에 꿇어앉히고 입(口)을 벌리라 한 뒤에 劍을 口

內에 入하고 資格者에게 號令하기를 上下齒로 劍 끝을 힘껏 물라고 한 뒤에 劍을 잡았던 손을 놓고 나서 다시

號令하기를 네가 하늘을 쳐다보아라 땅을 내려다보아라 나를 보아라 한 뒤에 다시 劍을 口內로부터 匣에 넣고

資格者에게 宣告하여 曰 너는 하늘을 알고 땅을 알고 사람을 안즉 確實히 우리의 同志로 認定한다. 式을 畢한 後

에는 入黨者까지 領率하고 豫定方針에 依하여 正式으로 強盜質 一次를 하여 가지고 新入黨員까지 平均히 分贓하

여 幾次만 同行하면 完全한 盜賊놈이 되어집니다.

나는 또 金進士에게 물었다. 同志가 四方에 散在하여 動作하는데 同志들이 서로 낯을 모를 사람도 많을 터인

데 서로 만나서 彼此에 同志인 줄 모르면 衝突을 避키 難하고 여러 가지 不便이 있을 터이니 거기 對하여는 무엇

으로 表別합니까. 進士. 그렇지요. 우리의 表別은 자주자주 고치는 故로 永久遵施하는 것이 無하나 반드시 表別은 있습니다. 一例를 들면 年前에 어떤 旅店에 大商賈 幾名이 宿泊함을 알고 夜半에 率黨侵入하여 財物을 搜劫하던데 忽然 座中에 낯을 땅에 대고 꿈쩍을 못 하는 叢中에 한 者가 반벙어리 말로 에구 나도 醬 담글 때 추렴돈 석 냥 내었는데요 합니다. 저놈 방자스럽게 무슨 수작을 하니 저놈부터 동여 앞세우라 하여 끌고 와서 問答한 結果 確實히 同志입니다. 그런 境遇에는 그 동지까지 分贓을 같이하는 法입니다.

問. 나는 或是 듣건댄 도적을 하여 가지고 贓을 分配하다가 쌈이 되어 그로 因하여 發露 逮捕된다고 하니 그것이 缺點이 아니오. 答. 그것이 所謂 북대의 所爲입니다. 우리 系統 있는 도적은 絶對로 그런 醜態는 없습니다. 第一 우리는 臨時臨時 도적질을 자주 하는 것 아니고 年 一次요 많아야 두세 번에 不過하고 分贓에는 더욱 自來로 嚴正한 規則에 依하여 分配하되 百分에 幾分은 老師丈에게로 其次 各 地方에 公用 幾分 遭亂者 遺族 救濟費 幾分으로 先除한 後에도 極端 冒險者에게 獎金까지 주고 나서 平均分配하므로 그런 疥는 絶無합니다. 우리 法에 四大 死刑罪가 有합니다. 第一條에 同志의 妻妾을 通奸한 者 二條에 被捕 訊問時에 自己 同黨을 吐出한 者 三條 行賊時에 贓物을 隱匿한 者 四條에 同黨의 財物을 强奪한 者입니다. 捕校는 避하여 高飛遠走하면 或是 生命을 保存할 수 있으나 우리 法의 死刑을 받고 漏網하기는 極難합니다. 그리고 도적질을 하다가 하기 싫든지 年老하여 退黨請願을 하여도 同志가 急한 境遇에 自己 집에 隱藏을 要求하는 一事에만은 施應한다는 誓約을 받고 行樂은 免除하여 줍니다. 行樂이 무엇이오. 卽 도적질을 이름하여 行樂이라 합니다.

又問. 萬一 行樂을 하다가 捕校에게 逮捕되면 生還시킬 方法은 없습니까. 進士 答. 여보 우리가 잡히는 족족 다 죽는다면 屢百年 동안에 根據가 消滅되었을 것이오. 우리 떼설이가 民間에만 있지를 않고 仕宦界에 더구나 捕盜

廳과 軍隊에 要職을 가지도록 하였다가 어느 道에서 도적이 잡힌 後에 서울로 보고가 오면 自然 正賊 곧 설과 假

賊 북대를 辨別할 수 有하니 북대는 地方 處決에 任하고 正賊은 서울로 押上하여 모아서 同黨을 口吐한 者는 死

刑케 하고 自己 事實만 供述한 者는 期於이 살리고 衣食도 供給하다 出獄시킵니다.

金 進士의 말을 듣고 나는 생각하여 보았다. 내가 國事를 爲하여 가장 遠大한 計劃을 품고 秘密結社로 일어난

新民會 會員의 一人이나 저 强盜團에 比하면 아무것도 아니다. 組織과 訓鍊이 아주 幼稚한 것을 깨닫고 自愧를

不禁하였다. 當時 獄中에 囚人들 中에도 이같은 强盜의 人格이 第一이므로 倭놈에게 依賴하여 巡査나 憲兵補助員

等 倭官吏를 다니다가 入監된 者는 敢히 囚人들 中에 擧頭를 못 하고 詐欺 竊盜 橫領 等 犯도 强盜 앞에서는 옴짝

을 못 하기 때문에 囚人界에 權威를 强盜가 잡고 있는 것이다.

그러나 우리 同志 中에는 목단系 추系 强盜보다 越等한 行狀을 가진 者 많은 中에는 高貞華의 衣食을 爲

始하여 高鳳洙의 擔任看守가 高鳳洙의 발로 채이어 거꾸러졌다가 일어난 後에 (그 倭놈이 囚人에게 逢辱한 것을

上官에게 報告를 하자니 自己 人格에 唾罵를 受하겠으므로 高鳳洙의 行狀이 極히 模範이라고 報告를 했던 것이

라) 罰을 주지 않고 도리어 賞票를 受한 것도 特異하고 金鴻亮이 看守들을 買收하여 가지고 補藥을 秘密히 갖다

먹는 等 各 新聞을 들여다보는 外에 가장 特越한 行動을 가진 者는 都寅權이다.

都 君은 本是 龍岡人으로 鄕里에 居住하던바 楊山學校 敎師로 選聘視務하였나니 爲人이 敏活剛毅한지라 十年役을

에게 軍隊가 解散된 後에 盧伯麟 金義善 李甲 等 諸 將領에게 武學을 受하여 일찍 正校의 軍職을 가졌다가 倭놈

受하고 勞役하는 中에 耶敎를 篤信하므로 倭놈 所謂 敎誨師가 日曜日 佛像 앞에 各 囚人으로 하여금 俯首禮佛을

命하여 囚人들이 心中으로는 天皇 急殺을 祝하면서도 表面으로는 머리를 숙이었으되 數百名이 一號令에 俯首한

中에 都寅權 一人만 머리를 까딱 아니하고 앉았다.

다 하였다. 倭놈들 忿이 나서 都의 머리를 抑勒으로 타 누르거니 都는 눌리지 않으려거니 大騷動이 起하였다. 都

는 日本國法에도 信敎自由가 있고 監獄法에도 囚人들이 佛敎만 信仰하라는 條文 없는데 어디 根據하여 이같이 無

理한가. 日本人의 眼目으로 보아 都寅權이 罪人이라 하나 神의 眼光으로 日本人이 罪人이 될지도 不知라 하여

큰 是非가 생기어서 及其也에는 敎誨時에 拜佛 一事는 囚人 自由에 任한다는 典獄의 敎示가 있었다.

뿐 不是라. 典獄이 都寅權에게 賞票 賞狀을 授하되 都는 絶對 謝却하였다. 囚人의 賞票는 改悛하는 狀況이 있

는 者에게 授하는 것인데 나는 當初에 罪가 없었고 囚人이 된 것은 日本勢力이 나보다 優한 것뿐이어늘 賞이 何

關고 하여 終是 賞을 拒絶하였고 그 後에 所謂 假出獄을 시키는데도 나의 罪가 없는 것을 只今에야 깨달았거

든 判決을 取消하고 아주 放送할 것이지 假出獄이란 假字가 精神에 爽快치 못하니 期限까지 있다가 나간다 한

즉 倭놈도 어찌를 못 하고 期限을 채워서 放免하였다. 都寅權의 行動은 强盜로서만 能히 가지지 못할 뿐 아니라

滿山枯木一葉靑의 特色을 누가 欽歎치 않으리오. 佛書 云 嵬嵬落落赤裸裸 獨步乾坤誰伴我 句를 都 君을 爲하여

一誦하였다.

同囚 中에 李種根이란 年纔 二十인 靑年이 有하니 義兵將 李鎭龍의 族弟로서 幼時부터 日語를 解하여 俄日戰爭

時에 倭將 明石이 通譯으로 使用하다가 憲兵補助員으로 使用하던 際에 李鎭龍이 擧義初에 種根을 招致하고 死

刑을 執行코자 한즉 種根은 李義士에게 向하여 族弟가 年少하여 大義에 沒覺하여 倭의 走卒이 되었으나 至今이

라도 兄님을 따라 義兵이 되어 倭兵을 殲滅하고 將功贖罪케 하여 주심이 어떠오 한즉 李義士 快諾한지라. 種根

은 곧 補助員의 銃器를 그대로 메고 李義士 失敗하기까지 從軍하다가 倭에게 生擒되어 死刑을 받게 됨에 種根은

一九五

已往 信任받던 明石 面會를 請하여 求宥한 結果 五年役을 受한 者이라. 種根은 倭看守에게 請하여 自己가 目不識

丁인즉 五六號로 같이 同房宿 同場役하게 하여 주면 文字를 學習하겠다 하여 許可를 得한지라 兩年 동안이나 文

字를 敎授하노라니 나도 種根의 愛護를 많이 받았다. 그리하다가 種根은 假出獄으로 免獄되었다. 그 後에 家信을

본즉 種根이가 率妻하고 安岳까지 가서 어머님에게 뵈이였다는 말이 있더라.

出役 中에 어느 날은 卒地에 役事를 中止하고 囚人을 一處에 會集하고 明治의 死亡을 宣言한 뒤에 所謂 大赦를

頒布하는바 先着으로 保安 二年은 免刑이 됨에 保安律로만 役을 하던 同志들은 當日로 出獄되고 强盜律에는 明

兄에게는 減刑도 不爲하나 十五年役에는 나 一人만 八年을 減하여 七年으로 하고 金鴻亮 以外 幾人은 擧皆 七年

을 減하여 八年으로 되고 十年 七年 五年 들도 次第로 減刑되었다.

不過 數月에 明治의 妻가 또한 死亡하여서 殘期의 三分一을 減한즉 五年餘에 輕刑으로 되고 其時는 明根 兄도

終身을 減하여 二十年이라 하였으나 明根 兄은 加刑을 하여 죽여 줄지언정 減刑은 받지 않는다 하였다. 그러나

倭놈 말은 罪囚에게 對하여 一切를 强制로 執行하는 것인즉 減刑을 받고 아니 받음도 囚人 自由에 있지 않다 하

였다. 其時는 孔德里에 京城監獄을 竣工한 後이므로 明根 兄은 그리로 移監되어 面目만이라도 다시 서로 보지를

못하였다. (明根 兄은 前後 十七年 동안을 被拘하였다가 年前에 放免되어 信川 淸溪洞에서 그 夫人과 같이 年餘를

지내다가 中俄領地帶에 自己 父親과 親弟를 그리워 率眷移住하다가 원체 長久한 歲月에 苛虐한 苦生을 한 탓으로

抵抗力이 全無하여졌으므로 그다지 甚치도 않은 身病으로 萬古憤恨을 품고 中領 和龍縣에서 마침내 不歸의 客이

되니라.)

그럭저럭 내가 西大門監獄에서 지낸 것이 三年餘이고 殘期는 不過 二年이라. 이때부터는 於心에 確實히 다시

世上에 나가 活動할 信念이 보인다. 그리하여 晝宵로 世上에 나가서는 무슨 事業을 할까. 나는 本是 倭놈이 이름

지어 준 뭉어리돌이다. 뭉어리돌의 待遇를 받은 志士들 中에도 倭놈의 火釜 卽 監獄에서 人類로 當치 못할 虐辱

을 받고도 世上에 가서는 도리어 倭놈에게 順從하며 殘喘을 續하는 者 有하나니 그는 뭉어리돌 中에도 石灰質이

含有하였으므로 다시 世海에 投하면 平素 굳은 意志가 石灰같이 풀리는 것 같다. 그러므로 나는 다시 世上에 나

가는 데 對하여 憂慮가 적지 않다. 萬一 나도 石灰質을 가진 뭉어리돌이면 滿期 以前에 聖潔한 精神을 품은 채로

죽었으면 좋지 않을까 하였다.

決心의 標로 名을 九라 하고 號를 白凡이라 고쳐 가지고 동지들에게 言布하였다. 龜를 九로 改함은 倭民籍에

서 脫離함이요 蓮下를 白凡으로 改함은 監獄에서 多年 硏究에 依하여 우리나라 下等社會 곧 白丁 凡夫 들이라도

愛國心이 現今 나의 程度는 되고야 完全한 獨立國民이 되겠다는 願望을 가지자는 것이다. 服役時에 뜰을 쓸 때나

유리창을 닦을 제는 이런 생각을 하였다. 우리도 어느 때 獨立政府를 建設하거든 나는 그 집에 뜰도 쓸고 窓戶도

잘 닦는 일을 하여 보고 죽게 하여 달라고 上帝께 祈禱하였다.

나는 殘期에 二年을 채 못 남기고 西大門獄을 떠나 仁川으로 移監케 되었다. 原因은 내가 第二科長 倭놈과 싸움

한 事實이 有하였는데 그놈이 比較的 苦役이 甚한 仁川 築港工事를 시키는 곳에로 보내는 것이다. 西大門에는 우

리 同志들이 多數히 있어 情理上 慰勞도 되고 勞役中에도 便宜가 많은 터이므로 快活한 生活을 하였다 할 수 있

는 곳을 떠나 鐵絲로 허리를 묶고 三四十名 赤衣軍에 編入하여 仁川獄門 前에를 當到하였다.

戊戌 三月 初九日 夜半에 破獄逃走한 이 몸으로 十七年 後에 鐵絲에 묶이어서 다시 이곳에를 올 줄 누가 알았

으랴. 獄門 內 들어서며 살펴본즉 새로이 監房을 增構하였으나 舊日에 내가 앉아 글을 읽던 房이 그대로 있고 散步

步하던 뜰이 그대로 있고 虎狼이같이 渡邊이 놈을 痛罵하던 警務廳은 賣淫女의 檢査所로 監理使가 視務하던 來遠

堂은 監獄 什物庫가 되었고 昔日 巡檢 主事 들이 뒤끓던 곳에는 倭놈의 世界로 化해 버렸다。 마치 사람이 죽었다

幾十年 後에 更生하여 自己 놀던 故鄕에를 와서 보는 듯하다。 監獄 뒷담 너머 龍洞 마루턱에서 獄中에 갇힌 不孝

나를 보시느라고 날마다 우두커니 서(立)서 내려다보시던 先親의 얼굴이 보이는 것 같다。 그러나 世換時變한 탓

으로 今日에 金龜가 昔日에 金昌洙로 알 者는 없을 것이라고 생각한다。

監房에를 들어가서 본즉 西大門에서 먼저 轉監된 熟面者도 더러 있다。 한 者가 곁에 썩 다가앉으며 나를 보고

서 그분 낮이 매우 익은데 당신 金昌洙 아니오 한다。 참말 靑天霹靂이다。 놀라서 仔細히 본즉 竊盜

十年役을 지고 同監이던 文種七이다。 나이는 늙었을망정 少時面目은 그대로 알겠으나 前에 없은 天頂에 쑥 패인

구멍이 있다。 나는 짐짓 머뭇거렸다。 그者는 내 얼굴을 자세히 보면서 昌洙 金 書房 只今 나의 面上에 구멍이 없

다고 보시면 아실 것 아니오。 나는 當身이 破獄한 後에 죽도록 매를 맞은 文種七이오。 그만하면 알겠구려。 나는

반갑게 人事를 하였다。 밉기도 하고 무섭기도 하지마는。 文 問。 當時에 港口가 震動하던 忠臣이 只今은 무슨 事

件으로 入監되었소。 答。 十五年 强盜이오。 文은 입을 비쭉거리며 忠臣으로 强盜는 相距甚遠한데요。 그때 昌洙는

우리 같은 도적놈들과 同居케 한다고 警務官까지 痛罵를 하던 것 보아서는 强盜 十五年 맛이 꽤 무던하겠구려。

나는 文의 말을 타내기는 姑捨하고 도리어 빌붙었다。 여보 忠臣 노릇도 사람이 하고 强盜도 사람이 하는 것 아니

오。 한때는 그렇게 놀고 한때는 이렇게 노는 게지요。 대관절 文 書房은 어찌하여 다시 고생을 하시오。 文。 나는

이번까지 監獄出入이 七次인즉 一生을 監獄에서 보내게 됩니다。 役限은 얼마요。 强盜 七年에서 五年이 되어 限

半年 後에는 다시 나가 다녀오겠소。 내 말。 여보 끔찍한 말씀도 하시오。 文。 資本 없은 장사는 乞人과 도적이지

요。 더욱이 도적질에 입맛을 붙이면 別數가 없습니다。 당신도 여기서는 別 꿈을 다 꾸리다마는 社會에 나가만 보

시오。 도적질하다가 懲役한 놈은 거기만 눈치가 뚫려서 다른 길은 밤중이구려。 그같이 여러 번이라면 減刑이어

단 말과 같이 도적질하여 본 놈은 自然 農工商에 接足을 못 하지요。 개 눈에는 똥만 뵈인

찌 되었소。 文。 番番이 初犯이지요。 歷史的으로 供述하다가는 바깥바람도 못 쐬게요。

나는 西大門監獄에서 平素에 同黨으로 도적질을 하다가 自己는 重刑을 지고

入監하여 서로 만나 가지고 지내는 中에 重刑者가 輕刑者인 同類를 告發하여 終身役을 받게 하고 同類는 橫領罪를 지고

로 刑을 減하고 厚한 待遇를 받고 同囚들에게 疾視를 받는 것을 보았다。 萬一 文哥를 덧들여 놓으면 監獄에 눈치

가 훤한 者로 怪惡한 行動을 할는지 알 수가 없다。 나의 訊問記에 三個月 懲役의 事實이 없는데도 十七年이나 지

워 주는 倭놈들이 저희 軍官을 죽이고 破獄한 事實만 發覺되는 날은 아주 마지막이라。 처음 逮捕 後에 그 事實이

發現되었다면 죽든 살든 爽快하게나 지내 버렸을 터인데 滿期가 一年餘에 以來에 當치 못할 辱堪키 難한 苛虐을

다 지내고 나서 出世의 希望을 가진 今日에 文哥가 告發만 하면 나의 一身은 姑捨하고 늙은 어머님 어린 妻子의

情景이 어떠할까。 文哥에게 對하여 親切 又 親切하게 待遇하였다。 집에서 부쳐 주는 私食도 틈을 타서 文哥를 주

어 먹게 하고 監食이라도 그 者가 곁에만 오면 나는 굶으면서도 文哥를 주어 먹이다가 文哥는 먼저 滿期出獄이되

고 보니 시원하기가 내가 出獄함보다 못지않더라。

아침저녁 쇠사슬로 허리를 마주 매고 築港工場에 出役을 한다。 흙지게를 등에 지고 十餘丈의 높은 사다리를 밟

고 오르내린다。 여기서 西大門監獄 生活을 回顧하면 俗談에 누워서 팥떡 먹기라。 不過 半日에 어깨(肩)가 붓고

背瘡이 나고 발이 부어서 運身을 못 하게 된다。 그러나 免할 道理는 없다。 무거운 짐을 지고 사다리로 올라갈 제

여러 번 떨어져 죽을 決心을 하였다. 그러나 같이 쇠사슬을 마주 맨 者는 居半이 仁川港에서 남의 洋靴 켤레나 담

배갑이나 도적한 罪로 두 달 세 달을 징역하는 輕囚라. 그 者까지 내가 죽이는 것은 道理가 아니라 생각다 못하여

役事에 잔꾀를 부리지 않고 死力을 다하여 일을 하였다. 數月 後에 所謂 賞票를 준다. 都寅權과 같이 拒絶할 勇

氣도 없고 도리어 當幸히 생각된다.

監獄門 外로서 築港工場에를 出入할 제는 左邊 첫 집은 朴永文의 物商客主 집이니 十七年 前에 父母 兩位가 그

집에 계실 때의 朴氏가 厚德人인 데다가 더욱 나를 사랑하여 나에게 心力物力을 많이 쓰고 아버님과 同甲이므

로 親密히 지내던 그 老人이 門前에서 우리가 들어가고 나오는 것을 보고 있다. 나는 나의 恩人이요 兼히 父執尊

丈人즉 곧 가서 절하고 나는 金昌洙입니다 하고 싶다. 그렇게 하면 그이가 오죽이나 반겨 할까. 左邊對家는 그도

亦是 物商客主인 安浩然 집인데 安氏 亦是 나에게나 父母님에게 極盡한 誠力을 다하던 老人으로 그도 依然히 그

집에 그대로 살며 出入時에 種種 心拜를 하고 지내었다.

六七月 더위가 甚한 어느 날 忽然 囚人 全部를 敎誨堂에 모으므로 나도 가서 앉았다. 所謂 分監長인 倭놈이 座

中을 向하여 五十五號를 부른다. 나는 대답하였다. 곧 起來의 號令에 依하여 坫上에 올라간즉 看守의 引導로 事務室에 나

다는 旨를 宣言한다. 나는 꿈인 듯 生時인 듯 座中 囚人들을 向하여 點頭禮를 하고 곧 看守의 引導로 放免한

간즉 벌써 準備한 白衣 一襲을 내어준다. 其時부터 赤衣軍이 變하여 白衣人이 되었다. 任置하였던 金品과 出役工

錢을 計數하여 준다.

獄門外 出하여 步步思料한다. 朴永文이나 安浩然을 宜當 拜訪하여야 할 터이나 依然히 두 집에 客主門牌가 붙

어 있은즉 집안이 從容치 못할 것은 不問可知이요 또한 내가 그 두 분을 찾아보면 金昌洙란 本名을 말하여야 그

이들이 깨달을 터이고 그이들이 깨달은 뒤에는 自然 그들 內庭에 이야기가 되겠다. 男子는 姑捨하고 婦人들이 내

가 왔다는 말을 들으면 二十年 동안이나 死生을 모르던 터에 奇異하다고도 自然 播說이 될 터이니 그러고 보면

나의 身邊에는 危險千萬이다. 朴氏나 安氏 집을 지날 때의 발길이 떨어지지 않는 것을 抑志로 지나며 獄中에서

親하던 中國人을 찾아가서 밤을 자고 翌朝에 電話局에를 가서 安岳으로 電話를 걸고 家妻를 불렀다. 安岳局에서

電話를 받은 雇員이 姓名을 묻는다. 金龜요 하였다. 先生님 나오셨소? 네 나와서 只今 車 타러 나갑니다. 雇員.

네 그러시면 제가 宅에 가서 말씀드리겠습니다. 그만둡시다. (그는 나의 弟子였음이라.)

當日로 京城驛에서 京義線 車를 타고 新幕에서 一宿하고 翌日에 沙里院에서 下車하여 船踪津을 越하여 餘物坪

을 건너가며 살피어본즉 前에 없던 新作路로 數十名이 쏟아져 나오는 先頭에는 어머님이 나의 걸음걸이를 보시고

눈물을 흘리며 와서 붙들고 너는 오늘 살아 오지마는 너를 甚히 사랑하고 늘 보고 싶다던 化敬이 네 딸은 三四朔

前에 죽었구나. 네게 알게 할 것 없다고 네 친구들이 勸하기로 기별도 않았다. 그뿐 아니라 七歲 未滿에 어린 것

이지마는 죽을 때에 부탁하기를 나 죽었다고 옥에 계신 아버지께는 기별 마십시오. 아버지가 들으시면 오죽이나

마음이 傷하겠소 하더라. 나는 그 後에 곧 化敬의 墓地(安岳邑 東麓 共同墓地)에 가 보아 주었다. 뒤로 金庸濟

等 數十名 親舊들이 다투어 怨喜交集한 顔面으로 人事를 하고 돌아와 安新學校로 들어갔다.

其時까지 家妻가 安新女校 敎員事務를 보고 敎室 一間에 居住하였으므로 나는 禮拜堂에 앉아서 오는 손님을 보

았다. 家妻는 極히 瘦瘠한 기골로 여러 부인들과 같이 잠시 나의 얼굴을 보는지 마는지 하고서는 飮食 準備하기

에 汨沒하였다. 그는 어머님과 家妻가 相議하고 내가 前에 親하던 親舊들과 같이 앉아 飮食 먹는 것을 보겠다는

마음으로 誠心을 다하여 飮食을 準備함이더라.

幾日 後에 邑中親舊들이 李仁培 집에서 나를 爲하여 慰勞會를 開催하고 나를 請하여 갔다. 한편에는 老人들과

한편에는 中老 即 나의 親舊들과 또 한편에는 平日 나의 弟子들인 靑年이 모이고 飮食이 開卓될 즈음에 忽然 妓

生 한 떼와 樂具가 들어온다. 나는 놀랐다. 崔昌林 等 幾個 靑年들이 先生님을 오래간만에 뵈온즉 너무 좋아서

저희들은 즐겁게 좀 놀렵니다. 先生님은 아무 말씀도 마시고 여러 분과 같이 진지나 잡수셔요 한다. 老人들 中에

도 내게 對하여 金 先生은 젊은 사람들의 일을 묻지 말으시고 이야기나 합시다 하였다. 靑年들이 指定하기를 아

무 기생으로 金 先生님 壽盃를 올려라 하는 말이 끝나자 한 妓生이 술잔을 부어 들고 勸酒歌를 한다. 靑年들이 一

時에 起立하고 나에게 請願한다. 저희들이 誠意로 進呈하는 壽酒 一盃를 마셔 달라고 한다. 나는 웃고 사양하였

다. 내가 平日에 飮酒하는 것을 君 等이 보았는가. 먹을 줄 모르는 술을 어찌 마시느냐. 물 마시듯 마셔 봅시다

하고 妓生의 손에 든 술잔을 빼앗아 내 입(口)에다 대이며 强勸한다. 나는 그 靑年들 感興을 減殺시킬까 하여 술

한 잔을 받아 마셨다. 靑年들이 一邊은 나에게 술을 勸하며 連하여 妓生의 歌舞가 始作된다.

李仁培 집 앞이 즉 安新學校이므로 音樂 소리와 妓生의 歌聲이 어머님과 家妻의 귀에 들려진 것이다. 곧 어머님

이 사람을 보내어 나를 부르신다. 그 눈치를 안 靑年들이 어머님께 가서 先生님은 술도 아니 잡수시고 老人들과

이야기나 하십니다 하였다. 그 말을 들으시고 어머님이 親히 오셔서 부르신다. 나는 어머님 따라 집에를 왔다.

忿怒하여서 責妄이 내린다. 내가 여러 해 동안 고생을 한 것이 오늘 네가 妓生 데리고 술 먹는 것을 보려 하였더

냐 하신다. 나는 無條件 待罪를 하였다. 어머님도 어머님이어니와 家妻가 어머님께 告發하여 退席시킬 計圖를 한

것이다. 家妻와 어머님 사이에는 從前에는 姑婦間에 衝突되는 點도 없지를 않았으나 내가 被捕된 後부터는 六七年間 京

鄉으로 轉連하며 別別 苦生을 다 하는 中에 姑婦間에 一心同體로 半點의 衝突이 없이 지냈노라 하며 京城에서 지

낼 때는 蓮洞 安得恩 女士와 郭貴孟 女士의 顧護도 많이 받았으며 經濟의 所迫으로 化敬이는 어머님을 맡기고 家

妻가 每日 倭놈의 土地局 製册工場에서 雇役도 하였으며 어느 西洋女子가 家妻의 學費를 擔負하고 自己 意思와 不合

주마 하나 설움에 파묻힌 어머님과 어린 化敬이를 顧護할 決心으로 工夫도 못 하였노라고 種種 自己

한 時는 반드시 이런 말을 하고 나를 괴롭게 하였다.

다른 家庭에 普通으로는 夫妻間에 말다툼이 생기면 主로 母親은 自己 아들의 便을 도웁건만 우리 집안에는 家

妻가 나의 意見을 反對할 時는 어머님이 十倍나 百倍의 權威로 나만 몰아세운다. 가만히 經驗하여 보면 姑婦間에

耳語가 있은 後에는 반드시 내게 不和한 問題가 發生된다. 그러므로 家間事에 對하여는 한 번도 내 마음대로 하

여 본 적이 없다고 하여도 過言이 아니다. 내가 家妻의 말을 反對만 하면 어머님이 萬丈의 氣焰으로 號令하신다.

네가 入獄한 後에 네 同志들 中에 젊은 妻子를 둔 사람이 남편이 죽을 곳에 있음도 不顧하고 離婚을 하느니 醜行

을 하느니 하는 坂에 네 妻의 節行은 나는 姑捨하고 너의 知舊들이 感認하였나니 네 妻는 決코 薄待하여 못쓴다.

이런 말씀을 하시기 때문에 內外 싸움에 한 번도 勝利를 못 얻고 늘 失敗만 하였다.

어머님 말씀에 네가 被捕된 後에 우리 세 食口는 海州 故鄉에를 다녀서 京城으로 가려 한즉 네 俊永 三寸은 極

力으로 挽留하며 自己가 집이나 한 간 짓고 살림을 차려 드릴 터이니 他處로 가지 말고 세 食口 살아가는 凡節

은 兄嫂와 姪婦로 苦役이 나는 아니하여도 粟飯을 먹으면서 姪兒 生還하도록 需應할 터이라 하며 젊은 子婦를 데

리고 다니다가 無知한 놈들에게 빼앗기면 어찌하느냐고 야단을 하지마는 내가 네 妻의 堅潔한 心志를 알기 때문

에 그 같은 勸留로 不顧하고 京城으로 出發하였다가 네가 長期間 判決이 된 後에 아무리 苦生을 하며 네가 있는

近地에 居留生活코자 하나 그도 如意치 못하므로 다시 還鄕 後에 鍾山 禹鍾瑞 牧師의 接應으로 그곳에서 지낼 때

의 俊永叔은 粮米를 牛駄로 싣고 그곳까지 찾아왔더라. 네 丈母도 네게 對한 情分이 前보다는 매우 愛切하였다.

네가 出獄한 줄만 알면 와서 보리라. 편지나 하여라. 네 丈母도 네게 對하여는 前보다 더욱 愛重하였으니즉 곧 通

知하여라고 分付하신다. 나는 西大門에서 한 번은 어머님을 한 번은 家妻를 面會한 뒤로는 每每 面會期間이면 丈

母가 늘 오는 것을 보고서 前日에 그 長女의 關係로 너무 薄하게 한 것도 後悔하고 每每 面會하여 줌을 感謝하였

다. 俊永 三寸에게와 丈母에게 出獄된 事由를 發信하였다.

安岳憲兵隊에 出頭를 한즉 將來 就業에 對하여 質問한다. 나는 平素에 아무 技術이 없고 但히 學校에 多年 視務

를 하였은즉 安新學校에서 나의 家妻가 教鞭을 執하였으니 助教授나 하면 어떠한가 하였다. 倭는 公式으로는 不

能이나 非公式으로 助務한다면 警察은 黙過하겠노라고 한다. 나는 날마다 安新校에서 小兒를 教授하고 歲月을 보

낸다.

나의 書信을 본 丈母는 좋아라 하고 既爲 婦節을 잃고 補助員의 妾이 되었다가 몸에 肺炎의 重病을 얻고 도로

母女가 同居하나 生活의 道가 없어 困境에 陷한 때에 廉恥를 不顧하고 病든 딸을 데리고 집에 들어온다. 前과 같

이 補助員의 妾이라면 門內에 許入치 않을 터이나 自己가 죽을 病이 들어 自己 동생의 집으로 오는 것이 미운마

음보다 憐憫히 여겨 다 같이 同居하여 지낸다.

鬱積한 나머지에 이리저리 다니며 바람이나 쐬일 마음도 있으나 所謂 假出獄 期間이 七八朔이 殘餘하였은즉 무

슨 볼일이 有하여 어디를 가려면 반드시 事由로 憲兵隊에 請願하여 許可를 得한 後에 方可出行인즉 提願키 싫은

탓으로 隣郡 出入도 不爲하였다. 其後에 解除가 되자 金庸震 君의 所托을 받고 文化 弓弓農庄에 秋收를 看檢하고

돌아온즉 海州 俊永 季父께서 점잖은 조카를 보러 가면서 草草하게 갈 수 없다 하여 남의 馬匹을 借騎하고 와서 正

兩日이나 지내어도 나의 歸期를 모르므로 섭섭히 돌아갔다고 한다. 나도 亦是 섭섭하나 그해 歲除가 不遠한즉 正

初를 기다려서 三寸에게 新正問安을 하고 先墓省楸도 하기로 하였다.

그러자 새해 正初를 當하였다. 初 三四日間은 나도 或是 그곳 尊丈도 찾아보고 어머님을 뵈오려 오는 親舊들을

接應하고 初五日로 海州行을 作定하였던바 初四日 夕陽에 再從弟 泰運이가 來告하기를 俊永 堂叔이 別世하였습

니다. 一聞之下에 驚愕萬千이다. 여러 해 동안 獄中苦生을 하던 내가 보고 싶어서 來往하고 初正에는 볼 줄 알고

기다리다가 終是 내 얼굴을 못 보고 멀고 먼 길을 떠나실 때의 그의 마음이 어떠하였을까. 하물며 當身 亦是 딸은

한 개 있으나 無子하고 四兄弟 所生이 오직 나 한 個뿐 되는 조카를 對하여 永訣하고 싶은 마음이 얼마나 간절하

였을까. (伯父 伯永은 兩男 觀洙 泰洙가 有하였으나 觀洙는 二十餘歲에 成娶까지 하고 死亡하였고 泰洙는 나보다

二個月 먼저 난 同甲으로 長連에서 나와 同居하다가 急卒하여 亦是 無後이고 딸 둘도 擧皆 出嫁하여 죽어 無嗣하

였고 弼永 叔은 딸 한 개뿐이고 俊永 叔도 亦是 딸 한 개뿐이다.)

翌朝에 泰運을 同伴하여 基洞에 到着하여 葬禮를 主理하여 基洞(텃골고개) 東麓에 入葬하고 家事의 大綱을 處

理하고 先親 墓所에 나아가 나의 손으로 栽植한 잣나무 두 개를 看檢하고 다시 安岳으로 돌아온 後는 다시 多情

多恨한 基洞山川을 보지 못하고 아직 生存하신 堂叔母와 再從祖를 拜謁치 못하였다. 이해에 셋째 딸 恩敬이 産生

하였다. 나는 終是 安新學校에서 敎授를 하고 있던바 每每 秋收時期에는 金庸震의 農場에 打作을 看檢하였다.

農夫

邑中生活의 趣味가 減殺되므로 鴻亮과 庸震 庸鼎을 對해 農村生活을 依賴하였다. 그이들은 自己네 所有 中에 山川이 明美한 곳을 擇하여 드리겠으니 監農이나 하라고 快諾한다. 나는 年年이 監收視察한 바에 가장 성가시고 말썽 많고 또는 土疾 구덩이로 自古 有名한 東山坪으로 보내어 달라고 要求하였다. 그이들 叔姪은 놀란다. 東山坪이야 되겠습니까. 小作人들의 人品이 極히 險亂할 뿐 아니라 水土가 極히 좋지 못한 곳에를 가서 農村改良에나 趣味디느냐 한다. 나 亦是 幾年間 該坪 內 作人들의 惡習敗俗을 詳察하였으므로 그런 곳에 가서 農村改良에나 趣味를 붙이고자 하노라. 나 亦是 水土에 對한 것은 注意하여 지낼 셈 잡고 期於이 東山에로 가겠다고 強請하였다. 그이들은 固所願不敢請으로 當幸히 생각한다.

該 東山은 自來로 宮庄으로 監官이나 作人이 互相挾雜으로 秋收에 千石을 收入하였다면 幾百石이라고 宮에 報告하고 監官이 自肥하는 一邊 作人들은 收穫期에 벼를 刈取 運搬 打穀하는 때 全部 도적질을 하면 實地 穀量이 얼마 못 되는 데다가 監官 亦是 自盜를 하여 오기를 屢百年에 作人의 惡習惡風이 其極에 達한지라.

金門에서 이 農庄을 買收한 것도 始初에 進士 庸昇이 獨自買入하여 巨大한 損害를 蒙하여 敗産之境에 陷하였다. 友愛가 特異한 羣弟가 該 損害를 分擔하고 東山坪은 金門 共有로 한 것이다.

自來로 盧亨極이란 者가 該坪 監官으로 小作人 等을 自己 집에 召集하고 賭博을 하게 하여 秋收時에 作人分의 穀物을 全部 奪取하므로 賭博에 應치 않는 者는 農作地를 얻기 難하였다. 作人의 風習은 父兄은 賭博하고 子弟는 守望(警察의 오는 것)하는 것이 普通 習俗이더라. 내가 굳게 該坪 看農을 要求한 本意는 그러한 風紀를 改善코자 함이라.

丁巳(정사) 二月(이월)에 東山坪(동산평)으로 搬移(반이)하였다. 내가 어머님에게 注意(주의)를 주어 드려 作人(작인)들 中(중)에 賂物(뇌물)을 가지고 오는 者(자) 有(유)

하면 내가 없는 사이라도 一切(일절) 拒絶(거절)하시라고 하였다. 그러나 내 앞에 煙草(연초) 雞(계) 魚菓品(어과품) 等物(등물)을 갖다 주는 者(자)가 있

다. 그 者(자)들은 반드시 農作地(농작지)의 請求(청구)가 있다. 나는 그대가 空手(공수)로 왔으면 思量(사량)할 餘地(여지)가 有(유)하나 賂物(뇌물)을 가지고 와

서 請求(청구)하는 데는 그 말부터 듣지 않을 터인즉 物件(물건)을 도로 가져가고 後日(후일) 다시 空手(공수)로 와서 말하라 하면 그 者(자)들

은 賂物(뇌물)이 아니올시다. 先生(선생)께서 새로 오셨는데 내가 그저 오기 섭섭하여 좀 가져왔습니다. 그대 집에 이러한 物件(물건)

件(건)이 많으면 구태여 남의 土地(토지)를 小作(소작)할 것 없으니 그대의 農作地(농작지)는 他人(타인)을 줄 터이라 하였다. 그자들은 처음 들

어 보는 말인 까닭에 어쩔 줄을 모른다. 이것은 前(전)에 監官(감관)님에게 恒用(항용) 하여 오던 것입니다. 前者(전자) 監官(감관)은 어찌하

였든지 本監官(본감관)에게 그런 手段(수단)을 써서 안 된다 하고 每每(매매) 退送(퇴송)하였다.

그리고 小作人(소작인) 遵守規則(준수규칙) 幾條(기조)를 頒布(반포)하였다. 作人(작인)으로 賭博(도박)을 하는 者(자)는 小作權(소작권)을 許(허)치 않을 事(사). 學齡兒童(학령아동)이

有(유)한 者(자)로 學校(학교)에 入學(입학)시키는 者(자)는 一等地(일등지) 二斗落式(이두락식)을 加給(가급)함. 집에 學齡兒童(학령아동)이 있는데 入學(입학)을 시키지 않는 者(자)에

게 已往(이왕)에 小作地(소작지)에서 上等地(상등지) 二斗落(이두락)을 收回(수회)함. 農業(농업)에 勤實(근실)한 成績(성적)이 有(유)한 者(자)는 調査(조사)하여 秋收時(추수시)에 穀物(곡물)로 賞與(상여)

함. 以上(이상) 幾條(기조)를 布示(포시)한 後(후)에 坪內(평내)에 小學校(소학교)를 設立(설립)하고 敎師(교사) 一名(일명)을 延聘(연빙)하고 學生(학생) 二十餘名(이십여명)을 募集(모집)하여 開學(개학)하

였다. 敎員(교원)이 不足(부족)하므로 나도 時間(시간)으로 敎科(교과)를 擔任(담임)하였다. 小作人(소작인)들이 土地(토지)를 請求(청구)코자 하는 者(자)는 學父兄(학부형)이 아

니면 말 붙이기가 어렵게 되었다. 그 土地(토지) 全部(전부)에 所作權(소작권) 回收(회수)의 通知(통지)를 보내어 놓고 學父兄(학부형)에게 分配(분배)코자 한즉 一名(일명)도 敢(감)히

依然(의연)히 前(전) 監官(감관) 盧亨極(노형극) 五六兄弟(오륙형제)는 就範(취범)치 않고 나의 農政(농정)에 對(대)하여 反對(반대)의 立場(입장)에 있다. 盧哥(노가) 兄弟(형제)의 所作田地(소작전지)

는 坪內(평내)에 上等(상등)이라. 그 土地(토지) 全部(전부)에 所作權(소작권) 回收(회수)의

畊作하겠다는 사람이 없다. 理由를 問한즉 盧哥의 淫威를 恐怖함일러라. 나의 所作地를 分配하여 주고 내가 盧哥에게 回收한 農地를 畊作하기로 하였다.

어느 날 黑夜에 門外에서 金 先生을 부르는 者가 있다. 戶外에 나간즉 金龜야 좀 보자 한다. 나는 그 者의 音聲을 듣고 盧亨根임을 알겠다. 夜間에 무슨 事由로 왔느냐 問하매 盧哥는 와락 달려들어 나의 左便 팔을 힘껏 물고 늘어진다. 그리고는 힘껏 나를 끌고 儲水池 近邊으로 나간다. 그러나 隣家에 居住하는 洞人들이 겹겹이 둘러섰으나 一名도 敢히 싸움을 仲裁하는 者 全無하다. 나는 생각하였다. 이같이 無理한 놈에게는 義理도 所用이 없고 當場에 腕力으로 對抗할 수밖에 없는데 盧哥는 나에게 比하면 年富力强한 놈이다. 그러한즉 目償目齒償齒 格으로 나는 그놈의 右便 팔을 힘껏 물고 鷗河浦式 極端勇氣를 내어 抵抗한즉 盧哥는 그만 나의 물었던 팔을 놓고 물러선다. 나는 盧哥 羣兄弟와 徒黨이 몰려와서 隣家에 隱伏하고 盧亨根을 先鋒으로 派送한 內容을 알았다. 나는 高聲으로 亨根이 一名만으론 나의 敵手가 못 되니 너의 盧哥의 무리는 潛伏하고 있지만 말고 도적질을 하든지 사람을 죽이든지 豫定計劃대로 하여 보려무나 하였다. 果然 潛伏하고 形勢를 엿보던 盧亨極輩는 숭성거리기만 하고 나오는 者가 없고 亨根은 이애 金龜야 이前에 堂堂한 京監으로도 儲水池 물맛을 보고 쫓겨 간 者 얼마나 되는지 아느냐. 潛伏中에서 한 者가 툭 튀어나와 他處로 가며 하는 말이 어느 날이고 바람 잘 부는 날 두고 보자 한다. 나는 겹겹이 둘러서고 싸움 구경하는 者들을 向하여 여러 사람들은 저 者의 말을 銘心하라. 어느 날이고 내 집에 火災가 나면 저놈들의 所爲일 것이니 여러 사람들은 그때에 立證하라 하였다. 亨根이가 물러간 後에 여러 사람들은 나에게 盧哥 兄弟들과 仇讐를 맺지 말라고 勸한다. 나는 峻嚴하게 責하고 밤을 지내었다. 翌朝에 庸震 鴻亮 叔姪이 醫師 宋永瑞를 同伴하여 急步로 달려들어 나

어머님은 밤으로 安岳으로 通報하였다.

의 傷處를 診斷하여 訴訟手續을 準備한다. 盧哥 兄弟들은 몰려와서 叩頭謝罪를 한다. 震鴻 兩君을 挽止하고 盧哥

哥에게 다시는 此等 行爲가 決無하마는 誓約을 받고 該 問題는 落着하였다. 從此 以後는 旣爲 頒布한 農規를

一遵施行하였다.

나는 날마다 일찍 起床하여 作人의 집을 尋訪하여 懶怠하여 늦도록 잠을 자는 者 有하면 깨워서 責하여 家務를

執行하도록 하며 家庭이 汚穢한 者는 淸潔을 施케 하며 柴草를 採하고 草鞋 綱履 織席을 獎勵하였다. 收穫期에는

平時에 作人들에 勤慢簿를 備置하였다가 農庄主의 許可를 得한 範圍에 勤作한 者에게는 厚히 賞與하고 怠慢한 者

에게는 다시 怠慢하면 眡作權을 許치 않는다고 豫告하였다.

從前 秋收時에는 居半이 打場에서 債務者가 모여들어 穀物 全部를 다 가져가고 作人은 打作器具만 携帶하고 집

으로 가던 者가 나의 監督을 받은 後에는 穀包를 自己 집으로 運積하게 되매 農家 婦人들이 더욱 感心하여 나를

집안 늙은이 모양으로 親切하게 待遇하고 賭博의 風은 거의 根絶이 되었다.

此際에 張德俊 君이 載寧에서 明信女校 所有 庄土를 管理하게 되므로 張 君의 平時 硏究와 日本 遊學時에 視察

한 農村開發의 方案을 具하여 將來 協助하기로 數次 書信이 往復되었다. 東山坪에서 같이 農土 看檢하는 同業者

요 兼히 同志인 池一淸 君은 昔日 敎育時代부터 知己이므로 幷力 進行하매 그 效果가 尤著하였다.

女兒 恩敬이가 死亡하고 妻兄 亦是 死亡하여 該地 共同墓地에 埋葬하였다. 戊午 十一月에 仁이가 生하다. 仁이

가 胎中에 있을 때의 어머님 所望은 勿論이고 여러 親舊들이 生男하기를 바라는 것은 나의 나이가 四十餘에 況

又 無妹獨身으로 子息이 없음을 憂慮함일러라. 仁이가 난 後에 金庸濟는 어머님을 致賀日 아주머님 손자 장가 보

낼제 내가 後行 가요. 金庸昇 進士는 作名을 擔任하여 金麟이라 한 것을 倭의 民籍에 登錄된 까닭에 仁으로 고쳤

다.

仁의 生後 三朔이라. 陰曀의 冬寒이 已過하고 陽春和風이 부는 己未年 二月이 돌아왔다. 靑天에 霹靂과 같이

京城 塔洞公園에서는 獨立萬歲聲이 起하였고 獨立宣言書가 各 地方에 配布되자 平壤 鎭南浦 信川 安岳 溫井 文化

各地에서 벌써 人民이 蹶起하여 萬歲를 부르고 安岳에서도 籌備하던 時라.

張德俊 君은 사람으로 하여금 自轉車를 태워 一度 書信을 送致하였다. 開閱한즉 國家大事가 起하였으니 같이

載寧에 앉아서 討議進行하자 하였다. 나는 觀機而動하마고 答緘을 보내고 密行하여 鎭南浦에를 건너 平壤으로 가

려 한즉 親舊들이 平壤을 無事到達키 不能한즉 還鄕하라는 勸告를 듣고 卽日 回還하였다. 집에 돌아온즉 安

岳에서는 旣爲 準備가 完成되었으니 나도 나가서 萬歲를 같이 부르자는 靑年이 있다. 나는 그들에게 萬歲運動에

는 參與할 마음이 없다고 하였다. 그들은 先生이 參與치 않으면 누가 唱導하느냐 한다. 나는 다시금 그들에게 獨

立이 萬歲만 불러서 되는 것이 아니고 將來事를 計劃 進行하여야 할 터인즉 나의 參不參이 問題가 아니니 어서 萬

歲를 부르라 하여 돌려보내고 그날에 安岳邑에서 불렀다.

나는 그 翌朝에 坪內 各 作人에게 指揮하여 農具를 가지고 一齊히 모이라 하고 지팡이를 짚고 築垌에 올라 堤垣

修理에 沒頭하였다。나의 집에를 把守하던 憲兵 놈들이 나의 動靜을 보아야 農事準備만 함으로인지 午正이 되매

柳川으로 올라가 버린다。나는 點心時間에 各 作人에게 役事竣工을 言托한 後 나는 暫時 隣洞에 다녀오마 하고

安岳邑에 到着한즉 金庸震 君이 말을 한다。鴻亮더러 上海를 가랬더니 十萬을 주어야 가지 그렇지 못하면 不發한

다고 하니 先生부터 가시고 鴻亮은 追後로 갈 셈 대고요。

遲滯할 수 없는 形便을 보고 卽時 出發하여 沙里院에 到着하여 金禹範 君에게서 一宿하고 翌朝에 新義州車에를

올랐다。車室 內에는 물 끓듯 하는 말소리가 萬歲 부르는 이야기뿐이다。平金川은 何日 불렀고 延白은 어느 날

黃鳳山에서 어떻게 불렀고 平壤을 지나매 亦是 어디서 萬歲 부르다가 사람이 幾名이 傷하였다。어떤 사람은 우리

가 죽지 않고 獨立이 되오! 또 어떤 사람은 우리 독립은 벌써 되었지요。아직 倭가 물러가지만 않은 것뿐인즉 全

國의 人民이 다 떠들고 일어나 萬歲를 부르면 倭놈이 自然 쫓겨 나가고야 말지요。그런 이야기에 주린 것도 忘却

하고 新義州驛에서 下車하였다。

그 前日에 新義州에 萬歲를 부르고 二十一名이 拘禁되었다 한다。開札口에 倭놈이 지키고 行客을 嚴密檢查한

다。나는 아무 行李도 없이 手巾에 旅費만 싸서 腰帶에 잡아매었다。何物이냐 問함에는 돈이라 하였고 무엇하는

사람이냐 問함에는 材木商이라 하였다。倭놈은 재목이 사람이야? 하고 가라고 한다。新義州市內에 들어가 療飢

를 하며 空氣를 살펴본즉 그곳 亦是 洶洶하다。오늘 밤에 또 부르자고 아까 通知가 돌아갔다는 등 술렁술렁한다。

나는 中國人의 人力車를 불러 타고 바로 큰 다리 위로 지나서 安東縣에 어떤 旅館에서 變姓名하고 小米商으로 標

榜하고 七日을 經過하여 怡隆洋行 배를 타고 上海로 出發하였다。

黃海岸을 經過할 時에 日本警備船이 囉叭을 불고 따라오며 停輪을 要하나 英人艦長은 들은 체도 아니하고 全速

力으로 警備區域을 지내어 四日 後에 無事히 浦東 碼頭에 下碇하였다. 同船 同志는 合 十五名이었다. 安東縣에서 一

는 아직 氷塊가 疊疊이 쌓인 것을 보고 黃浦 碼頭에 내리며 바라본즉 綠陰이 우거졌다. 公昇西里 十五號에서

夜를 宿하였다.

此時에 上海에 集合된 人物 中에 나의 平素의 親熟한 이의 名字는 李東寧 李光洙 金弘敍 徐丙浩 四人만 聞知하

겠고 其外는 歐美와 日本에서 渡來한 人士들과 中俄領과 內地로 來會한 人士와 在來 中國에 遊學 及 營商하는 同

胞의 數를 統計하면 五百餘名이라 한다.

翌朝에 在前부터 上海에 率眷 先住하던 金甫淵 君이 와서 自己 집으로 引導하여 宿食을 同히 한다. 金 君은

長淵邑 金斗元의 長子이고 敬信學校 出身으로 前者에 내가 長淵에서 學事를 總察할 時부터 나에게 誠心愛護하던

靑年이니라. 同志들을 尋訪하여 李東寧 李光洙 金弘敍 徐丙浩 等 舊同志를 逢握하였다.

其時에 臨時政府가 組織되었다. 이에 對하여는 國史에 詳載될 터이므로 畧하고 나는 內務委員의 한 사람으로

被選되었다. 其後에 安昌浩 同志는 美洲로부터 渡滬하여 內務總長으로 就任하고 制度는 次長制를 採用하였다.

警務局長

나는 安氏에게 政府門戶 把守를 請願하였다. 理由는 從前에 內地에 있을 제 나의 資格을 試驗키 爲하여

二一三

巡査試驗科目을 보고 私自試過에 及格키 難함을 알았던 自驗과 虛榮을 貪하여 實務에 疎忽할 慮가 有함이라。安

內務總長은 快納하였다。自己가 美國에서 보는 바에 特히 白宮만 守護하는 官吏를 實한즉 우리도 白凡 같은 이가

政府廳舍를 守護케 되는 것이 좋으니 國務會議에 提出하여 決定한다 하였다。

翌日에 島山은 나에게 忽然 警務局長 辭令書를 交付하며 就任視務를 力勸한다。國務會議에 各部 總長들이 아

직 다 就任치 않았으므로 各部 次長이 該部 總長의 職權을 代理하여 國務會議를 進行하던 때라。其時 次長 等에

는 尹鉉振 李春塾 等 妙妙靑年이므로 老人으로 門을 開閉케 하고 그리로 通過하기가 未安하다 하고 白凡 等이 多年

監獄生活에 倭놈의 實情을 잘 알 터인즉 警務局長이 可合하다고 認定되었다 한다。나는 巡査에 資格이 되지 못하

는데 警務局長이 何에 當한가 한즉 島山은 强勸하기를 白凡이 萬一 辭避하면 靑年次長들의 部下 되기가 싫다는

것으로 여러 사람이 생각될 터이니 勿辭行公하라고 한다。나는 不得已 應諾하고 就任視務하였다。

二年에 家妻가 仁이를 率하고 來滬하여 同居하였고 內地에는 어머님이 丈母와 같이 東山坪에 계시다가 丈母 또

한 別世한지라 亦是 그곳 共同墓地에 安葬하고 四年에 來滬하여 趣味 있는 家庭을 成하였다。그해 八月에 信이가

生하다。

警務局에서 接受한 內地報道를 依하면 倭놈이 나의 國母報讐事件을 二十四年 만에 비로소 알았다 한다。이 秘

密이 이같이 長久한 歲月 況且 兩西에는 人人皆知하던 일을 그같이 오랫동안 지내어 온 것은 참으로 稀奇하다 하

겠다。내가 學務總監의 職을 띠고 海西 各郡을 巡回할 때의 學校에나 公衆에게 倭놈을 다 죽여 우리 怨讐를 갚자

고 演說할 時는 每每 나를 본받으라고 海州檢事局과 京城總監部에 各方 報告를 搜集하

고 나의 一言一動이 金龜란 題目을 쓴 册子에 詳載하였건마는 어떤 偵探이라도 그 事實만은 倭놈에게 報知치 않

았던 것이다. 그러다가 나의 몸이 本國^{본국}을 떠나서 上海^{상해}에 到着^{도착}한 줄을 알고야 비로소 그 事實^{사실}이 倭^왜에게 알아졌다

한다. 나는 이것 한 가지 일을 보아도 우리 民族^{민족}의 愛國誠^{애국성}이 足^족히 將來^{장래}에 獨立^{독립}의 幸福^{행복}을 享^향하리라고 預期^{예기}한다.

民國^{민국} 五年^{오년}에 內務總長^{내무총장}으로 視務^{시무}하였다.

상처
喪妻

그간에 家妻^{가처}는 信^신이를 解産^{해산}한 後^후에 落傷^{낙상}으로 因^인하여 肺炎^{폐렴}되어 幾年^{기년}을 苦生^{고생}하다가 上海^{상해} 寶隆醫院^{보륭의원}에 診察^{진찰}을 受^수

하고 亦是^{역시} 西洋人^{서양인} 施設^{시설}의 隔離病院^{격리병원}에 入院^{입원}케 되매 나는 寶隆醫院^{보륭의원}에서 막음 作別^{작별}하고 虹口肺病院^{홍구폐병원}에 入院^{입원}하였다가

六年^{육년} 一月^{일월} 一日^{일일}에 永遠^{영원}의 길을 떠났다. 法界^{법계} 嵩山路^{숭산로} 捕房^{포방} 後面^{후면}인 共同墓地^{공동묘지}에 埋葬^{매장}하였다.

나의 本意^{본의}는 우리가 獨立運動^{독립운동}의 期間^{기간}에 婚葬^{혼장}의 盛大^{성대}한 儀式^{의식}으로 金錢^{금전}을 消耗^{소모}함을 不贊成^{불찬성}하였으므로 家妻^{가처}의 葬^{장례}

禮^례는 極^극히 儉約^{검약}하게 하기로 하였으나 여러 同志^{동지}들이 家妻^{가처}가 已往^{이왕}부터 나로 因^인하여 無雙^{무쌍}한 苦境^{고경}을 經過^{경과}한 것이 卽^즉

國事^{국사}에 貢獻^{공헌}이라 하여 나의 主葬^{주장}을 不許^{불허}하고 各其^{각기} 捐金^{연금}하여 葬儀^{장의}도 盛大^{성대}하게 지내었고 墓碑^{묘비}까지 竪立^{수립}하였다. 其^{기중}

中에 柳世觀 寅旭 君은 病院交涉과 墓地周旋에 誠力을 다하였다.

家妻가 病院에 入할 時에 仁이도 病이 重하여 共濟醫院에 入院治療하다가 家妻의 葬禮 後에 完差 退院하였다.

信이는 겨우 步法을 習할 時요 아직 乳汁을 먹을 때라 食物은 牛乳를 使用하나 잘 때는 반드시 할머님의 빈 젖을

물고야 잠이 든다. 차차 말을 배울 때는 但只 할머님만 알고 어머니가 무엇인지를 모른다.

八年에 어머님은 信이를 率하고 故國으로 가셨다. 九年에는 仁이까지 보내라는 어머님 命令에 依하여 還國시키

고 滬上에는 나의 一身만 形影相隨한다.

國務領

同年 十一月에 國務領으로 被選되었다. 나는 議政院 議長 李東寧에게 對하여 내가 金尊位의 아들로서 아무리

雛形일망정 一國의 元首가 됨이 國家의 威信을 墜落케 함이니 堪任키 不能이라 하였으나 革命時期에는 無關이라

고 强勸하므로 不得已 承諾하고 尹琦燮 吳永善 金甲 金澈 李圭洪으로 內閣을 組織한 後에 憲法改正案을 議院에

提出하여 獨裁制인 國務領制를 고쳐서 平等인 委員制로 改定 實施하여 當今은 委員의 一人으로 被任 視務한다.

나의 六十 平生을 回顧하면 너무도 常理에 벗어지는 일이 한두 가지가 아니다. 대개 사람이 貴하면 窮이 없겠고

窮하면 貴가 없을 것이나 나는 貴亦窮 窮亦窮으로 一生을 지낸다. 國家獨立을 하면 三千里 江山이 다 내 것이 될

는지는 不知나 天下의 넓고 큰 地球面에 一寸土 半間屋의 所有가 없다. 그런 故로 過去에는 榮欲의 心理를 가지

고 窮을 免하여 보려고 버둥거려 보기도 하고 瓮算도 많이 하여 보았다. 到今하여는 이런 생각을 한다. 昔에 韓

愈는 送窮文을 지었지마는 나는 友窮文을 짓고 싶으나 不文이므로 그도 不能이다. 子息들에게 對하여도 아비 된

義務를 조금도 못 하였으므로 나를 아비라 하여 子息 된 義務를 하여 주기도 願치 아니한다. 너희들은 社會의 恩

澤을 입어서 먹고 입고 배우는 터이니 社會의 아들인 心誠으로 社會를 아비로 孝事하면 나의 所望은 이에서 더

滿足이 없을 것이다.

己未年 二月 二十六日이 어머님 還甲이므로 若干의 酒肴나 設備하여 親舊들이나 모으고 祝宴이나 하자고 家妻

와 議論을 하고 進行하려는 눈치를 아시고 어머님은 極히 挽止하신다. 네가 一年 秋收만 더 지내어도 좀 生活이

나을 터이니 한다면 네 親舊들은 다 請하여 하루 놀아야 하지 않느냐. 네가 困難한 中에서 무엇을 設備한다면 도

리어 내 마음이 不安하니 後年으로 讓하라 하시므로 未遂하였다. 不幾日에 去國行을 짓게 되고 其後에 上海에 오

셨으나 公私間 經濟上으로도 不許하지마는 設使 力量이 있다 하여도 獨立運動을 하다 殺身亡家하는 同胞의 日日

數十 數百의 慘報를 듣고 앉아서 어머님을 爲하여 壽筵籌備할 勇氣부터 없어진다. 그러므로 나의 生日 같은 것

은 口外不出하고 지내다가 八年에 羅錫疇가 食前에 多量의 肉菜를 사 가지고 와서 어머님에게 드린다. 今日이 先

生님 生辰이 아닙니까。 그리하여 돈은 없고 衣服을 典當하여 고기 斤이나 좀 사 밥해 먹으려 왔습니다 한

다。 그리하여 가장 榮光스러운 대접을 받은 것을 永遠紀念할 決心과 어머님에게 對하여 너무 罪悚하여 나의 죽는

날까지 나의 生日을 紀念치 않게 하고 日字를 記入치 아니한다。

上海에서 仁川의 消息을 듣건대 朴永文은 別世하였고 安浩然은 生存하였다 하기로 信便에 懷中時表 一個를 사

서 보내고 나의 眞跡을 말하여 달라 하였으나 回報는 없었다。 成泰英은 其間 吉林에 來住하였으므로 通信을 하였

다。 柳完茂는 北間島에서 뉘에게 被殺된 後에 아들 漢卿은 아직 北間島에서 居生한다 한다。 李種根은 俄國女子를

娶率하고 上海에 와서 種種 만나 보았다。 金亨鎭 遺族의 消息은 아직 듣지 못하고 金卿得의 遺族은 探問 中이라。

나의 經過記事 中에 年月日字를 記入한 것은 나는 記憶지 못하겠으므로 內地 어머님에게 書信으로 물어서 쓴

것이다。 나의 一生 第一 幸福이라 할 것은 氣質이 튼튼한 것이다。 監獄苦役에 迨近 五年에 一日도 病으로 休役한

적이 없는데 仁監에서 瘧疾에 罹하여 半日 동안 停役하였다。 病院이란 곳에는 혹을 떼고 濟衆院에서 一個月 上海

에 온 後에 西班牙感冒로 二十日 동안 治療한 것뿐이다。

己未 渡江 以後에 到今 十餘年에 其間 所經事에 對하여서는 重要且珍奇한 事實이 많으나 獨立完成 以前에는

絕對 秘密할 것이므로 너희들에게 알려 주도록 記錄지 못함이 極히 遺憾이다。 理解하여 주기를 바라고 그만 그친

다。

此書를 쓰기 始作한 지 一年이 넘은 十一年 五月 三日에 終了하였다。 臨時政府廳舍에서。

下卷

自引言

下卷은 重慶 和平路 吳師爺巷 一號 臨時政府廳舍에서 六十七歲 執筆。

本志 上卷은 五十三 時에 上海 法租界 馬浪路 普慶里 四號 臨時政府廳舍에서 一年餘의 時間을 가지고 記述하였

나니 其 動機로 言하면 弱冠에 投筆하고 年近 耳順토록 大志를 품고 나의 力量 薄弱과 才智의 固陋도 不顧하고

成敗도 不計 榮辱도 不問하고 國家와 民族을 爲하여 三十餘年을 奮鬪하였으나 一無所成하여 臨時政府를 十餘年

동안을 固守하여 왔으나 已未 以來 獨立運動이 漸漸 退潮期에 臨하여 政府 名義만이라도 保支키 難하여 年華도 就木이 近

던 말과 같이 幾個 同志로 더불어 孤城落日에 슬픈 旗발을 날리며 自度하기를 運動도 不振하고 當時 떠들

하였으니 不入虎穴이면 不得虎子 格으로 沈滯한 局面을 推動할 目的으로 一邊으로는 美包 同胞들에게 편지하여

金錢의 後援을 乞하며 一邊으로는 鐵血男兒들을 物色하여 테러(暗殺破壞) 運動을 計劃하는 時에 上卷 記述을 終

了한 後 東京事件과 虹口炸案 等이 進行되었나니 萬幸으로 成功되어 臭皮囊의 最後를 告할까 하여 本國에 있는

子息들이 長成하여 海外로 渡來커든 信傳하여 付托으로 上卷을 膽寫하여 美包 幾位 同志에 보내었으나 下

卷을 쓰는 今日에는 不幸으로 賤命이 姑保되었고 子息들도 已爲 長成하였으니 上卷으로 付托한 것은 問題가 없이

되었고 至今 下卷을 쓰는 目的은 하여금 나의 五十年 奮鬪事績을 閱覽하여 許多過誤로 殷鑑을 作하여 覆轍踏習을

避免하라는 것이다. 前後 情勢를 論하면 上卷을 記述하던 時 臨時政府는 外人은 姑捨勿論하고 韓人으로도 國務委員들과 十數人의

議政院 議員 以外에는 無人過問이니 當時 一般의 評判과 같이 名存而實無이었으나 下卷을 記述하는 時는 議員 委

員 들의 暮氣도 掃盡하고 內外軍財 四部行政이 飛躍的 進展이라 可謂하겠다.

內政으로 言之則 關內의 韓人의 各黨各派가 一致하게 臨時政府를 擁護持支하고 美墨쿠 各國의 韓僑 萬餘名이

推戴하고 獨立金을 政府로 上納하며 外交로 論하면 一自 元年 이後로 國際外交의 非不努力이나 中蘇美 等 政府當

局者들이 非公開的 讚助는 不無하였으나 公式的 應援은 無하였다.

今日에 至하여는 美 大統領 羅斯福 氏는 將來 韓國이 完全獨立하여야겠다고 全世界를 向하여 公式으로 廣播하

였고 中國의 立法院長 孫科 氏는 우리 二十三周 共公席上에서 日本帝國主義를 撲滅하는 中國의 良策은 莫先承認

韓國臨時政府라고 大聲叱號하였으며 臨時政府에서 華盛頓에 外交委員部를 設置하고 李承晩 博士로 委長을 任命

하여 外交와 宣傳에 努力中이며 軍政으로는 韓國光復軍이 正式 成立되어 李青天으로 總司令을 任命하고 西安에

司令部를 置하여 徵募 訓練 作戰을 計劃 實施中이며 財政으로 論하면 元年度로 一二三四年까지는 本國으로 秘密捐

納과 美包 韓僑의 稅捐上納의 實情이 元年度보다 二年의 數字가 減下되고 三四五六年 以下로 漸漸 減下(原因은

倭의 强壓과 運動의 退縮 等)되어 臨時政府 職務도 停滯되고 職員들도 總次長들 中에 投降 歸國者가 非至 一二人

이니 其次를 可知이니 重要原因이 經濟困難이었다.

그렇던 現狀이 虹口炸案 以後로 內外國人의 臨時政府에 對한 態度가 善變되어 政府財政 收入高가 年復年 增加

되어 二十三年度 收入이 五十三萬 以上에 達하니 臨時政府 設立 以來 破記錄이요 從此로 幾百千倍의 數로 增高될

階段에 入하였다. 當年에 上海 法租界 普慶里 四號 二層에서 慘澹하고 苦難한 環境을 克服하기 爲하여 最大最後

의 決心을 하고 本志 上卷을 쓰던 그때에 比하면 公體로는 畧干의 進步狀態로 볼 수 있으나 나의 自身으로 論하

면 日復日(일부일) 老病老衰(노병노쇠)를 迎接(영접)하기에 泪沒(골몰)하다. 上海時代(상해시대)를 죽자꾸나 時代(시대)라 하면 重慶時代(중경시대)를 죽어 가는 時代(시대)라 하

겠다.

有人(유인) 問曰(문왈) 畢竟(필경) 所願(소원)에는 如何(여하)히 죽음인가 하면 나의 最大(최대) 慾望(욕망)은 獨立成功(독립성공) 後(후)에 本國(본국)에 들어가 入城式(입성식)을 하고

죽음이나 至小(지소)로도 美包同胞(미포동포)들을 만나 보고 돌아오다가 飛行機(비행기) 위에서 죽으면 屍物(시물)을 投下(투하)하여 山中(산중)에 떨어지면

禽獸腹中(금수복중)에 海中(해중)에 떨어지면 魚類腹中(어류복중)에 永葬(영장)하는 것이다.

世上(세상)은 苦海(고해)라더니 生亦難死亦難(생역난사역난)이다.

는데서 可能(가능)한 것이다. 獄中(옥중)에서 나도 自殺(자살)의 手段(수단)을 쓰다가 兩次(양차)나 失敗(실패)(仁川獄(인천옥)에서 長疾扶斯時(장질부사시)와 十七年(십칠년) 後(후)

他殺(타살)보다 自殺(자살)은 決心(결심)곧 强(강)하면 容易(용이)하염 직하지마는 自殺(자살)도 自由(자유)가 있

築港工事時(축항공사시))하였고 西大門監獄(서대문감옥)에서 安梅山(안매산) 明根(명근) 兄(형)이 餓死(아사)를 決心(결심)하고 나에게 從容(종용)히 問(문)하거늘 나는 讚成(찬성)하였다.

及其(급기) 實行(실행)에 三四日(삼사일) 絶食(절식)은 배가 아프니 머리가 아프다는 것으로 看守(간수)의 質問(질문)을 應(응)하였으나 눈치 빠른 倭(왜)놈은 醫(의사)

師(사)로 診察(진찰)하고 梅山(매산)을 結縛(결박)한 後(후) 雞卵(계란)을 풀어서 口(구)를 强開(강개)하고 下咽(하인)하므로 自殺(자살)을 斷念(단념)하노라는 通告(통고)를 한 것 等(등)

을 보면 自由(자유)를 失(실)하면 自殺(자살)도 容易(용이)한 事(사)가 아니로다. 나의 七十(칠십) 平生(평생)을 回顧(회고)하면 살려고 하여 산 것이 아니고 살

아져서 산 것이고 죽으려고 하여도 죽지 못한 此身(차신)이 畢竟(필경)은 죽어져서 죽게 되었도다.

上海(상해) 到着(도착)

安東縣(안동현)에서 己未(기미) 二月(이월) ○日(일) 英商人(영상인) 쇼의 輪船(윤선)을 타고 十五人(십오인) 同行(동행)들과 같이 四日(사일) 航程(항정)을 終了(종료)하고 上海(상해) 浦東(포동) 碼頭(마두)

頭에 下碇하였다. 登陸코자 할 제 眼簾에 선뜻 들어오는 것 裙(치마)도 着지 않은 女子들이 三板船 노를 저으면

서 客人들을 渡運한다. 佛租界에 登陸하니 安東縣에서 乘船할 時는 冰塊가 쌓인 것을 보았는데 此地 馬路街 生樹

에는 綠陰이 우거지고 棉衣를 着하고도 船中에서 추운 고생을 하다가 이제는 背와 面에 땀이 난다.

그날은 一行들과 같이 公昇西里 十五號 우리 同胞의 집에서 담요만 깔고 房바닥 잠을 자고 翌日은 上海에 集合

된 同胞 中에 親舊를 調査한즉 李東寧 先生으로 爲始하여 李光洙 徐丙浩 金弘敍 金甫淵 等인데 金甫淵은 長淵郡

金斗元의 長子로 幾年 前에 妻子를 率하고 滬上에 來住하던 터로 來訪하고 自己 집에 同住를 請하매 應하여부터

는 上海生活이 始作되었다.

主人 金君을 案內者로 하여 十餘年 동안을 晝宵로 그립던 李東寧 先生을 찾았다. 그분은 年前 梁起鐸 舍廊에서

無量하여 무슨 말을 할 것도 생각이 나지를 않는다.

十餘年 동안 無雙한 苦生을 經過함인지 그같이 豊盈하던 얼굴에는 주름살이 잡히었다. 서로 握手하고 나니 慷慨

西間島에 가서 武官學校 設立과 志士들을 召集하여 將來에 光復事業을 準備할 重任을 全權委任하던 그때보다는

當時 上海 韓人은 五百餘名의 數字를 가진 중에 若干의 商業者와 留學生과 十數人의 電車會社 査票員을 除하고

서는 大部分이 獨立運動을 目的하고 本國 日本 美洲 中國 俄領에서 來會한 志士들이라.

內地 十三道가 各 大都市는 勿論이고 僻巷窮村에서라도 獨立萬歲를 부르지 않는 곳이 물 끓듯 하고 海外

도 우리 韓人은 어느 國土에를 居住하든지 精神으로나 行動으로나 獨立運動은 一致하게 展開되었나니 其 原因을

말하면 大體 兩個로 分解할 수 있으니 一. 所謂 韓日合併의 眞味를 不知하고 檀祖開國 以後 外族의 名義上으로

屬國으로 된 時도 있고 自族으로도 李氏가 王氏를 革命하고 自立爲王한 前例가 있으므로 倭놈에게 倂呑을 當하여

도 唐元明淸 等 時代와 같이 우리가 完全自治는 하고 名義上으로나 倭의 屬國이 되는 줄 認識하는 同胞가 大部

分이고 安南 印度에 行하는 英佛의 政治를 折衷하려는 倭놈의 毒計를 窺知하는 人士는 百分之二三에 不過하였으

나 合倂 後 第一着으로 安岳事件을 做出함과 第二次로 宣川 百五人事件의 慘虐無道한 것을 보고 是日曷喪의 惡感

情이 激發될 氣分이 濃厚함과 二。第一次世界大戰이 終了되고 巴里講和會議에서 美 大統領 윌슨이 民族自決主義

를 提倡한 以上 兩個 原因으로 우리의 萬歲運動이 爆發되었다.

그러므로 上海에 來會된 五百餘名의 人員은 어느 곳으로 來會하였든지 우리의 指導者인 老前輩와 年富力强한

靑年鬪士 들이라. 當時 上海에 新到人士들이 벌써 新韓靑年黨이 組織되어 金奎植을 巴里의 代表로 派送하였고 金

澈을 本國 內에 代表로 派遣하여 活動하는데 여러 靑年들 中에는 政府組織이 對內外하여 運動進展에 絕對 必要하

다는 聲浪이 漸高하여 各道에서 來滬한 人士들이 各其 代表를 選出하여 臨時議政院을 조직하고 臨時政府가 産生

되니 卽 大韓民國臨時政府라.

李承晩으로 總理를 任하고 內外軍財法交 等 部署가 組織되고 安島山이 美洲로 來滬하여 內務總長으로 就任하여

各部 總長이 遠地에 미처 來到치 못하므로 次長들을 代理로 하여 國務會議를 進行中에 李東輝 文昌範은 俄領으로

李始榮 南亨祐 等은 北京으로 集合되어 政府事務가 就緒될 즈음에 漢城에서 비밀히 各道 代表가 모여 李承晩으로

執政官總裁를 任한 政府를 組織하였으나 內地에서 行使키 不能하므로 上海로 보내니 不謀而同으로 兩個의 政府가

되었다.

於是乎 兩個 政府를 改造하여 李承晩으로 大統領을 任하고 四月 十一日에 憲法을 發布하였다. 此等 文字는

運動史와 臨時政府會議錄에 詳載하였으니 署記하고 自我에 對한 事實만을 쓴다.

二三五

나는 內務總長인 安昌浩 先生을 보고 政府 門把守 시켜 주기를 請하였다. 그이는 내가 벼슬을 시키지 않는 反

憾이나 가지지 않는가 疑慮의 빛이 보인다. 나는 從前 內地에서 敎育事業을 할 적에 어느 곳에서 巡査試驗科

目을 보고 집에 가서 혼자 시험을 쳐서 及格이 못 되었고 西大門監獄에서 懲役할 때에 願을 세운 것이 後日에 萬

一 獨立政府가 組織되거든 政府 뜰을 쓸고 門을 守直하기로 또는 名字는 九로 別號는 白凡으로 改하여 完全히 平

素 所願을 말하였다. 島山은 快諾을 하며 自己가 美國서 본즉 白宮을 守衛하는 官員이 있는 것을 보았으니 白凡

같은 이가 우리 政府廳舍를 守護함이 適當하니 明日 國務會議에 提出하마 한즉 心獨喜自負하였다. 翌朝에 島山은

나에게 警務局長 任命狀을 주며 就任視務를 勸하나 나는 固辭하였다. 巡査의 資格도 못 되는 나는 경무국장의 職

은 不敢當이라 하였으나 國務會議에서 白凡은 多年 監獄에서 倭놈의 事情을 잘 알고 革命時期 人材는 精神을 보

아서 登用함이라 하고 已爲 任命된 것이니 勿辭行公하라고 强勸하므로 就職視務하였다.

五年 동안 服務할 時에 警務局長이 訊問官 檢事 判事로 執刑까지 하게 된다. 要約하면 犯罪者 處分에 說諭가

아니면 死刑이다. 例를 들면 金道淳이가 十七歲 少年으로 本國에 派遣하였던 政府特派員의 뒤를 따라 上海에 와

서 倭領事館을 協助하여 特派員을 逮捕코자 旅費 十元을 받은 未成年을 不得已 極刑하는 旣成國家에서 보지 못할

特種事件 等이다.

警務局 事務에는 남의 租界에 寓住하는 臨時政府니만치 現今 世界 旣成 各國의 普通警察行政이 아니고 倭敵의

偵探의 活動을 防止하고 獨立運動者의 投降者 有無를 偵察하며 倭의 魔手가 어느 方面으로 侵入하는가를 明察하

기 爲하여 正服과 便衣 警護員 二十餘名을 任使하였다.

虹口 倭領事館과 우리 警務局이 對立이 되어 暗鬪中이다. 當時 佛租界 當局이 우리 獨立運動에 對하여 特別 同

情이 있으므로 日領事가 우리 運動者를 逮捕 要求가 有할 時는 우리 機關에 通知하고 及其 逮捕時는 日警官을 帶

同하고 空家를 搜索하고 갈 뿐이었다.

倭寇 田中義一이 黃浦 碼頭에서 吳成倫 等에게 炸彈을 맞았으나 爆發이 안 되므로 拳銃을 發射하여 美國旅行人

一女子가 中彈致死한 後 日英佛 三方의 合作으로 佛租界 韓人을 大擧 搜捕할 時에는 우리 집에는 母親까지 本國

서 上海로 오신 때라. 一日은 早朝에 倭警 七人이 怒氣騰騰하여 寢室에 侵入하자 佛警官 西大納이는 熟親한 者로

서 事前에 나인 줄 알았으면 잡으러 오지부터 않았을 터이나 倭말로 佛語로가 相異하여 逮捕狀의 名字를 金九로

不知하고 韓人 强盜로 알고 逮捕코자 한 것인데 及其 와서 본즉 잘 아는 터이라 倭놈들이 달려들어 鐵手匣을 채

우려 할 제 西大納은 禁止하며 나를 向하여 衣를 着하고 佛蘭西警務局으로 가자는 뜻을 表한다. 나는 그 말을 따

라 嵩山路 捕房으로 가서 본즉 元世勳 等 五人은 먼저 잡아다가 留置場에 拘禁하여 놓고서 내게 왔던 것이라. 내

가 留置場에 들어간 後에 倭警이 와서 訊問을 하려 한즉 佛人은 不許하고 日領事가 引渡를 要求함도 不聽하고 나

에게 問키를 被捕된 五人을 金君이 잘 아는 사람인가. 五人이 다 좋은 同志라 하였다. 또다시 묻기를 金君이 五

人을 擔保하고 데리고 가기를 願하는가. 願한다 한즉 卽時 釋放하는지라.

내가 多年 佛警察局에 韓人 犯罪者들이 被捕될 時는 나는 陪審官으로 臨時政府를 代表하여 訊問 處判하던 터이

므로 佛工務局에서는 나만 引渡치 않을 뿐 아니라 내가 保證하면 現行犯 外에는 卽時 放釋시키었다. 倭가 佛人의

나에게 對한 關係를 知得한 以後로 逮捕要求를 不爲하고 偵探으로 하여금 金九를 誘引하여 佛租界 外 英租界나

中國地界에만 데리고 오면 捕縛하여서 中英 當局에 通報만 하고 잡아갈 意圖를 안 後는 佛租界에서 雷地一步를

越去치 않았다.

佛租界生活을 十四年 동안에 奇怪한 事件을 一一이 記錄하기가 不能한 것은 年月日時를 忘失하여 順序를 차리

기 難하다。 五個年 警務局長의 職任을 帶하고 지낸 때에 高等偵探 鮮于甲을 誘引하여 捕縛訊問하여 死罪를 自認

하고 死刑執行을 願하는 것을 본 後에 살려 줄 터이니 將功贖罪할 터이나 한즉 所願이라 하기로 解縛而送之러니

上海에서 偵得한 文件을 臨時政府에 獻上하는 志願에 依하여 金甫淵 孫斗煥 等을 倭놈의 勝田旅館에를 時間

을 約條하고 送去하였으나 倭에게 告發하여 逮捕치 않고 내가 電話로 呼出하면 不移時刻하고 來待하다가 四日 後

에 暗逃하여 本國에 돌아가서 臨時政府 德意를 稱頌 云云。

姜麟佑는 倭警部로 秘密使命을 帶하고 上海에 와서 金九 先生에게 自己 來滬의 任務를 報告하겠으니 面對를

許하겠는가 來書하였기로 倭놈과 同行하면 足히 逮捕할 수 있는 英界 新世界菜館으로 請하고 正刻에 가서 본즉

姜麟佑 一人만 來到하여 總督府에서 使命을 受한 것은 某某 事件인즉 그 點을 注意하고 先生께서 거짓 報告資料

를 주시면 歸國 塞責이나 하겠습니다。 나는 快諾하고 資料를 잘 製作하여 주었더니 歸國 後에 功勞로 豐山郡守가

되었더라。

舊韓國 內務大臣 東農 金嘉鎭 先生은 韓日合倂 後에 男爵을 授하였던 것을 己未年 三一宣言 以後에 大同黨을

組織 活動하다가 子 毅漢 君을 率하고 餘年을 獨立運動 策源地에서 送함을 大榮光 大目的으로 自認하고 到滬한

後에 倭總督은 男爵 中에 獨立運動에 參加한 것이 日本에 羞恥로 認하여 毅漢 子婦의 從男兄인 鄭弼和를 密派하

여 金東農 先生을 隱密 勸告하여 歸國케 할 運動이 進行됨을 發見하고 秘密檢擧 訊問한즉 一一 自服하므로 處絞하

였고 海州人 黃鶴善은 獨立運動 以前에 來滬한 者인데 靑年으로 가장 우리 運動에 熱情이 있어 보이므로 各方에

서 來滬한 志士들이 黃 某의 집에 宿食게 됨을 機會로 하여 臨時政府 成立이 幾日이 못 된 政府를 惡評하여 新到

靑年 中에 東農 先生과 같이 京城에서 熱烈히 運動하던 羅昌憲 等이 黃 某의 毒計에 中하여 政府에 極端 惡感을 品고 金基濟 金毅漢 等 十數名이 臨時政府 內務部를 襲擊한 事件이 發生되자 政府 擁護하는 靑年들이 極度 憤激하여 肉搏戰이 開始하여 羅昌憲 金基濟 兩人은 重傷된지라. 內務總長 李東寧 先生의 命令을 受하여 捕縛된 十餘 靑年은 說諭 放送하고 重傷된 羅 金 兩人은 入院治療케 하였다.

警務局에서는 그 紛亂의 原因을 深査한則 可驚할 事件이 發生된다. 羅 金 等 活動의 背後에는 黃鶴善이가 活動 資金을 供給하였고 黃 某의 背後에는 日本領事館에서 資金과 計劃을 實施한 것이다. 黃 某를 秘密逮捕 訊問한則 羅昌憲 等의 愛國熱情을 利用하여 政府의 各 總長과 警務局長 金九까지 全部 暗殺키 爲하여 僻靜處에 三層洋屋을 租得하고 大門에 民生醫院이란 大看板을 붙이고 (羅 君은 醫科生) 政府要人들을 誘致 暗殺하자던 것이다. 黃 某의 訊問記를 가지고 羅昌憲에게 示한則 羅 君은 大驚하여 自初로 黃 某에 속아서 無意識的으로 大罪를 犯할 뻔한 內意를 說明하고 黃 某의 極刑을 主張하나 벌써 刑을 行하고 羅 君 等의 行爲를 調査中이었다.

어느 때는 姓 朴某의 우리 靑年이 警務局長 面會를 請하기로 面對한則 初面에 落淚하며 懷中으로서 短銃 一柄과 倭놈이 준 手牒 一冊을 내어놓으며 自己는 幾日 前에 本國으로 生計次로 上海에 來着하는 初頭에 日領事館에 나의 體育이 튼튼한 것을 보더니 金九를 殺害하고 오면 多數 金錢도 주고 本國 家族들은 國家土地를 주어 耕作케 하겠으나 萬一 不應하면 不逞鮮人으로 取締한다고 하기에 應諾하고 佛租界에 와서 先生을 멀리서 보기도 하고 獨立을 爲하여 애쓰시는 것을 보고서 나도 韓人의 一分子로 焉敢히 殺害할 마음을 품을 수 있습니까. 所以로 短銃과 手牒을 先生께 바치고 中國地方으로 가서 商業을 經營코자 하나이다. 나는 감사의 뜻을 表하였다.

나의 信條로 任事에 不疑人하고 疑人이면 不任事이니 一生을 通하여 此 信條에 對하여 種種 害를 當하면서도

天性(천성)이라 改變(개변)치 못하였는데 警護員(경호원) 韓泰奎(한태규)는 平壤人(평양인)인데 爲人(위인)이 勤實(근실)하므로 七八年(칠팔년)을 使用(사용)하는 사이에 內外人(내외인)의

信望(신망)이 甚厚(심후)하였던 것이다. 내가 警務局長(경무국장)을 辭免(사면)한 後(후)라도 警務局(경무국) 事務(사무)를 依然(의연)히 視(시)하던 터이라. 桂園(계원) 盧伯麟(노백린)

兄(형)이 어느 날 早朝(조조)에 나의 집에 와서 後路邊(후로변)에 어떤 靑年女子(청년여자) 一個(일개)의 屍體(시체)가 있는데 韓人(한인)이라고 中國人(중국인)들이 떠드

니 白凡(백범) 나가서 봅세다. 나는 桂園(계원)과 가서 본즉 明珠(명주)의 屍體(시체)이더라. 明珠(명주)는 下等女子(하등여자)로 上海(상해)를 어찌하여 왔던지

鄭仁果(정인과) 黃鎭南(황진남) 等(등)의 炊母(취모)로도 있었고 靑年男子(청년남자)들과 野合的(야합적) 行爲(행위)도 있는 모양인데 어느 때 夜半(야반)에 韓泰奎(한태규)와 同伴(동반)

하여 來往(내왕)하는 것을 보고 나의 生覺(생각)에 韓君(한군)도 靑年(청년)인즉 서로 親(친)한 關係(관계)가 있는가 보다 한 때가 그다지 머지않은

것이 追憶(추억)된다.

屍身(시신)을 仔細(자세)히 살펴본즉 被殺(피살)이 分明(분명)하다. 처음에는 打撲(타박)으로 頭上(두상)에 血痕(혈흔)이 있고 頸部(경부)에 繩子(승자)로 絞(교)하였는데

그 絞殺(교살)한 手法(수법)이 내가 西大門監獄(서대문감옥)에서 金進士(김진사)에게 活貧黨(활빈당)에서 死刑(사형)하는 것을 學得(학득)한 것을 警護員(경호원)들에게 演習(연습)시

켜 가지고 偵探處置(정탐처치)에 應用(응용)하던 그 手法(수법)과 恰似(흡사)하다.

나는 佛工務局(불공무국)에 달려가서 西大納(서대납)에게 告發(고발)하고 協同調査(협동조사)에 着手(착수)하였다.

家家(가가)에 모양이 어떠한 男女(남녀)가 租居(조거)한 事(사)있는가 探問(탐문)한즉 一個月(일개월) 前(전)에 韓某(한모)와 明珠(명주)가 同居(동거)한 事實(사실)을 發見(발견)하였으

나 明珠(명주)의 屍體(시체)가 있는 곳과는 相距(상거)가 遙遠(요원)하다. 그 屍體(시체)가 놓여 있는 近邊(근변) 房東(방동)의 租屋文簿(조옥문부)를 調査(조사)한즉 十餘日(십여일)

前(전)에 一房屋(일방옥)을 姓(성)한 韓(한)에게 租借(조차)한 形跡(형적)이 있는데 그 房門(방문)을 열고 仔細(자세)히 살펴본즉 마루 위에 血跡(혈적)이 있는지라. 그

런즉 韓(한)에게 疑惑(의혹)이 集中(집중)되는지라.

西大納(서대납)에 韓泰奎(한태규) 逮捕(체포)를 相議(상의)하고 나는 韓泰奎(한태규)를 불러서 近日(근일)은 어디서 宿食(숙식)을 하는가 問(문)한즉 房屋(방옥)을 租得(조득)지

못하여 이리저리 다니며 宿食(숙식)합니다. 問答(문답)할 즈음에 佛巡捕(불순포)가 逮捕(체포)하였다. 나는 陪審官(배심관)으로 訊問(신문)한즉 내가 警務(경무)

局長을 辭免한 後로 여러 가지 環境으로 倭놈에게 買收되어 密探을 하며 明珠와 秘密同居하던 中 明珠에게 倭의

走狗로 알게 되었고 明珠는 不學無識한 下流女子나 愛國心이 富하고 金九 先生을 極히 信仰한즉 반드시 告發할

形勢이므로 滅跡하기 爲하여 暗殺한 事實을 自白하므로 終身懲役에 處케 한 것이다.

此 事件에 對한 調査를 할 때의 同官이던 羅愚 等은 말하기를 우리는 韓某가 用錢如水함과 怪常한 行動은 十에

八九分 偵探이라고 推測한 지 已久이나 確實한 證據를 못 얻고 但只 疑心으로만 先生께 報告하였다가는 도리어

先生께 同志 疑心한다는 責妄이나 受할 것이므로 緘口하였다는 것이다.

그 후 韓泰奎는 監獄 重囚들과 같이 破獄을 共謀하여 陽曆 一月 一日 早朝에 擧事키로 決定하고 佛獄官에게 密

告하여 正刻에 看守들이 擔銃 戒備中에 各獄 房門이 一時에 開하며 刀棒 石灰를 가진 囚犯들이 나오는 대로 放

槍하여 八名의 囚犯이 卽死 後에 其他는 不敢動하여 獄亂은 鎭定되고 裁判時에 泰奎가 八人 枢首에 立하여 証人

으로 出庭하더라는 말을 들을 때에 그런 惡漢을 絶對 信任하던 自我는 世上에 擧頭키 不能한 自愧心으로 無雙한

苦悶으로 지내는데 一日은 泰奎의 書信이 왔기로 본즉 監獄囚로 同苦獄友를 八名이나 殘害하고 佛蘭西 獄官이 大

功으로 認하여 特典으로 放送되었으니 前罪를 容恕하고 使用하기를 願한다 하였으나 나의 回答이 없음을 보고 恕

이 났던지 歸國하여 平壤에서 小賣商으로 돌아다니더라는 消息을 들었다.

上海의 우리 時局으로 論하면 己未年 卽 大韓民國 元年에는 國內國外가 一致하여 民族運動으로만 進展되었으

나 世界思潮가 漸次 封建이니 社會이니 複雜化됨을 따라 우리 單純하던 運動界에서도 思想이 分岐되고 따라 陰으

로 陽으로 鬪爭이 開始되는 데는 臨時政府 職員 中으로 共産主義이니 民族主義이니(民族主義는 世界가 規定하는

自己民族만 強化하여 他民族을 壓迫하는 主義가 아니고 우리 韓國民族도 獨立自由하여 다른 民族과 같은 完全幸

福을 享有(향유)하자 함)의 分派的(분파적) 衝突(충돌)이 激烈(격렬)하여진다。甚至於(심지어) 政府(정부) 國務院(국무원)에서도 大統領(대통령)과 各部(각부) 總長(총장)에도 或은(혹) 民主(민주주의)

主義(주의) 或은(혹) 共産主義(공산주의)로 各走其是(각주기시)하니 擧其大者(거기대자)하면 國務總理(국무총리) 李東輝(이동휘)는 共産革命(공산혁명)을 부르짖고 大統領(대통령) 李承晚(이승만)은 데모

크라시를 主倡(주창)하여 國務會議(국무회의) 席上(석상)에서도 意見不一致(의견불일치)로 種種(종종) 爭論(쟁론)이 起(기)하여 國是(국시)가 서지 못하여 政府(정부) 內部(내부)에 奇怪(기괴)

한 現狀(현상)이 層生疊出(층생첩출)하니 例(예)하면 國務會議(국무회의)에서 俄羅代表(아라대표)를 呂運亨(여운형) 安恭根(안공근) 韓亨權(한형권) 三人(삼인)을 選派(선파)키로 決定(결정)하고 旅費(여비)

를 辦出(판출)하던 中(중)에 金錢(금전)이 入手(입수)됨을 보고 李東輝(이동휘)는 自己(자기) 心腹(심복)인 韓亨權(한형권)을 秘密先派(비밀선파)하여 西伯利亞(서백리아)를 通過(통과)한 後(후)에야

公開(공개)한즉 政府(정부)나 社會(사회)에 物議(물의)가 紛紜(분운)하였다。李東輝(이동휘) 號(호) 誠齋(성재)인데 海蔘威(해삼위)에서 姓名(성명)을 變(변)하여 大自由(대자유)라고 行世(행세)하던

일도 있다고 한다。

어느 날 李總理(이총리)는 나에게 公園(공원) 散步(산보)를 請(청)하기로 同伴(동반)하였더니 李氏(이씨)는 從容(종용)히 自己(자기)를 도와 달라는 말을 한다。

나는 좀 不快(불쾌)한 생각이 난다。나는 이같이 대답하였다。弟(제)가 警務局長(경무국장)으로 總理(총리)를 保護(보호)하는 터에 무슨 職責上(직책상)

로 잘못된 일이 있습니까。李氏(이씨)는 搖手曰(요수왈) 否否(부부)라。大底(대저) 革命(혁명)은 流血(유혈)의 事業(사업)이니 어느 民族(민족)에나 大事(대사)인데 現下(현하)

우리 獨立運動(독립운동)은 民主主義(민주주의)인즉 이대로 獨立(독립)을 한 後(후)에도 다시 共産革命(공산혁명)을 하게 되니 두 번 流血(유혈)은 우리 民族(민족)의

大不幸(대불행)인즉 적은이도 나와 같이 共産革命(공산혁명)을 하자는 要求(요구)이니 於意(어의)에 如何(여하)오。

나는 反問(반문)하였다。우리가 共産革命(공산혁명)을 하는 데는 第三國際黨(제삼국제당)의 指揮命令(지휘명령)을 받지 않고 우리가 獨自的(독자적)으로 共産革

命(명)을 할 수 있습니까。李氏(이씨)는 搖頭曰(요두왈) 不可能(불가능)이오。나는 强硬(강경)한 語調(어조)로 우리 獨立運動(독립운동)은 우리 韓族(한족)의 獨自性(독자성)을 떠

나서 어느 第三者(제삼자)의 指導命令(지도명령)의 支配(지배)를 受(수)함은 自存性(자존성)을 喪失(상실)하고 依存性(의존성) 運動(운동)이니 先生(선생)은 우리 臨時政府憲章(임시정부헌장)에

違背(위배)되는 말을 하심이 大不可(대불가)하고 弟(제)는 先生(선생) 指導(지도)를 應從(응종)할 수 없으며 先生(선생)의 自重(자중)을 警告(경고)합니다 하였더니 李氏(이씨)

는 不滿(불만)의 顔色(안색)으로 各散(각산)하였다。

李氏가 密派한 韓亨權은 單身으로 西伯利亞에 到着하여 俄官吏에게 來俄의 使命을 傳達한즉 俄官은 直時

莫斯科政府에 報告한 結果 俄政府에서 韓國代表를 歡迎하니 沿路韓人을 動員시켜 韓이 到着하는 停車場에마다

韓人男女들은 太極旗를 手持하고 臨時政府 代表를 熱熱 歡迎하였고 及其 莫斯科에 到達한즉 俄國 最高領 레닌 씨

가 親迎하여 韓에게 獨立資金을 幾何를 要하느냐 問할 時에 率口而出로 二百萬 루블을 要하였다. 레닌은 웃으면

서 日本을 對抗하는 데 二百萬으로 될 수 있는가. 韓은 말하기를 本國과 美國에 있는 同胞들이 資金을 調達한다

한즉 레닌은 말하기를 自己民族이 自己事業하는 것은 當然하다 하고 直時 二百萬 現金錢을 俄外交部에 命令

發케 하였으나 金塊 運搬을 試驗的으로 第一次 四十萬元을 韓亨權이 携帶하고 西伯利亞에 到着할 時期를 맞추

어 李東輝는 秘書長 金立을 密派하여 韓亨權을 慫慂하여 該 金塊를 臨時政府에 交納지 않고 金立은 該 金錢으로

北間島 自己 食口들 爲하여 土地를 買하며 所謂 共産運動者라는 韓人 中國人 印度人에게 幾許를 支給하고 自己는

上海에 秘密潛伏하여 廣東女子를 作妾하여 享樂하는지라.

臨時政府에서는 李東輝에게 問罪케 된즉 李氏는 總理의 職을 辭免하고 俄國으로 逃往하였고 韓亨權은 다시 俄

京에 가서 統一運動을 하겠다는 理由를 說明하고 다시 二十萬 루블을 가지고 上海에 潛入하여 共産黨徒들에게 金

力을 散給하여 所謂 國民代表大會를 召集하는 데는 韓人共産黨이 三派로 分立하였으니 上海에서 設立한 것은 曰

上海派니 其 首頭는 李東輝이며 曰 이르쿠츠크니 其 首頭는 安秉瓚 呂運亨 等이고 日本서 工夫하던 留學生들로서

日本서 組織된 것은 曰 엠엘派니 日人 福本和夫와 金俊淵 等을 首頭한 것인데 上海서는 勢力이 微弱하나 滿洲서

는 猛烈한 活動을 하였고 應有盡有로 李乙奎 李丁奎 兄弟와 柳子明 等은 無政府主義를 信奉하여 上海 天津 等地

에서 活動이 猛烈하였다.

上海서 開催한 國民代表會는 雜種會라야 可하니 日本 朝鮮 中國 俄國 等 各處 韓人團體의 代表라는 形形色色의

名稱으로 二百餘 代表가 會集하였는데 其中에는 尼市 上海 兩派 共黨이 서로 競爭的으로 民族主義者인 代表들을

分裂시켜 兩派 共黨이 擁攏하여 尼市派는 創造 上海派는 改造를 主張하다가 畢竟은 歸一되지 못하여 該會가 分裂되어

고 새로 政府組織을 하자는 것이고 改造派는 現政府 改造를 主張하다가 所謂 創造派는 現 臨時政府를 取消하

創造派에서는 韓國政府를 組織하고 該 政府 外務總長인 金奎植은 所謂 韓國政府를 끌고 海蔘威까지 가서 俄國에

出品하다가 俄國이 置之不理하므로 計不入量되었다.

國民代表大會가 兩派 共黨이 互相鬪爭하여 純眞한 獨立運動者들까지도 兩派 共黨에게 分立하여 或은 創造 或은

고 政府의 公金橫領犯 金立은 吳冕稙 盧宗均 等 靑年에게 銃殺을 當하니 人心은 稱快되더라.

改造로 全體가 搖亂케 되므로 나는 當時 內務總長의 職權으로 國民代表大會의 解散令을 發하여 時局은 安定되었

臨時政府에서는 韓亨權의 俄國代表를 罷免하고 安恭根을 駐俄代表로 派送하였으나 別效果가 없었고 俄國과의

外交關係는 從此 斷絶되었다. 上海에서는 共産黨들의 運動이 國民大會에서 失敗된 後에도 統一의 美名으로 不絶

히 民族運動者들을 慫慂하여 共黨靑年들이 依然히 兩派로 分立하여 同一한 目的 同一한 名稱 在中國靑年同盟과

住中國靑年同盟이 各其 上海 우리 靑年들을 爭奪하며 처음 主張이던 獨立運動을 共産運動化하자고 絶叫하다가 레

닌의 共産黨人들이 發論하기를 植民地運動은 復國運動이 社會運動보다 捷徑이라는 말에 따라 어제까지 民族運動

即 復國運動을 非難嘲笑하던 共産黨員들이 卒變하여 獨立運動 民族運動을 共産黨是로 主倡하는데 民族主義者들

은 自然 贊同되어 唯一獨立黨促成會를 成立하였는데 內部에 依然히 兩派 共黨이 權利爭奪戰이 明으로 暗으로 對

立이 되어 一步難進이므로 民族運動者들도 次次 覺悟가 생기어 共黨 欺瞞의 需用에 應치 않음을 알고 共黨의 陰

謀로 解散되었다.

그 後에 韓國獨立黨이 組織되니 純全한 民族主義者 李東寧 安昌浩 趙琬九 李裕弼 車利錫 金朋濬 金九 宋秉祚 等 主腦로 創立되었으니 從次로 民族運動者와 共産運動者가 組織을 따로 가지게 되었다. 共産黨들은 上海의 民族運動者들이 自己의 手段에 弄絡이 되지 않음을 覺悟하고 南北滿洲로 進出하여서는 上海의 活動보다 十層百層이 더 猛烈하였다. 李相龍의 子孫은 殺父會까지 組織이 있었다. 殺父會에서도 體面을 보았는지 會員이 直接 自手로 아비를 죽이는 것이 아니라 너는 내 아비를 죽이고 나는 네 아비를 죽이는 規則이라 한다.

南北滿洲의 獨立運動 團結體로 正義部 新民部 參議部 外에 南軍政署 北軍政署 等 各 機關에 共産黨이 侵入하여 各 機關을 餘地없이 破毀하고 人命을 殺害하니 白狂雲 鄭一雨 金佐鎮 金奎植 等 우리 運動界에 없지 못할 健將들을 다 喪失하였고 그로 因하여 內外地 同胞의 獨立思想이 날로 減殺되고 禍不單行으로 東三省의 王이라 할 張作霖과 日本과의 協定이 成立되어 獨立運動하는 韓人은 잡히는 대로 倭에게 引渡하고 甚至於 中國百姓들이 韓人一名의 首級을 베어 가지고 倭놈 領事館에 가면 幾十元 乃至 三四式 받고 팔았다.

何必 中國百姓이랴. 그곳 우리 韓人들도 처음은 아무리 中國 境內에 居住하나 家家戶戶에서 每年에 우리 獨立運動機關이 正義部나 新民部에 納稅를 恪勤히 하여 오던 順民들도 우리 武裝隊伍에게 淫威와 侵漁를 當하고 漸次 反心되어 獨立軍이 自家自洞에 到來하면 秘密히 倭놈에게 告發하는 惡風이 起하며 獨運者들도 漸次 倭에게 投降의 風도 起하고 보니 東三省의 運動根據는 自然 薄弱하여지자 倭놈의 卵翼下에 滿洲帝國이 産生되니 滿洲는 第二朝鮮이 되어 버리었다. 이 얼마나 傷痛한 事인가.

東三省 正義 新民 參議 三部의 臨時政府와의 關係는 如何하였던가. 臨時政府가 처음 組織될 時는 最高機關으로

認定으로 推戴를 하였으나 乃終에는 漸漸 割據化하여 軍政 民政을 三部에서도 合作을 아니하는 反面에 地盤을

투어 彼此 戰爭을 하기까지 하였다. 自侮而後에 人이 侮之라 함이 此를 指한 格言이로다.

情勢로 말하면 東三省 方面에 우리 獨立軍이 벌써 影絶되었을 터이나 三十餘年(獨立宣言 以前 近 十年 新興學

校時代부터 武裝隊가 있었다)인 今日까지 오히려 金一澤 等 武裝部隊가 依然히 山岳地帶를 依據하고 鴨綠 豆滿을

越하여 倭兵과 戰爭되는 데는 中國義勇軍과도 聯合作戰을 하며 俄國의 後援도 받아서 現狀을 維持하는 情勢이고

關內 臨時政府 方面과의 連絡은 極히 困難하게 되었다. 從前 統義 新民 參議 三部 中 參議部가 臨時政府를 始終

擁戴하다가 最後에 三部가 統一하여 正義部로 되자 自相踐踏으로 終幕이 되는 데는 共黨과 民黨의 衝突이 重要原

因이었다. 그리하여 共이나 民의 末路는 같은 運命으로 歸結되었다.

上海 情勢도 大約 兩敗俱喪이나 臨時政府와 韓國獨立黨으로 民族陣線의 殘骸만은 남았다. 그러나 臨時政府가

人才도 極難하고 經濟도 極艱하여 政府制度도 大統領 李承晚이 替任되고 朴殷植이 就任하여 大統領制度를 變更하

여 國務領制로 되어 第一回에 李相龍이 就任次로 西間島로부터 上海에 來到하여 人才를 物選하다가 入閣志願者가

없으므로 도로 間島로 歸去하고 其次에 洪冕熹를 選擧하여 鎭江에서 上海와 가지고 就任한 後에 組閣에 着手

하였으나 亦是 應하는 人物이 없으므로 失敗되었다.

그런즉 臨時政府는 마침내 無政府狀態에 陷하였다. 議政院에서 一大問題가 되었다. 議長 李東寧 先生이 내게

와서 國務領으로 組閣하라는 말로 強勸하거늘 나는 辭讓하였다. 議長은 다시 強勸하기로 兩個 理由를 가지고 固

辭하였다. 一은 나는 海州 西村 金 尊位의 아들로서 政府가 아무리 雛形時期일지라 하여도 一國의 元首가 되는

것은 國家 民族의 威信에 큰 關係가 된즉 不可하고 二는 李 洪 兩氏도 應하는 人才가 없어 失敗하였거늘 나는 더

욱 應할 人物이 없을 터이니 以上 兩個 理由로 遵命치 못할 旨를 言明한즉 李氏 曰 第一은 理由될 것도 없고 第

二는 白凡곧 出山하면 志願者들이 있은즉 快히 應諾하면 議政院에 手續을 經過하고 組閣하여 無政府狀態를 免케

하라는 勸告에 應하여 國務領으로 就任 組閣하니 尹琦燮 吳永善 金甲 金澈 李圭洪 等이었다. 組閣의 困難이 甚한

것을 切感하여 國務領制를 改定하여 委員制로 議政院에서 通過되었으니 國務會議 主席 名色이 있으나 開會時에

主席으로 各 委員이 替番할 따름이요 平等權利인즉 從此로 政府의 紛糾은 停息되나 따라서 經濟的으로 政府

名義라도 維持할 道가 漠然하다.

廳舍家屋 租金이 不過 三十元 雇人 月給이 未滿 二十元이나 房金問題로 房主의 訴訟을 種種 當하고 他委員은

거의 家眷이 있으나 나도 民國 六年에 喪妻하고 七年에 母親께서 信兒를 데리고 故國으로 돌아가시고 上海는 나

혼자 仁兒를 데리고 지내다가 母親의 命令에 依하여 仁兒까지 本國으로 보내고 形影相從으로 宿事는 政廳에서

食事는 職業을 가진 同胞들의 집(電車公司와 公共汽車公司 查票員이 六七十名이더라)에 다니며 乞食하고 지내

니 거지는 上等 거지다. 나의 處地를 아는 故로 누구나 嗟來食으로 대접하는 同胞는 없었고 其他 同胞들도 同情的으로 대접을 받았다.

秦熙昌 金毅漢 等은 親切한 同志들이니 더할 말이 없고

嚴恒燮 君은 有志青年으로 之江大學 中學을 畢業 後에 自家生活보다도 石吾(李東寧 先生의 名號) 先生과 나

같은 衣食末由한 運動者를 救濟키 爲하여 佛工務局에 就職을 하였나니 그는 月給을 받아 우리를 食供하는 外에

倭領事의 우리를 交涉 逮捕하는 事件을 探避함과 우리 同胞 中에 犯罪者가 있을 時에 便利를 圖키 爲한 兩個 目

的이었다. 嚴君의 初室 林氏는 舊式婦人인데 내가 自己 집에를 갔다가 나올 때는 門外에 나와 餞送할 時는 아기

한 개도 못 나은 아가씨로서 銀錢을 一二個式 나의 손에다 쥐어 주며 애기(仁兒) 沙糖이나 사 주셔요 하였으니

그것은 自己 男便이 尊敬하는 老輩로 親切히 待接하였는데 그이는 初産에 一女를 解産하고 不幸히 死亡하여 盧家

灣 墓地에 埋葬하였는데 나는 그이의 무덤을 볼 적마다 嚴 君이 能力이 不足하면 내라도 能力이 생기면 記念墓碑

나 세우리라 留念을 하던 것이나 及其 上海를 退出할 時는 그만 能力이 나는 넉넉하였지마는 環境이 惡劣하여 그

만 것도 不如意되어 이 글을 쓰는 今日에도 盧家灣 工務局 共同墓地 林氏 무덤이 眼中에 影寫된다.

當時 나의 要務가 무엇이었던가를 追考할진댄 다시 其時 環境이 어떻던 것을 말한다. 元年으로 三四年을 지내

고 보니 當時에는 熱烈하던 獨立運動者들이 한 개씩 두 개씩 왜놈에게 投降하고 歸國하는 者 臨時政府 軍務次

長 金義善과 獨立新聞社 主筆인 李光洙 議政院 副議長 鄭仁果 輩로 爲始하여 漸漸 其數가 增加되고 他一方으로는

政府密派로 歸國하여 政治로는 聯通制를 實施하여 秘密組織으로 京城에 總辦部를 置하고 十三道에 督辦을 置하고

各郡에 郡監 各面에 面監 以上 各 主務長官들을 臨時政府에서 任命하여 裏面으로는 全國을 統治하던 것이며 人民

이 秘密納稅도 誠心으로 하여 上海臨時政府 威信이 볼 만치 發揚光大하였으나 咸南으로부터 聯通制가 倭에게 發

覺되자 各道가 破壞되었으니 秘密使命을 가지고 갔다가 被捕된 者 不知其數이고 初也에는 熱誠으로 大志를 품고

上海로 來한 靑年들도 漸漸 經濟難으로 就職 或 行商으로 因하여 上海 우리 獨立運動者가 千餘名이던 것이 次次

其數가 減하여 數十名에 不過하니 最高機關인 臨時政府의 現狀으로 足히 測할 수 있다.

나는 最初에는 政府 門把守로 請願을 하였으나 畢竟은 勞動總辦으로 內務總長으로 國務領으로 委員으로 主席

으로 重任은 擧皆 歷任한 것이 門把守 資格이 進步가 된 것이 아니라 臨時政府가 人才難 經濟難이 極度에 達하여

마치 名譽가 錚錚하던 人家가 沒落되고 高大廣室에 乞人의 巢窟이 된 것과 恰似하다.

當年에 李 大統領이 就任 始務할 적에는 中國人士는 勿論이고 深目高準의 英佛美 親舊들도 더러 訪問을 하던

臨時政府에는 洋人이라고는 工務局 佛國 巡捕가 倭놈을 帶同하고 사람을 잡으러 오거나 稅金 督促이나 오는 外에

는 西洋人 叢中에 살지마는 西洋人 親舊는 한 개도 來訪者가 없었다. 그렇지마는 每年 크리스마스에는 至少 數百

元의 物品을 사서 佛領事와 工務局과 洋人 從前 親舊들에게는 어떠한 困難中이라도 十四年 동안 年中行事이니 此

는 우리 臨時政府가 存在한 表跡을 그들에게 認識시키는 方法에 不過하다.

나는 한 가지 研究實行한 一種事務가 있으니 곧 편지 政策이다. 四面을 돌아보아도 政府事業 發展은 姑捨하고

名義라도 保全할 道理가 없는데 臨時政府가 海外에 있느니만치 海外僑胞를 依賴할 수밖에 없는데 東三省이 第一

位로 二百五十餘萬名이 있으나 本國과 같이 되었고 第二位로 俄領이 一百五十餘萬名이나 共産國家라 民族運動을

禁止하니 그곳 同胞들에게 依賴키 不能하고 第三位 日本에 四五十萬名이 居住하나 依賴할 것 없고 美墨쿠에 第四

位로 萬有餘名인데 그들 大多數가 勞動者나 愛國心이 極富한 것은 그곳에 徐載弼 博士 李承晩 博士 安昌浩 朴容

萬 等의 訓陶를 받았으므로 그곳 同胞들에게 事情을 通하여 政府에 獻誠케 할 計劃을 定하였으나 나는 英文에

盲이라 皮封도 쓸 수 없고 同胞들 中에 幾個 親知가 있으나 住所도 알 수 없으므로 嚴恒燮 安恭根 둘의 助力으로

그곳의 住所 姓名 幾人을 知得하여 臨時政府의 現狀을 極盡 說明하고 同情을 求하는 편지를 써서 嚴 君이

나 安 君에게 皮封을 써서 郵送하는 것이 唯一의 事務라. 受信人이 없어 返還도 되지마는 大槪는 回答하는 同胞

들이 漸增한 中에 芝哥古 金慶 같은 이는 房金을 주지 못하여 政府門을 닫히게 되었다는 報道를 보고 卽時 共同

會를 召集하고 美金 二百餘元을 受捐 付送한 일도 있는데 金慶 氏亦是 一面不知이나 愛國心으로 이와 같은 義擧

를 한 것이다.

美包墨쿠 同胞들이 이같은 愛國心으로 어찌하여 政府의 獻誠이 疎忽하였던가. 다름이 아니라 政府에서 一年에

도 幾次式 閣員이 變更되고 憲法도 자주 變更되는 데 따라 政府 威信이 墜落된 原因이고 또는 政府事情을 자주

알게도 하지 않아서 同胞들이 政府를 不信任하였던 것이다. 그러다가 나의 通信이 있는 데서 漸次 信念

이 생기기 始作하여 하와이 安昌鎬 加哇伊 玄楯 金商鎬 李鴻基 林成雨 朴鍾秀 文寅華 趙炳堯 金鉉九 安源奎 黃仁

煥 金潤培 朴信愛 沈永信 等 諸氏가 나와 政府에 精誠을 쓰기 始作하고 桑港 新韓民報 方面도 漸次 政府에 向心

이 생기는 데는 金乎 李鍾昭 洪焉 韓始大 宋宗翊 崔鎭河 宋憲澍 白一圭 等 諸氏와 墨西哥에 金基昶 李鍾昕 쿠바

에 林千澤 朴昌雲 等 諸氏가 臨時政府에 後援하며 同志會 方面에 李承晚 博士로 爲首하여 李元淳 孫德仁 安賢卿

諸氏도 政府應援에 參加하니 美包墨쿠 韓僑는 全部가 政府 維持發展에 共同責任을 지게 된다.

하와이 安昌鎬 林成雨 等 諸氏가 諸氏가 편지로 묻기를 당신이 政府를 지키고 있는 것은 감사하나 당신 생각에 무슨 事

業을 하여 우리 民族에 큰 生色될 것을 하고 싶은데 거기 쓸 金錢이 문제된다면 주선하겠다는 것이다. 나는 回答

하기를 무슨 事業을 하겠다고 말할 必要는 없으나 간절히 하고 싶은 일이 있으니 從容히 金錢을 鳩聚하였다가 보

내라는 通知가 있을 때에 보내라 하였더니 그리하마는 承諾이 있다. 나는 其時부터 民族의 生色될 일이 무엇이며

내가 그런 일을 할 수 있을까 硏究하던 때라.

나는 財務部長이면서 民團長을 兼任하던 때라. 하루는 一個 中年同胞가 民團을 찾아왔다. 日本서 勞動을 하다

獨立運動이 하고 싶어 上海에 假政府가(日人이 指稱하기를 假政府) 있다기로 日前에 上海로 와서 다니다가 電車

査票員에게 물어서 普慶里 四號로 가라기로 찾아왔습니다. 根本 京城 龍山 居生이고 姓名은 李奉昌이라 한다. 上

海에 獨立政府가 있으나 運動者들은 아직 衣之食之할 力量이 없으니 所持金錢이 있습니까. 李氏日 現今 所持金

은 旅費하고 남은 것이 不過 十餘元입니다. 그러면 生活問題가 어찌할 辦法이 있소? 李日 그런 것은 근심이 없

二四〇

습니다. 나는 鐵工場에서 作業을 할 수 있은즉 勞動을 하면서는 獨立運動을 못 합니까. 내 말은 日力이 盡하였으

니 近處 旅館에 가서 明日 다시 이야기합시다 하고 民團 事務員 金東宇더러 旅館을 잡아 주라 하였는데 言語가

折半은 日語이고 動作이 日人과 恰似한즉 特別히 調査할 必要가 있다.

數日 後 民團 廚房에서 民團職員들과 自己가 酒麵을 사다가 같이 먹으며 酒至半酣에 民團職員들과 酒談하는 말

소리가 門外에 流出하는 말을 側聞한즉 李氏는 이런 말을 한다. 당신들 獨立運動을 한다면서 日本天皇을 왜 못

죽입니까. 民團員들 대답은 一個 文武官도 容易히 죽이지 못한데 天皇을 죽이기가 쉽겠소. 李 曰 내가 去年에 東

京에 天皇이 陵行한다고 行人을 匍匐하라고 하기에 엎드려서 생각하기를 내게 至今 爆發彈이 있다 하면 容易하지

않겠는가 하였습니다. 나는 젊은이들 飮酒하는 廚房으로 흘러나오는 李 氏의 말을 留心히 듣고 夕間에 李氏 旅

舍를 從容 訪問하였다.

李氏와 肝膽을 披瀝하여 心中事를 討盡하였다. 李氏는 果是 義氣男子로 日本에서 上海로 渡來할 時에 殺身成

仁할 大決心을 가슴에 품고 臨時政府를 찾아온 것이다. 李 氏는 이런 말을 한다. 제 나이가 三十一歲입니다. 이

앞으로 다시 三十一歲를 더 산다 하여도 過去 半生 生活에 放浪生活을 맛본 것에 비한다면 늙은 생활이 무슨 趣

味가 있겠습니까. 人生의 目的이 快樂이라 하면 三十一年 동안 肉身으로는 人生快樂을 대강 맛보았으니 이제는

永遠快樂을 圖키 爲하여 우리 獨立事業에 獻身을 目的하고 上海로 왔습니다. 나는 李氏의 偉大한 人生觀을 보

고 感淚盈眶을 不禁하였다. 李奉昌 先生은 恭敬하는 意志로 國事에 獻身할 指導를 請한다. 나는 快諾하였다. 一

年 以內에 君의 行動에 對한 準備를 할 터인데 至今 우리 政府에 經用이 窘絀하여 君을 接濟키 不能하고 君의 將

來 行動에 對하여 우리 機關 가까이 있는 것이 不便하니 何以則可乎아. 李 曰 그러시다면 더욱 좋습니다. 弟가

自幼時로 日語에 嫺熟하므로 日本서 지낼 때에 日人의 養子가 되어 姓名을 木下昌藏이라 行世하였고 今番 上海

오는 途中에도 李奉昌 本姓名을 쓰지 않았으니 弟가 日人으로 行世하고 準備하실 동안은 弟가 鐵工을 할 줄 안즉

日人의 鐵工場에 就職하면 高俸을 받을 수 있습니다. 나는 大贊成하고 우리 機關이나 우리 사람들과의 來往交際

를 頻繁히 말고 純全히 日人으로 行世하고 每月 一次式 夜半에 來顧하라고 注意시켜 虹口로 出發하였다.

數日 後에 來告하기를 日人 鐵工場에서 每月 八十元 月給으로 就職하였다 한다. 그 후부터는 종종 民團事務室

에 와서 술과 고기 국수를 사 가지고 와서 民團職員들과 술을 마시고 醉하면 日本 노래를 流暢하게 하며 豪放하

게 노는 故로 別名을 日本令監이라 하게 되고 어느 날은 日人行色 하오리에 게다를 신고 政府門을 들어서다가 中

國下人에게 驅逐을 當한 일도 있다. 그리하여 李東寧 先生에게와 다른 國務員들에게 韓人인지 日人인지 判斷키

難한 疑嫌人物을 政府門 內에 出入케 함이 職守에 疎忽하다는 꾸지람이 있는데 對하여는 調査研究하는 事件이

있다고 말을 한즉 强硬한 責備는 못 하나 여러 同志들이 不快한 생각은 一般이었더니라.

時間은 그럭저럭 一年이 近하여 온다. 美包에 通信은 아직 航空이 通치 못하는 時라 往復에는 거의 兩個月이 걸

리는 때라. 하와이에서 名目을 定한 金額 幾百 美金이 來匯되었다. 나는 그 돈을 받아서 거지 服色인 衣岱 中에

隱藏하고 乞食生活은 그대로 繼續하나니 나의 襤褸 속에 千有餘元의 金錢이 있을 것은 나 一個人 外에는 아는 사

람이 없었더니라.

此歲 十二月 中旬이라. 나는 李奉昌 先生을 秘密히 法租界 中興旅舍로 招來하여 同宿하며 日本行에 對한 諸般

問題를 商議하였다. 나는 金錢을 準備하는 外에 爆彈도 準備하였다. 王雄으로는 兵工廠에서 金鉉으로 河南省 劉

峙 方面에서 一二個의 手榴彈을 얻어서 藏置하였더니라. 手榴彈은 兩個를 携帶케 하는데 한 개는 日天皇을 炸殺

二四三

하고 한 개는 自殺用으로 定하고 使用法과 萬一 自殺이 不成功되는 時 被捕되면 訊問에 應할 語辭를 指示하고

朝에 懷中으로 紙幣·塊를 꺼내어 주고 日本行 準備를 다 하여 놓고 다시 오라고 作別하였다.

二日 後에 다시 와서 中興旅舍에서 最後 一夜를 共宿하는 때에 李氏는 이런 말을 한다. 그저께 제가 先生께서

弊破衣袋 中에서 多額의 金錢을 꺼내어 주시는 것을 받아 가지고 갈 때에 눈물이 나더이다. 왜 그런고 하니 弟

가 日前에 民團事務室에 가 본즉 職員들이 밥을 굶는 모양이기로 弟가 돈을 내어 국수를 사다가 같이 먹은 일이

있는데 前夜 共宿하시면서 하시는 말씀은 一種 訓話로 들었는데 作別하시며 생각도 못 한 돈뭉치를 주시니 法租

界에 一步地의 出脚을 못 하시면서 先生이 내가 이 돈을 가져가서 내대로 쓰면 先生이 돈을 찾으러 못 오실 터이지

요. 果是 英雄의 度量이로다. 나의 一生에 이런 信任을 받은 것은 先生께 처음이요 막음입니다.

그 길로 安恭根 집에 가서 宣誓式을 行하고 爆彈 兩個를 주고 다시 三百元을 주고 先生은 막음 가시는 길이니

이 돈은 東京 가시기까지 다 쓰시고 東京 到着 卽時로 電報하시면 다시 送金하오리다. 그리고 寫眞館으로 가서

紀念寫眞을 찍힐 때의 나의 面上에는 自然 悽然한 氣色이 있던지 李氏는 나를 勸한다. 나는 永遠快樂을 享코자

이 길을 떠나는 터이니 우리 兩人이 喜悅한 顏色을 띠고 寫眞을 하십시다. 나 亦是 微笑를 띠고 寫眞한 것이다.

汽車에 乘坐한 李奉昌은 머리 숙여 最後 敬禮를 하고는 無情한 汽車는 一聲 汽笛의 聲을 發하며 虹口 方面을 向

하고 疾走하여 버렸던 것이다.

十餘日 後에 東京 電報를 接한則 一月 八日에 物品을 放賣하겠다 하였다. 二百元을 막음 부쳤더니 그 후 片紙를

보면 돈을 미친 것처럼 다 써 버려서 主人 食價까지 負債가 있었는데 二百元을 받아다 淸賬하고도 돈이 남겠다

하였다.

一年 以前부터 우리 臨時政府에서는 하도 運動界가 沈寂한즉 軍事工作을 못 한다면 테러工作이라도 하는 것

이 絶對 必要한 것은 倭놈이 中韓 兩民族의 感情을 惡化키 爲하여 所謂 萬寶山事件을 做出하여 朝鮮에서 中國人

大虐殺事件이 仁川 平壤 京城 元山 等 各地에서 韓人 無賴輩가 日人의 嗾使를 받아 가지고 中國人을 逢捷打殺하

며 滿洲에서 九一八戰爭을 起하여 中國은 屈辱講和하였는데 戰爭時에 韓人 浮浪子로 中國人에게 狐假虎威의 惡行

을 極端으로 敢行하였은즉 中國人의 無識階級은 勿論이고 有識階級 人士도 種種 民族感情을 말하는 者를 보게 되

는 故로 우리는 極히 憂慮하였다. 그러자 上海서도 馬路上에서 中韓勞動者 間에도 種種 衝突이 生起던 때라. 나

는 政府 國務會議에서 韓人愛國團을 組織하여 暗殺破壞 等 工作을 實行하되 如何 金錢 如何 人物을 使用하든지

全權辦理하되 成功 失敗의 結果는 報告하라는 特權을 得하여 가지고 第一着으로 東京事件을 主辦하였는데 一月

八日이 臨迫하였기로 國務員에게 限하여 經過를 報告하고 萬一 事件이 發生곤 되면 우리는 좀 困難하겠다 하였더

니 一月 八日 新聞에 李奉昌이 狙擊日皇不中이라 登載되었다.

나는 極히 不快하나 여러 同志들은 나를 慰勞한다. 日皇이 卽死한 것만은 못하나 우리 韓人의 精神上으로는 日

本의 神聖不可侵의 天皇을 죽이었으며 이것이 世界萬邦에서 韓人이 日本에 同化되지 않은 것을 雄辯으로 証明함

이니 足히 成功으로 算하겠고 從此로 白凡은 注意하라는 부탁을 하였는데 果然 翌朝에 佛工務局에서 秘密通知가

있다. 十餘年來에 法國에서 金九를 極히 保護하여 왔으나 이번에 金九가 部下를 보내어 日皇에게 投彈한 事件에

對하여 日本이 반듯 逮捕引渡를 照會할 터인즉 佛蘭西가 日本과 開戰 決心을 하기 前에는 金九를 保護키 不能하

다는 旨를 말한다.

中國의 國民黨 機關報 靑島 民國日報는 大號活字로 韓人 李奉昌이 狙擊日皇不幸不中이라 하였더니 當地 日本軍

警이 民國日報社를 破碎하였고 非特靑島라. 福州 長沙 其他 許多 地方에서 不幸不中의 文字를 揭載한 곳이 많으

므로 此事를 擧하여 中國政府에 抗議交涉을 提起하매 各 新聞社는 閉鎖處分을 하고 了事하였으나 日人은 韓人에

게 當한 一個 事件으로만은 侵略戰爭을 開始하기가 不體面이던지 上海서 日本僧徒 一名을 中國人이 托殺하였다는

兩個 理由(日本 新語辭典에서 參照)로 上海 一二八戰爭은 開始되었다.

倭는 開戰中이라 그런지 나를 逮捕하기에 甚한 交涉은 없는 모양이다. 그러나 同志들은 安心을 못 하고 食宿을

一定케 말고 晝間은 行動을 休止하고 夜間은 同志 집에나 娼妓 집에서 자고 食事는 同胞 집으로 가면 簞食壺漿으

로 누구나 精誠으로 待接하더라.

中日戰爭이 開始된 後에 勇敢히 싸우는 十九路軍 蔡廷楷의 軍隊와 中央軍으로는 第五軍長 張治中이 參戰하여

戰爭이 激烈한데 閘北에서는 日兵이 衝火하고 火焰 中에다가 男女老幼를 投入 殘殺하여 慘不忍見의 悲劇이 演出

되며 法租界 內에도 處處에 後方 醫院을 設立하고 卡車에 戰死兵의 屍體와 受傷兵들을 滿載하여 木板 틈으로 赤

血이 流出하는 것을 目睹하고 滿腔熱誠으로 敬意를 表하며 淚下爲雨한다. 우리도 어느 때나 저와 같이 倭와 血戰

을 本國 江山에 忠血로써 染色을 할 날이 있을까. 눈물이 너무 흘러서 길에서 보는 사람들이 殊常하게 볼까 하여

물러와 버렸다.

東京事件이 世界에 傳播되자 美包墨쿠의 우리 同胞 中에도 歷來로 나를 同情하던 同志들은 極度로 興奮되어 나

를 愛護信任하는 書信이 太平洋上으로 雪片같이 날아오며 其中에는 從來로 臨時政府를 反對하던 同胞들도 態度를

改變하고 다시 하고 싶은 일을 하라고 金錢의 後援이 더욱 廣範圍로 動하며 中國戰事에 伴하여 다시 우리 民族의

生光될 事業을 하라는 付托이 遝至하나 臨渴掘井이라 準備가 없이 무슨 일을 할 수 있으랴.

우리 靑年들 中에 根本 壯志를 품고 上海에 왔던 親信志士요 弟子인 羅錫疇 李承春 等에 羅 義士는 銃과 爆彈을

품고 年前에 京城에 潛入하여 東洋拓殖會社에 侵入하여 七名의 日人을 射殺하였고 李承春은 天津서 被

拉되어 死刑당하고 現下 上海에 居住하는 親信靑年 中에서 一二八에 發生된 淞滬戰爭에 우리 民族의 光榮될 만한

事業을 講求中에 倭軍 中에서 우리 韓人勞動者를 採用함을 契機로 하여 幾名의 靑年을 結托하여 虹口 方面에 派

送하여 日軍役軍이 되어 調査한 結果 幾名이 軍用倉庫에를 日人勞動者와 같이 無難히 出入하여서 調査한즉 炸彈

庫 飛機庫에 燃燒彈을 裝置할 수 있는지라. 그리하여 王雄에게 付托하여 上海兵工廠에 交涉하여서 燃燒彈을 製造키

로 하고 날마다 催促하던 次에 淞滬協定이 簽字되는지라(郭泰祺).

嗟歎하는 즈음에 熱血靑年들이 秘密히 來訪하고 國事에 獻身할 터이니 나의 資格에 適當한 일감을 硏究하여 使

用하여 달라는 要求이니 此는 東京事件을 보고 靑年들 생각에 金九의 머릿속에는 不斷히 무슨 硏究가 있을 것으

로 생각한 모양이다. 李德柱 俞鎭軾은 倭總督 暗殺을 命하여 先派入國하고 柳相根 崔興植은 滿洲에 本庄繁 等 暗

殺을 命하여 相機進行코자 할 즈음에 同胞 朴震의 贋品(말총으로 帽子와 日用品을 만드는) 工場에서 工人으로 있

던 尹奉吉 君이 虹口 蔬菜場에 買菜業을 하다가 어느 날 從容히 찾아와서 自己가 菜籃을 背負하고 日日 虹口 方

面으로 다니는 것은 弟가 大志를 품고 上海를 千辛萬苦를 왔던 目的을 達코자 하였는데요 그럭저럭 中日戰爭도 先

中國에서 屈辱的으로 停戰協定이 成立되는 形勢인즉 아무리 생각하여 보아도 當死之處를 求할 길이 없으므로

生님이 東京事件과 같은 經綸이 계실 줄 믿으므로 믿으시고 指導하여 주시면 恩惠 白骨難忘입니다. 나는 從前에

工場 구경을 다니며 尹 君의 眞實한 靑年工人으로 學識도 있는 터로 生活을 爲하여 勞動을 하거니 생각하였는데

이제 說心論事를 하여 보니 殺身成仁의 大義大志를 품은 義氣男子임을 알고 나는 感服하는 말로 有志者事竟成이

니 安心하시오. 내가 近日에 硏究하는 바가 있으나 當任者를 求치 못하여 煩悶하던 次이었습니다. 戰爭中에 硏究

實行코자 經營하던 일이 있으나 準備 不及으로 失敗되었는데 至今 新聞을 본즉 倭놈이 戰勝之威를 仗하고 四月

二十九日에 虹口公園에서 所謂 天皇의 天長節 慶祝典禮式을 盛大하게 擧行하며 耀武揚威를 할 터이니 君은 一生

大目的을 이날에 達함이 何如오. 尹君은 快諾하며 하는 말. 저는 이제부터는 胷中에 一点 煩悶이 없어지고 安穩

하여집니다. 準備하십시오 하고 自己 寢所로 돌아갔다.

園에서 天長節 祝賀式을 擧行하는 터이니 그날의 式場에 參禮하는 데는 水壺(물병) 一個와 點心 辨當(밥그릇) 國

運退雷轟薦福碑 格으로 倭놈의 上海日日新聞에 領事館으로서 自己 住民에게 布告하기를 四月 二十九日 虹口公

旗 一面式을 가지고 入場하라 하였다.

나는 卽時 西門路 王雄(金弘壹) 君을 訪問하고 上海兵工廠長 宋式驫에게 交涉하여 日人의 어깨에(肩) 메는 水

壺와 辨當을 買送할 터이니 속에다가 炸彈을 裝置하여 三日 以內로 보내라 付托하였더니 王 君이 돌아와 報告하

기를 明日 午前에 先生님을 모시고 兵工廠으로 와서 先生님이 親히 試驗하는 것을 看檢하라니 好也라

하고 翌朝에 江南造船所를 찾아간즉 內部에 一部分 兵工廠이 있는데 規模는 크지 못하고 大砲나 步槍 等을 修理

하는 것이 主務인 듯하다.

技師 王伯修 領導下에 水壺 辨當 兩種 炸彈을 試驗方法을 본즉 庭中 一坐土窟을 掘하고 裏面에 四面으로 鐵板

으로 圍하고 炸彈을 그 속에 置하고 雷管 末에 長繩을 係하고 工人 一名이 繩端을 끌고 數十步 外에 匍匐하여 繩

子를 잡아다리니 土窟 속에서 霹靂聲이 振動하며 破片이 飛上하는 것이 一大壯觀이라. 試驗法則. 雷管 二十個를

試驗하면 二十個가 全部 爆發된 後라야 實物에 裝置한다고 하는데 이번 試驗은 成績 良好하다고 하는 말을 듣고

나는 心獨喜自負하였다.

上海兵工廠에서 이같이 親切하게 二十餘個 炸彈을 無料로 製造하여 주는 原因이 무엇인고 하니 이것이 李奉昌 義士의 恩惠니라. 廠長부터 自己네가 빌려주었던 炸彈의 力量이 薄弱하여 日皇을 炸殺치 못한 것을 遺憾으로 알던 터에 金九가 要求한다니 誠心으로 製造하여 주는 것이라.

翌日에 禁物을 우리가 運搬키 困難할 것을 알고 兵工廠 汽車로 西門路 王雄 君 宅으로 갖다가 주는 것을 나는 거지 服色인 中服을 脫却하고 넝마塵에 가 洋服 一襲을 買着하고 보니 儼然한 紳士라. 水壺와 辨當을 한 개씩 두 개씩 運搬하여 法租界 內 親한 同胞들의 집에 主人도 모르도록 貴한 藥品이니 불(火)만 操心하게 하고 가마귀 떡 감추듯 하였다.

當時 우리 同胞들은 東京事件 以後에 더욱 내게 對한 同情은 比할 데가 없다. 그러므로 本國 風俗이난 內外나 하거니와 海外 多年 生活에 兄弟親戚과 같아서 나에게 對하여는 男子들보다 婦人들의 愛護가 尤甚한 것은 어느 집을 가든지 先生님 아이 좀 안아 주시오. 내 맛있는 음식 하여 드리로다 하니 이것은 내가 아이를 안아 주면 아이들이 잘 잔다고 婦人들은 아이가 울면 내게 안겨 주던 것이었다. 그런 故로 嗟來食은 아니 먹은 듯하다.

그러자 四月 二十九日은 漸漸 迫近하여 온다. 尹奉吉 君은 말쑥하게 日本式 洋服을 改着시켜 날마다 虹口 方面에 가서 公園에 가서 式場設備하는 것을 살펴보고 當日에 自己가 行事할 位置와 白川大將의 寫眞이며 太陽旗를 買得하는 等等의 事務로 每日 虹口를 往來하고 見聞報告 中에 오늘 炸彈을 가졌던들 이제 當場 쳐 죽일 터인데 白川이 놈도 와서 弟가 그놈의 곁에를 立하였을 때에 何待明日고. 오늘 炸彈을 가졌던들 이제 當場 쳐 죽일 터인데 하고 생각나던데요. 나는 尹 君에게 이렇게 注意시켰다. 여보 그것이 무슨 말이오. 사냥 炮手 雉를 射할 時에 打飛하

게 하고 射落함과 林下宿鹿을 不射하고 打走時에 射擊하는 것은 快味를 爲함이니 君은 來日 成功의 自信心이 薄

하여 그러시오. 尹君 否. 그놈이 곁에 立한 것을 볼 때에 忽然히 그런 생각이 나더란 말씀입니다. 나는 尹君에

게 對하여 確實히 이번 成功할 것을 미리서 알고 있습니다. 君이 日前에 나의 말을 듣고 나서 하시던 말씀 中에

이제는 가슴에 煩悶이 休止하고 從容하여진다는 것이 成功의 鐵証으로 믿고 있습니다. 그 자리에서 내가 鴟河浦

에 土田讓亮을 打殺코자 할 時에 가슴이 울렁거리더니 高能善 先生의 指敎하던 得樹攀枝無足奇 懸崖撒手丈夫兒의

句를 想覺한즉 君我의 決心行事가 遙遙相同한 까닭이오. 尹君은 服膺하는 顔色을 가지더라. 尹君은 旅店으로

보내고 나는 炸彈 兩個를 携帶하고 金海山 君의 집에 가서 그 內外와 相議하였다. 尹奉吉 君을 明日 早朝에 重大

任務를 東三省으로 派送 터이니 저녁에 牛肉을 사다가 明日 새벽 早飯을 付托하였다.

翌日이 卽 四二九이다. 새벽에 尹君과 같이 金海山 집에를 가서 尹君과 같이 最後로 同卓하여 아침밥을 먹으

면서 尹君의 氣色을 살펴본즉 泰然自若하여 農夫가 田地에 工作하기 爲하여 자던 입에 먹는 것을 보아도

힘든 공작을 떠나는 것은 밥을 먹는 모양으로 알 수 있더라.

金海山 君은 尹君의 沈着勇敢한 態度를 보고 從容히 나를 보고 이런 勸告를 한다. 先生님 至今 上海서 우리의

行動이 있어야 民族的 體面을 保全케 된 此時에 尹君을 구태여 他處로 派送을 하시나요. 나는 두리뭉수리로대

답한다. 冒險事業은 實行者에게 全任하는 것인즉 尹君 마음대로 어디서나 하겠지요. 어디서 무슨 소리가 나는지

들어 봅시다. 그러자 七時를 치는 종소리는 들린다.

尹君은 自己 時計를 꺼내어 나를 주며 내 時計와 相換하기를 要하면서 自己 時計는 昨日 宣誓式 後에 先生 말

씀에 依하여 六元을 주고 買入한 것인데 先生님 時計는 二元짜리인즉 나에게는 一時間밖에 所用이 없습니다. 나

는 紀念品으로 받고 내 時計를 주었다. 尹君은 入場의 길을 떠나는데 汽車를 타면서 所持金錢을 꺼내어 나의 손

에 들려 준다. 왜 畧干의 돈을 가지는데 무슨 妨害가 있는가. 아닙니다. 汽車稅 주고도 五六元은 남겠습니다. 그

러는 즈음에 汽車는 움직인다. 나는 목메인 소리로 後日 地下에서 만납시다. 尹君은 車窓으로 나를 向하여 머리

를 숙이자 汽車는 소리를 높이 지르고 天下英雄 尹奉吉을 싣고 虹口公園을 向하고 疾馳해 버렸다.

나는 그 길로 趙尙燮의 商店에 들어가서 一封書를 書하여 店員 金永麟을 주어 急히 安昌浩 兄에게 보내었으

니 그 편지 內意는 今日 午前 十時頃에서부터 宅에 계시지 마시오. 무슨 大事件이 發生될 듯합니다. 그 길로 또

石吾 先生 處所로 가서 進行하는 事情을 報告하고 午飯을 먹고 무슨 消息이 있기를 기다리던 中 午後 一時쯤 되

어 곳곳에서 허다한 中國 사람들이 술렁거리는 말은 不一하다. 虹口公園에서는 中國人이 炸彈을 던져서 多數 日

人이 卽死하였다는 등 高麗人의 所爲라는 등 우리 사람들도 엊그제까지 蔬菜 바구니를 메고 날마다 虹口로 다니

면서 장사하던 尹奉吉이 驚天動地의 大事件을 演出할 줄이야. 金九 以外에는 李東寧 李始榮 趙琬九 幾人이 짐작

하게 되었던 것이다.

그러나 그날에 擧事하는 것은 나 一個人뿐이 알고 있는 故로 石吾 先生께 가서 報告하고 眞蹟한 消息을 기다린

다 하자 午後 二三時頃에 新聞號外로 虹口公園 日人의 慶祝臺上에 巨量 炸彈이 爆發되어 民團長 河端은 卽死하고

白川大將과 重光大使와 植田中將 野村中將 等 文武大官이 다 重傷 云云이고 日人 新聞에서는 中國人의 所爲라고

하다가 其 翌日에는 各 新聞에서 一致하게 尹奉吉의 名字를 大號活字로 揭載되고 法租界에 大搜索이 起한다.

나는 安恭根 嚴恒燮 兩人을 密召하여 從此로는 君 等의 家間生活은 내 負責할 터이니 우리 事業에 專務하라고

付托하고 當分 避身處를 美國人 費吾生 집에 交涉한즉 費 氏는 그 父親 費 牧師가 生存時에 우리에게 크게 同情

하던 터이라 그런지 極히 歡迎하므로 一江 金澈과 安 嚴 兩君과 나까지 四人이 費氏 집으로 移住하여 二層을 全

用하고 食事까지 費氏夫人이 極盡精誠을 다하여 尹義士의 犧牲의 功德을 벌써 받기 始作된다.

費氏宅 電話를 使用하여 法租界 內 우리 同胞의 집에 電話 號碼를 調査하고 가지고 電話로 時時로 우리 同胞의

被捉되는 報告를 듣고 經濟로 西洋律師를 雇聘하여 法律로 被捉된 同胞를 救濟하나 무슨 效果가 있으리마는 돈은

주어 집일도 도우며 避身코자 하는 者는 旅費를 주는 等 事務를 執行하여 被捉된 사람으로는 安昌浩 張憲根 金德

根 外 少年學生들이다.

날마다 倭놈들이 사람을 잡으려고 狂狗와 같이 橫行하는데 우리 臨時政府와 民團의 職員들과 甚至於 婦女團體

愛國婦人會까지도 集會 與否를 말할 餘地가 없이 되는 데 따라 우리 사람 사이에는 이같은 非難이 생기기 始

作된다. 이번 虹口事變의 主謀策劃者는 따로 있으면서 自己가 事件을 隱匿하여 無關係者들만 被捉케 함은 不可

하다고 李裕弼 等 一部 人士의 말이니 李氏 집에를 그날은 無妨하리라고 나의 片紙를 보고도 尋訪하였던 安昌浩

先生의 被捉은 自己 不察이나 主謀者가 아무 發表가 없은 關係로 사람이 함부로 被捉된다는 怨聲이라.

나는 眞相을 世上에 公開하자고 主論하였다. 在座한 安恭根은 極端으로 反對한다. 兄님이 法租界에 계시면서

이같은 發布는 太危險하다는 말이다. 나는 一向 反對하고 嚴恒燮으로 하여금 宣言文을 起草케 하여 費취 夫人에

게 英文飜譯하여 로이터 通信社의 發稿로 世界 各國에 東京事件과 上海 虹口事件의 主謀策劃者는 金九요 執行者

는 李奉昌과 尹奉吉이라 하였고 信川事件과 大連事件은 다 失敗나 아직 發布時期에 達치 못하였기로 以上 兩大事

件만을 爲先 發布한 것이다. 上海에서 重大事件이 發生된 것을 알고 南京에 駐紮이던 南坡 朴贊翊 兄이 上海로 와서 中國人士 方面의 活動

結果로 物質上과 여러 가지 便宜가 많으나 晝間에 電話로 同胞의 被捉者의 家眷을 慰勞하고 夜間은 安嚴朴等

同志가 出動하여 被捕家族들 救濟와 諸般 交際를 하는 中에 中國人士의 殷鑄夫 朱慶瀾 查良釗 等의 面會要求에

應키 爲하여는 夜間에 汽車를 타고 虹口 方面과 靜安寺路 方面으로 橫行하니 平日에 一步를 法租界 外에 投足을

아니하던 나의 行止는 大變動이었다.

다시 中國人士들의 우리에게 對한 態度를 말하리라.

士들의 나에게 對한 態度를 말하고 其次로 美包墨쿠 韓僑들의 나에게 對한 態度와 關內 우리 人士

第一 中國人이 萬寶山事件인 倭寇의 兩民族의 感情惡化政策으로 朝鮮의 處處에서 韓人 無賴輩를 總動員하여

中國人 商人과 勞動者까지 逢捷打殺케 한 感情으로 말하면 中流 以上은 倭寇의 毒計로 알지마는 下流階級에서는

依然히 高麗人打死中國人이라. 惡感이 東京事件 後에도 다 銷釋지를 못하였던 터인데 一二八 上海戰爭 時에 倭

兵은 衝火하는 一面에 崔英澤 같은 惡漢을 嗾使하여 中國人家에 들어가서 財物을 自己 物件같이 萬人共睹케 取去

한 事實이 許多하므로 主로 汽車나 電車의 韓人 査票員들 中國人 勞動者들에게 無理 毆打를 種種 當하던 터이나

四二九事件으로 因하여 中韓人의 感情은 極度로 好轉되었다.

第二로 美包墨쿠 在住韓僑들에 對한 信念은 極度로 前無後無하였으리라고 自信하고 싶으다. 東京事件이 完全 成功은

되지 못하였으나 조금이라도 民族의 光榮은 되게 되었던 나머지에 虹口事件의 絶對成功으로 因함이다. 果是 自此

以後로는 臨時政府의 納稅와 나에게 對한 後援이 激增하여지므로 漸次 事業이 擴張되는 階段으로 나가게 되었다.

關內 우리 獨立運動者 方面의 나에 對한 態度는 樂觀的으로보다도 悲觀的이 더 많다. 四二九 以後로 自然 身邊

이 危險케 된 關係上 平素 親知들의 面談 要求에 함부로 應할 수 없은 것이 그들의 唯一無二의 感情이었다. 그들

은 去月에 電車 查票員 別名 朴大將(沙里人)의 婚筵請牒을 받고 暫時 祝賀次로 그 집에 들어가서 廚房에 婦人들

을 보고 나는 速히 가야겠으니 빨리 국수 한 그릇만 달라고 부탁하여 冷麵 한 그릇을 速히 먹고 捲煙 一個를 피

위 물고 그 집 門間을 나서면 곧 우리 사람의 塵房이라 왔던 길이니 訪問코자 塵房으로 들어 미처 앉기도 前에 主

人이 내 엽구리를 꾹 찌르며 손으로 街上(霞飛路)을 指示하기로 본즉 倭警이 十餘名이 길에 列立하여 電車 지나

가기를 기다리더라. 나는 다시 피할 곳이 없은지라 서서 유리창으로 倭놈의 動向을 본즉 쏜살같이 朴大將의 집으

로 들어가는 것을 보고서 그 塵房을 나와 電車線路를 따라 金毅漢 君 집으로 들어가서 그 夫人을 朴大將의 집에

가서 본즉 바로 前에 倭놈 들어와 方今 들어온 金九가 어디 있는가 甚至於 아궁지 속까지 뒤지다가 갔다

는 것은 無人不知이고 이번 四二九事件 以後에는 第一次 二十萬元 懸賞이고 第二次는 日本外務省과 朝鮮總督府와

上海駐屯軍司令部 三部 合作으로 懸賞 六十萬元이었다.

나를 相面코자 하는 要領을 들으면 南京政府 要人에게 그대 身邊危險을 말하였더니 金九가 온다면 飛機라도 보

내마 한다는 둥 또는 아무리 危險하여도 冒險하고 일을 하지 않고 安閒한 生活을 하여서 되느냐 等等의 裏面에는

自己들과도 行動을 좀 같이 지내며 일도 같이 하자는 것이니 나로서 어찌 여러 사람들에게 滿足을 줄 道理가 있

는가. 何厚何薄할 수 없으므로 一切를 謝却하고 費取 宅에서 二十餘日을 經過하며 秘密活動을 하더니 一日 費夫

人이 急히 二層에 와서 偵探에게 우리 집이 發覺된 모양이니 速히 이 집을 떠나게 하자 하고 곧 下層에 가서 電

話로 自己 男便을 불러 自己네 汽車에 그 夫人은 나와 內外 모양으로 幷坐하고 費 先生은 車夫가 되어 庭內에서

車를 타고 疾馳하였다. 門外를 나가며 본즉 法人 俄人 中人(日人은 不見) 各國 偵探이 門前과 周圍에 林立하였으

나 美國人 家宅이 無可奈何하여 犯手치 못한 것이다. 法租界를 지나 中界에 汽車를 停立하고 나와 恭根은 火車站

二五三

으로 가서 當日로 嘉興 秀綸紗廠으로 避身하였으니 此處는 南坡 兄이 殷鑄夫와 褚補成 諸氏에게 周旋하여 幾日

前에 嚴 君의 家眷과 金毅漢 一家와 石吾 先生은 벌써 移舍하였던 것이다.

上海서 費 夫人이 報告하던 말은 如下하다. 自己가 下面에서 유리창으로 門外를 살펴본즉 어떤 동저고리 바람

으로 自己네 廚房으로 들어가는 中國人 勞動者 모양이 들어가던 것을 따라가서 何許人고 質問한즉 其人의 對答이

나는 洋服店人인데 宅에 洋服 지을 것이 있는가 물어보고자 왔습니다. 費 夫人 曰 그대가 내 廚房 下人에게 洋服

짓는 것을 問하는가 殊常하다 한즉 懷中에서 法捕房 偵探의 證憑을 내어 보이기로 外國人家에 함부로 侵入하느냐

한즉 對不起하고 가더라는 것인즉 그 집을 偵探들이 注意케 된 原因은 研究하여 보면 費氏 집 電話를 濫用하였

던 緣故인 듯하다.

나는 從此로 嘉興生活을 繼續하게 되어 父主 外家 姓字를 冒하여 張姓으로 行世하고 名은 震球라 或은 張震이

라고도 하였다. 嘉興에는 褚補成(號 慧僧) 氏의 故鄕인데 褚 氏는 浙江省長도 지낸 境內에 望高德重한 紳士이고

其 長子 鳳章(漢雛)은 美國 留學生으로 該縣 東門 外 民豊紙廠의 高等技士이더라.

其家는 南門 外에 있는데 舊式 집으로 그다지 宏傑치는 못하나 士大夫 第宅이라 보여지더라. 褚 先生은 自己

收養子 陳桐蓀 君의 半洋製 湖邊에 精築한 亭子 一所를 나의 寢室로 定하여 秀綸沙廠과 相望接近하고 風景도 甚

嘉한데 나의 眞面目을 아는 者는 褚 氏 宅 父子姑婦와 陳同生 內外인데 最困難者 言語라. 비록 廣東人으로 行世

를 하지마는 中語를 너무도 모르는 中에도 上海말도 또 다르니 벙어리의 行動이더라.

嘉興에 山은 없으나 湖水는 낙지발같이 四通八達하여 七八歲 小兒라도 다 櫓를 저을 줄 아는 모양이더라. 土地

는 極히 肥沃하며 各種 物産이 豊富하고 人心風俗이 上海와는 딴 世上이다. 商店에 에누리가 없고 店房에 顧客이

무슨 物件을 忘置하였다가 幾日 後에라 찾으면 잘 保管하였다가 공손히 내어주는 것은 上海서는 보기 稀貴한 美

風이더라.

陳同生 內外는 나를 引導하여 南湖 烟雨樓와 西門 外 三塔에는 明朝 壬辰難에 日兵이 侵入하여 隣近 婦女들을

잡아다가 寺院에 囚禁하고 一僧徒에게 守直케 하였더니 夜間에 該僧이 婦女들을 擧皆 放送하였으므로 倭놈들이

그 중을 打殺하여 血痕이 아직 石柱에 隱現 云云.

東門 外 十里許에 漢 朱買臣墓가 있고 北門 外에 落凡亭이 있는데 朱買臣이가 書痴 모양으로 自己 妻 崔氏가

農作을 가면서 나락을 보라고 付托한 것을 田地에서 돌아와서 본즉 소낙비(雨)에 漂麥도 不知하고 讀書만 하

는 것을 보고 木匠에게 改嫁하였더니 其後에 朱買臣이 登科하여 會稽太守가 되어 돌아오는 길에 修路하는 女子

를 보니 自己의 妻라. 命載後車하여 官舍에 들어가 그 女子를 불러 보니 崔氏가 朱買臣의 榮貴함을 보고 다시

妻 되기를 願한즉 물 한 동이(盆)를 길어다가 땅에 覆하고 다시 收拾하여 한 동이가 되거든 同居하자 한즉 崔氏

가 그대로 試驗하다가 물이 동이에 채이지 못함을 보고 落凡亭 前 湖水에 溺死하였다는 事蹟을 다 探覽하였고 上

海 密報를 據하면 倭仇의 活動이 尤猛하여 金九가 上海에 있는 形跡이 없으니 必然 滬杭線이나 京滬線 方面으로

避匿하였을 것이니 眼線을 兩 鐵路線으로 派駐 密探하니 極히 注意하라는 日本領事館 日人 官吏의 密報로 今朝에

搜索隊가 滬杭路로 出發하였으니 萬一 金 樣이 그 方面에 潛伏하였거든 沿路 停車場에 派員하여 日警의 行動을

注目하라는 付托을 받고 停車場 附近에 派人暗察한즉 日警이 變裝하고 下車하여 赤眼으로 此處彼處를 巡探하다가

가는 것을 보았다 한다.

世上에 奇怪莫測한 일도 있다. 四二九 以後에 上海 日人의 삐라에 金九萬歲라는 印刷物이 配布되었다는데 實物

은 얻어 보지 못하였다. 日人(일인)으로서 우리 金錢(금전)을 먹고 密探(밀탐)한 者(자)도 數名(수명)이었더니라. 韋惠林(위혜림) 君(군)의 斡旋(알선)으로도 幾(기명)名(명)이었으니 매우 信用(신용)이 섰다.

事已至此(사이지차)하니 不得不(부득불) 嘉興(가흥)에 長住(장주)키 危險(위험)하다 하여 또다시 나만은 嘉興(가흥)을 離開(이개)할 必要(필요)가 있으나 去將安之(거장안지)오.

褚漢雛(저한추)의 妻家(처가)는 海鹽縣城(해염현성) 內(내)에 있고 거기서 西南方(서남방) 四十餘里(사십여리)를 가면 海鹽朱氏(해염주씨) 山堂(산당)이 있는데 避暑別庄(피서별장)인데 漢雛(한추)兄(형)은 自己(자기) 夫人(부인)과 相議(상의)하고 再娶(재취) 後(후) 첫아들을 낳은 美人(미인) 單獨(단독)으로 나와 一個(일개) 汽船(기선)을 타고 一日(일일) 行程(행정)의 海鹽城(해염성) 內(내) 朱氏(주씨) 公館(공관)에 到着(도착)하였다.

朱氏(주씨) 舍宅(사택)은 海鹽縣(해염현) 內(내)에 最大(최대) 家庭(가정)이라 한다. 規模(규모)가 宏大(굉대)하여 나의 宿所(숙소)는 後面(후면) 洋屋(양옥) 一所(일소)인데 大門(대문) 前(전)은 石馬路(석마로) 其外(기외)는 湖水(호수)로 來往(내왕) 船舶(선박)이 通(통)하고 大門(대문) 內(내)로는 庭園(정원)이고 俠門(협문)으로 入(입)하면 事務室(사무실) 卽(즉) 家務總經理(가무총경리)가 每日(매일) 職業(직업) 朱宅(주택) 生計(생계)를 掌理(장리)하는 所行處(소행처)이니 從前(종전)은 四百餘名(사백여명) 食口(식구)가 共同食堂(공동식당)에서 聚食(취식)하더니 近來(근래)는 食口(식구) 大部分(대부분)이 職業(직업)(仕農工商業)(사농공상업)을 따라 分散(분산)하였고 其餘(기여)는 各炊(각취)를 願(원)하므로 物品(물품)을 分配(분배)하여 自炊(자취)한다고 한다.

屋宇制度(옥우제도)는 蜂房(봉방)과 같은데 每每(매매) 三四(삼사) 住屋(주옥) 一家份(일가빈) 前面(전면)에는 華麗(화려)한 客廳(객청) 一間式(일간식)이고 舊式建築(구식건축) 後面(후면)은 幾個(기개) 二層洋屋(이층양옥)이 있고 其後面(기후면)은 花園(화원)이고 其後面(기후면)은 運動場(운동장)이니 海鹽(해염)의 三大花園(삼대화원) 中(중)에 朱家花園(주가화원)이 第二(제이)요 錢家花園(전가화원)이 第一(제일)이라 하기로 錢家花園(전가화원)도 求景(구경)하였는데 花園設備(화원설비)는 朱家(주가)보다 낫고 屋宇設備(옥우설비)는 錢家(전가)가 朱家(주가)만 못하더라.

朱家(주가)에서 一夜(일야)를 經(경)하고 汽車(기차)로 盧里堰(노리언)에서 下車(하차)하여 西南山嶺(서남산령) 近(근) 五六里(오륙리)를 步行(보행)할새 褚(저) 夫人(부인)은 高跟皮鞋(고근피혜)를 신고 七八月(칠팔월) 炎天(염천)에 親庭(친정) 女僕(여복) 一名(일명)에게 나의 食料(식료) 各種(각종) 肉類(육류)를 들려 가지고 手帕(수파)로 땀을 씻으며 山(산) 고개를 넘는 것을 보고 나는 其地(기지)에 活動寫眞(활동사진) 機具(기구)가 있었더라면 나의 一行(일행)의 此行(차행)을 活寫(활사)하여 永久的(영구적) 紀念品(기념품)을 製成(제성)하여 萬代(만대)子孫(자손)에게 遺傳(유전)할 마음이 간절하나 無奈何(무내하)이었다. 우리 國家(국가)가 獨立(독립)이 된다면 褚(저) 夫人(부인)의 勇敢親切(용감친절)을 우리 子孫(자손)이나 同胞가 누가 欽仰치 않으랴. 活動寫眞은 찍어 두지를 못하나 文字라도 記錄하여 後世에 傳코자 이 글을 쓴다.

山頂에 朱氏가 建築한 路亭에 休息하고 다시 起步하여 數百步를 간즉 山腹에 一坐洋房이 幽雅하게 보이는 데를 들어간즉 守護하는 傭人 家族들이 나와서 褚夫人을 敬迎한다. 褚夫人은 傭人에게 自己 親庭에서 가지고 온 肉類와 果菜를 주고 저 兩班의 食性은 若是하니 注意하여 모시고 登山하면 一日 三角을 받고 某地는 幾何 鷹窠頂을 가면 四角만 받으라고 命하고 當日로 告別하고 本家로 돌아가더라.

그 山堂은 褚夫人 親庭 叔父를 埋葬하기 前에 避暑所로서 그의 墓所 祭廳이 되었더라. 나는 날마다 守墓人을 데리고 山海風景을 玩賞하고 이야기하는 데 無限한 趣味가 있다. 本國을 떠나 上海에 旅着한 後 十四年間 他人은 南京 蘇州 杭州의 山川을 玩賞하고 이야기하는 말도 들었으나 나는 上海서 雷地 一步를 떠나지 못하여 山川이 極히 그립던 차에 每日 登山臨水하는 趣味는 比할 데 없이 愉快하였다. 山上에서 前面으로 海上에 帆船 輪船의 往來와 左右로 蒼松丹楓의 種種 光景은 自然 游子悲秋風의 感이 있더라. 나는 忘世間之甲子하고 日日 日課가 遊山看水이었다. 十四年 동안 山水의 주림은 十數日 동안에 飽滿되었다.

守墓人을 따라 鷹窠頂을 간즉 山上에 一個 尼姑庵子가 있는데 一個 老尼姑가 出迎하는데 守墓人은 相知의 人事로서 高賓은 海鹽 朱家 大姑娘이 모셔 왔는데 廣東人이고 服藥次로 山堂에 來留하였는데 求景次로 왔다고 報告한즉 老尼姑는 나를 向하여 點頭하며 阿彌陀佛 遠地에 잘 와 계시냐 阿彌陀佛 內堂으로 들어갑시다. 阿彌陀佛. 나는 口不絶聲으로 念佛하는 道高尼姑를 따라 菴內로 들어섰다. 各房으로 珠唇粉面에 僧服을 맵시 있게 입었고 목에는 長念珠를 걸고 손에는 短念珠를 쥔 妙齡의 尼姑들이 나와서 抵頭送秋波式 人事를 하는 모양이 上海 八仙橋 野鷄窟 구경을 하던 光景이 回想된다.

守墓人이 나의 時計 줄 끝에 小指南針이 있는 것을 보고서 後面 山邊에 一座 巖石이 있는데 그 巖石上에는 指南

針을 놓으면 곧 變하여 指北針이 된답니다. 食後에 따라가 본즉 巖石上에 銅錢 한 개를 놓을 만한 오목히 패인 자

리에다 指南針을 들여 놓은즉 指南針이 指北針이 되어지나니 나는 礦學을 모르나 必是 磁石礦이나 磁鐵礦인 듯하

더라.

一日은 海邊 五里許에 鎭이 있는데 그날이 市日이니 구경을 않겠는가 하기로 좋다 하고 따라갔다. 地名은 忘却

하였고 普通 鎭이 아니고 海邊要塞이다. 砲臺도 있는데 舊時建築인 小城이고 壬辰亂에 建造하였다 한다. 城裏에

는 人家도 櫛比하고 若干의 官廳도 있는 모양이라. 城裏一週를 대강 구경하니 僻鎭이라 그런지 場軍도 稀少하다.

一麵店에 들어가 點心을 먹는데 勞動者와 警察과 老百姓 等이 수군거리며 나를 注視하더니 守山人을 呼去하며

나에게도 直接 盤問한다. 나는 廣東商人이라고 서툴은 中語로 대답을 하면서 隔壁에 守山人의 答辯하는 말을 들

은즉 海鹽 朱家 大姑娘이 山堂에 모셔다 둔 賓客이라고 大膽하게 말하는 것을 보아도 朱家의 勢力을 알 수 있더

라. 무슨 緣由도 모르고 還山하였다. 守山人에게 問한즉 答云 그까짓 警察들 營門도 모르고 張 先生이 廣東人이

아니고 日本人이 아니냐 묻기로 朱家 大姑娘이 日本人과 同行하겠는가 하였더니 아무 말도 못 하던데요.

數日 後에 安恭根 嚴恒燮 陳同生이 來山하여 鷹窠頂 勝景을 玩賞하고 다시 嘉興으로 還來하였다. 他故가 아니

라 前日 某 鎭上에 警察이 盤問한 後에는 卽時로 山堂을 秘密監視를 하나 別般 端緒를 얻지 못하고 警察局長이

海鹽 朱家에 出張하여 山堂에 留하는 廣東人의 正體를 調査하였는데 褚 夫人의 父親은 事實대로 말을 한즉 警察

局長은 大驚하여 果然이면 盡力 保護하겠다고 하였다니 知覺 없는 下鄕警察을 盡信키 難하니 嘉興으로 돌아간 것

이다.

그 길에 海寧縣城에 들어가 淸朝 乾隆皇帝가 南巡時에 飮酒하던 樓房도 구경하였다. 嘉興에 돌아와 小船을 타

고 날마다 南湖 方面으로 船遊로 일을 삼고 鄕下로 가서 鷄를 買하여 船中에서 烹食함이 趣味津津하더라.

嘉興 南門 外 運河로 十餘里 嚴家浜이란 農村에는 陳同生의 田地가 있으며 其村의 孫用寶란 農人은 陳同生과

극히 親한 터이므로 나는 孫用寶의 집에 旅住하게 되었다. 날마다 田舍翁이 되어 食口들이 全部 田地로 나가고

빈 집에 乳兒가 哭하면 나는 抱兒하고 田地로 乳母를 찾아가면 兒母는 惶恐無地하더라.

五六月 蠶業時期이다. 집집에 養蠶하는 것을 돌아다니며 考察하며 婦女들이 繰紗하는 것을 보았다. 六十餘歲

老婆가 工作을 하는데 文勞 한 개 곁에 솥(鼎)을 걸고 물레 底部에 足板을 달아 발로(右足) 누르면 輪이 轉動되

고 左手로 起火(장작) 烹繭하고 右手 雙絲를 물레에 감는 것을 보니 내가 自少로 本國에서 婦人들이 繰紗하는 것

을 본데 比하면 天壤之判이라. 나는 發問한다. 당신 今年 春秋 幾何. 老婆 曰 六十幾歲요. 당신 몇 살부터 이 기

계를 使用하였습니까. 七歲時부터요. 그러면 近 六十年 以前에도 繰紗하는 機械가 이것이오. 네 無變改이오. 나

는 實地로 七八歲 小兒가 繰紗함을 目睹하고 疑心치 않았다.

農家에 寄宿하느니만치 農具를 周密히 調査하고 其 使用하는 것을 본즉 우리 本國의 農具에 比하면 비록 舊式

이라도 우리 農具보다는 퍽 進步되었다고 본다. 田畓에 灌漑 一事로만 보아도 木齒輪을 一牛馬로 男女 數人이 踏

轉하여 一丈 以上에로 湖水를 引上 灌漑하니 그 얼마나 便利한가. 移秧 一事로 論하여도 移秧日에 預算刈稻之日

字하나니 早稻는 八十日 中稻는 百日 晚稻는 百二十日이라 한다. 우리나라에서 줄모는 日人의 發明으로 알았으나

中國에서는 自古代로 줄모를 심었(植)던 것은 기심매는 機械를 보아도 可知라.

農村을 視察한 나는 不可無一言이라. 우리나라에서 漢唐宋元明淸 各 時代에 冠蓋使節이 往來하였다. 北方

보다도 南方 明朝時代에 우리의 先人들이 使節로 다닐 때에 擧皆 眼盲者이었던가. 必是 幻想으로 國計民生이 무

엇인지를 想覺도 못 하였던 것이니 豈不痛恨哉아.

文永이란 先民은 棉花씨(核)를 文勞란 先民 繰紗機(물레)를 中國서 輸入하였다 하나 其外에는 言必稱 오랑캐라

指稱하면서도 明代에 衣冠文物을 悉遵華制라 하고 實地에 아무 利益도 없고 不便 苦痛 例하면 網巾 笠子 等 亡種

器具야말로 생각만 하여도 齒酸하다.

우리 民族의 悲運은 事大思想의 制造라고 않을 수 없다. 國利民福의 實地는 度外視하고 朱熹學說 같은 것은

그대로보다 朱熹 以上으로 强固한 理論을 主倡함으로 四色의 派黨이 생기어 屢百年 競軋하는 데 民族的 元氣가

澌盡無餘하여 發達된 것은 오직 依賴性뿐이니 不亡而何오.

歎哉로 今日로 두고 보아도 靑年들이 老者들을 指稱하기를 老朽니 封建殘滓니 하니 肯定할 點이 不無하나

社會主義者들이 强硬 主張하기를 革命은 流血的 事業이니 一番은 可커니와 民族運動 成功 後에 또다시 社會運動

을 하는 것은 絶對 反對라 하더니 俄國 國父 레닌이 植民地民族은 民族運動을 먼저 하고 社會運動 後에 하는 것

이 可하다는 言下에는 조금도 躊躇 없이 民族運動을 한다고 떠들지 않는가.

臭로 主張한다고 非笑하던 그 口舌로 레닌의 放곱는 甘物이라 할 듯하니 靑年들 좀 精神 차릴지어다. 나는 決코

程朱學說을 信奉者가 아니고 馬克思와 레닌主義 排斥者가 아니다. 우리 國性民度에 相孚한 主義制度를 硏究實施

하려고 腦를 쓰는 者 있는지. 萬一 없으면 悲莫悲於此라 하노라.

嚴家浜에서 다시 砂灰橋 嚴恒燮 君 家에 와 五龍橋 陳同生 生家에 宿食하며 晝間은 朱愛寶의 小艇을 乘하고 隣

近 運河로 各 農村 구경이 唯一任務인 듯하다. 嘉興城 內 幾個 古蹟이 있는데 古代 致富에 有名한 陶朱公의 家垈

(鎭明寺)가 있고 畜五犉하는 外에 鑿池 養魚場이 있는데 門前에 陶朱公遺址라는 碑石 있더라.

一日은 無聊하여 東門으로 가는 大路邊 廣場 軍警의 操鍊場이 있어 軍隊가 訓練하는데 來人去客이 雲集觀操하

므로 나도 停步하고 구경하더니 操場으로부터 一軍官이 나를 留心히 보더니 突然 馳來하여 問我何地方人. 我答

日 廣東人. 그 軍官이 廣東人일 줄이야 何以知之오. 當場에 保安隊 本部로 가서 取調를 받게 되었다. 나는 非中

國人인데 그대네 團長을 面對하여 주면 本來 面目을 直接 筆談으로 說明하겠다고 하였다. 團長은 아니 나오고 團

副가 出面하기로 나는 韓人인데 上海 虹口炸案 以後에 上海居住가 困難하여 暫時 此地 褚漢雛의 介紹로 五龍橋

陳同生의 집에 寓住하고 姓名은 張振球라 하였다. 警察은 그 길로 南門 褚宅과 陳宅에 가서 嚴密調査를 한 모양

이다. 四點鍾 後에 陳兄이 와서 擔保하고 被釋하였다.

褚漢雛 君은 나에게 이런 勸告를 한다. 金 先生의 避身方法은 金 先生은 鰥居시니 나의 親友 中 寡婦로 年近

三十인 中學教員이 있으니 보시고 合意하시면 娶室함이 何如오. 하나 나는 中學教員으로는 卽刻으로 나의 秘密이

綻露되리니 不可타 하고 차라리 搖船女를 親近하여 依托하면 朱女가 目不識丁한즉 나의 秘密을 可保라 하고 從此

로는 아주 船中生活을 繼續하더니라.

今日 南門湖裏宿하고 明日은 北門河邊宿하고 晝間은 陸上行步나 할 뿐이다.

나는 潛伏한 反面에 朴南坡 嚴一坡 安信菴 三人은 不斷히 外交와 情報 方面을 置重하여 活動하여 物質上으로

中國人 親友의 同情과 美洲 同胞들도 내가 上海를 脫出한 消息을 알고 漸次 援助가 增加되어 活動하는 費用은 그

다지 窘絀치 않으므로 朴南坡 兄은 從來 南京에서 中國國民黨 黨員으로 中央黨部에 就職하던 關係로 中央要人 中

에도 熟親이 多하므로 中央 方面으로 交涉한 結果 中央黨部 組織部長 江蘇省 主席인 陳果夫의 介紹로 蔣介石 將

軍의 面談의 通知를 接하고 安恭根 嚴恒燮을 帶同하고 南京에 到着하였다.

貢沛誠 蕭錚 等 要人이 陳果夫 代表로

出迎하여 中央飯店에 宿所를 定하였다.

翌日 夜間에 中央軍校 內 蔣 將軍의 自宅으로 陳果夫의 汽車에 南坡를 通譯으로 帶同하고 蔣第에 到達하였다.

蔣氏는 溫和한 顏色에 中服으로 着하고 接應하여 준다. 彼此 寒喧을 畢한 後에 蔣氏는 簡單한 語調로 東方 各

民族은 孫中山 先生의 三民主義에 符合되는 民主的 政治를 하는 것이 便當할 듯하다고 하기로 나는 그렇다고 對

答한 後에 蔣氏가 好好하매 陳果夫는 門外로 退去 後 筆研을 親히 갖다 주기로 先生이 百萬元金을 許給하면

二年 以內에 日本 朝鮮 滿洲 三方面에 大暴動을 起케 하여 日本의 大陸侵略의 橋梁을 破壞할 터이니 尊意如何오.

蔣氏는 擧筆書之日 請以計劃書詳示라 하기로 告退하였다.

翌日에 簡略한 計劃書를 보내었더니 陳果夫 氏가 自己 別莊에서 設宴하고 蔣氏 意思를 代陳云 特務工作으로는

天皇을 죽이면 天皇이 또 있고 大將을 죽이면 大將이 또 있지 않은가. 將來 獨立하려면 武人을 養成하지 않은가

함에 對한 나의 所答은 固所願不敢請이다. 地帶問題 物力問題라 하였다. 地帶는 洛陽分校로 物力은 發展을 따

라 供給한다는 約束下에 軍官 百名式 一期에 養成하기로 決議하고 東三省에 派員하여 舊日 獨立軍人들을 召集할

새 李靑天 李範奭 吳光善 金昌煥 等 將校와 其 部下 數十名의 靑年들과 關內 北平 天津 上海 南京 等地에 있던 靑

年을 總集하여 百名을 第一次로 進校케 하고 李靑天 李範奭은 敎官 領官으로 入校 視務케 하였다.

此時 우리 社會에서는 또다시 統一風이 起하여 對日戰線統一同盟의 發動으로 議論이 紛紛하더니 一日은 義烈團

長 金元鳳 君이 特別會面을 請하기로 南京 秦淮 河畔에서 密會하였다. 金 君이 現下 發動되는 統一運動에 不得不

參加하겠으니 先生도 同參 如何오 하므로 나는 金 君에 묻기를 내 所見에는 統一의 大體는 同一하나 同床異夢으

로 看破되니 君의 所見은 何如오. 金 君 答云 弟가 統一運動에 加參하는 主要目的은 中國人들에게 共産黨이란 嫌

疑를 免코자 함이 올시다. 나는 그런 目的 各異한 統一運動에는 參加키 不願이라 하였다.

그로 좇아 所謂 五黨統一會議가 開催되니 義烈團 新韓獨黨 朝鮮革命黨 韓國獨立黨 美洲大韓人獨立團이 統合하

여 朝鮮民族革命黨으로 出世되었다. 五黨統一裏에는 臨時政府를 眼中釘으로 認하는 義烈團員 中 金若山

等의 臨時政府 取消運動 極烈하므로 當時 國務委員 金奎植 趙素昂 崔東旿 宋秉祚 車利錫 梁起鐸 柳東說 七人 中

金奎植 趙素昂 崔東旿 梁起鐸 柳東說 五人이 統一에 心醉하여 臨時政府 破壞의 無關心함을 본 金枓奉은 臨時所在

地인 杭州에 專往하여 宋秉祚 車利錫 兩人을 보고 五黨統一에 名牌만 남은 臨時政府를 存在케 할 必

要가 없으니 取消하여 버리자고 强硬한 主張을 하나 宋 車 二氏는 强硬反對를 하고 있으나 國務員 七人에 五人이

棄職하고 보니 國務會를 進行치 못한즉 無政府狀態라는 趙琬九 兄의 親函을 받고 甚히 憤慨하여 急히 杭州에 가

서 該地에 住在하던 金澈은 已爲 病死하였고 五黨統一에 參加하였던 趙素昂은 벌써 民族革命黨에서 脫退하였더

라.

其時 杭州에 住居하는 李始榮 趙琬九 金朋濬 楊少碧 宋秉祚 車利錫 等 議員들과 臨時政府 維持問題를 協議한

結果 意見이 一致되므로 一同이 嘉興에 到着하여 李東寧 安恭根 安敬根 嚴恒燮 金九 等이 南湖 遊艇 一隻을 泛하

고 議會를 船中에서 開하고 國務委員 三人을 補選하니 李東寧 趙琬九 金九와 宋秉祚 車利錫 合 五人이 於是乎

國務會議를 進行케 되었더라.

五黨統一이 形成될 當時로부터 우리 同志들은 團體組織을 主張하였으나 나는 極히 挽止하였다. 理由는 他人들

은 統一을 하는데 그 統一內容의 複雜으로 因하여 아직 參加는 아니하였으나 내가 어찌 차마 딴 團體를 組織하겠

느냐 하였으나 至今은 趙素昂이 韓獨 再建設이 出現한다. 이제는 내가 團體를 組織하여도 統一破壞者는 아니다.

臨時政府가 種種의 危險을 當하는 것은 튼튼한 背境이 없음이니 이제 臨時政府를 形成하였으니 政府擁護를 目的

한 一個 團體가 必要타 하고 韓國國民黨을 組織하였다.

洛陽軍校 韓人學生 問題로 南京 日領事 須麻가 中國에 嚴重 交涉하며 더욱 警備司令 谷正倫에 交涉하기를 大

逆 金九를 우리가 逮捕하겠는데 及其 逮捕할 時에 入籍이니 무엇이니 딴말을 하여 안 된다 하기로 谷氏는 日本

서 重賞을 懸하고 金九를 내가 逮捕하면 賞金을 달라고 하였으니 南京에서 謹愼하라는 付託을 내가 親聞하였다.

洛陽軍校 韓人學生은 겨우 一期를 畢業한 後는 다시는 收容을 말라는 上部命令에 依辦하게 되니 中國에서 韓人軍

官 養成은 終幕을 告하였다.

나의 南京生活도 漸漸 危險期에 入한다. 倭狗가 나의 足跡이 南京에 있는 내음새를 맡고 上海로서 暗殺隊를 南

京으로 派送한다는 報道를 接하고 夫子廟 近邊에 派人 視察한즉 七名의 便衣日警이 作隊巡探하더라 한다. 나는

不得已 嘉興의 朱愛寶 船女를 每月 十五元式 그 本家에 주고 데려다가 淮淸橋에 房을 租得 同居하며 職業은 古物

商이라고 依然 廣東 海南島人이라고 假冒하였다. 警察이 戶口調査를 와도 愛寶가 先發說明하고 나와는 接語를

謹避之하였다.

그러자 蘆溝橋事件으로 中國은 抗戰을 開始하였다. 韓人의 人心도 不安케 되는데 五黨統一이던 民族革命黨은

쪽쪽이 分裂돼 朝鮮革命黨이 또 한 개 생기고 美洲大韓人獨立團은 脫退되고 根本 義烈團分子만이 民族革命黨을

持支케 되는데 그같이 分裂되는 內容은 겉으로는 民族運動을 標榜하고 裏面으로는 共産主義를 實行한다는 것이

다.

時局은 漸漸 急迫하므로 우리 韓國國民黨과 朝鮮革命黨과 韓國獨立黨과 美包 各 團體를 聯結하여 民族陣線을

結成하고 臨時政府를 擁護支持하게 되니 政府는 漸漸 健全道徑으로 進步케 되었다.

上海戰事는 漸漸 中國側이 不利케 되어 南京의 倭飛機의 暴炸은 日日 尤甚하다. 내가 居住하는 淮淸橋 집에서

初저녁에 敵機의 困難을 받다가 警報解除 後에 就寢하여 잠이 깊이 들었더니 忽然 잠결에 空中에서 機關炮聲이

들리는지라. 驚而起床하여 房門 外를 나서자 霹靂이 震動하며 내가 누웠던 天窓이 壞下하는지 後房에서 자는 愛

寶를 呼出하니 죽지는 않았더라. 後面 各房의 同住者들은 塵土中으로 다들 나오는데 後壁이 倒壞되고 其外는 屍

體가 無數하더라. 各處에 火光이 衝天한데 天色은 紅氈과 如하다.

그러자 날이 밝으니 馬路街 母親 宅을 찾아갈새 여기저기 죽은 者는 傷한 者가 街路에 遍滿한 것을 보면서 母親

宅 門을 叩한즉 母親께서 親히 나오셔서 開門하시는지라. 놀라셨지요. 母親은 웃으시면서 놀라기는 무엇을 놀라.

寢床이 들석들석하더군그래. 사람이 많이 죽었나. 네 오며 보니 이 근처에서도 사람이 傷하였던데요. 우리 사람

들은 상치 않았나. 글쎄올시다. 至今 나가서 보렵니다. 곧 나와 白山 집을 訪問하니 房屋 震動으로 驚惶을 經하

고 別故는 없고 藍旗街 大多數 學生 及 家眷이 無故하니 萬幸이라. 醒菴 李光 宅 子女 七人인데 深夜에 驚報避難

을 가다가 中路에서 天英 一名은 자는 것을 忘却함을 覺하고 越牆而入하여 자는 兒孩를 抱來한 笑事도 있다.

南京이 刻一刻 危險하여 간즉 中國政府는 重慶으로 戰時首都로 定하고 各 機關이 紛紛히 遷移하는지라. 우

리 光復陣線 三黨 人員 及 家眷 百餘名이 物價가 平易한 湖南 長沙로 爲先 移住하기로 決定하고 上海 杭州 溧陽

古堂菴에서 仙道를 修하는 雩岡 梁起鐸 兄에게까지 各地 食口의 南京 올 旅費를 보내어 召集令을 發하였다.

安恭根을 上海로 派遣하여 自己 家眷과 大兄嫂(重根 義士의 夫人)는 期於이 모시고 오라는 重托하였는데 及其

家族을 率來하는 데는 自己의 家屬들이고 大嫂가 없다. 나는 大責하였다. 兩班의 집에 火災가 出하면 祠堂부터

抱出하나니 革命家가 避難을 하면서 爲國家 殺身成仁한 義士의 夫人을 倭仇의 佔領區에 遺棄함은 君의 家道는 勿

說하고 革命家의 道德으로도 不忍의 事니라. 그런데 君의 家族도 團體生活 範圍 內에 編入하는 것이 今日 生死苦

樂을 같이하는 本意가 아닌가. 恭根은 自己 食口만은 重慶으로 移住케 하고 團體編入을 不願하므로 自意에 任하

고 나는 安徽 屯溪中學에 在學中인 信兒를 招來하고 母親을 모시고 安恭根 食口와 같이 英國 輪船으로 漢口에 向

往하고 大家族 百餘口는 中國 木船 一隻에 行李까지 滿載하고 南京을 離開하였다.

나는 母親을 모시고 先次 漢口에 到着하였고 南京 一行도 風浪 中에도 無事하였으나 藍旗街事務所에 臨時

政府 文簿를 가지고 南京 一行보다 數日을 先到하였고 先發隊로 先到한 曹成煥 趙琬九 等은 鎭江에서 臨時

서 汲水雇人 蔡 君은 母親께서 爲人이 忠實하니 同行하라는 命令을 받고 編入而來하다가 蕪湖 附近에서 風浪 中

汲水失足하여 溺水死한 事만은 不幸이다.

南京서 出發할 時에 朱愛寶는 本鄉인 嘉興으로 보내었다. 그 후에 種種 後悔되는 것은 送別時에 旅費 百元밖에

는 더 주지를 못하였음이라. 近 五年 동안 나를 爲하여 한갓 廣東人으로만 알고 不知中 類似夫婦이었더니라. 나

에게는 功勞가 없지 않은데 後期가 있을 줄 알고 돈도 넉넉히 돕지 못한 것이 遺憾千萬이다. 漢口까지 同行한 恭

根의 食口는 重慶으로 移住하였고 百餘口 同志 同胞 들은 共同生活을 할 줄 모르므로 各自 租屋 各自 炊事하였더

니라.

母親의 生活問題를 漏記되었으므로 遡考하여 쓴다. 내가 上海에서 民國 六年 一月 一日 喪配하니 妻는 信兒 産

後에 몸이 채 튼튼치 못하였던 때에 永慶坊 十號 二層에서 洗面水를 母親더러 버리라기가 惶悚한지 洗面器를 들

고 下層으로 내려가다가 失足하여 層階에 굴러나서 脇膜炎으로 肺病이 되어서 虹口 西洋人이 經營하는 肺病院에서 死亡하는데 내가 그곳에 못 가는 고로 普隆醫院에서 나는 最後作別을 하였고 家妻 臨終으로는 金毅漢 夫妻가 訪問 가서 臨終을 보아 주었고 도로 돌아와 報告함으로 알았다. 美洲서 來滬한 柳世觀이 入院時와 入葬時에 많은 受苦를 하였더니라.

母親은 三歲인 信兒를 牛乳를 먹여 기르는데 밤에 잘 때는 母親의 빈 젖을 물려 재우더니라. 上海 우리 生活은 極度로 困難하다. 그때 우리 獨立運動하는 同志 中에 就職者 營業者 들을 除하면 數十人에 不過하다. 母親께서는 靑年 老年 들의 굶주림을 愛惜히 생각하시나 救濟方法은 兩個 孫兒도 上海生活로는 保育키 不能함을 보시고 可히 還國고자 하실 때에 우리 집 後面 쓰레기筒 內에 近處 菜蔬商이 白菜 겉대를 버린 것이 많으므로 먹을 것으로 擇하였다가 鹽水에 潛入하여 菜料를 하기 위하여 여러 缸아리를 만드셨더니라. 아무리 생각하여도 上海生活을 維持키 難함을 보신 母親께서 四歲 未滿인 信兒를 데리시고 歸國의 길을 떠나시고 나는 仁兒를 데리고 呂班路에 一坪房을 租得하여 石吾先生과 尹琦燮 趙琬九 等 幾位 同志들과 同居하며 母親께서 담아 주신 우거지 김치를 오래 두고 다 먹었다.

母親께서 入國時에 旅費를 넉넉히 드리지를 못하여 겨우 仁川에 上陸하시자 旅費가 告乏되는지라. 떠나실 제는 그런 말씀을 드린 바도 없건마는 仁川 東亞日報 支局에를 가셔서 말씀한즉 該 支局에서는 上海 消息으로 新聞에 登載됨을 보고 벌써 알았다고 京城 갈 路費와 車票를 사서 드리었고 京城 東亞日報社를 찾아가신즉 亦是 沙里院까지 治送하였다.

上海를 떠나실 적에 나는 부탁하기를 沙里院에 到着하신 後 安岳 金鴻亮 君에게 通知하여 보아서 迎接을 오거든 따라가시고 消息이 없거든 松禾 得聖里(水橋 東 十餘里) 姨母 宅(張雲龍 姨從弟 집)으로 가시라는 付托대로

沙里院에서 安岳으로 오셨다는 通知를 하였으나 아무 回報가 없으므로 松禾로 가셨던 것이다.

二三個月 後인 陰曆 正初에 安岳에서 金善亮(庸濟의 長子) 君이 母親께 來謁하고 安岳으로 모셔 갈 意思를 告

하였는데 理由는 할머님이 安岳으로 오시지를 않고 中路에 계시게 하고 우리 집안에서 金錢을 보내어

上海 계신 金 先生님에게 獨立資金을 供給한다고 警察署에서 日人이 屢次 우리 집에를 와서 惹端을 하므로 집안

어른들이 가서 모셔 오라기로 왔습니다. 母親 大怒曰 내가 沙里院에서 왔다는 通知를 하였으되 아무 대답이 없다

가 至今 日巡査의 심부름으로 왔느냐. 善亮은 曲眞히 그리된 것도 情 不足이 아니옵고 環境關係이오니 容恕하시

고 같이 가십시다. 母親 말씀. 네 말 잘 알았다. 日氣가 溫和하거든 海州 故鄉에 다녀서 安岳으로 가마 하시고 善

亮은 돌려보내고 春節에 得聖里에서 떠나서 陶古路 林善在(셋째 三寸의 墳)의 집과 白石洞 孫鎭鉉(姑母之子) 집

을 訪問하시고 海州 基洞 金泰運(再從弟)과 幾個 族人들과 父親 墓所에를 막음으로 다녀서 安岳으로 가셨는데 먼

저 善亮의 집으로 들어가셨는데 金門에서 알고 多情한 庸震 鴻亮 等이 來謁하고 母親 오시기 前에 住宅과 一應

器具며 食糧 衣料를 다 準備하였은즉 安寧히 계십시사 하고 모셔 가더라고 말씀하더니라.

母親께서는 晝夜로 上海의 子孫을 忘却지 못하시고 生活費에서 節用하여 若干의 金錢도 付送하시나 紅爐點雪될

것을 아시므로 다시 仁兒를 보내라는 命令을 받고 金鐵男(永斗) 君의 三寸의 便에 仁兒까지 歸國게 되니 子子單

身으로 一點의 家累가 없게 되었다.

歲月이 如流하여 나의 나이 五十餘라. 過去를 回想하고 將來를 推想하니 身勢自憐이라. 西大門監獄에서 發願하

기를 天佑神助로 우리도 어느 때 獨立政府가 成立되거든 政府 門把守를 하다가 死亦無恨이라 한 所願이 超過하여

最高職을 經한 나의 責任을 무엇으로 履行할까 하는 생각에서 冒險事業에 着手할 決心하고 白凡逸志 上篇을 쓰기

始作하여 一年 二個月에 上篇을 終記하였는데 經過事實의 某年 某月 某日을 記入한 것은 每每 本國 계신 母親에

게 上書하여 下答을 받아 記入하였으나 至今 下篇을 쓰는 때에도 母親곧 生存하였더라면 도움이 많으련만 哀哉로

다.

母親은 安岳 계시면서 東京事件이 發生된 後 住宅을 包圍하고 巡査隊가 幾日을 警戒하였고 虹口事件에는 尤甚

하였다 한다. 나는 秘密히 報告하였다. 母親께서 兒孩 놈들을 데리고 다시 中國에 오셔도 年前과 같이 飢餓는 當

치 않을 情勢이오니 나올 수만 있으시거든 오십시오 하였더니 母親께서는 本是 勇敢은 他女流로는 不能及이라

安岳警察署에 出國願을 提出하였다. 理由는 年老死無幾日하니 生前에 孫子 兩個를 데려다 渠父에게 맡기겠다는

것이다.

當幸히 安岳警署의 許可를 得하시고 束裝하던 즈음에 京城警視廳으로 專員을 安岳으로 派遣하여 母親을 威脅

曉諭하기를 上海에서 우리 日本警官들이 當身 아들을 逮捕하려 하여도 찾지를 못하는 터이니 老人이 無謂한 苦生

을 當할 것 없으므로 上部命令으로 當身 出國은 不許함이니 그리 알고 집으로 돌아가서 安心하고 지내시오 하는

말을 들은 母親은 大怒曰 내 아들을 찾는 데는 내가 그대네 警官보다 나을 터이고 언제는 出國을 許可한다기로

家産什物을 다 處理케 하고 至今은 不許出國云하니 남의 나라를 奪取하여 政治를 이같이 하고 長久할 줄 아느냐.

老人이 너무 興奮되어 昏倒하시므로 警察은 金門에 委托하여 保護를 命하고 母親께 다시 묻기를 내내 出國할 意

思를 가지는가. 母親은 그같이 말썽 많은 出國은 不爲키로 決心한다 하시고 돌아오셔서 土木工을 召하여 家屋을

修理하며 家具什物을 準備하여 久住之計를 示하시고 數月 後에 松禾 同生의 病問安을 간다고 信兒를 데리고 信川

邑까지 自動車票를 사 가지고 信川서는 載寧으로 沙里院으로 平壤에 到着하여서는 崇實中學에 在學中인 仁兒를

呼出하여 安東縣 直行車를 타시고 大連에서 日警 調査에 仁兒가 幼弟와 老祖母를 同行 威海衛 親戚 집에 依托코

자 간다니까 잘 가라고 特許하므로 上海 恭根 君 家에 들어가 一夜를 經하고 嘉興 嚴恒燮 君의 집으로 오신 消息

을 南京에서 듣고 卽時 嘉興으로 가 離別 後 九年 만에 母親을 뵈옵고 這間 本國서 지낸 情形을 一一이 들었다.

九年 만에 母子相逢하는 첫 말씀에 큰 恩典을 받았으니 卽是라. 母親 말씀. 나는 自今 爲始하여 너라는 말을 고

쳐 자네라 하고 잘못하는 일이라도 말로 責하고 撻楚를 不用하겠네. 理由는 聽聞컨댄 자네가 軍官學校를 하면서

多數 靑年을 거느린다니 남의 師表가 된 모양이니 나도 體面 보아 주자는 것일세. 나는 年滿 六十에 母親께서 주

시는 大恩典을 蒙하였다.

其後에 南京으로 모셔다가 一年을 經過한 後 南京 陷落이 迫近하므로 長沙로 모시고 간 것이다. 南京서 母親 生

辰에 靑年團과 우리 老同志들의 收金 獻壽하려는 눈치를 챈 母親은 그 돈대로 주면 내 口味대로 飮食을 만들어

먹겠다 하시므로 그 돈을 드린즉 短銃을 사서 日本 놈 죽이라고 도리어 보태어 靑年團에 下賜하셨다.

이제부터는 다시 長沙生活의 大槪를 記錄하기로 하자.

長沙에를 간 것은 但히 多數 食口가 穀價至賤한 곳이며 將來 香港을 通하여 海外通信을 繼續할 計劃으로 長沙

에 오게 되어 先發隊를 보내고 安心을 못 하고 뒤미쳐 長沙에 到着하자 天佑神助로 已往에 熟親인 張治中 將軍이 長沙

湖南省 主席으로 就任되므로 萬事가 順便하여 保護가 切實하므로 우리의 宣傳 等 工作도 有力하게 進展되고 經濟

方面으로는 旣爲 南京서부터 中國 中央으로 每月 多少의 補助도 있는 外에 美國韓僑의 援助로서 物價至賤한 탓으

로 多數 食口의 生活이 高等難民의 資格을 保有케 되었더니라. 내가 本國을 떠나 上海에 到着된 後 우리 사람을

初面에 人事할 때 外에는 本姓名을 내어놓고 人事를 못 하고 每每 變姓名의 生活을 繼續하였으나 長沙에 到着 以

後는 忌憚없이 金九로 行世하였던 것이다.

當時 上海에 杭州에 南京에서 長沙로 來會한 食口는 光復陣線 遠東 三黨 黨員 及 家族과 臨時政府 職員들인데

種種 三黨統一問題가 同行 中에서 提起되던 것이라. 三黨은 朝鮮革命黨이니 重要幹部로는 李青天 柳東說 崔東

昨 金學奎 黃學秀 李復源 安一淸 玄益哲 等이요 韓國獨立黨이니 幹部 趙素昂 洪震 趙時元 等이며 나의 創立인 幹部

韓國國民黨은 李東寧 李始榮 趙琬九 車利錫 宋秉祚 金朋濬 嚴恒燮 安恭根 楊墨 閔丙吉 孫逸民 曹成煥 等이 幹部

이었나니 三黨統一問題를 協議키 爲하여 五月 六日에 朝鮮革命黨 黨部인 南木廳에 聚餐키로 하고 나도 出席하였

더니라.

精神을 차려 본즉 나의 住所가 아니고 病院인 듯한데 몸이 極히 不便하다. 내가 어디를 왔느냐 問한즉 南木廳에

서 飲酒 卒倒되어 入院하였다 한다. 醫師가 자주 와서 내 가슴을 診察하고 가슴에는 무슨 傷痕이 있는 듯하니 何

故오. 卒倒時에 床角에 엎더져서 微傷 云云하니 吾亦信之無他疑러니 一個月이 幾近하여 오매 入院한 眞相을 嚴恒

燮君이 詳細 報告함을 들은즉 當日 南木廳에서 宴飲이 開始될 時에 朝鮮黨員으로 南京서부터 上海로 特務工作

을 가고 싶다 하여 金錢保助도 하여 주던 李雲漢이 突入하여 短炮로 亂射하여 第一發에 내가 맞고 第二發에 玄益

哲이 重傷 第三發에 柳東說이 重傷 第四發에 李青天 輕傷되어 玄益哲은 醫院에 當到하자 絕命되고 나와 柳東說은

入院治療하여 成績良好로 同時退院되리라 하며 犯人은 省政府 緊急命令으로 逮捕 囚獄되고 嫌疑犯 朴昌世 姜昌

濟 宋郁東 韓成道 等도 囚禁 云云하니 一大 疑竇는 姜昌濟 朴昌世 兩人에게 있나니 姜 朴 兩人은 從前 上海에서

李裕弼의 指揮로 丙寅義勇隊라는 特務工作機關을 設立하고 一種 革命亂類로 金錢을 携帶한 同胞는 强奪도 하고

日本의 偵探을 銃殺도 하며 親隨도 한즉 우리 社會에 信用은 없으나 反革命者로 規定하기는 難한지라。

數十日 前에 姜昌濟가 나에게 請하기를 上海서 朴昌世 長沙로 올 마음이 있으나 旅費가 없어 오지를 못한

다니 旅費를 補助하라 請求하기로 上海 機關에 委托하여 處理하마 하였다。그 理由는 朴濟道(昌世의 長子)가

日本領事館 偵探이 된 것을 나는 仔細히 알고 朴昌世가 自己 집에 安住하는 데 特別注意함이었었다。旅費가 없어

오지를 못한다던 朴昌世는 長沙에를 와서 나도 한번 만나 보았다。

警備司令部 調查로 朴昌世가 長沙에 來着 以後 卽時 上海로서 朴昌世에게로 二百元 金錢이 滙到되었으나 李雲漢

李雲漢은 必是 姜 朴 兩人의 惡宣傳에 利用되어 政治的 感情으로 衝動되어 南木廳事件의 主犯이 된 것이다。

의 逮捕(數十里 鄕下 火車站에 步到)된 後 身邊에는 但只 十八錢뿐을 所持한 것으로나 李雲漢이 犯行 以後 柳東

說의 義壻 崔德新(東旿之子)에게 短炮를 向하고 十元을 强要하여 가지고 長沙를 脫出한 實情으로 보아서도 姜朴

의 魔手에 利用된 것이 事實 같고 戰事가 長沙도 危急될 境遇에 中國法庭에서 首從犯人들을 依法治罪치 못하고

는 報告를 내가 重慶서 들었더니라。當時 長沙는 一大騷動이 되어 警備司令部에서는 其時 長沙서 出發하여 武昌

擧皆 放送하고 李雲漢까지 脫獄하여 貴州 方面으로 乞人 모양으로 오는 것을 歐陽羣이가 相逢하여 말까지 하였다

으로 向往한 火車를 다시 長沙까지 後退하여 犯人 搜索을 하였고 우리 政府로서는 廣東으로 派員하여 中韓合作으

로 犯人 逮捕에 努力하였고 省主席 張治中 將軍은 湘雅醫院에 親到하여 나의 治療의 任何方法으로나 治療費用은

省政府가 負責할 터이라 하였다 한다。

南木廳에서 汽車에 載去한 나는 湘雅醫院에 到着한 後 醫師의 診斷으로 無望을 宣布하고 入院手續도 할 必要도

없이 門房에서 絶命을 기다릴 뿐인데 二二時로 乃至 三時를 連長되는 것을 본 醫師는 四時間 동안만 生命이 連長

되면 辦法이 있을 듯하다고 하다가 及其 四個 鍾點 後에 優等病室에 入院하고 治療에 着手하였던 것이다.

其時 安恭根은 重慶에 安接시킨 自己 家族 廣西로 移住하던 仲兄 定根 家族까지 香港으로 移住시킬 일로 仁兒

는 上海工作 가는 길에 亦是 香港에 있는 故로 내가 自動車에 載去하여 醫院 門房에서 醫師 診斷으로 無望의 宣告

告를 하는 即時로 香港에 發한 電報는 被人槍殺의 餘地없는 電報가 갔던 것이라. 그러므로 數日 後 仁兒와 恭根

이 葬禮에 參加키 爲하여 長沙로 回還하였더니라.

當時 漢口에서 戰事를 主理하던 蔣介石 將軍은 一日에도 數次의 電問이 있다가 一個月 後 退院 後에는 蔣氏 代

表로 羅霞天 氏 治療費 三千元을 帶하고 長沙에 와서 致慰하였더니라.

退院 後는 即時로 步行하여 母親께 가서 뵈었다. 母親께는 조금도 動念되시는 빛이 없이 지내 오다가 거의 退院될 時에

信兒가 報告하였다는데 及其 가서 뵈옵는 時 말씀은 直告치 않고 지내 자네의 生命은 上帝께서 保護

하시는 줄 아네. 邪不犯正이지. 한갓 遺憾은 李雲漢 韓奸者요 韓人인즉 日人 統을 (약 여섯 자 불명) 韓人의 銃을 맞고

生을 求함이 日人의 銃에 死亡함만 不如. 이 말씀뿐이고 當身 自手로 炊成하신 飮食을 먹으라 하시므로 다시 湘雅醫院에

嚴恒燮 君 住所에서 休養中이더니 一日은 忽然 神氣 不便하고 口逆과 右便 胜脚이 麻痺되므로

가서 診斷할새 X光線으로 心傍에 棲在한 彈丸을 檢查한즉 位置가 變動되어 右便 脅骨 側에 移在하다. 西洋外科

主任의 主張은 本是 心室傍에 棲在하던 彈丸이 大血管으로 通過하여 右脅으로 移在한즉 不便하면 手術도 容易하

고 그대로 두어도 生命에 아무 關係가 無하고 右脚의 麻痺는 彈丸이 大血管을 壓迫하는 所以이나 漸次 小血管들

이 擴大됨을 따라 減少된다 云云.

此際에 長沙에 敵機空襲이 甚하고 中國 機關들도 避難中이라. 三黨 幹部들이 會議한 結果 廣東으로 가서 南寧

二七三

이나 雲南 方面으로 海外交線을 持支할 計劃이나 避難人이 如山如海한데 遠地는 姑捨하고 百餘 人口와 山積한 行李를 携帶하고 近地鄕下로도 移接키 極難한지라.

塞脚을 끌고 省政府 張 主席을 訪問하고 廣東移接을 相議한즉 鐵路火車 一節을 우리 一行에게 獨用無料의 命令을 發하고 廣東省 主席 吳鐵城 氏에게 介紹信을 親筆로 作成하여 주니 大問題는 (言約하고 三日 後에 廣州에 回還한즉 大家族과 母親께서 無事히 安着되었다. 亞細亞旅館 全部를 家族住宅으로 柏園은) 解決되었다.

大家族 一行보다 一日을 先發하여 廣州에 到着하니 以前부터 中國 軍界에 服職하던 李俊植 蔡元凱 兩人의 周旋으로 東山柏園은 臨時政府 廳舍로 亞細亞旅館은 全部 大家 收容케 되었으니 香港으로 간 것은 特히 安定根 安恭根 兩人에게 付託할 大事件이니 그들 兄嫂 義士 夫人을 上海에서 모셔내어 倭놈 佔領區를 免케 할 目的이었더니 時에 當初 南京서 大家族을 長沙로 移接하기로 定하고 恭根을 上海에 密派(滬寧鐵道가 戰爭으로 因하여 不通됨) 時에 自動車를 使用하여 自己 家族을 南京으로 來케 할 時에 兄嫂 宅 食口를 같이 運來하라 하였으나 成功치 못한 것이 一大遺憾이었던 故이다.

香港서 마침 上海로 秘密工作으로 派送하던 柳絮와 같이 安 君 兄弟와 會議時에 나는 據理責之日 兩班의 집에서 火災가 나면 祠堂부터 移出하느니 우리 革命家로 義士 夫人을 淪陷區에서 救出함 以上의 大急務가 없다 하였으나 事實上 其時는 强硬主張으로 兄嫂로 하여금 上海 淪陷區를 免케 하자고 하나 그들은 難色이 있으므로 나는 不可能일 것이다.

또 한 가지 遺憾事가 있으니 南京서 大家族을 長沙로 移接코자 할 時 以前부터 仙道를 硏究코자 溧陽 戴埠鎭 古堂庵 中國道士 任漢廷에게 依托 修道하는 梁起鐸 先生에게 旅費를 보내고 卽時 南京으로 와서 같이 長沙 出發

에 參加하라 하였으나 到期不來하므로 不得已 그저 떠나서는 終是 (약 두 자 불명)를 不知하더라. (약 열 행 불명) 會하고

廣州에 敵機空襲이 甚하여 大家族과 母親을 佛山 接地路에 公處를 置하고 事務員들만 職守케 하고 二個月을 廣州

에 逗遛하다가 中國政府는 戰時首都가 重慶으로 定하였으므로 蔣介石 將軍에 來渝하라는 回電을 접

하고 曹成煥 羅泰燮 兩 同志와 同伴하여 粵漢鐵道로 다시 長沙에 到着하여 張治中 省主席을 面會하고 重慶으로 出發하여

便宜를 請한즉 快諾하고 公路 車票 三枚와 貴州省 主席 吳鼎昌 氏에게 介召信을 作送하였기로 重慶

十餘日에 貴陽에 到着하였다.

多年 南中國 土地 肥沃하고 物産 豐富한 곳에만 보아서 그런지는 不知나 貴陽市에 往來하는 사람 中 極少數를

除한 外에는 絶對多數가 衣服이 懸鶉百結이고 顔面菜色이라. 山川은 石多土少하여 農家에서 흙은 져다가 岩石上

에 布하고 落種한 것을 보아도 土壤이 極貴함은 可知라.

其中에도 漢族보다도 所謂 苗族들의 形色이 極히 貧乏하고 行動이 野昧하여 보이더라. 中語를 모르는 나로는

言語로는 漢苗族을 區別키 難하나 衣服으로 苗族女子는 逈異하고 苗族男子는 文野의 眼光으로 分別할 수 있으

나 苗族化한 漢人도 많은 듯하다.

苗族도 四千餘 前 三苗氏의 子孫이리니 三苗氏는 前生에 무슨 業報로 子孫들이

屢千年 歷史上에 特異한 人物이 있다는 史記를 보지 못하였기로 나는 三苗氏라는 것은 古代의 名稱을 殘存할 뿐

이고 近代에는 없어진 줄 알았더니 이제 苗族도 幾十 幾百 種別로 變化되어 湖南 廣東 廣西 雲南 貴州 四川 西康

等地에 遍滿한 形勢인데 近代에 漢族化한 叢中에 英傑이 있다는데 風便傳說에는 廣西 白崇禧 將軍과 雲南 主席

龍雲 等이 苗族이라 하나 未知其先인 나로는 眞假를 말할 수 없다.

貴陽에서 八日을 經過하고 重慶까지 無事到着하였으나 其間에 廣州가 失守되니 大家族의 消息이 極히 궁금하던

차 一行이 高要로 桂平으로 柳州에 來着한 電信을 받고 저으기 安心은 되나 重慶 近地로 移舍를 시켜 달라는 데

는 큰 問題라. 中國 中央으로도 車輛 不足으로 軍需運輸에 千輛도 不足인데 百輛밖에 없으니 愛莫助之이라 한다.

交通部와 中央黨部에 屢次 交涉하여 汽車 六輛으로 食口와 行李를 運搬케 旅費까지 辦送하였고 食口 安接地

를 어디로 하려느냐 問하는데 貴陽서 重慶 오면서 沿路에 보던 中에는 綦江이 좋아 보이므로 綦江으로 定하고 晴

蓑 兄을 派遣하여 房屋과 若干 家具 等物을 準備케 하고 美包로 重慶移接을 通知하고 날마다 回報를 보기 爲하여

郵政總局에를 親히 往來하던 것이다.

一日은 郵政局을 갔더니 仁兒가 와서 人事를 하는데 柳州서 祖母님이 病이 나셨는데 急速히 重慶을 가시겠다고

말씀하시므로 信이와 兄弟가 모시고 왔습니다. 따라가 뵈오니 나의 旅館인 儲奇門 鴻賓旅舍 對面이라. 모시고 鴻

賓으로 와서 一夜를 經過하신 後 金弘叙 君이 自己 집으로 모시기로 하고 南岸 鵝宮堡 孫家花園으로 가셨다. 당

신의 病은 咽喉症이니 醫師의 말을 듣건대 廣西의 水土病이라 한다. 高齡만 아니면 手術을 施할 수 있으며 病이

發作된 初이면 辦法이 있으나 時亦晩矣라 한다.

母親께서 重慶으로 오실 줄을 알고 老衰하신 母親을 侍奉할 誠心을 품고 重慶으로 率眷하여 온 一家族이 있으

니 그는 다른 사람이 아니라 上海서 同濟大學 醫科를 卒業하고 牯嶺 肺病療養院 院長으로 開業하다가 牯嶺이 戰

爭 據點 될 것을 看破하고 宜昌으로 萬縣으로 重慶으로 來着하였으니 劉振東 君과 그 夫人 姜映波이다. 그들 夫

妻는 上海서 學生時代로부터 나를 特別愛護하던 同志들이다. 나를 愛重하는 그들 夫妻가 나의 情勢가 母親을 잘

모시지 못하게 된 것을 알고 그들 夫妻가 母親을 侍奉하고 나는 放心하고 獨立事業에 專務하라는 것이다. 그들이

그런 誠心을 품고 南岸에 當到한 時는 仁濟醫院에서도 束手되어 退院하고 時日을 기다리는 때라 千古遺恨이다.

다시 溯(소)하여 重慶(중경)을 처음 到着(도착)하여 進行(진행)한 일을 말하여 보자. 事件(사건)은 有三(유삼)하니 一은 中國當局(중국당국)을 交涉(교섭)하여 車輛(차량)을 得(득)하여 移舍費用(이사비용)을 辦備(판비)하여 柳州(유주)로 보내는 일. 二. 美包(미포) 各 團體(단체)에 臨時政府(임시정부)와 職員眷屬(직원권속)으로 重慶(중경)으로 移住(이주)하는 것을 通知(통지)하고 援助(원조)를 請(청)하는 일. 三은 各 團體 統一問題(통일문제)를 提起(제기)함이라.

南岸(남안) 鵝宮堡(아궁보) 朝鮮義勇隊(조선의용대)와 民族革命黨(민족혁명당) 本部(본부)를 訪問(방문)하였다. 金若山(김약산)(元鳳원봉)은 桂林(계림)에 있으나 其 幹部(간부)는 尹琦(윤기섭)燮 成俊用(성준용) 金弘叙(김홍서) 石正(석정) 崔錫淳(최석순) 金尙德(김상덕) 等 諸人(제인)인데 卽時(즉시)로 歡迎會(환영회)를 開(개)하므로 其 席上(석상)에서 統一問題(통일문제)를 提出(제출)하되 民族主義(민족주의) 單一黨(단일당)을 主張(주장)한즉 一致(일치) 贊成(찬성)되는 故로 進一步(진일보)하여 柳州(유주)와 美包(미포)에 一致를 求(구)하였다. 美包에서는 回答(회답) 오기를 統一(통일)은 贊成(찬성)하나 金若山(김약산)은 共産主義者(공산주의자)니 先生(선생)이 共産黨(공산당)과 合作(합작)하여 統一(통일)하는 날은 우리 美國僑胞(미국교포)와는 立場上(입장상) 因緣(인연)과 關係(관계)를 끊어지는 줄 알고 統一(통일) 운동을 하라는 것이다. 나는 若山(약산)과 相議(상의)한 結果(결과) 聯名宣言(연명선언)으로 民族(민족) 運動(운동)이라야 祖國光復(조국광복)에 必要(필요)하다고 發布(발포)하였고 柳州(유주) 國民黨(국민당) 幹部(간부)들은 左右間(좌우간) 重慶(중경) 가서 討論(토론) 決定(결정)하자고 回答(회답)이 왔다.

綦江(기강) 先發隊(선발대)가 到着(도착)되고 連(연)하여 百餘(백여) 食口(식구)들은 다들 無故(무고)히 安着(안착)하였건마는 惟獨(유독) 母親(모친)만은 病(병)이 漸漸(점점) 重態(중태)에 入(입)하여 당신도 回生(회생)치 못할 것을 覺悟(각오)하시고 어서 獨立(독립) 成功(성공)되도록 努力(노력)하여 成功(성공) 歸國(귀국)할 時(시)는 나의 骸骨(해골)과 仁이 母의 骸骨(해골)까(약 두 자 불명) 歸(귀)하여 故鄕(고향)에 埋葬(매장)하라 하시며 五十餘年(오십여년) 苦生(고생)하다가 自由獨立(자유독립)되는 것을 보지 못하고 죽는 것이 極(극)히 寃痛(원통)하시고 大韓民國(대한민국)(약 녁 자 불명) 四月(사월) 二十六日(이십육일) 孫家花園(손가화원) 內(내)에서 不歸(불귀)의 길을 가셨다. 五里許(오리허) 和尙(화상)山(산) 共同墓地(공동묘지)에 石室(석실)을 造(조)하여 入窆(입폄)하였다. 母親(모친)은 生前(생전)에도 大家族(대가족) 中 最高齡(최고령)이시므로 尊丈(존장) 대접을 받으시더니 死後(사후) 埋葬地(매장지) 附近(부근)에 玄正卿(현정경) 韓一來(한일래) 等 數十名(수십명)의 韓人(한인) 年下者(연하자)들의 地下會長(지하회장)인 듯싶으다.

從前(종전)에 奴僕(노복)을 使用時代(사용시대)는 姑捨勿論(고사물론)하고 國家(국가)가 被倂(피병)된 後(후)는 京鄕(경향)을 勿論(물론)하고 同胞(동포)들의 良心(양심) 發動(발동)으로 내가 日

人의 奴隷가 되고 어찌 차마 내 동포를 종으로 使用하라 하고 不謀而同으로 奴僕制를 廢하고 雇傭制를 使用하였

나니 母親의 一生生活이 奴僕은 尙矣勿論이고 八十平生에 雇傭 二字도 沒相關이었다. 돌아가실 때까지 自手縫衣

自手炊飯이고 一生에 他人의 手로 自己 일을 시켜 보지 못하신 것도 特異하다고 하겠다.

는 正反對라. 幹部는 勿論이고 國民黨 全體 黨員뿐 아니라 朝革 韓獨 兩黨도 一致하게 聯合統一을 主張한다는 것

大家族이 綦江에 安着되자 趙琬九 嚴恒燮 等 國民黨 幹部들을 招來하여 統一問題를 討論하여 본즉 나의 意思와

이니 理由는 主義 不同한 團體와는 單一組織이 不可能이라는 것이다. 나의 理想으로는 各黨이 自己 本身을 그래

두고 聯合組織을 한다면 統一機構 內에서 各其 自己 團體의 發展을 圖謀할 터이니 도리어 摩擦이 尤甚할 터이고

또는 已往에는 社會主義者들이 民族運動을 反對하였으나 至今은 社會運動은 獨立完成 後 本國에 가서 하고 海外

운동은 純全히 民族的으로 國權 完復에만 專力하자는 것이 共産主義들도 極力 主張한즉 打成一片할 수 있지 않은

가 한즉 理事長 意見이 그러면 速히 綦江에를 同行하여 우리 國民黨 全體 黨員들과 兩 友黨 黨員들의 意思가 一

致되도록 努力하지 않으면 成功키 難한 것은 柳州에서 國民黨은 勿論이고 朝革 韓獨 友黨 黨員들까지도 聯合論이

强하다는 것이다.

나는 母親 喪事 後에 身體 不健康으로 休養中이었으나 事機如此하므로 綦江行을 强作하였다. 綦江에 到着한 後

八日間은 國民黨 幹部와 黨員會議로 單一的 統一의 意見이 되었고 兩個 友黨 同志들과는 近 一個月 만에 單一的

意見의 一致를 得하게 되었다.

於是乎 綦江에 七黨統一會議를 開催하니 韓國國民黨 韓國獨立黨 朝鮮革命黨 以上 光復陣線 遠東 三黨과

朝鮮民族革命黨 朝鮮民族解放同盟 朝鮮民族前衛同盟 朝鮮革命者聯盟 以上 四個 團體는 民族戰線聯盟이다. 開會

後에 大多數 論點이 單一化됨을 看破한 解放 前衛 兩盟은 自己 團體를 解消키 不願하는 理由(그들 共産主義者의

團體이므로 民族운동을 爲하여 自己 團體를 犧牲키 不能하다고 已往부터 主張하던 터이니 大驚小怪할 것 없다)

를 說明하고 退席한 後 그대로 五黨統一의 階段으로 入하여 純全한 民族主義的 新黨을 組織하여 八個條를 立하고

各黨 首席代表들이 八個條項의 協定에 親筆署名하고 幾日間 休息中이더니 民族革命黨 代表 金若山 等이 突然 主

張하기를 統一問題 提唱 以來로 純全히 民族운동을 力說은 하였으나 民革黨 幹部는 勿論이고 義勇隊員들까지도

共産主義를 信奉하는 터에 至今 八個條를 修改치 않고 單一組織을 하면 靑年들이 全部 逃走케 되었으니 脫退한다

宣言하니 統一會議는 破裂되었다.

나는 三黨 同志들과 美包 各 團體에 向하여 謝過하고 遠東 三黨統一會議를 繼開하여 韓國獨立黨이 新生되었다.

七黨 五黨의 統一은 失敗되었으나 三黨統一이 完成될 때의 하와이愛國團과 가와이團合會가 自己 團體를 取消하고

韓國獨立黨 하와이 支部가 成立되니 實은 三黨이 아니고 五黨이 統一된 것이다.

韓國獨立黨 執行委員長은 金九 執行委員으로는 洪震 趙素昻 趙時元 李靑天 金學奎 柳東說 安勳 宋秉祚 趙琬九

嚴恒燮 金朋濬 楊墨 曺成煥 朴贊翊 車利錫 李復源 監察委員長으로 李東寧 李始榮 公震遠 金毅漢 等 諸人이더라.

臨時議政院에서는 臨時政府 國務委員을 改選하고 國務會議 主席을 從來와 같이 輪廻主席制를 廢止하고 會議의

主席인 밖에 對內外 負責하는 權을 附與케 하였고 나는 國務會議 主席으로 被任되고 美京 華盛頓에 外交委員部를

設置하고 李承晩 博士로 委員長을 任命하여 就任하였다.

내가 重慶에 來着한 以後에 中國當局에 交涉한 結果로는 交通機具가 困難한 時에 汽車 五六輛으로 無料로 大家

族과 多數 行李를 數千里 險路에 無事運搬하였으며 振濟委員會에 交涉하여 土橋 東坎瀑布 上面의 地段을 買入한

後瓦家 三棟을 建築하였고 街上에 二層瓦家 一棟을 買入하여 百餘 食口를 奠接한 것 外에 우리 獨立운동에 關

한 援助를 請함에는 冷淡한 態度가 보이므로 中央黨部에 交涉하기를 中國對日抗戰이 如是 困難한 時에 도리어 援

助를 求함이 極히 未安하니 나는 美國에 萬餘名의 韓僑들이 있어 나를 오라 하며 美國은 富國이며 將次 美日開仗의 말

을 準備中인즉 對美外交도 開始하고 싶으니 旅費도 問題가 없으니 旅行券 手續만을 請求하노라 한즉 當局者의 말

이 先生이 中國에 있더니만큼 中國과의 若干의 關係를 짓고 出洋함이 好不好오 云云. 나는 所答이 吾 亦是 此意

思로 數年을 中國 首都를 따라온 것이나 中國이 五六個의 大都市를 喪失한 남아에 自己네 抗戰만으로도 極度 困

難한 것을 보고 韓國獨立을 援助하라는 要求를 하기가 極히 未安한 所以로라. 當事者 徐恩曾은 責任的으로 나의

計劃書를 上部에 呈報할 터이니 一部를 作送하라는 데 對하여 光復軍 卽 韓國國軍을 許施하는 것이 三千萬 韓族

의 總動員的 要素임을 說明하여 蔣介石 將軍에게 送致하였더니 卽時로 金九의 光復軍計劃을 嘉贊한다는 批覆을

接受하고 臨時政府에서 李靑天을 光復軍 總司令을 任命하고 所有의 力量을 다하여 (三四萬元 美包 同胞들 援助인

것) 重慶 嘉陵賓館에서 中西 人士를 招請하여 우리 韓人을 總動員하여 光復軍 成立 典禮式을 擧行하였다.

連하여 三十餘名의 幹部를 先發하여 西安으로 보내어 年前에 西安에 先派하였던 曹成煥 一行을 合하여

韓國光復軍司令部를 置한 後 羅月煥 等의 韓國靑年戰地工作隊가 光復軍으로 歸編되어 光復軍 第五支隊

在來 幹部 中 李俊植을 第一支隊長으로 任命하여 山西省 方面으로 高雲起(公震遠)를 第二支隊長으로 任命하여

綏遠省 方面으로 金學奎를 第三支隊長으로 任命하여 山東省 方面으로 各各 配置하여 徵募 宣傳 情報 等 事業을

着手進行케.

江南 江西省 上饒에 中國 第三戰區司令部 政治部에 視務中인 黃海道 海州人 金文鎬 君은 日本留學生으로 大志

를 抱하고 中國에 渡來하여 各地를 遊覽하다가 浙江省 東南 金華 方面에서 偵探嫌疑로 被捕 研訊之際에 中國人

日本同學을 適遇하여 同學들과 같이 第三戰區司令部에 服務中이다가 金九란 姓名이 新聞上에 登載됨을 보고 先以

書信으로 事情을 通하다가 後에는 重慶으로 來到하여 一切를 報告하므로 上饒에 韓國光復軍 徵募處 第三分處를

置하고 金文鎬를 主任으로 申貞淑(鳳彬)을 會計組長으로 李志一을 情報組長으로 韓道明을 訓鍊組長으로 宣傳組

는 主任 金文鎬 兼任으로 各各 任命 後 上饒로 派遣하였다.

一切 黨政軍의 費用은 美包墨쿠 韓僑들이 滿腔熱誠으로 收送하는 것을 가지고 約畧分配하여 三部事業을 進行

中 蔣夫人 宋美齡 女士의 婦女慰勞總會로서 自動的으로 韓國光復軍에 中貨 十萬元의 慰勞金의 特助를 受하였더

니라.

第三徵募處 申鳳彬 女士의 來歷이 하도 異常하므로 記錄하는 것이다. 내가 年前 長沙 湘雅醫院에서 胸部에 銃

을 맞고 治療하던 際이다. 하루는 病床에 坐하여 房外를 望見한즉 房門이 半開하더니 어떤 女子가 一封信을 나의

房中에 投入한 後 形跡이 없어지는지라. 專任看護婦 唐華英이 適在房內이므로 그 書信을 拾하라 하여 開閱하니

此 所謂 莫明其妙로다.

郵便으로 온 書信이 아니고 人便으로 送來한 書信인데 申鳳彬이란 女子가 尚德俘虜收容所에 俘虜의 一人이 되

어 解放하여 주기를 請願한 陳情書인데 自己는 上海에 留居(同夫人)하다가 四二九 虹口炸案 後 歸國한 李根永의

妻弟요 當時 民團事務員으로 被捕歸國한 宋鎭杓(眞姓名 張鉉根)의 妻인데 親兄親夫에게 先生님이 兄의 집에 오

시면 冷麵하여 待接하던 이야기 잘 듣고 仰慕하였더니 商業次로 山東 平原에서 中國遊擊隊에 被捕되어 此地까지

오는 路次에 長沙를 經過하였으나 先生이 계신 곳을 不知하여 그대로 尚德까지 끌려 왔으니 死地에서 救出하라는

辭意이다.

나는 百番思之하여도 此信의 所從來를 알 수 없다. 此 女子가 李根永의 妻弟만은 無疑이고 曾往에 本國서부터

나를 聞知함도 事實이나 囚人의 書信이 從處而來며 本國에서 내 名字는 聞知하였으려니와 至今 내가 長沙 湘雅醫

院에서 入院治療하는 것을 數百里 尙德收容所에서 알고 送信을 하였으며 郵票도 없고 日付印도 없는 純全히 人便

信인즉 아까 房門 外에 影子만 어른하고 없어진 女子는 天使이었는가. 何如튼지 調查하여 볼 必要가 있다고 認

定되어 退院 後 漢口 蔣委長에게 請求하여 俘虜調查의 特權을 得한 後 盧泰俊 宋冕秀 兩人을 尙德에 派遣調查한

結果는 如下하다.

尙德俘虜收容所에는 韓人俘虜가 三十餘名이고 日人은 數百名인데 韓日人을 一室에 渾處하는 外 俘虜로도 韓人

은 日人의 指揮를 받게 되는데 運動體操에도 日人이 命令指導하고 一切事物의 日人의 權利가 많은데 其中 申鳳

彬은 極端으로 日人의 指揮와 干涉을 不受하고 流理한 日語로 日人으로 더불어 抗爭을 剴烈하게 함을 보는 中國

管理員들이 申鳳彬의 人格者임을 알게 되어 秘密訊問으로 鳳彬의 排日思想의 所由來를 調查한 後 中國에서 活動

하는 韓國獨立運動者 中에 親熟한 사람이 있는가 問함에 鳳彬은 金九를 잘 아노라 하였다. 管理員이 다시 問曰

然則 金九가 至今 何處在오. 答曰 不知라. 更問 金九에게 送信하고 救援을 請하면 金九가 너를 救援하여 줄 信念

이 있는가. 申曰 金九 先生이 알기만 하면 必然코 나를 救援하리라.

그 調查를 하는 管理員은 卽 長沙人이며 五月 六日 事變으로 長沙 一境의 大騷動을 起하였으므로 金九가 狙擊

을 當하여 湘雅醫院에서 治療中이라는 消息은 無人不知하던 時에 管理員이 長沙 自己 집에 오는 便에 鳳彬의 書

信을 帶來하여 湘雅醫院에 가서 金九가 어느 房에 있는 것을 探問한 後 나의 房門 外는 憲兵派出所가 監視하므로

直接 傳信을 못 하고 親한 看護婦로 하여금 片紙를 房 안으로 投入함을 본 管理員은 疾足而退 云云。從後로 收容

所에서 鳳彬을 特待하였다 하더니라.

그리고 長沙의 危急으로 廣州로 退去한 後 나는 重慶行으로 다시 長沙까지 火車를 乘하고 長沙로부터는 汽車를

乘하고 尙德을 經過하였으나 時間關係로 俘虜收容所를 尋訪하지 못하고 申鳳彬에게 一封信을 投하여 重慶에서 救

援의 道를 講究하였더니 重慶에 와서 알아본즉 義勇隊로서 俘虜解放을 벌써 交涉하여 一部 申鳳彬 等은 釋放하

여 申鳳彬이 屢屢이 나에게 오기를 要求하므로 金若山 君에게 送信하여 申鳳彬을 桂林에서 重慶으로 데려다가 親

見하고 碁江과 土橋 大家族들과 同住하다가 上饒로 보낸 것이다. 鳳彬은 비록 女性이나 聰明果敢하여 戰時工作의

效果能率이 中國 方面에까지 讚許를 受한다고 하며 鳳彬 自身도 恒常 驚人의 貢獻을 自期하는 것이니 將來 屬望

하는 바이다.

這(약 서른두 행 불명) 痛한 事이다. 大家族 中에 脫漏된 食口들이 있으니 上海 吳永善 李義槮(李東輝之女) 內外와

其 子女인데 그들 中에 吳永善 君이 身體의 故障으로 動作을 못 하므로 大家族에 編入이 不可能하였는데 吳永善

君은 年前 作故 云云하나 上海가 完全히 敵에 淪陷되었으니 用手할 餘地가 없이 되었고 李滇玉 君의 家族이니 滇

玉 君은 本是 金川人으로 三一운동에 參加하여 日本의 偵探을 暗殺한 後 上海에 渡來하여 民團 事務員이 되었다

가 그 妻子가 나온 後는 生活을 爲하여 英商電車 査票員을 視務하면서 내가 南京으로 移住한 後에도 種種 秘密한

工作으로 往來하다가 日寇에게 被捕되어 本國에 가서 二十年 懲役을 受하였고 滇玉 君의 夫人 李貞淑 女士는 그

대로 子女를 데리고 上海生活을 繼續하므로 내가 南京에 居住時는 生活費를 補助하다가 大家族으로 編入하기를

通知한즉 李 夫人은 上海生活을 하면서야 本國 監獄에 있는 男便에게 兩月 一次式 往復하는 書信할 誠心으로 不

二八五

忍
離開上海하고 지내던바 長子 好相이 朝鮮義勇隊에 參加하여 浙東一帶에서 工作하다가 母親과 弟妹들이 그립던

모양인지 二三人의 同志를 帶同하고 上海에 潛入活動하며 間間 自己 母親에게를 秘密往來하다가 倭仇에게 發覺되

어 李 夫人이 被捕되어 愛子 好相의 所住를 嚴訊하나 直告치 않으므로 當場 打殺을 當하였고 好相은 同志 三人

과 火車를 乘하고 逃亡하다가 車中에서 四人이 被捕하여 好相은 當場 被捕되어 內地로 護送中 船中에서 작은 親

妹를 相見則 妹兒가 母親과 어린 동생은 倭놈에게 被殺되고 自己는 內地로 押送한다는 말을 듣고 好相은 氣絶而

死 云云하니 痛哉라 哀哉라 上天이 無心乎. 幼子幼女도 毒手에 致命乎아. 尚在人間乎아.

亡國 以來에 倭寇에게 全家 屠戮이 凡幾百幾千家이랴마는 已未 以來 上海에서 운동하던 場面에는 李溟玉 君

이當한 慘毒이 第一位에 居하겠다. 凡我同胞 子孫들에게 一言을 遺하노니 光復完成 後에 李溟玉 一家를 爲하여

忠烈門을 遂安 本鄕에 立하여 永久紀念케 하기를 付託하여 두노라.

觀) 君은 年未滿 五十이고 爲人이 慷慨多知하며 過去 滿洲에서 正義部 主腦로 倭仇에게와 共産黨에게와 張作

自初로 大家族들과 같이 動作하던 中에는 長沙事變으로 因하여 倭仇의 鷹犬 李雲漢 金學奎 等 舊同志들과

霖 部下 親日者들에게 三面 包圍中에서 獨立運動을 爲하여 激烈鬪爭하다가 畢竟은 倭寇에게 被捕하여 新義州監

獄에서 重懲役을 經한 後 滿洲는 完全히 倭寇의 天地가 되었으므로 關內로 入하여 李靑天 等 舊同志들과

朝鮮革命黨을 組織하여 南京에 義烈團의 主催인 民族革命黨을 같이 組織하였다가 (所謂 五黨統一) 脫退하고 光復

陣線 九個 團體(遠東에 朝鮮革命黨 韓國獨立黨 韓國國民黨 美洲國民會 包哇國民會 愛國團 婦人救濟會 團合會

同志會) 中에 參加하였다가 南京서 長沙로 大家族에 編入하여 夫人 方順熙와 幼子 鍾華를 率하고 長沙에 到着後

로 同苦同行하는 三黨統一부터 實現하자는 默觀의 提議에 應하여 會議를 約束하고 吾亦是 宴席에 參加하였다가

不幸히 默觀 一人만 致命되었던 것이다.

其後 廣州서 曹成煥 羅泰燮 兩 同志와 같이 重慶으로 오던 길에 長沙에서 貴陽 汽車를 기다리던 時는 卽 陰曆

秋夕節을 當하고 玄默觀의 墓所尋拜를 主張한즉 兩 同志는 나의 參墓를 極力 挽止하고 兩 同志만 酒肴를 帶下

고 가는 것은 나의 身體가 아직 完全復舊가 되지 못하고 遠行 中인데 내가 默觀의 墓前에 當到하면 哀切痛切하여

精神上 身體上에 무슨 變化가 생길 憂慮에서이므로 同行을 못 하였던 터이라.

及其 長沙에서 貴陽 汽車를 乘坐하고 가는 路中에서 兩 同志는 路邊山腹에 立한 碑石을 手指하며 被是 玄默觀

墓라 하기로 目禮를 送하였다. 君의 不幸으로 因하여 우리 事業에 多大한 支障이 생기나 奈何오. 君은 安息하라.

貴夫人 貴子들은 安全保護합니다. 無情한 汽車는 碑石조차 보여 주지를 않고 疾走하여 버리었다.

母親께서는 重慶서 下世하시고 大家族은 綦江에 來到하여 一年을 經過 後 石吾 李東寧 先生이 七十一歲 老齡으

로 作故하여 該地에 安葬하였다. 先生을 내가 처음으로 三十餘年 前 乙巳新條約 時에 京城 尙洞耶蘇教堂에 進士

李石吾로 行世할 時에 相逢하여 같이 上疏運動에 參加하였다가 合倂 後에 京城 梁起鐸 舍廊에 密會하여 西間島

武官學校를 設立하여 將來에 獨立戰爭을 目的하고 先生에게 該 事務를 委任하였으며 己未年 上海에 또다시 相逢

하여 二十餘年을 同苦楚同事業을 一心一意로 지내었다.

先生은 才德이 出衆하나 一生을 自己만 못한 同志를 도와서 先頭에 내어세우고 自己는 他의 不足을 補하고 不

足을 改導함이 先生의 一生의 美德인데 先生의 最後一刻까지 愛護를 받은 사람은 卽吾 一人이었다. 石吾 先生이

逝世한 後는 逢事則捷思하나니 顧問이 없음이라. 豈特 나 一人이랴. 우리 運動界의 大損失이다.

其次는 孫逸民 同志의 死亡이니 年跡 六十에 恒常 抱病客으로 지내다가 畢竟은 綦江에 一墳土가 되었으니 그는

靑年時부터 復國大志를 懷하고 滿洲 方面에서 多年 活動하다가 北京으로 南京으로 長沙로 廣州로 柳州로 綦江까

지 大家族에 編入되었던 것이니 그는 子女가 없고 近 六十 된 未亡人이 있다.

綦江에 大家族이 兩年餘를 經過하는 사이에 怪異한 喪事로는 趙素昻의 父母가 俱是 七十餘歲 高齡으로 慈堂이

逝世 後에 父親이 溺水 自殺하였나니 情死인지 厭世인지 一種 稀怪事이었다.

大家庭이 土橋로 移舍한 後로 近 兩年에 二十四年 二月에 金光耀 慈堂이 肺病으로 逝世 後 宋新岩 秉祚 同志가

年 六十五에 病死하니 臨時議政院 議長으로 韓國獨立黨 中央執行委員과 臨時政府 顧問으로 兼 會計檢查院 院長이

며 曾往 國務委員으로 同人 等 七人이 棄職하고 南京義烈團의 主倡인 五黨統一로 달아나고 車利錫 委員과 兩人이

政府를 固守한 功勞者인데 臨時政府의 國際的 承認問題가 登坦되는 此際에 千秋의 怨恨을 품고 不歸의 遠行을 作

하고 土橋에 一墳土를 남긴 것은 長使英雄淚滿襟이로다.

生産率보다 死亡率이 超過함은 免不得의 事實이었다.

臨時政府와 獨立黨과 光復軍은 三位一體로 中心人物이 韓獨黨員이므로 韓國革命의 老輩들이 集中한 곳이라

이제 大家族 名簿를 作成하여 後世에 傳코자 하노니 己未運動으로 因 上海에 來住하던 五百餘 同胞가 거의

大家族이라 稱謂할 수 있으나 至於逸志에 記載하는 大家族은 虹口炸案으로 因하여 上海를 退出한 同志들과 그 家

族들이 大部分이고 孫逸民 李光 等 同志들은 北京 方面에 多年 住居하다가 蘆溝橋戰事 爆發 以後 南下하여 南京

에로 率家來會하였고 大部分이 上海 退出한 家族 中에도 南京을 退出 兩派이니 金元鳳 君 朝鮮民族革命黨과 우리

側으로는 韓國國民黨 朝鮮革命黨 韓國獨立黨 三黨이니 同時에 南京을 退出하여 金元鳳은 同志들과 眷屬을 率하고

漢口를 經하여 重慶으로 移住하고 나는 同志들과 그 家眷을 率하고 漢口를 經하여 長沙 長沙에서 八個月 長沙를

退出하여 廣州에서 三個月 廣州 退到 柳州 柳州서 數朔 後 退到 綦江서 近 一年 後 土橋 東坎이니 此地는 新建家

屋 四棟에 大部分 家族이 居住하고 其外는 重慶에 黨部 政府 軍部의 機關에 服務 同志들과 家族이다. 大家族 名

簿는 別紙로 作成한다。

繼續

第一　統一問題

重慶을 到着한 翌日 우리 一行보다 먼저 重慶을 到着한 團體 朝鮮民族革命黨 幹部와 黨員 들이 重慶 南岸 鵝宮

堡 孫家花園을 訪問한즉 金枓奉 尹琦燮 金弘敍 崔右崗 成周寔 等(金元鳳은 廣西 柳州에 出張中) 그 附近에 共駐

하는 民族解放同盟 玄正卿 金星淑 朴健雄 等 共産黨을 自處하는 幹部들이 民族革命黨 本部의 緊急召集으로 歡迎

會를 擧行하는 故로 그 席上에서 오늘은 우리의 主義를 論議할 때가 아니고 民族的으로 祖國을 光復한 然後에 各

各 主義로써 黨的 結合을 할 셈하고 今日은 單一的으로 各 團體를 合同統一함이 可하다는 提議를 한즉 擧皆 贊同

하여 統一工作을 開始하였다. 그러나 우리 臨時政府를 擁戴追隨하는 一行 韓國國民黨에 내가 理事長이고 韓國獨

立黨에 趙素昻 洪震 幹部요 朝鮮革命黨엔 李青天 金學奎 玄默觀 等이 幹部니 그들은 아직 廣西 柳州에서 到着하

지 못한 때라.

中國中央黨部를 交涉하여 貨物車 七輛을 柳州에 보내서 重慶으로 搬移코자 하나 七十餘名의 人口를 居住할 家

屋의 困難과 敵機爆擊의 危險을 避키 爲하여 重慶과 距離 四百里 되는 綦江縣城에 臨時 居住케 하고 나는 統一工

作을 實行키 爲하여 重慶에 民革 解放 兩團體 幹部들과 同行하여 綦江에 가서 五黨統一會議를 開催하다. 여러

날을 討議하다가 解放 民革 兩團體는 民族主義를 信奉할 수 없다는 理由로 脫退하고 畢竟은 三黨統一로 韓國獨

立黨(성립)이 成立되었다. 韓國獨立黨(한국독립당)의 主要綱領(주요강령)은 韓國臨時政府(한국임시정부)를 擁護支持(옹호지지)하자는 것이다. 故로(고) 韓國獨立黨員(한국독립당원)이 아

니면 入閣할(입각) 資格(자격)이 없었다.

第二(제이) 光復軍(광복군) 組織工作(조직공작)의 成果(성과)

中國(중국)이 對日戰爭(대일전쟁)을 五年間(오년간)이나 繼續中(계속중)에 우리는 軍隊(군대)를 組織(조직)하지 못한 것이 一大痛切(일대통절)이므로 韓國光復軍組織計(한국광복군조직계)

劃案을 作成(작성)하여 中國(중국) 蔣(장) 主席(주석)에게 提請(제청)하였던바 蔣(장) 主席(주석)은 佳讚(가찬)의 旨(지)를 批下(비하)하였으나 當時(당시) 戰爭(전쟁) 政府事務(정부사무)가

奔忙中(분망중)에 우리 光復軍(광복군) 推進(추진)을 中國政府(중국정부)만을 信賴키(신뢰) 不可能한(불가능) 故로(고) 美洲韓僑(미주한교)들이 送來(송래)한 金額(금액) 中(중) 非常準備(비상준비)의 目

的(적)으로 貯蓄(저축)한 全部(전부) 四萬元(사만원)을 가지고 重慶(중경)에 外交使節(외교사절)을 招待하는(초대) 第一(제일) 華麗한(화려) 嘉陵賓館(가릉빈관)에 光復軍(광복군) 成立(성립) 典禮式(전례식)

을 宏大히(굉대) 擧行할새(거행) 中國中央政府(중국중앙정부) 要人(요인)들과 各(각) 社會團體(사회단체) 幹部(간부)들이며 各國(각국) 大使(대사) 公使(공사)를 全部(전부) 招請하였더니(초청) 當時(당시)

重慶警備總司令(중경경비총사령) 劉峙(유치) 上將(상장) 으로 爲始하여(위시) 中國親友(중국친우)도 多數(다수) 來參하였고(내참) 체코 土耳其(토이기) 佛蘭西(불란서) 等(등) 大使(대사)들도 來參하여(내참)

中國에(중국) 外國人(외국인) 宴會(연회)로서는 屈指의(굴지) 第一(제일) 大盛況(대성황)을 이루어 中外의(중외) 人氣(인기)가 沸騰(비등)하였으며 當時(당시) 聯合國(연합국) 新聞記者(신문기자)들이

參席한(참석) 關係(관계)로 光復軍(광복군) 消息(소식)은 各國(각국)에 널리 宣傳(선전)되었던 것이다.

中國中央政府(중국중앙정부) 軍事後援會(군사후원회)로부터 韓國光復軍(한국광복군)의 所謂(소위) 九個行動準繩(구개행동준승)을 發布(발포)하므로 各(각) 條項(조항) 中에는(중) 友誼的(우의적) 條項

도 있고 侮辱的(모욕적) 條項(조항)도 있었던 것이다. 그런 故로(고) 臨時政府(임시정부)와 光復軍(광복군) 幹部(간부)들은 準繩接受(준승접수) 與否에(여부) 議論이(의논) 沸騰하였(비등)

다. 그러나 그것을 逐送하고(축송) 다시 較整하려면(교정) 時日만(시일) 遷延될(천연) 것이니 爲先(위선) 接受하여(접수) 가지고 進行하면서(진행) 不合한(불합) 條(조)

件을 是正하기로 하고 總司令部를 重慶에 置하고 總司令 李青天 參謀長 中國人 財務課長 中國人 高級參謀 崔用德

韓人參謀長 王逸曙 第一支隊長 金元鳳 第二支隊長 李範奭 第三支隊長 金學奎 第一支隊는 重慶 南岸에 設置 隊員

이 五十名 未滿이요 第二支隊는 陝西省 西安 南部 杜曲에 置하니 隊員이 二百餘名이요 第三支隊는 安徽省 阜陽에

置하니 隊員이 三百餘名이라。

幾個月 以前에는 光復軍이 有名無實하여 聯合國의 人氣를 喚起할 아무것도 없었으나 忽然 一日은 우리 臨時政

府 政廳으로 가슴에 太極旗를 붙이고 一齊히 愛國歌를 부르며 들어서니 이것은 華北 各地 倭軍 中에 韓人 學兵靑

年들이 冒險脫走하여 阜陽으로 오는 者를 第三支隊長 金學奎의 指令으로 政府에 護送한 것이라. 이것이 重慶에는

一大問題가 되었던 것이다. 中國 各界人士들이 五十餘名의 靑年歡迎會를 中韓文化協會 餐廳에서 開催하니 西洋

各 通信社 記者들과 各國 大使館員들도 好奇心으로 來參하여 靑年들에게 隨意로 問答하는 中의 重要한 事件으로

는 靑年 言內가 우리는 自幼時로 日本의 敎育을 받은 故로 우리의 歷史는 姑捨하고 우리 言語도 能熟지 못한 터

이라. 日本에 遊學中 徵兵으로 出戰케 되어 家族을 餞別次 歸家하였더니 父母와 祖父母 들이 秘密히 敎訓하되 우

리의 獨立政府가 重慶에 있으니 倭軍 앞잡이로 끌리어 다니다가 개죽음을 하지 말고 우리 政府를 찾아가서 獨立

戰爭을 하다가 榮光스러운 죽음을 하라는 下命을 받고 倭軍 中에서 脫走하다가 더러는 죽고 더러는 살아서 우리

政府를 찾아온 것이라는 말에 韓人同胞는 말할 餘地도 없고 聯合國 人士들의 感激이 넘쳤던 것이다.

第一支隊는 오에스에스 主管者 사전트 博士와 李範奭 支隊長이 合作하여 西安에서 秘密訓鍊을 實施하고 根本

開城 出身으로 우리 言語가 能熟한 윔스 中尉는 阜陽에서 金學奎 隊長과 合作하여 秘密訓鍊을 實施하였다. 三個

月의 訓鍊을 마치고 朝鮮으로 密派하여 破潰偵探 等 工作을 開始함에 當하여 美國 作戰部長 도노번 將軍과 抗敵

工作을 協議키 爲하여 西安으로 米國 飛行機를 타고 가서 鄭重한 會談을 한바 大槪는 이렇다.

第二支隊 本部 事務室 正面의 右便 太極旗 밑에는 내가 앉고 左便 별旗 밑에는 도노번이 앉고 도노번 앞에는 美

國 訓鍊官들이 列坐하고 내 앞에는 第二支隊 幹部들이 列坐한 後에 도노번 將軍으로부터 鄭重한 誓言을 發表日 도노

今日今時로부터 亞米利加合衆國과 大韓民國臨時政府와에 敵日本을 抗拒하는 秘密工作은 始作됨이라 云云。

반과 나와 正門으로 나올 때에 活動寫眞班들이 撮影으로 儀式은 終了되었다.

翌日은 美國軍官들의 要請으로 秘密訓鍊을 받은 學生들의 實地實驗을 할 目的으로 杜曲에서 다시 東南 四十里

許 古代 漢詩의 有名한 終南山 中 한 古刹인(秘密訓鍊所) 古刹에 自動車로 山口까지 가서 다시 步行으로 五里가

량 當到하니 時間이 마침 正午이므로 美國軍隊式으로 午餐을 開始하게 되었다. 첫째 冷水를 여러 통 갖다 뜰에

놓고 軍隊用 국과 물그릇으로 并用하는 鐵器를 一人當 各 一個式 分配한 後 종이갑 一個式을 分配하는지라. 그들

헤쳐 보니 과자 비슷한 것이 五個式 들어 있고 여러 가지 간지메가 들어 있으며 煙草 四個와 휴지까지 들어 있고

또한 종이로 싼 가루 一封을 冷水에 交換한즉 훌륭한 고깃국이 되니 이로써 午餐은 滿足을 느낄 것이다. 美國軍

隊의 日常 開戰中의 食糧이라 簡單한 西洋料理나 누구든지 그것을 먹고 不足한 사람은 없을 것이다. 軍食 一件으

로 倭兵에 比較할지라도 倭敵이 失敗할 것은 明確한 事實이라 하겠다. 滿足한 午餐을 마친 後 때는 아직 八月 上

旬이라 참외와 수박 等을 먹으며 이어서 우리 靑年學生들을 訓鍊시키는 美國將校들이 各自 擔任한 科目 實地實驗

하는 光景을 觀覽함에 이르렀다.

첫째로 心理學博士가 各 學生들을 心理學的으로 試取하고 冒險性이 豊富한 者는 破壞術을 智力이 强한 者는

敵情 偵探으로 眼明手快한 者는 無線電機 使用術을 分科訓鍊한 것이다. 心理學者가 試驗成績의 概要를 報告하되

特히 韓國의 靑年은 앞으로 希望이 豊富한 것을 말하는 것이다.

靑年 七名을 引率하고 終南山上 上峰에 올라가서 數百丈 絶壁下에 내려가서 敵情을 探知하고 올라올 것이 目的

인데 所持品은 單 數百丈의 熟麻바뿐이었다。靑年 七名이 會議한 結果 그 數百丈의 熟麻바를 자주 매듭을 맺은

後에 한 끈은 上峰 바위 위에 매고 한 끈은 絶壁 아래로 떨어친 후 그 줄을 타고 내려가서 나뭇가지를 하나씩 입

에 물고 올라오니 目的은 이에서 達成한지라。나는 앞서 中國學生 四百名을 會合 訓練試驗하고도 發見치 못한 이

解答을 貴國 靑年은 七名 中에 이 成果를 發見하였으니 참으로 前途有望한 國民이라는 大讚을 한 後 爆破術 射擊

術 秘密越江術 等等을 次第로 實驗 視察을 마친 後 當日로 杜曲에 歸還하여 一宿하고 翌日은 西安의 中國親友들

을 訪問할새 四十里 西安을 들어가서 胡宗南 將軍을 訪問한즉 胡 將軍은 出張中이므로 參謀長이 代見하고 省政

府를 訪問하여 省主席 祝紹周 先生은 莫若한 親友라。明日 夕食을 自己 私邸에서 같이 지내자는 要求를 承諾하고

省黨部에서는 나를 爲하여 宴會를 開催하겠다 하며 西安婦人會에서도 特히 나를 歡迎하기 爲하여 演劇을 準備한

다 하며 各 新聞社 主催로 歡迎會를 開催하겠다는 要請을 받고 그날은 우리 同胞 金鍾萬 氏 宅에서 留宿하고 翌

日은 西安의 名所를 大槪 觀覽하고 祝 主席 私邸에서 夕食을 畢한 後 日氣가 炎熱한 때이므로 會客室에서 수박을

噉하며 談話中 忽然 電鈴이 울리자 祝 主席은 놀라는 듯 起坐하며 重慶에서 무슨 消息이 있는 듯하다 하며 電話

室에 들어갔다가 뛰어나오며 하는 말이 倭敵이 降伏한답니다.

나는 이 消息을 들을 때에 喜消息이라는 거보담도 天崩地坼의 感이 있는 것이다。數年을 애를 써서 參戰을 準備

하여 山東角으로 美國의 潛航艇을 配置하여 西安訓練所와 阜陽訓練所의 訓練받은 靑年들을 組織的 計劃的으로 各

種 秘密武器와 電器를 携帶시켜 本國으로 侵入하여 國內 要所의 各種 工作을 開始하여 人心을 煽動하며 電信으로

通知하여 武器를 飛行機로 運搬 使用할 것을 米國 陸軍省과 緊密한 合作을 한 번도 實施하지 못하고 倭敵이 降伏

하니 前功可惜이요 來事可慮라.

即時 祝氏 私邸를 떠나 車가 馬路를 지날 때 벌써 群衆은 人山人海를 이루고 萬歲聲은 城中을 震動하는지라.

約束한 歡迎準備는 全部 辭却하고 밤으로 杜曲에 歸還하였다.

우리 光復軍은 自己 任務를 達成치 못하고 戰爭이 終熄되니 失望落膽 雰圍氣에 잠기었고 美國 敎鍊官과 軍人

들은 歡天喜地의 秩序紊亂함을 不覺한 狀態에 到達되었던 것이다. 米國에서 杜曲에 純全한 韓國兵舍 數千名 受容

할 場所를 建築하기 爲하여 終南山에서는 材木을 運搬하며 벽돌 등 諸般 運搬 巨大한 工事를 進行하다가 그날부

터 一齊中止되고 말았다. 나의 本目的은 西安에서 訓鍊을 마친 靑年들은 本國으로 돌려보내고 阜陽으로 가서 그

곳에서 訓鍊받은 靑年들 아울러 本國에 올 터인데 秩序가 紊亂한 關係로 戰機를

重慶으로 돌아올 것도 갈 때에 戰機를 타고 갔으니 그 亦是 水泡로 돌아갔다.

타지 못하고 乘客機를 타고 重慶으로 歸還하였다. 내가 重慶으로 오는 同時에 美國軍人 幾名과 李範奭 支隊長과

우리 靑年 四五名이 漢城을 出發하였는데 其後 消息을 들은즉 永登浦에 到着하여 一夜 宿泊하고 殘敵 倭놈의 抗

拒로 다시 西安으로 왔다는 것이다.

重慶에 돌아와 보니 中國社會도 勿論 戰爭中의 緊張하던 氣分이 突變하여 各層各界가 混亂한 局面을 이루었고

우리 韓人社會는 無心히 混亂한 局面에 處하였다. 臨時政府에서는 這間 議政院을 開會하고 國務員 總辭職을 하

니 臨時政府를 解散하고 本國에 돌아가자느니 議論이 百出하다가 主席이 다시 重慶으로 돌아온다는 消息이 있으

니 負責者의 意見을 聽取한 後 決定하기로 三日 停會中이라.

開會 劈頭에 나는 出席하여 臨時政府 解散 云云은 千萬不當하고 總辭職도 不可하다. 우리가 將來에 漢城에 들

어가 全體 國民에게 政府를 도로 바칠 때에 總辭職함이 可하다. 其時에 十四個 原則을 決定하고 入國하려 할

때에 美國側으로서 美國軍政府가 漢城에 있으니 個人資格으로 들어오라는 奇別이 있었다. 그리하여 議論이 紛

하다가 畢竟은 個人資格으로 入國하기로 決定하였다.

七年間 重慶生活의 終幕을 告하게 되매 百感이 交集하여 말의 條理와 일의 頭緖를 잡기 困難하였다.

山母親墓所와 亡子 仁의 墓地의 (墓地는 石墻을 圍築하고 祖孫의 墳墓를 次第 封堂) 各其 祝文을 가

지고 轎子를 타고 和尙山에 가서 生花를 드리고 祝文을 朗讀한 後 墓直을 불러 金貨를 厚賜하며 墳墓看護를 付托

하고 돌아와 入國할 行裝을 準備할새 가죽상자 八個를 사서 政府文書를 收拾하고 重慶의 五百餘名 僑胞의 先後問

題와 臨時政府가 重慶을 出發한 以後 中國政府와 連絡關係를 짓기 爲하여 中華代表團을 設置하고 團長은 朴贊翊

으로 任命하고 以下 幹部는 閔弼鎬 李光 李象萬 金恩忠 等을 選任하였다.

重慶을 떠나날 臨時에 中國共産黨 本部에서 周恩來 董必武 等이 우리 臨時政府 國務員 全體를 請하여 送別宴이

있었고 中央政府 蔣介石 先生을 爲始하여 中央政府 及 中央黨部 各界 名望家 數百人을 會集하고 우리 側 臨時政

府 國務委員과 韓國獨立黨 幹部 들을 招請하여 中國國民黨 中央黨部 大禮堂에서 中韓國旗를 交叉하고 隆崇懇曲한

宴會를 進行할새 蔣介石 主席과 宋美齡 女史가 先頭로 將來 中韓의 永久幸福을 圖하자는 演辭와 우리 側의 答辭

로 끝마치었다.

及其 重慶을 떠나게 되었으니 七年間 許多한 事情을 總說할 수 없고 槪要를 들어 몇 가지 말하려 한다.

첫째 同胞들에게 對한 關係. 戰爭을 繼續하는 中의 重慶은 果然 中國의 戰時首都였었다. 平時에는 幾萬名에 不

過하던 것이 戰爭을 因하여 淪陷區 各地에서 官吏와 人民이 中央政府로 集中되기 때문에 人口가 激增하여 百餘萬

에 達한지라. 家屋은 平時에 比하여 幾百倍 되나 房屋難이 極度에 達하여 夏節에는 露宿者가 太半이요 食糧問題

는 配給制인데 配給所 門前에는 四節을 勿論 長蛇陣을 벌이고 毆打 辱說 等 許多 紛糾가 繼續 連出하였다.

그러나 우리 同胞들은 特히 人口를 成册하고 中國 上部를 交涉하여 糧穀을 人口比例의 連帶 多量을 한꺼번에

타서 貨物車로 運搬하며 米穀은 다시 搗精하여 下人을 부리어 집집마다 配達하여 주며 쌀 그릇은 鼠雀의 害를 防

備하기 爲하여 집집마다 독그릇을 配置하였으며 其外 食饌 等은 金貨로 配給하고 飮料水까지 下人을 使用하였으

니 戰時임에도 不拘하고 同胞의 生活은 團體的 規律的으로 安全하게 지내었다.

非但 重慶뿐 아니라 南岸과 土橋에 居住하는 同胞들도 重慶과 同樣으로 韓人村을 이루고 中國의 中産級 程度의

生活은 維持한 것이다. 그러나 곳곳마다 生活이 不足하다는 怨辭도 있었던 것이다. 나는 그 말을 들을 때마다 우

리 同胞들의 이곳의 生活은 地獄生活인 줄만 알고 살아가기를 바란다고 말하였다.

다음 家族生活에 對한 關係를 말하자면 내 一生을 通하여 家族을 團合하고 家庭生活한 적은 時間으로도 短縮

하다. 十八歲에 投筆한 後 終始 流浪生活이니 長連邑 社稷洞 生活이 母親을 侍奉하고 從兄男妹 一家에 居住하여

二三年 經過하고 其後로는 文化 安岳 等地에서 幾個月 幾年間 居住하였으나 亦是 流浪生活이요 가장 時間이 長久

하다 할 곳은 上海 佛蘭西租界에서 四個年 生活이 家族生活이라고 볼 수 있었고 其後에는 喪配 以後 十餘年을 母

親은 仁과 信兒를 데리고 本國에서 지내시고 나만은 子子單身으로 同胞들의 집을 依托하고 或은 抱腿兒 集團生

活을 繼續하였다. 母親이 九年 만에 다시 中國으로 오셨으나 母親께서는 母親대로 仁과 信兒를 引率하시고 따로

生活을 하시고 나는 나대로 同胞의 집과 或은 中國 親友의 집에 寄生生活을 繼續하였다. 重慶生活도 亦是 마찬가

지였다.

다음은 戰爭中 倭敵 飛行機 襲擊의 困難當하던 事實을 몇 가지 말하련다. 南京時期에 敵機 爆擊이 甚하였는데

南京서 나는 淮淸橋에 隱居하고 母親께서는 馬鹿街에 住居하실 때라. 敵機 夜襲이 有하여 危險한 것도 不拘하고

구경하기 爲하여 寢臺를 떠나 門外에 나서며 天空을 바라보니 飛行機가 비둘기떼같이 날아오는 중에 突然 霹靂이

震動하여 내 寢房의 天窓이 落下하여 내가 누웠던 寢臺를 덮었으니 내가 萬一 門外를 나가지 안 하였던들 必히

天窓에 壓死하였을 것이다. 胸膈이 놀랍고 서늘하였을 뿐이요 그 後 門外를 나가 본즉 停車場인데 屍體가 形形色

色으로 坐死者 伏死者 或은 半동강 屍體 等等의 慘酷한 光景은 目不忍見일레라. 나는 卽時 馬鹿街로 母親 宅을

찾아가 보니 天幸으로 安全하시었다. 過히 놀라시지나 안 하신가 問하오니 잠이 깊이 들었을 때에 寢床이 움직이

었으니 그것이 爆彈關係이야? 이같이 말씀을 하시었다.

南京을 떠난 後 長沙에서 또 累次 爆擊을 當하게 되었으나 別로 危險은 없었고 廣東 亦是 危險은 없었으며 重慶

에서는 四五年 동안 來來 그 모양으로 지내는 터인데 寢食은 짬에 하고 오직 일은 避難뿐이었다.

重慶에서 爆擊을 當할 때에 中國의 國民性이 偉大한 것을 깨달았다. 高樓巨閣이 暫時間에 재가 되는데 그 집 主

人들은 한便으로 家族 中 被殺者는 埋葬하고 生存者는 불 붙은 나머지 기둥과 서까래를 모아서 臨時 房屋을 建設

하는데 웃는 얼굴로 悲悵한 빛을 띠우지 아니하므로 나는 그들을 볼 때에 이러한 생각을 不禁하였다. 萬一 우리

同胞들이 저 地境을 當하였다면 화가 나느니 성이 나느니 홧김에 술을 마신다 성난 김에 싸움만 이룬다 騷亂만

일으키고 怠慢하지나 않을까 생각되었던 것이다. 우리 臨時政府가 出發할 때까지 네

重慶 爆擊이 尤甚하던 그 하루는 아침부터 저녁까지 防空壕에서 지내었다.

번을 옮기었으니 그 苦海波瀾만은 永遠히 잊을 수 없다. 第一次는 楊柳街 第二次는 石坂街 第三次는 吳師爺巷

第四次는 蓮花池에서 終幕을 告하였다.

楊柳街에서부터 爆擊 때문에 支持할 수 없어 石坂街로 移轉하였으나 石坂街에서 난 火災로 全燒되어 甚至於 衣

服까지 燒失되었고 吳師爺巷에서는 火災는 僅免하였으나 爆擊 때문에 家産이 全壞된 것을 다시 重修하였으나 人

員은 많고 房屋은 陋隘한 關係로 이것은 政府職員 住宅으로 使用하고 第四次의 政廳을 蓮花池에 七十餘間 建物을

租借 使用하였으니 稅金이 一年에 四十萬 (한 자 불명)也라. 이것은 特히 蔣 主席이 保助하여 政府가 重慶을 떠날 때

까지 使用하였다.

吳師爺巷에 있을 때 爆擊이 가장 甚하던 날은 卽 四月 ○○日인데 그날은 새벽부터 아홉 時間을 防空壕 內에서

지내었다. 그 防空壕는 金湯街 私設 防空壕이라 집 마당 앞으로 入口가 나서 들어갔던 것인데 乃從에 나와서 본

즉 그 家屋은 全部 粉碎되고 말았다. 급히 돌아와 본즉 내 집도 大門口에 爆彈이 投下 爆發되어 圍墻과 기와가 全

部 崩潰粉碎되었으므로 다시 重修하였다. 그날에 南岸에서 同胞 三四名 被殺되었다는 急報를 듣고 卽時 가서 調

査하여 본즉 爆死者는 申翼熙 氏 姪子와 金永麟의 妻라. 다만 痛歎할 뿐이었다.

그날에 重慶에서 爆死者가 巨大한 數者를 내었다. 十八梯 防空洞에서 官廳報道는 四百餘名이라 하고 市民의 傳

說은 八百餘名이라 하여 實地 視察하였다. 내가 古書를 讀習할 때 積屍如山이라는 文句는 文人의 舞文手段으로

想像하였더니 그날에 較場口에 나가 光景을 보니 擔架로 防空洞에 散在한 屍體를 收集하는데 小兒屍體는 한 擔架

에 二三式 大人은 一名式 모아 쌓으니 果然 積屍如山이라는 文句를 古今이 同然하게 아니 쓸 수 없었다. 그 屍體現狀을 보면

그와 같이 慘死한 原因은 다만 爆彈에만 맞아 죽은 것뿐 아니라 防空壕에서 窒息關係였다.

男女間 衣服은 성한 것이 없고 身體도 傷處가 많은 것은 防空壕 속에서 窒息關係로 最後發惡의 自動擊鬪가 奮起한

事實이었다. 그러면 擊鬪가 奮起하도록 防空壕 속에서 나오지 못한 原因은 어디 있는고. 其實은 指揮하던 警官이

防空壕 門을 밖으로 채운 채 내급하여 逃亡한 關係라. 그 過失로 警備司令 劉峙 上將은 重責을 當하였던 것이다.

그 山같이 모아 놓은 屍體 運搬하는 것을 본즉 貨物車의 物件같이 積載하였다. 貨物車가 動搖할 때에는 屍體

가 땅으로 떨어지는 일도 있었다. 이 屍體는 목을 매어 貨物車 뒤에 달아 놓으니 屍體는 땅에 끌리어 가게 된다.

참으로 目不忍見의 慘狀이었다. 그런데 그 많은 屍體 中에는 多大數가 密賣淫하던 女子의 屍體이니 原因은 本來

較場洞 附近이 密賣淫村이었던 關係였다.

大不幸한 곳에는 或 幸福한 일도 엿볼 수 있는 것이다. 防空壕 속에 避難한 그 이들은 貴重品을 全部 携帶하였던

것이다. 警官들이 指揮하여 旣往 屍體의 携帶하였던 貴重品을 蒐集하니 金銀寶貨 亦是 屍體와 同樣으로 積如立

山이라. 그 險한 屍體를 運搬하기 爲하여 防空壕에 出入하는 人夫들은 貴重品을 몸에 감춘 것도 多大한 金額으로

富者가 되었다는 말까지 있었던 것이다.

그 中에 또 한 가지 慘酷한 것은 親戚들이 모두 살아 있는 사람들은 저마금 家族 屍體를 찾아가는데 어떠한 곳

은 집조차 검은 벽돌과 재만 남은 빈터에 屍體를 갖다 놓고 痛哭하니 耳不忍聞이요 目不忍見이었다.

重慶은 戰爭 以前은 一個 商埠地라. 左에 嘉陵江과 右에 揚子江이 合流하는 곳이니 千餘噸의 輪船이 停泊하여

物貨集散의 重要港口라. 舊名은 巴蜀이니 그곳은 古代의 巴 將軍이 開拓한 곳이며 蓮花池에는 巴 將軍의 墳墓가

完存하니라.

그곳 氣候로 말하자면 九月 初生으로 始作하여 翌年 四月까지 雲霧 때문에 天日을 보기가 드물고 低氣壓인 盆

地라。 地面에는 惡臭가 消散하지 못하므로 空氣의 不潔이 極度에 達할 때에는 人家와 그 廠에서 噴出하는 石炭煙

臭에 開眼이 困難하다。 우리 同胞 三四百名이 六七年 居住한 期間에 純全히 肺病으로 死亡한 者 七八十名에 達하

니 總計數字가 一割 乃至 二割이라。 驚嘆 아니할 수 없다。 듣건대 外國의 領事館이나 商業者 들이 重慶 居住 三

年 以上을 不肯한다 하는 곳에 六七年間 居住하다가 長子 仁이도 亦是 肺病으로 死亡하였으니 알고도 不可避한

感은 難忘일 것이다。

다음은 우리가 土橋에 居住하던 것을 대강 말하고자 한다。 大家族인 食口를 綦江으로 移住한 後 重慶과 距離

가 遼遠하여 來往이 不便한 故로 重慶서 綦江 가는 四十里許에 土橋라는 村市場이 有한지라。 그곳에 花灘溪와 瀑

布가 있고 그 瀑布 위에는 東坎이라는 小地名이 있는데 그곳 土地를 二十年 爲限 租借하고 半洋屋 三棟을 建築하

였으며 西洋宣教師들이 우리를 爲하여 禮拜堂과 靑年會館으로 使用하도록 洋屋 一棟을 增築하여 주고 市街에는

二層瓦家 一棟을 買得하여 百餘名의 食口를 受容하였으니 그곳은 重慶에 比하면 住宅難도 緩和할 뿐 空氣도 新鮮

한 곳이었다。 나는 種種 土橋에 가서 몸소 道路修繕과 樹木栽培며 築石堤防 等等에 勤勞生活層을 同情 兼 實行도

하여 왔다。

倭敵이 投降한 後에는 우리도 故國에 돌아갈 準備에 이르러 臨時政府 歷史的 文書를 整理하고 國務委員과 一般

職員이 飛行機 二臺에 分乘하게 되었다。 ○○日에 나는 先發로 十三年 前에 떠났던 上海의 空氣를 다시 呼吸하게

되었다。 重慶 出發 五時 後 上海에 着陸하니 午後 六時라。 飛行場에는 內外國 親友들의 歡迎으로 男女를 莫論하

고 人山人海를 이루었으니 그 飛行場은 卽 虹口新公園이었다。 其間은 倭領事館이 接近한 故로 十四年 上海生活

에도 新公園 接踵은 今始 처음이었다。 新公園을 退出하여 市內로 入할 時에 上海에 住居하는 同胞 六千名이 아침

여섯 시부터 저녁 여섯 시까지 堵列苦待한다 하여 車를 머무르고 나간즉 丈餘의 築臺가 有한지라 그 壇 위에 올

라서서 同胞를 向하여 人事의 말을 宣佈하고 市內 揚子飯店에서 留宿하였다.

市內에 들어와서 알고 보니 그 新公園 築臺 위에 올라 人事하던 곳이 卽 十三年 前 尹奉吉 義士가 倭敵 白川 等

을 爆殺한 곳이라. 倭敵들이 그곳을 記念하기 爲하여 軍事訓鍊 將校들의 指揮臺라 하니 나는 이 말을 듣고 볼 때

十三年 前 그날의 記憶도 새로울 뿐 慷慨도 無量하다. 世上萬事가 모두 어찌 無心하고 偶然타 하리오.

上海 居住하는 同胞數가 十三年 前보다 몇十倍가 增加된 것이다. 倭敵의 戰爭으로 因하여 生活難이 빚어 낳은

關係로 各種 工場과 事業 方面에 不正業者가 續出하여 前日에 獨立精神을 굳게 지키며 倭놈의 先驅者 되지 않은

者 不過 十餘人이니 鮮于爀 張德櫓 徐炳浩 韓鎭敎 曺奉吉 李龍煥 河相麟 韓相源 元宇觀 等이라. 그들 堅志를 嘉

尙히 여겨 徐炳浩 自宅에서 晩餐會를 開催하고 記念寫眞을 撮影하였다.

民族反逆者에 首屈一摘할 安俊生(安俊生은 倭놈을 따라 本國에 돌아와 倭敵 伊藤博邦에게 父親 義士의 罪를 謝

하고 南總督을 애비라 稱하였다)을 中國官憲에게 逮捕하여 絞首刑에 處하라 付託하였으나 官員들이 實行치 않은

것이다.

上海의 全體 韓僑들이 大盛況裡에 歡迎會를 開催하였으니 十三年 前에 본 幼兒들은 成壯하고 壯丁들은 老衰하여

옛 얼굴을 찾아보기 어려웠다. 舊法租界 共同墓地를 찾아가 亡妻의 墳墓를 尋訪할새 그前 處所에 가 본즉 墳墓가 痕

跡조차 없으므로 疑訝異常할 此際에 追從하는 墓直의 言內가 十年 前에 緬禮한 事實을 告하고 그 處所를 引導하는

지라. 다시 찾아 依存한 墳墓를 省察하고 그럭저럭 十餘日을 經過한 後 다시 美國 飛行機로 本國에 向發하게 되었

다.

故國을 떠난 지 二十七年 만에 喜悲交集한 胸襟으로 上空에 높이 떠서 新鮮한 空氣를 呼吸하며 上海 出發 三時間 만에 金浦飛行場에 着陸하였다. 着陸 卽時로 눈앞에 보이는 두 가지 感激이 있으니 기쁨도 一也 슬픔도 一也였다. 册보를 메고 길에 이어 돌아가는 學生의 姿態를 보니 내가 海外에 있을 때 우리 同胞들의 後生은 倭敵政에 주름을 펴지 못하리라 憂慮하던 바와는 超越하게 活潑明朗한 氣像을 보여 주니 우리 民族 將來가 有望視한지라. 이것이 기쁨의 一也요. 그 反面에 車窓으로 내다보이는 同胞들의 사는 家屋은 빈틈없이 連疊하였으나 집이 땅 같게 붙어져 있으니 이것을 볼 때 同胞의 生活水準이 저만치 低劣하다는 것을 斟酌할지라. 이것이 遺憾의 一也였던 것이다.

仄聞한즉 數多한 同胞들은 歡迎하기 爲하여 여러 날을 모여들어 苦待하였다는데 本日은 出迎하는 同胞가 幾多치 못함은 美軍을 經由하기 때문에 通信이 不徹底한 感을 주었던 것이다. 老軀를 自動車에 依持하고 車窓으로 左右를 바라보며 漢城에 到着하니 依舊한 山川도 나를 반겨 주는 듯하다.

나의 宿所는 竹添町 崔昌學 氏 私宅으로 引導하고 國務委員들과 其外 一行은 韓美호텔에 宿所를 定하였다. 到着 卽後로 尹奉吉 李奉昌 金卿得의 遺家族이 有하거든 찾아오라 新聞에 報道하였더니 尹奉吉 義士는 其 子弟가 德山으로부터 찾아왔고 李奉昌 義士는 其 姪女가 京城에서 찾아오고 金卿得 先生의 嗣子 潤泰는 以北에서 오지 못하고 其 親女와 親戚 等은 江華 金浦 等地로부터 찾아온지라. 기쁜 마음과 슬픈 마음으로 相對하고 離親戚 棄墳墓하고 故鄕 떠난 지 二十七年 만에 故國은 돌아왔으나 그리운 出生地인 故鄕은 所謂 三八線 墻壁 때문에 돌아가 보지 못하고 再從兄弟들의 全家族과 從妹 等의 家族 들은 上京 喜逢하였을 뿐이다.

國內에서 歡迎旋風이 일어나자 軍政廳 各 所屬機關과 各 政黨 社會團體며 敎育 敎會 工場 等 各種 部門이 無漏

히 聯合歡迎會를 組織하고 내 自身 一行은 個人의 形式으로 入國하였으나 國內同胞들은 正式으로 臨時政府歡迎會

라는 大字特書가 太極旗와 아울러 半空에 휘날리고 數十萬 겨레가 總出動하여 一大 盛況裡에 示威行列을 進行하

니 海外風霜에 萬難辛苦를 알고 同情하는 듯싶었다.

行列을 마친 後 宴會席을 德壽宮에 定하였으니 同時에 威況은 참으로 燦爛하였다. 서울에 住在한 妓生은 總出

動하여 四百名 以上이요 食卓이 四百餘個며 이루 筆記하기 어려울 만한 盛況裡에 하지 中將을 비롯하여 美軍政

幹部들과 參席한 同胞들은 不可勝數라 德壽宮 廣場이 陜陋하였던 것이다. 非但 京城이랴. 仁川 開城 地方 各地에

서 臨時政府歡迎會를 一齊히 擧行하였다. 그러나 三八 以北에서만 이와 反對로 歡迎會 대신 無雙한 辱說을 反布

한다 하니 참으로 可歎可笑할 뿐이다.

그럭저럭 二十八年을 맞이하자 三八 以南이나마 地方巡廻를 始作하게 되었다. 第一次로 仁川을 巡視하니 仁川

은 意味深長한 歷史地帶라 前述한 바를 대강 다시 吟味하게 된다. 二十二歲 時에 仁川監獄에서 死刑을 받았다가

二十三歲 時에 脫獄 逃走하였고 四十一歲 時에는 十七年 懲役을 받고 仁川監獄으로 移監하게 되었다. 十七年 前

에 監獄을 破潰하고 脫走하였던 그 監獄을 다시 鐵網에 얽히어 들어가니 無言의 監獄도 나를 아는 듯 내가 있던

자리는 依舊히 나를 맞아 주나 十七年 前 金昌洙를 金龜로 變名하였고 또한 歲月이 長久한 關係로 아는 사람은

別로 없었다. 그곳에 拘束된 몸으로 懲役工事는 築港이었다. 그 港口를 바라보니 나의 血汗이 젖어 있는 듯하고

拘束된 이 몸을 面會次 父母의 來往하시던 길에는 눈물 흔적이 남아 있는 듯 四十九年 前 옛날의 記憶도 새로울

뿐 慷慨도 無量하다.

感舊之懷를 禁할 수 없이 仁川巡視는 大歡迎裡에 마치고 第二次로는 公州 麻谷寺를 視察키로 公州에 到着하니

忠淸南北道 十一郡에 十餘萬 同胞들이 雲集하여 歡迎會를 擧行하는지라. 感激裡에 會를 마치고 公州를 떠나 故

金福漢 先生의 影幀과 崔益鉉 勉菴 先生의 影幀을 尋訪拜謁하고 洞民의 歡迎과 아울러 遺家族을 慰勞하고 麻谷寺

를 向하는 길에는 各郡 政黨 社會團體의 代表者만 追從한 것이 三百五十名 以上이고 消息을 들은 麻谷寺에서는

僧侶들이 先發隊로 公州까지 出迎하고 麻谷寺 洞口엔 男女僧侶들이 堵列之勢로 至誠껏 歡迎하니 그 理由는 옛날

一個 僧侶의 몸으로 一國 主席이 되어 오신다는 感激이었다.

四十八年 前에 중이 되어 중립을 쓰고 목에 염주를 걸고 바랑을 지고 出入하던 길로 左右를 살펴보며 천천히 들

어가니 依舊한 山川은 나를 반겨 주는 듯하다. 法堂門 앞에 當到하여 大雄殿에 걸리어 있는 柱聯도 變치 않고 나

를 맞아 준다. 그 글句를 四十八年 前 그 옛날에는 無心히 보았으나 今日 仔細히 보니 却來觀世間 猶如夢中事라

하였다. 이 글을 볼 때 過去事를 생각하니 果然 나를 두고 이름이 아닌가 생각되었다. 지나간 옛날 普覺書狀을

龍潭師主에게 修學하던 拈花室 그 방에서 그 밤을 意味深長裡에 留宿하게 되니 僧侶들은 나를 爲하여 至誠껏 그

밤에는 佛供을 올리었다. 寺刹은 古今同然한 氣像으로 나를 歡迎하여 주나 四十八年 前에 보던 僧侶들은 一名도

없었다. 翌日 아침은 永遠不忘의 記念으로 無窮花 一叢과 香木 一株를 栽培하고 麻谷寺를 떠났다.

第三次로는 禮山 柿梁里 尹奉吉 義士의 本宅을 訪問하니 때는 四月 二十九日이라. 尹 義士의 記念祭를 擧行하

고 다시 漢城으로 歸還하였다.

卽時로 日本에 滯在한 朴烈 同志에게 付托하여 祖國光復에 몸을 바쳐 無道한 倭敵에 各各 虐殺을 當한 尹奉吉

李奉昌 白貞基 三烈士의 遺骨을 還國시키게 하고 나는 國內에서 葬儀準備를 進行中 遺骨이 釜山에 到着하였다는

奇別을 듣고 迎接次 特別列車로 釜山을 向하여 無言凱旋의 三烈士遺骨奉還式을 擧行하고 靈柩를 奉還次 釜山驛

을 出發하니 釜山驛前을 비롯하여 서울까지 各 驛前마다 社會團體와 教育機關은 勿論 一般人士들이 雲集堵列하여

奉悼式을 擧行하니 山川草木도 슬퍼하는 듯 慷慨無量하다.

서울에 到着 卽時로 靈柩는 太古寺에 奉安하고 有志同胞들은 누구를 勿論 敬意를 表할 수 있게 하고 葬儀에 臨

하여 奉葬委員會 責任者들이 葬地를 廣求하였으나 如意치 못하여 結局 내가 親히 龍山 孝昌公園에 選擇하였던 處

所에 奉葬케 하니 漢城 有史 以來에 처음 보는 葬儀式이었다. 美軍政 幹部들도 全部 參席하였으며 護衛次로 美軍

人 같이 出動하겠다는 것을 이것은 中止하였으나 朝鮮人 警官은 勿論 地方 各地에 散在한 陸海軍 警備隊까지 集

合하고 各 政黨團體와 教育機關이며 各 工場部門 一般人士들이 總出動하여 太古寺로부터 孝昌公園까지 人山人海

를 이루었다. 電車 自動車 各種 車輛과 一般 步行까지 全部 一時停止하고 悲曲의 音樂隊는 先頭로 寫眞班 記者는

間間 羅列하고 다음은 祭典을 드리는 花峰隊와 半空에 흩날리는 輓章隊며 그 뒤에 三義士 靈輀은 女學生隊가 運

行하니 昔日 國王因山 때 以上 空前絶後의 大盛況을 이루었다. 葬地에는 首頭로 安義士의 穿壙을 지어 놓고 次

第로 三義士의 遺骨을 奉葬하니 當日 臨席한 遺家族의 哀悼之淚와 各 社會團體의 追悼文 朗讀에 白日이 無光한

듯 寫眞班 撮影으로 葬儀式은 終了되었다.

其 얼마 後에 三南巡廻를 또한 시작하게 되었다. 第一次 金浦 出發 飛行機로 濟州島에 着陸하니 濟州島에 駐在

한 美軍政廳을 비롯하여 各 政黨團體와 教育 教會 各 工場部門에 總出動하여 一大 盛況裡에 歡迎會를 받고 高

夫梁 三氏의 始祖인 三聖殿에 參拜한 後 그 아래 三聖穴을 視察하고 다음 海岸으로 나가 濟州島의 特色 海女들

이 潛水하여 海産物 攝取하는 光景을 觀覽하고 때가 梅雨期라 日氣關係로 心定하였던 漢拏山은 觀覽치 못하고 歸

還하였다.

其後 다시 三南을 視察次 鐵道列車로 釜山驛에 到着하여 그곳에서는 自動車로 鎭海에 가서 海軍總司令長官

孫元一의 案內로 그이의 指導하는 海岸警備隊의 觀覽式을 마치고 過去 壬辰役에 忠武公 李舜臣 將軍이 倭敵을 陷

沒하던 閑山島 制勝堂을 尋訪하며 아울러 忠武公 影幀에 參拜하고 左右를 살펴보니 遺跡을 銘刻한 懸板이 땅에

있으므로 연고를 물은즉 倭政時代에 떼고 달지 못한 것이라 한다. 이때껏 保管한 것이 다행이라 생각하여 卽時

로 그 縣板을 걸게 하고 돌아 나와 鎭海를 視察하니 元來 朝鮮의 要塞地로 海軍이 根據할 뿐 아니라 各種 海産物

이 豊富 生産되는 곳이었더라. 그곳에서는 警備艦을 타고 統營에 上陸하여 麗水 順天 等地를 視察한바 到處마다

歡迎會는 끊임없었다.

寶城郡 得粮面 得粮里(古名은 松谷) 그 洞里는 四十八年 前 亡命時 數三個月을 經過한 곳이라. 同宗들이 自作

一村한 곳인데 至今까지 居住하는 同宗들은 勿論 地方同胞들의 歡迎 亦是 盛況을 이루었다. 入口에 道路를 修理

하고 松門을 세웠으며 出迎하는 男女同胞들은 堵列之勢를 이룬지라. 車를 머무르고 步行으로 洞里에 들어가니 내

가 四十八年 前 留宿하며 글을 보던 故 金廣彦 氏의 家屋은 依舊 存在하여 나를 歡迎하니 不歸의 客이 된 金廣彦

氏의 感舊之懷를 禁할 수 없었다. 그 옛날 내가 食事하던 그 자리에 다시 한번 飮食을 待接코자 한다 하여 마루

위에 屛風을 두르고 精潔한 자리에 安坐하니 눈앞에 보이는 山川은 依舊하나 人物은 예에 보던 사람은 별로 없었

다. 모이신 同胞 中에 나를 알 사람이 있느냐 물은즉 洞內 女子老人 한 분이 對答하되 내가 七歲時 先生님 글工夫

하시는 坐席에 놀던 記憶이 새롭습니다 말하고 同宗 中 一人 金判男 氏가 또한 나와 四十八年 前 나의 筆跡이 完

然한 册 한 卷을 가지고 옛일이 어제 같다고 말하는 두 사람뿐이었다.

그 中에 또 잊지 못할 한 가지 事實이 있으니 卽 四十八年 前 同甲 되는 宣氏 一人이 있어 意志가 莫若하다가

내가 그 洞內를 떠날 때 그 夫人의 손으로 만든 筆囊 一個를 作別記念으로 주어 받은 일이 照然한지라. 그 宣氏

를 물은즉 宣氏는 이미 世上을 떠나고 그 夫人과 家族은 寶城邑 附近에 居住하는데 그 老夫人도 亦是 옛일을 잊

지 않고 지금 가시는 寶城邑으로 出迎하는 消息을 傳하였다. 그날 그 동내를 떠나 寶城을 得達하니 果然 그

夫人이 全家族을 統率하고 出迎하는 光景 참으로 感激에 넘치었다. 만나는 자리에 나이를 물으니 나와 亦是 同甲

이었다.

過去事를 暫間 討論하며 逢別의 禮를 마치고 그곳에서 歡迎과 講演을 마친 後 寶城을 떠나 光州까지 그 사이

에난 筆記하기도 어려웠다. 驛路마다 數多한 同胞들이 待期 歡迎하니 어떤 날은 三四次 經由한 날도 있었다. 이

로 며칠 後 光州에 到着하여 보니 到處마다 同胞들의 各種 記念膳物 海産物 陸産物 金品 等 綜合한 것이 車에 滿

載한지라. 光州에 戰災民이 많다는 말을 듣고 府尹을 招請하여 多少間 戰災民 同情에 보태어 쓰라 付託하여 주고

光州歡迎會를 마치고 羅州를 向하는 途中 咸平邑을 지날 때 同胞 多數가 길을 막고 잠시라도 咸平邑을 보셔 달

라는 所願이 있으므로 不得已 咸平邑을 當到하여 學校廣場에서 數多한 同胞를 相對로 歡迎講演을 마치고 저물게

羅州邑에 到着하여 八角町 李進士 宅의 消息을 探問한즉 李進士 宅은 咸平邑인데 아까 萬歲를 先唱한 그이가

李進士의 次子라고 하니 歲月이 長久한 關係로 咸平 李進士 宅을 羅州로 알게 된 感을 느끼었다. 咸平郡 咸平邑

咸平里 李在赫 李在承 等이 李進士(于今은 李 承旨)의 孫子라. 얼마 後에 禮物을 携帶하고 서울로 찾아와서 其

時의 錯誤 未安하였던 事實을 面討하였다.

그때 羅州를 떠나 金海에 到着하니 때마침 首露王陵 秋饗이라. 金氏와 許氏가 多數 參集한 자리에 나의 參拜準

備로 紗帽角帶를 등대한지라. 出生 後 처음으로 紗帽角帶를 차리고 參席 拜謁하였다.

그길로 다시 昌原 鎭田을 向하여 過去 上海 在留時 本國으로 派遣하여 運動하다가 結局 獄中辛苦를 받고 其餘

毒으로 世上을 떠난 李敎載 志士의 遺家族을 訪問慰勞하고 다음 晋州를 向하여 愛國烈妓 論介의 古魂을 慰勞하는

마음으로 矗石樓를 視察하고 그길로 全州에 到着하니 無數한 男女同胞 出迎中에 金孟文 氏와 其 從弟 金孟悅 其

內從兄 崔景烈 三人은 歷史關係가 두터운 사람이라. 내가 二十一歲 時 信川 淸溪洞 安 進士 泰勳 氏(安重根 義士

父親) 宅에서 相逢한 金亨鎭 氏의 子與姪 及 甥姪이었다. 全州 同胞들의 盛大한 歡迎을 마친 後에 金孟文 外二

人의 全家族을 相對로 特別歡迎裡 記念寫眞까지 撮影하니 彼此間에 故 金亨鎭 氏의 感舊之懷를 禁할 수 없었다.

다음 木浦 羣山 江景 等地를 一一이 視察하니 이곳은 모두 잊지 못할 歷史가 맺혀 있는 곳이다. 木浦에는 梁鳳

九 同志를 尋訪키 爲하여 勞動者의 假裝으로 지게를 지고 變裝하여 梁鳳九 同志를 相對하던 記憶이 새로우므로

그 자리에 梁鳳九 氏의 遺家族 其他 來歷을 探問하였으나 結局 端緒를 얻질 못하였다. 羣山을 거쳐 江景에 到着

하여 孔鍾烈 氏의 消息을 探問한즉 早年에 自殺하고 及其 子孫도 없는 터이며 當時 孔氏 집안에 突發하였던 怪

變은 그 親戚間에서 일어난 事實이라고 말하였다. 그다음 春川 柯亭里 柳麟錫 義菴 先生 墓前에 參拜하고 그 遺

族을 慰問 後 漢城으로 歸還하였다.

얼마 後 江華를 巡視次 仁川에서 警備船을 타고 舞衣島에 到着하여 그곳 同胞들의 歡迎과 講演을 마치고 江華

에 到着하니 四十六年 前 金卿得 氏의 三弟 鎭卿이가 家事를 主張할 때 내가 變名하고 그 사랑에서 私塾을 開設

하고 敎鞭을 잡은 지 三個月 만에 本色이 綻露되어 退出하던 그 집의 存在를 探問하였더니 그 집이 完舊하다 하

여 그 집을 尋訪하여 그 歡迎하는 親戚들과 記念寫眞을 撮影하고 合一學校 運動場에서 歡迎과 아울러 講演할 當

時에 過去 내 앞에 修學한 學生 三十名 中에 이 자리에 參席한 者 있거든 나서라고 之再之三 呼稱하였으나 結局

한 사람도 없었다。 그 저녁에야 警官과 同伴하여 들어와 한 사람이 奏曰 제가 果然 先生任의 弟子올시다 말하였

다。 그러면 내 앞에 修學한 記憶이 나느냐 한즉 照然합니다 대답한다。 그러면 아까 運動場에 오고도 대답이 없었

나 물은즉 저는 運動場에 參席하였으나 先生任의 講演을 듣고 너무도 盃憤感激하여 눈물을 禁할 수 없어 對答을

못 하였습니다 대답한다。

三南一帶를 이같이 대강 視察하고 漢城으로 돌아와 얼마간 修養 後 다시 三八 以南 西鮮 一部를 視察키로 하

였다。 第一次로 開城에 到着하여 十八九歲 時에 遊覽하던 名勝古蹟 滿月臺와 善竹橋를 觀覽하고 開城 特産

高麗人蔘製造工場을 視察하며 開城의 各 政黨 社會團體는 勿論이고 一般 男女老少 同胞들이 總出動 歡迎式을 마

친 後 翌日은 白川溫泉을 經由하여 延安溫泉에 到着하니 驛前마다 出迎하는 同胞들의 感激은 이루 測量할 수 없

었다。 歡迎과 아울러 人事의 말을 대강 끝마치고 延安溫泉에서 一夜 留宿한 後 延安邑을 向하는 길에 記憶에 새

로워 있는 李 孝子 墓를 拜謁次 田舍翁에게 道路變更 有無를 探問하니 四十九年 前과 變함이 없다 말하는지라。

年 前 海州監獄으로부터 鐵網에 拘束되어 仁川監獄으로 移監中에 孝子 李昌梅 氏 足跡을 踏襲하며 墓前에 參拜하고 四十九

李 孝子 墓前을 當到하여 車를 停留하고 故 孝子 李昌梅 氏 事跡을 意味深長한 感激으로 그

墓傍에 坐定하였던 그 자리를 目測하여 다시 앉고 보니 墳墓와 山川도 依舊不變한 態勢로 나를 歡迎할 뿐 아니라

左右에 侍衛 追從하는 警官들도 四十九年 前 나를 拘束하여 가던 警官들과 恰似하였다。

그러나 문득 뒤를 돌아보니 그 옛날 拘束되어 가는 내 뒤를 따라오시던 母親님이 坐定하셨던 그 자리도 依舊하

건만 母親님의 얼굴만을 뵈올 길이 없으니 앞이 캄캄하여 感舊之淚를 禁할 수 없다。 重慶에서 殞命하실 때 最後

의 말씀으로 나의 冤痛한 생각을 어찌하면 좋으냐 하시던 말씀을 追憶하매 이날 이 자리에 母子合席하여 過去事

를 說話치 못하실 줄 豫測하시고 하신 말씀같이 나의 가슴은 暫間 慍忿한 마음을 鎭定키 어려웁다. 只今 蜀山 한

모름구지 人地 生疎한 西蜀 和尙山 南麓에 祖孫이 같이 누워 계실 생각을 하니 悲懷도 禁할 수 없으며 靈魂이라

도 故國에 돌아오시어서 이 몸과 같이 歡迎을 받으신다면 多少 慰安이나 되지 않을까 百感이 交集하였다.

그러나 이것은 내 個人의 感傷이요 延安의 同胞들이 男女老少를 莫論하고 總出動하여 延安의 第一 廣闊한

學校運動場이 陜陋하게 雲集堵列하여 盛大한 歡迎裡에 아울러 講演을 마치고 그길로 靑丹을 到着하니 亦是 歡迎

하는 同胞들의 熱情은 到處에 一般이나 所謂 三八線 關係로 出生地를 멀리 바라볼 뿐이요 돌아서 漢城을 向하게

되니 그때에 慷慨無量한 懷抱는 筆舌難說이었다.

그길로 저물게 白川에 到着하여 終日 기다리고 서 있던 同胞大衆을 向하여 簡單한 人事 兼 講演을 마치고 그곳

에서 留宿하였다. 그곳은 四十年 前 郡守 全鳳薰 氏의 邀請을 받아 白川에 師範講習을 開催하고 兩西에 名聲이

錚錚한 崔光玉 先生을 主任講師로 모시고 講習을 進行中 不幸히 崔 先生이 客死(肺病으로)하매 邑內 有志들과 全

郡守와 協議하여 白川 南山上 運動場 옆에 安葬한 後 떠난 지 四十年 만에 비로소 이곳을 當到하니 到處마다 옛

記憶의 感傷은 이루 測量하기 어려웠다.

翌日 白川을 떠나 漢城으로 向하는 길에 長湍 皐浪浦에 經由하여 先祖 敬順王陵에 參拜할새 陵村에 住居하는

慶州 金氏들이 앞서 行路를 豫測하고 미리 祭典을 精備하였었다. 禮拜 後 그곳을 떠나 汶山에 到着하여 亦是 歡迎

과 講演을 마치고 漢城에 歸還하니 西鮮巡廻는 이에 終了되었다.

「正本 白凡逸志」를 펴내며
우리 記錄文化遺産의 올바른 保存과 正立을 위하여

李起雄　열화당 영혼도서관 발행인

《白凡逸志》는 일생을 민족의 自立과 興復의 길에 바친 白凡 金九(一八七六-一九四九) 선생이 一九二八년부터 一九四六년

까지 세 차례에 걸쳐 남긴 自傳的 記錄으로, 서문에 해당하는 《與仁信兩兒書》와 본문에 해당하는 〈上卷〉〈下卷〉

〈繼續〉으로 구성되어 있다. 「白凡」이라는 號는 「白丁과 凡父」라는 뜻으로, 一九一三년 西大門監獄에서 獄苦를 치를

때 백정이나 범부라도 愛國心이 지금의 金九 나만큼은 되어야 완전한 獨立을 할 수 있겠다는 바람에서 지은 것이

고, 「逸志」는 「알려지지 않은 逸話의 記錄」이라는 의미이다.

親筆로 남아 있는 〈상권〉은 백범 선생이 오십삼 세 되던 一九二八년 三월경 上海 臨時政府 廳舍에서 집필하기 시작

해 이듬해인 一九二九년 五월 三일에 脫稿한 것으로, 태어날 때부터 上海 臨時政府의 國務委員이 되기까지의 波瀾 많

았던 삶을 담고 있다. 백범은 《백범일지》의 〈상권〉을 쓰고 난 후 자신이 「왜놈」의 손에 언제 죽을지 모르고, 또

그렇게 되기를 바라는 각오 아래, 仁과 信 두 아들이 성장하면 아비의 일생 경력이라도 알게 할 목적으로 이 원

고를 미국과 하와이의 同志들에게 보내어 보관토록 간곡히 부탁하였다. 미국 컬럼비아 대학교에 보관돼 오던 《백

범일지》筆寫本에서 一九三〇년에 쓴 백범의 親筆 書翰이 반세기 만인 一九七九년에 발견되었는데, 이 간결한 서한에

는 그러한 사정이 잘 드러나 있다.

貴社員 全體 同志에게 懇托하나이다.

九는 本以不文으로 長篇記文이 처음이요 또한 막음입니다. 年來로 漸漸 風前燈火의 生命을 僅保하나 倭놈의

極端活動으로는 어느 날에 무슨 일을 當할지 알 수 없으며, 九 亦 원수 손에 命脉을 斷送함이 時間問題

일 것이외다. 그러므로 幼穉한 子息들에게 一字의 遺書도 없이 죽으면 너무도 無情할 듯하여 一生經歷을 槪述하

여 玆에 仰託하오니 微軀가 墳土化한 後, 則 子息들이 長成한 後에 探傳하여 주시면 永遠 感謝하겠나이다. 그 以

前에는 社庫에 封置하시고 公布치 말아 주옵소서.

民國 十一年 七月 七日 金九 頂禮

이렇듯 《백범일지》 〈상권〉은 일종의 遺書였던 셈이다.

역시 친필로 남아 있는 〈하권〉은 육십육 세 되던 一九四一년 重慶 임시정부 청사에서 집필하기 시작해 이듬해인

一九四二년 二월 탈고한 것으로, 上海 亡命 이후 임시정부에서의 활동을 중심으로, 李奉昌 尹奉吉 두 義士의 義擧와,

이후 嘉興 南京 長沙를 거쳐 重慶으로 옮겨 가기까지의 과정, 그리고 그곳에서의 생활과 일화 등이 기록되어 있다.

백범은 己未年 三一運動 이래 독립운동이 점점 退潮期에 들면서 임시정부라는 名義를 유지하는 것만도 어려워,

沈滯한 局面을 타개할 목적으로, 한편으로는 미국 등 해외 동포들에게 금전적 후원을 부탁하고, 또 한편으로는

鐵血男兒들을 물색하여 義擧 운동을 계획하고 있었다. 그러다가 곧이어 李奉昌 義士의 東京 義擧와 尹奉吉 義士

의 虹口 義擧가 성공하면서, 이때부터 백범은 日帝의 추적을 피해 그동안 머물던 上海를 떠나 重慶으로 임시정부

근거지를 옮기고, 〈상권〉에 이어서 자신의 지난 활동 상황을 記述하여 後進들에게 자신의 잘못된 前轍을 밟지 말

라는 교훈을 전하고자 했다.

이 《백범일지》의 〈상권〉은 임시정부의 사백오십 字「國務院 原稿用紙」백칠십삼 매에 걸쳐 붓 또는 만년필로

기록했고, 〈하권〉은 이백사십 字 원고지 사십일 매에 붓으로 썼는데, 〈상권〉과 〈하권〉 모두 작은 글씨로 원고지

한 行에 두 줄씩 빽빽하게 기록하거나 행 사이의 여백에까지 쓴 곳도 있으며, 이를 손수 일일이 校訂하고 添削한

흔적이 도처에 남아 있다.

한편, 〈계속〉은 光復 후 白凡 선생이 還國하여 칠십일 세 되던 一九四六年 서울에서 기록한 것으로 알려져 있

으며, 〈하권〉에 이어서 重慶에서의 활동과 日帝가 항복하면서 還國하게 된 과정, 그리고 국내에서의 行步 및

地方巡廻의 내용을 담고 있다. 이 〈계속〉은 현재 필사본으로만 남아 있다.

이 《백범일지》는 一九四七年 국민계몽용으로 처음 국내에서 출판되어 보급되기 시작했다. 당시 國士院 내에 둔

「김구 자서전 백범일지 출판사무소」에서 畵報와 백범 선생의 序文, 《백범일지》〈상권〉〈하권〉〈계속〉을 싣고,

부록 형식으로 〈나의 소원〉을 합하여 《김구 자서전 백범일지》라는 제목으로 출간된 것이다. 규모는 사륙판 사백

이십사 면으로, 원문을 대폭 축소하여 간행했다. 이후 白凡 선생의 차남 金信 님이 좋은 뜻으로 著作權을 스스로

해제하였으나, 결과적으로는 무분별한 출판으로 이어져 지금까지 팔십여 종의 《백범일지》가 국내에서 출간되는

우려스러운 상황에 이르렀다.

게다가 안타깝게도 《백범일지》의 출간은 처음부터 단추가 잘못 꿰어졌다. 原本性이 크게 훼손된 것이다. 첫 출

간 당시 원고의 윤문을 한 이는 春園 李光洙 선생으로 알려져 있는데, 그로 인해 백범의 냄새가 거의 지워져 버렸다. 중국 上海와 重慶의 긴박했던 독립운동 현장에서 기록한 원본의 생생함이 적잖이 희석되었고, 백범 특유의 투박한 듯한 문체가 말끔하게 윤색되었을 뿐 아니라, 인명과 지명의 착오, 내용의 뒤바뀐 서술, 심지어는 원문의 대폭 생략 등의 문제로 「원본에서 가장 멀어진 판본」이라는 평가를 받고 있기도 하다.

그러나 이 국사원본이 당시로서는 백범 선생의 서문을 받아 수록했고, 또 백범 선생의 발간 승인을 얻은 유일본이었기에 이를 底本 또는 臺本으로 하는 《백범일지》가 이후 계속해서 출간되어 국민의 애독서, 필독서가 되어 왔지만, 초판에 내재되어 있는 문제의식을 근본적으로 바로잡은 책은 나오지 않았다.

一九七六년 八월, 백범 선생 탄신 백 주년을 기념하는 행사의 일환으로 鷺山 李殷相 선생이 주축이 되어 신세계백화점 화랑에서 백범의 遺品과 遺墨을 전시한 적이 있었는데, 이때 《백범일지》의 親筆 原本도 함께 공개된 바 있다. 이 자리에서 노산은 한 언론과의 인터뷰에서 『一九四七년 혼란기에 춘원이 손을 대 내놓은 《白凡逸志》는 백범의 뜻을 그대로 전달하지 못하고 있다. 친필 《백범일지》는 백범의 진면목을 알기 위해서도 原文대로 출판되어야 마땅하다』(《경향신문》 一九七六년 八월 二十四일)라고 밝힌 바 있다. 이후 一九九四년에 와서야 백범 선생의 차남 金信 님이 《백범일지》 친필 원본의 影印本을 출간함으로써 비로소 《백범일지》의 원본이 대중에게 공개되었다. 그러나 이후에도 기존의 《백범일지》가 안고 있는 심각한 태생적 문제를 해결한, 원본에 준하는 「정본 백범일지」는 출간되지 않았다.

悅話堂은 오랫동안 이러한 문제의식에서 「정본 백범일지」의 출간을 계획해 오다가 실제 편찬에 착수하여, 二〇

三년부터 삼 년에 걸친 작업 끝에 二〇一五년 十二월 친필 원본을 그대로 활자화한 한문 正本 《白凡逸志》, 그리고

역시 친필 원본을 底本으로 삼아 오늘의 말로 풀어 쓴 한글 正本 《白凡逸志》, 이렇게 두 권의 책을 세상에 내놓

았다. 올바른 원본이 존재한 연후에 이를 토대로 한 주석본, 번역본, 축약본, 교육용 도서, 아동용 도서, 다큐멘

터리 영화, 연극, 오페라, 뮤지컬 등이 나와야 함이 원칙이라 한다면, 이러한 사실만으로도 《백범일지》의 정본이

출간되어야 하는 당위는 충분할 것이다.

물론, 「정본 백범일지」의 출간은 原本性 문제에서 출발한 것만은 아니었다. 이러한 결정을 하기까지에는 우리

의 올바른 「말뿌리」와 「글뿌리」「책뿌리」「얼뿌리」를 찾고자 하는 열화당의 출판정신이 그 배경에 깊숙이 깔려

있다. 一四四三년 世宗 임금께서 그 지혜로운 과학정신과 언어감각으로, 天地人의 이치에 따라 訓民正音을 창제하

셨으나, 알다시피 십구세기까지 우리의 「글쓰기」는 주로 漢文으로 이루어져 왔다. 우리의 올바른 말뿌리와 글뿌

리를 찾는 일은 이런 우리 언어의 태생적 역사적 운명을 소상히 이해하는 것에서 출발한다.

《백범일지》 원본의 수많은, 한자, 그리고 한문투의 문장 들은 한자와 한글이 함께해 온 우리말, 우리 문자의 역

사적 운명의 所産이다. 漢字는 「동아시아 文字」이지 중국만의 글자라고 단정해서는 안 된다. 페니키아 문자, 라

틴 문자를 거쳐 오늘에 이르게 된 알파벳이 「西洋 共用의 문자」이듯이, 漢字는 그 이름이 중국 漢나라에 연원을

두고 있을 뿐이지, 엄연히 「동아시아 共用의 문자」로 존재해 왔던 것이다. 그러므로 우리의 한글과 한문은 때려

야 뗄 수 없는, 떼어서는 아니 되는 언어적 숙명 관계에 놓여 있으며, 그러한 시대적 상황에서 우리 語文을 향한

백범의 글쓰기를 그대로 받아들이는 것이 중요하다. 이런 언어 전통을 잘 알고, 이를 기반으로 한글과 한문을 조

화롭게 구사하는 글쓰기 작업에 매진했던 선구적인 文人과 學者, 그리고 다양한 분야의 先覺者 들에 의해 오늘의

글쓰기에 이르는 놀라운 글길 즉 文道가 이뤄져 왔기 때문이다. 그 글길과 글뿌리를 파악해내어, 先人들이 말과 글을 통해 어떻게 우리의 정신문화를 일구어 왔는지 되돌아보고, 다음 세대에 그 뛰어난 정신과 더불어 올바른 우리글의 典範을 제시하기 위해, 열화당에서는 그동안 우리 시대 의미있는 책의 복간작업에 매진해 왔다.

그렇다면, 왜 《백범일지》인가. 《백범일지》는 다른 책들과는 달리, 우리의 역사적 현실적 문제에 가장 가까이에 서 아직도 큰 영향을 끼치고 있는 책이기 때문이다. 게다가 처음부터 잘못 접근된 출판으로 인해 역사의 진실을, 역사적 기록의 진실을 바로잡아야 한다는 문제가 걸려 있다. 보물로 지정된 소중한 기록문화재인 《白凡逸志》의 정본 편찬사업의 시급성이 여기에 있는 것이다.

출판에서 「책의 형식」 또한 우리 말뿌리, 글뿌리를 복원하기 위한 매우 중요한 요소이다. 동아시아에서 세로쓰 기는 筆寫나 册子 형식의 기본원리로, 오늘에 맞는 세로쓰기의 복원을 통해 우리는 《백범일지》 원본의 형식뿐 아 니라 백범의 정신과 숨결을 가장 잘 살릴 수 있다고 믿으며, 그럼으로써 진정한 의미의 「정본」이 되리라고 자부 한다. 우리가 오랜 세월 지켜 오던 세로쓰기를 이토록 철저하게 버린 것은, 컴퓨터가 보급되면서 알파벳 字板에 맹목으로 무릎을 꿇은 결과이다. 《訓民正音解例》에서 보다시피, 한글 창제 당시부터 세로쓰기 원칙을 알 수 있으 며, 一九八〇년대 중반까지 우리는 세로쓰기를 지켜 왔던 것을 기억할 것이다.

우리는 「정본 백범일지」 편찬의 실무작업에 앞서, 우선 계획안 작성에 착수하여 《白凡金九全集》(一九九九)을 비 롯한 기존 간행물에 대한 분석과 정리 작업을 했으며, 「정본 백범일지」의 출간은 원문에 최대한 충실하게 편찬한 다는 큰 원칙 아래 백범의 친필본을 원본 그대로 활자화한 「한문 정본」을 그 첫째 권으로, 그리고 이 정본에 근거하여 오늘의 말로 풀어 쓴 「한글 정본」을 둘째 권으로 간행하기로 하였다. 이러한 큰 원칙을 정한 후 실제 편찬작업은 다음과 같은 세부 지침에 의해 진행하였다.

첫째, 「정본 백범일지」 발간 취지에 따라, 친필본 《백범일지》와 같은 크기의 版型(판형)에 같은 체제인 세로쓰기로 組版(조판)하였다.

둘째, 의미 전달에 지장이 없는 한 原文(원문)대로 표기하였다. 즉 원문의 漢字(한자)는 한자로, 한글은 한글로 표기하였다. 다만, 可讀性(가독성)을 위해 漢字語(한자어)에는 어깨글자로 한글 音(음)을 달아 주었다.

셋째, 친필본 《백범일지》에는 띄어쓰기나 구두점, 文段(문단) 구분이 전혀 없으나, 현행 맞춤법에 따라 띄어쓰기를 하였으며, 文脈(문맥)을 고려하여 마침표를 찍고, 문단을 구분하였다.

넷째, 小題目(소제목)은 원문에 있는 것만 반영하고 별도로 추가 설정하지 않았다. 다만 冊(책)이라는 체재를 갖추기 위하여 원본에는 없는 目次(목차)를 설정하였다.

다섯째, 原本(원본)이 훼손되어 判讀(판독)이 안 되는 부분은, 예컨대 「(약 넉 자 불명)」 또는 「(약 여섯 행 불명)」 등으로 표기하였다. 다만, 백범 선생이 나중에 확인하여 기입해 넣으려고 하였다가 기입하지 못한 빈 칸은 「○」 또는 「○○」 등으로 표기하였다.

여섯째, 원본은 훼손되어 판독할 수 없으나 筆寫本(필사본)에서 확인이 가능한 부분, 또는 資料(자료)에 의해 명확하다고 판단되는 내용은 이에 의거하여 반영하였다.

일곱째, 人名(인명)의 漢字(한자) 표기가 상이한 것은 자료를 통해 확인하여 고쳐 표기하였다. 예컨대 「楊成鎭」은 「楊星鎭」으로, 「崔益亨」(인명)은 「崔益馨」으로 고쳤다.

여덟째, 그 밖의 漢字 표기의 원칙은 다음과 같다. 명백히 잘못된 것은 고쳐 표기하였다. 예컨대 「姑舍」는 「姑捨」로, 「監史」는 「監司」로 고쳤다. 한자의 사용이 지금과는 다르지만, 당시에 사용되었거나 의미 전달에 지장이 없는 것은 고치지 않고 그대로 표기하였다. 예컨대 「粮道」(糧道)、「積實」(積置)、「炮手」(砲手) 등이다. 한자의 本字、俗字 등은 고치지 않고 원문대로 표기하였다. 예컨대 「勞働」(勞動)、「體刑」(體刑) 등이다.

아홉째, 한글 표기의 원칙은 다음과 같다. 현행 맞춤법과 크게 다른 말은 고쳐 표기하였다. 예컨대 「아파」로, 「따리지」는 「때리지」로, 「끄을려」는 「끌려」로 고쳤다. 현재의 표준어가 아니거나 표기법상 틀린 말이라도, 당시에는 널리 사용된 用語나 方言 등은 의미 전달이나 이해에 무리가 없을 경우 그대로 표기하였다. 예컨대 「질삼」(길쌈)、「꼬라구니」(꼬락서니)、「시님」(스님) 등이다.

열째, 中國과 日本의 人名、地名의 한글 음 표기는 漢字音 그대로 표기하였다. 예컨대 「蔣介石」(장제스)、「伊藤博文」(이토 히로부미)、「上海」(상하이)、「東京」(도쿄) 등이다.

이상의 세부 지침은 내부 편집회의에서 세밀히 검토한 후 二○一四년 六월 十四일 강릉 선교장에서 개최한 「제삼회 선교장 포럼」에서 발표되어 참석자들의 공감을 받았으며, 이에 따라 原文의 入力과 編輯 對校 製作의 업무가 차례로 진행되었다.

이 책의 첫 출간 직후인 二○一五년 十二월 十九일, 우리는 「正本 白凡逸志 出版會」를 열고 두 종의 책을 백범 선생 靈前에 獻呈한 바 있다. 당시 고급 양장본으로 이백 질씩 제작한 두 종의 《백범일지》는, 시판하지 않고 國際文化都市交流協會에서 헤이리 예술마을에 추진 중인 「安重根紀念 靈魂圖書館」의 건립기금 기부자들에게 우

三二○

선 배포하였다. 이후 삼 년이 흘렀는데, 많은 분들이 「安重根紀念 영혼도서관」 건립에 동참해 준 덕분에 《백범일

지》도 어느 정도 소진되었고, 「安重根紀念 영혼도서관」도 완공을 눈앞에 두고 있다. 영혼도서관이 완공되면 이

책 《백범일지》가 첫 책으로 꽂힐 예정이다. 한편 이 책을 구하고자 하는 분들이 늘어남에 따라 우리는 보급판 제

작 계획에 착수하여, 정본 《백범일지》 두 종을 여러 차례 검토한 끝에 몇몇 오자 또는 오류를 정정하여 일반에

첫 선을 보이게 되었다.

이 책 발간을 위해 그동안 열화당 편집실 모든 직원들이 힘을 모아 주었다. 특히 편집을 맡아 애써 준 趙尹衡

실장과 白泰男 선생, 그리고 李秀廷 실장에게 감사의 마음을 전한다. 또한 디자인과 제작을 맡아 준 孔美璟, 崔

勳 씨, 교정을 봐 준 李基善 선생에게도 고마움을 전한다. 이 책 표지의 漢字 題字는 秋史 연구자 林秉穆 선생

과 古文獻 연구가 朴徹庠 선생의 諮問 아래 秋史 眞跡에서 集字하였고, 한글 題字는 書藝家 何石 朴元圭 선생이

朝鮮時代 婚禮 때 兩家가 禮法에 따라 주고받는 書簡 模範文을 모아 놓은 《閨閤寒喧》에서 集字해 주셨다. 이자

리를 빌려 감사의 말씀을 드린다.

금년은 「三一運動」 및 「大韓民國 臨時政府 수립」 백 주년이 되는 뜻깊은 해이다. 《백범일지》의 간행 역사를 보

면, 어떠한 기록이라도 환경과 여건에 따라 그 本意가 잘못 전달될 수 있음을 알 수 있다. 다만 우리는 이것이 참

기록인 듯 그대로 전해질까 두려워하면서, 백범의 체취가 살아 있는 肉筆 原稿를 정성껏 殮하는 심정으로 이 책

을 간행하였다. 《백범일지》의 출간에서 힘을 빌릴 최고의 솜씨는 오로지 백범뿐이다. 아무도 그를 대신할 수 없

다. 이런 생각으로 우리는 철두철미 원본에 근거한 「정본 백범일지」를 지향해 왔으며, 이같은 작업이야말로 정녕

우리 민족의 自尊이 걸린 일일 것이다.

백범 선생의 애국정신과 독립투쟁 업적을 기리는 관련 기관과 전공 학자들, 그리고 온 국민의 애정어린 격려와 질정을 바란다.

二〇一九년 三월 一일

白凡逸志

金九

초판一쇄 발행일 二○一九년 三월 一일
발행인 李起雄 발행처 悅話堂
경기도 파주시 광인사길 二五 파주출판도시
전화 ○三一-九五五-七○○○ 팩스 ○三一-九五五-七○一○
www.youlhwadang.co.kr yhdp@youlhwadang.co.kr
등록번호 제一○-七四호 등록일자 一九七一년 七월 二일
편집 조윤형 백태남 디자인 공미경
인쇄 제책 (주)상지사피앤비

Published by Youlhwadang Publishers
© 2019 by Youlhwadang Publishers
Printed in Korea

ISBN 978-89-301-0636-8 03910

이 도서의 국립중앙도서관 출판시도서목록(CIP)은
e-CIP 홈페이지(www.nl.go.kr/ecip)와
국가자료공동목록시스템(http://www.nl.go.kr/kolisnet)에서
이용하실 수 있습니다. (CIP제어번호: CIP2019004091)